한국 교회사

A History of the Korean Church

Published by Hapdong Theological Seminary Press
50, Gwanggyojungang-ro, Yeongtong-gu, Suwon-si, Gyeonggi-do, 16517. KOREA

한국 교회사

초판 1쇄 발행 1992년 10월 10일(개혁주의신행협회)
재판 1쇄 발행 2004년 9월 6일(이레서원)
5쇄 발행 2008년 9월 8일
개정3판 1쇄 발행 2009년 9월 19일(합동신학대학원출판부)
7쇄 발행 2017년 11월 20일
9쇄 발행 2024년 1월 3일

지은이 김영재
발행인 김학유
펴낸곳 합동신학대학원출판부
주소 경기도 수원시 영통구 광교중앙로 50(원천동)
전화 (031) 217-0629
팩스 (031) 212-6204
홈페이지 www.hapdong.ac.kr
출판등록번호 제22-1-1호
인쇄처 예원프린팅 (031) 957-6551
총판 (주) 기독교출판유통 (031) 906-9191
값 19,000원

ISBN 978-89-86191-89-9 93230
*잘못된 책은 교환해 드립니다

이 도서의 국립중앙도서관 출판시 도서목록(CIP)은 e-CIP 홈페이지
http://www.nl.go.kr/cip.php에서 이용하실 수 있습니다. (CIP제어번호: CIP 2009002763)

개정3판

한국 교회사

김영재 지음

머리말

한국 기독교 혹은 한국 교회의 역사책들은 이미 많이 나와 있다. 이 책은 많은 한국 기독교회사의 책들 가운데 하나가 될 것이다. 이 책을 써야 할 만한 이유와 동기는 머리말에 나름대로 서술하였다. 복음의 선교를 받아 한국의 역사와 문화 속에 생성되고 성장해 온 한국 교회가 그리스도의 교회 역사와 종교 개혁의 전통을, 그 가운데서도 개혁주의 전통을 존중하는 가운데 성경이 가르치는 바람직한 그리스도의 교회상을 지향하는 교회가 되기를 기원하면서 한국 교회의 역사를 서술하고자 한다.

이 책은 독일에서 「한국 개신교와 개혁주의 전통」이라는 제명에 '한국 장로교회의 생성과 발전의 역사적 연구'라는 부제를 달아, 1981년에 독일어로 출판한 학위 논문을 1992년에 개혁주의신행협회에서 우리말로 증보하여 출간했다가 이번에 다시 개정 증보한 것이다. 이 개정판은 1970년대 이후의 역사를 덧붙였을 뿐 아니라 초기의 역사 가운데 미흡한 부분도 보충하였다. 한국에는 장로교회가 감리교회와 함께 먼저 선교되었으며, 가장 큰 대표적인 교회로 성장해 왔다. 그리고 장로교회가 어느 다른 교파 교회보다도 개혁주의 전통에 속했음을 표방하고 있으므로 한국 교회 역사를 장로교회를 중심으로 썼다.

그러나 한국에는 장로교회만 있는 것이 아니고 장로교회 역시 다른 교파의 교회들과 병존하며 서로 영향을 주고받는 가운데 성장해 왔으므로, 그러한 상관관계도 고려하고 교파 교회를 넘어서서 그리스도의 교회에 관심을 둔다는 의미에서 「한국 교회사」라는 책명에 걸맞게 다른 교파 교회들의 역사도 함께 서술하였다. 사실 감리교회와 감리교회에서 분립한 성결교회도 넓은 의미에서는 칼빈주의 전통에 속하며, 신령주의 요소가 강한 침례교 역시 청교도들이 세운 교회이므로 칼빈주의 전통에 속한다. 그리고 초기의 선교사들과 한국 교회는 교파를 초월하여 협력하여 전도하고 공동으로 집회도 열고 함께 부흥을 경험했으며, 더욱이 1970년대 중반 이후 복음주의협의회와 복음주의 신학회 등이 결성되어 복음주의 운동도 활발히 추진되고 있다. 그러므로 「한국 교회사」 증보판에는 복음주의 운동의 회원 교회인 교파 교회들의 역사를 좀 더 의식하면서 이미 쓴 것을 보완하려고 노력하였다.

한국 교회사 연구를 위하여 많은 노력을 경주하여 사료를 발굴하며 저술을 내놓은 선배들에게, 교회사 이해에 있어서 저자와 입장의 상위 여부를 불문하고 경의를 표하고 감사를 드리며, 졸저를 낼 수 있도록 여러 면으로 도와주시고 격려해 주신 선배와 후배들에게 감사를 드린다. 특별히 독일에서 논문을 쓸 때 많은 자료를 보내 주신 홍치모 교수님께 감사를 드린다. 1992년부터 그간 이 책을 출판해 준 개혁주의신행협회에 감사하며, 증보판 출간을 맡아 준 이레서원에 감사드린다. 그리고 수고해 주신 이레서원 여러 직원들께 심심한 감사를 드린다.

2004년 6월 30일

김영재

개정 증보판 재판에 부치는 말

합신대학원 출판부에서 저자의 책을 한 곳에서 출판하려는 생각에 협조하여 이 책의 개정 증보판 재판을 내주시니 감사한다. 참고도서 목록에 그간에 출간된 한국 기독교 역사 단행본들을 소개하며, 미주를 각주로 고치고 내용도 약간 보완하는 한편, 좀 더 읽기 좋은 책이 되기를 바라는 마음에서 편집실의 권고대로 역사적인 사진들을 삽입하였다. 조선예수교장로교 총회가 1935년에 발간한 「역사화보」와 Harry A. Rhodes의 책(*History of the Korea Mission, Presbyterian Church U.S.A. 1884-1934*)에서 사진들을 얻었다. 한국교회역사자료박물관은 사진을 비롯한 한국 교회사 관련 자료의 보고이다. 귀한 자료를 주신 관장 장영학 목사님께 감사한다. 편집을 맡아 수고해 주신 출판부 실장 조주석 목사님과 삽화 작업을 해 주신 이민희 님께 감사한다. 그리고 교정을 보아 주신 이동만 목사님, 주현덕 목사님께 감사하며, 지난날 이 책을 최선을 다해 좋게 내어 주신 출판사 여러분들께 심심한 감사를 드리며 독자 분들께도 감사한다.

오랜 세월 동안 사랑으로 격려해 주신 안만수 목사님께, 화평교회 교우님들과 성원해 주신 많은 분들께 진심으로 감사한다. 늘 곁에 있으며 내조해 온 사랑하는 아내 이후한에게, 그리고 멀리서 기도하며 사랑을 보내 주는 아들과 며느리, 딸들과 사위들, 손자손녀들에게 감사하는 마음을 전한다. 한국 교회를 있게 하시고 은혜를 베푸시는 성삼위 하나님께 감사하며 영광을 돌린다.

2009년 7월 30일

김영재

차례

1960년대 이후의 한국 교회

한국 교회의 현실과 전망

부록

한국 교회사 연구 방법론

최초의 소래예배당(1884)
소래예배당(송천예배당) 전신

1

한국 교회사의 주요 저서와 논문

평이한 역사 서술로서의 교회사

한국에서 개신교 선교가 시작되면서부터 초대 선교사들은 본국에 선교보고를 하고, 또 교회의 설립과 그 성장에 관한 것은 물론, 한국의 지리, 역사, 문화에 관한 글을 많이 쓰고 책도 발간하였다. 「코리안 리포지터리」(*The Korean Repository*, 1892, 1895~8), 「코리아 리뷰」(*The Korea Review*, 1900-1905), 「코리안 미션필드」(*The Korean Mission Field*, 1905-1942) 등은 주로 이런 선교사들의 글이 실린 정기간행물로서 한국 교회사의 중요한 사료이다. 그런데 한국인으로는 선교가 시작된 지 30년이 되도록 이렇다 할 역사적 자료가 될 만한 기록도 제대로 남기지 못했다. 그래서 이광수(李光洙)는 1918년에 이미 이러한 교회의 역사에 대한 무관심을 탄식하였다.[1)]

그런데 장로교회에서는 바로 그 해에 「長老教會史典彙集」(1865~1911)을 발간하였다. 이 책은 주로 선교공의회와 교회나 노회의 회의록을 발췌, 수록한 정도이지만 귀중한 한국 교회사 사료이다. 1916년에 장로회 총회는 14인으로 구성한 역사연구위원회를 두고 「장로교회사전휘집」과 다른 공인된 좀 더 역사서의 체재를 갖춘 교회사를 편찬하도록 위촉하였다. 그리하여 1928

1) 閔庚培, 「韓國 基督教會史」 (서울: 대한기독교서회, 1972), 18.

년에 「朝鮮예수教 長老會史記」 상권이 출판되었다.

1930년에 이미 탈고한 하권은 그 서문에 기록한 바와 같이 한때 분실되어 우려가 많았지만 한국기독교사연구회의 관심과 노력으로 1968년에 비로소 출판되었다. 백락준(白樂濬)과 김양선(金良善) 등 여러 회원들이 그 책의 출판이 가장 급선무라는 데 의견을 같이한 결과이다. 한국기독교사연구회가 위에서 언급한 *The Korean Repository, The Korean Mission Field*와 초기 선교사들이 쓴 책들(史料叢書 1~10輯)을 영인본으로 출간한 것 역시 고마운 업적이다.

백락준의 「韓國改新教史」(*The History of the Prostestant Missions in Korea, 1832~1910*)는 한국 교회사 서술로는 제일 먼저 된 책으로 1927년 예일(Yale) 대학교의 박사 학위 논문으로 제출되었던 것인데, 1929년에 영문으로 출판되었다. 주지하는 바와 같이 백락준의 책은 훌륭한 논문일 뿐 아니라 한국 교회사 연구를 위한 고전으로 인정을 받고 있다.

한국 선교 희년을 맞아 한국 교회에서는 교회사 편찬에 상당한 관심을 보였다. 장로교회에서는 선교 50주년을 기념하여 귀중한 자료 「歷史畵報」(*A Pictorical History: illustrating the first fifty years of work of the Presbyterian Church in Korea commemorating the jubilee year 1934*)를 한글 · 영문으로 사진 설명을 달아 1935년에 출판하였다. 감리교회의 장정심(張貞心)은 같은 해에 「朝鮮基督教 50年史話」를 출간하였고, 채필근(蔡必近)은 「朝鮮基督教發達史」를 1938년 8월부터 1939년 12월까지 기독신문에 연재하였다.

이 시기에 와서 좀 더 학적인 면모를 갖추어 교회사를 쓴 이들은 주로 선교사들이었다. 해리 로즈(Harry A. Rhodes)는 1935년에 *History of Korean Mission, Presbyterian Church U. S. A. 1884~1934*를 썼다. 각 선교 지역의 자세한 사항까지 기록하고 있어서 장로교회사 연구의 좋은 자료로 평가할 만하다.

감리교회사로는 1947년에 스토크(Charles Davies Stoke)가 쓴 미출판된 박사 학위 논문 "History of Methodist Mission in Korea, 1885~1930"이 있다. 한순남은 1970년 템플 대학교(Temple University)에서 스토크가 쓴 감리교회사에 대한 미출판된 논문"History of Methodism in Korea, 1931~1965"를 썼다. 브라운(George Thompson Brown) 선교사는 1962년 버지니아의 유니온(Union) 신학교에 "A History of the Korean Mission, Presbyterian Church, U.S. from 1892 to 1962"란 제목으로 박사 학위 논문을 제출했으며, 이를 *Mission to Korea*란 제명으로 출판하였다. 이 책은 미국 남장로교회의 선교 지역인 호남 지방을 중심으로 서술한 교회사이다. 1975년에 기독교대한감리회 총리원 교육국에서 편찬한 「韓國監理教會史」는 장로교회의 「朝鮮예수教長老教會史記」와 비슷한 성격으로 된 한국 감리교회사 연구를 위한 좋은 자료로 평가할 수 있다.

이상에서 언급한 교회사들은 주로 선교 활동과 교회의 성장을 역사적으로 기술한 책이다. 우리나라 말로 충실하게 쓴 최초의 교회사는 김양선의 「韓國基督教解放十年史」이다. 해방 이후 10년 동안 교회 분열 등 파란 많은 시대의 사건들을 다룬 문서들을 자세하게 소개하는 한편, 해방 이전의 역사도 소급해서 쓴 것이므로, 이 시기의 교회사 연구에 없어서는 안 될 귀한 사료이다. 1945년 이전의 한국 교회사는 김양선의 소천 후 그의 생질이며 한국 교회사 연구가인 김광수(金光洙)가 「韓國基督教史研究」란 제목으로 출판하였다.

곽안전(Allen D. Clark)은 1961년에 *The History of the Korean Church*를 한국어로 번역한 「韓國教會史」를 출판하였다. 그가 1971년에 다시 쓴 *A History of the Church in Korea*는 비록 각주는 없지만 충실한 한국 교회 역사서로 평가할 수 있다. 1970년에 출판된 이호운(李浩雲)의 「韓國基督教會初期史」는 1832년부터 1905년에 이르는 역사를 자상하게 사료의 근거를 제시하며 기술하고, 1976년에 출판된 김광수(金光洙)의 「韓國基督教成長史」는 1884년부터 1919년 3 · 1 운동까지의 역사를 다루고 있다.

일본 동경에서 오랫동안 목회하면서 교회사를 연구해 온 오윤태(吳允台)는 1978년 「韓國基督敎史」 제1권 "경교사 편"(景敎史 編)을 위시하여 1979년 제2권 "가톨릭사 편" 등 방대한 분량의 충실한 '기독교사'를 내놓았다. 1984년에 한국 교회 백주년을 기념하여 대한예수교장로회총회(통합)의 한국 교회 백주년 준비위원회 사료분과위원회는 민경배(閔庚培)의 집필로 「大韓예수敎長老會百年史」를 출간하였다. 그리고 한국기독교사연구소에서 회원들이 공동 집필한 「한국 기독교의 역사」 I(1989), II(1990), Ⅲ(2009)는 국내외의 많은 자료를 섭렵하여 쓴 책이다. 한국의 문화와 역사 속에서 성장해 온 기독교 역사를 뚜렷한 신학적 주관 없이 역사 연구가의 견지에서 기술했지만, 교회사 사료를 풍부하게 제공한 점에서 유익하다. 그 밖에 자료총서를 펴내고 있는 것은 한국교회사 연구를 위하여 정말 고마운 일이다.

한국기독교역사연구소에서 김승태 · 박혜진이 엮어 1994년에 펴낸 「내한 선교사 총람 1884~1984」〈자료총서 제18집〉은 1984년까지 한국에 온 선교사 2,956명에 대한 귀한 인명사전이다. 1994년 같은 해에 기독지혜사에서 전봉준과 조주석의 편집진이 편찬 발행한 「교회사 대사전」은 한국 교회사 연구 차원을 높여 주는 귀한 결실이다. 그 밖에 많은 교회사 학자들이 다양한 관점과 방법으로 한국기독교회사 연구서를 펴내어 풍성한 결실을 수확하게 된 것은 경하할 일이다. 2009년 7월에 개관한 한국교회역사자료박물관은 개교회사, 지역교회사, 한국교회사, 인물사, 역사화보 등 15,000권의 자료들을 소장하고 있다. 방대한 양의 귀한 자료들을 수집 정리하여 전시함으로써 한국교회사 연구에 기여하는 관장 장영학의 역사를 보는 안목과 열정과 노고는 치하할 일이다.

선교학적인 관점에서 본 교회사

위와 같은 사건을 중심으로 평이한 역사 서술 외에 교회사를 선교학적인 관점에서 기술한 교회사로는 먼저 곽안련(郭安連, Charles A. Clark, 1878~1961) 선교사가 1930년에 출판한 *The Korean Church and the Nevius Methods*가 있다.[2] 이 책은 교회의 성장을 특정한 선교 정책의 결실로 보고 검토하며 선교 방법론을 재평가한다. 왓슨(Alfred W. Wasson) 선교사는 1934년에 출판한 *Church Growth in Korea*[3] 에서 한국 교회의 성장이 정치적, 사회적 여건에 따라 10년 주기로 빨리 혹은 천천히 성장하는 것을 관찰한다. 성명원(Roy E. Shearer) 선교사는 *Wild Fire: Church Growth in Korea*(한국어판: 「韓國基督敎成長史」)에서, 위에 든 왓슨의 견해를 지지하고, 교회 성장이 지역별로 차이가 있음을 지적한다.

이갑수가 미국 Fordham 대학교에 제출한 박사 학위 논문 "Sociology of Conversion Christianity in Korea"(1961, 미출판)는 교회 성장을 사회학적인 관점에서 관찰한 것이다. 그는 'social anomie', 즉 정상적인 규범을 벗어난 사회 상황에서 개종하는 사람이 더 증가한다고 주장한다. 그런데 이갑수는 여기서 선교 활동의 역할을 교회 성장의 요인에서 아주 배제하지는 않는다. 교회사 연구서라기보다는 교회사를 통해 보는 사회학적인 연구서라고 할 수 있다.

기독교 토착화와 신학적인 관점에서 본 교회사

1960년 초반부터 한국 신학계에 한국 교회의 주체성과 한국적 신학을 추구하는 기독교의 토착화가 논의되기 시작하였다. 팔머(Spencer J. Palmer)는

2) 그의 학위 논문은 "The National Presbyterian Church of Korea as a Test of Validity of the Nevius Principles of Missionary Method" (Chicago, 1929)이다.
3) 박사 학위 논문 "Factors in Growth of the Church in Korea"(Chicago, 1931)을 출판함.

1967년 출판한 *Korea and Christianity*[4] 에서 한국 선교의 초기 단계에 한국 선교가 한국 고유문화에 어떻게 적응했는지를 중국 선교와 비교하며 규명한다. 그는 전통적인 재래 문화에 대한 기독교의 토착화가 선교 성공의 중요한 요인이라고 본다.

박봉배(朴奉培)는 1970년의 박사 학위 논문[5]에서 기독교와 한국의 재래 문화와 윤리가 어떻게 상호간에 영향을 미쳤나를 가려내려고 한다. 그의 의도는 기독교 복음의 능력을 거부하거나 적극적인 가능성이 있는 재래 문화의 요소를 이러한 연구에서 배제하지 않으려고 하는 것이다. 말하자면 박봉배는 헬무트 리차드 니버(Helmut Richard Niebuhr)의 '변혁설'(the theory of 'transformation')에 따라 윤리적인 관점에서 토착화 신학의 길을 모색한다.[6]

박봉배는 우선적으로 윤리학적인 견지에서 기독교를 보기 때문에 기독교 신앙의 다양성을 간과한다. 민경배와는 달리 그는 한국에 온 초대 선교사들이 어떤 유형의 신앙을 가졌는지 묻지 않고, 한국의 기독교 신앙을 교회 전통이나 기독교의 보편성(ecumenicity)에 비추어 보지 않고 단지 한국의 문화 윤리에 비추어 본다. 한국 기독교인의 신앙이 한국 재래 종교를 통하여 규정되는 것으로 본 것이다. 그리하여 박봉배는 한국의 기독교인을 두 유형으로 구별한다. 유교를 배경으로 한 신앙의 유형, 불교와 샤머니즘을 배경으로 한 신앙의 유형으로 구분한다. 전자는 말하자면 정치와 사회에 관심을 가지고 적극 참여하는 반면에, 후자는 피안적 신앙을 가져 은둔이라고 한다.

그런데 교회사를 이와 같이 어떤 특정한 도식에 맞추어 보아서는 결코 그 온전한 양상을 볼 수 없다. 리차드 니버가 기독교 역사 혹은 서양 역사를 그리스도와 문화의 관계, 혹은 그 관계에 대한 이해를 다섯 가지 유형으로 구분

4) 박사 학위 논문 "Protestant Christianity in China and Korea: The Problem of Identification with Tradition" (California, 1964)을 출판한 책.
5) Park Bong~Bae, "The Encounter of Christianity with Traditional Culture and Ethics in Korea, An Essay in Christian Self-understanding" (미국 Vanderbilt University, 1970)
6) 같은 논문, 10.

하는 것부터 부자연스러운 것이다. 여하튼 박봉배의 논문은 본격적인 교회사는 아니고 한국 기독교의 성장을 문화 윤리 면에서 본 논문이다.

선교사 간하배(Harvie M. Conn)는 「신학지남」과 *Westminster Theological Journal*에 1966년에서 1968년까지 네 차례에 걸쳐 1945년까지의 한국 장로교회의 신학적인 발전에 대하여 서술하였다. 주로 보수 신학과 자유주의 신학의 논쟁과 대결을 다루고 있어서 선교적인 면, 즉 교회의 외면적인 성장이 아니라 교회의 내면적인 생활, 즉 신학을 충실하게 다루었다는 점에서 특기할 만하다.

1972년에 출판된 민경배의 「韓國基督敎會史」는 '토착화 신학'에 부응하는 교회사 저서로서, 한국인이 쓴 최초의 한국 교회 통사란 점과 '민족교회' 확립이란 사관에서 쓴 책이란 점에서 가치가 있다. 민경배는 종래의 교회사가 모두 선교적인 관점이라는 불만을 표하면서 백락준의 저서도 역시 그런 범주에 속한다고 지적한다. 그것은 옳은 말이지만, 백락준이 취급한 1912년까지의 시대성을 감안하지 않은 것 같다. 다시 말하면, 한국이 복음을 받아들인 후 교회가 서고, 노회와 총회가 조직되던 당시의 시대성을 감안할 때 누구든지 선교사적인 관심에서 쓸 수밖에 없었다는 점을 간과한 것 같다.

민경배는 소위 외국의 '선교 팽창주의'의 관점을 탈피하고 민족의 주체성을 찾는 '민족교회'의 역사를 쓴다고 말한다. 민경배의 저서는 한국 내의 자료를 동원하여 한국어로 쓴 한국 교회사로서, 토착화신학의 입장에서 볼 때 교회사 분야에서 이룩한 하나의 기여라고 볼 수 있다. 그러나 흔히 말하듯이 너무 이러한 강한 주관성 때문에 신학적인 일관성이 결여되어 있음을 지적하고 싶다. 무엇보다도 먼저 도대체 '민족교회'란 개념을 신학적으로 어떻게 정당화하며 평가할 수 있는지 의문이다.

새로운 민족주의(Neo~nationalism)가 20세기 후반세기를 접어들면서 세계 도처에서 볼 수 있는 추세가 되었는데, 우리 국내에서도 유신정권에 의하여 민족주의가 고양됨과 동시에 민족문화의 진흥 정책이 수반되었으며 '한국적

민주주의' 란 개념까지 도출되었다. '민족교회' 란 말은 많은 한국의 교인들이 단순한 애국심에서 비판 없이 수납하는 말이지만 '민족교회' 의 신학적인 타당성은 먼저 따져 보아야 할 일이다.

민경배는 역사 기록에서 민족적인 감정과 민족을 지나치게 앞세운 나머지 외국 선교회를 '민족교회' 설립을 저해하는 요소로 보는 경향이 매우 짙다. 1974년에 출판된 그의「民族教會形成史論」에서는 그런 경향이 더욱 드러난다. 예를 들면, 그는 선교사들이 영적인 운동이나 부흥 운동을 통하여 민족교회로 형성되려는 한국 교회를 비정치화하고 비민족화하였다고 비판한다. 한국에 제일 먼저 온 선교사들이 경건주의적, 청교도적 신앙을 가진 자들이라고 규명하면서 이것이 '종교심이 강한' 한국인의 심성에 맞았다고 하면서도 이러한 경향을 부정적으로 평가한다.

손명걸은 1974년에 쓴 박사 학위 논문에서 역시 한국 교회의 정체성을 찾는다.[7] 이 논문은 1930년부터 1970년까지의 한국 교회사를 기술하면서, 특히 신학자들과 그들의 사상을 자상하게 쓰고 있다. 손명걸은 민경배의 견해를 비판하면서도 한국 교회의 주체성을 교회사 이해의 규범으로 삼는다. 그래서 30년대에 장로교회와 감리교회에서 경고를 받았던 이단들의 활동들을 주체성을 찾으려는 노력으로 평가한다.

1978년의 이영헌(李永獻)의「韓國基督教史」는 민경배의「韓國基督教會史」이후에 출판된 또 하나의 우리말로 쓴 충실한 '한국 교회사' 라고 할 수 있다. 그런데 가톨릭교회의 역사를 비롯하여 이단적인 종파 운동에 대해서도 많은 것을 기술한 것은 책명대로 한국 기독교의 역사를 기술하려는 의도에 충실하려고 한 것인 줄 안다. 그러나 6 · 25 당시의 군대 이동과 무기의 수 또는 제2차 세계 대전 전후의 막후 외교 등 상세한 점까지 기록한 것을 보아서는 그의

7) Son Myoung-Gul,"Korean Churches in Search of Self-Identity, 1930-1970: An examination of some protestant efforts during the period of Japanization,national division and resurgence" (Dissertation, Southern Methodist University,1974).

교회사관이 어떤 것인지 짐작하기 어렵다. 교회 역사의 주변 사건들을 자상하게 기록하면, 교회사 기술에서 정작 무엇을 중요시해야 하는지 독자들로 하여금 분별하기가 어렵게 만든다.

민중신학의 한국 교회사 이해

민중신학에 근거한 한국 교회사가 이렇다 할 단행본으로 나온 것은 없으나, 민중신학이 특이한 교회사 이해를 제시하기 때문에 교회사 방법론을 모색하는 데는 그 교회사관을 한번 살피지 않을 수 없다. 우리 민족과 외세와의 관계에서 민족의 자주 정신을 찾고 한국 교회의 자주성을 지나치게 강조한 나머지 선교사들의 활동을 식민주의와 혼동하고, 한국 기독교회사를 기독교 교회의 역사적인 전통에서 단절시켜 보는 경향이 있다. 그러나 복음의 선교와 교회의 성장에 대해서는 전통적인 신학과 선교 이해의 테두리에서 보는 것이 좋다.

그러나 민중신학의 교회사 이해는 '민족교회' 사관과는 비교가 되지 않을 만큼 전통적인 신학과 교회관을 이탈하며 이를 거부한다. 그러므로 전통을 존중하는 신학적 입장에서는 민중신학이나 민중사관에 근거한 기독교사관을 두고는 대화할 수 있는 공통적인 근거를 찾을 수 없어서 난감하다.

민중신학은 기독교 복음이 역사적으로 사회에서 소외되고 권력층에 억눌리고 지배를 받아 온 민중의 해방과 구원을 위한 것이라는 한국적인 상황에서 발전한 정치신학이다. 민중신학의 발전을 위하여 70년대 말에서부터 많은 사람들이 구약과 신약, 특히 마가복음서와 교회사뿐 아니라 일반 역사에서도 민중신학을 뒷받침할 수 있는 말이나 사건들을 인용하여 민중신학의 타당성을 논증하려고 한다.

민중신학에서 성경이 가난하고 소외된 계층의 구원에 대하여 말하고 있음을 밝히는 점에는 공감할 수 있다. 그리고 교회가 민중에게 눈을 떠서 가난한 민중을 돌보아야 한다는 강한 신학적인 외침도 그러한 역할을 다한다는 점에서 긍정적으로 평가할 수 있다. 그러나 민중신학에서 성경의 진리를 민중의 정치적인 구원이라는 초점에만 맞추고, 그것이 전부인 것처럼 말하는 것은 옳지 않다. 그리고 앞으로는 민중신학의 조직신학적인 체계를 갖추도록 발전해야 한다고도 하는데, 전통적인 신학의 내용을 거부하면서 그러한 신학적 체계를 답습하는 것은 모순이다.

민중신학이 정치신학이라면, 그것은 심일섭(沈一燮)이 지적한 바와 같이 어디까지나 상황신학으로서의 성격과 한계성이 있고,[8] 민중신학이 그 한계성을 자인할 때만 조금이나마 신학으로서의 의미가 있기 때문이다. 정치적, 사회적으로 억눌리고 가난에 시달려 온 민중이 그러한 굴레에서 벗어나기 위한 정치적인 해방 운동은 할 수 있을지 모르지만, 퇴폐적인 도덕생활에서의 해방은 자신의 힘으로 할 수 있는 것이 아니다. 민중은 선각자의 지도나 선동에 따라 정치적인 해방 운동의 주체는 될 수 있어도, 도덕이나 영적인 문제에 대해서는 항상 가르침을 받아야 하는 교화의 대상일 뿐이다. 종교개혁자들은 교회의 징표를 말씀 선포와 성례 집행이라고 말하며, 개혁교회에서는 거기에다 권징을 덧붙여 말한다. 백성을 깨우치고, 그리스도와 연합하며, 성결하게 살도록 하는 교회의 역할은 변함없이 수행되어야 한다.

민중신학에서는 성경의 가르침을 민중의 정치적인 구원에 초점을 맞추다 보니 성경 말씀을 취사선택하게 되고, 또한 선택한 말씀에 대해서도 보편타당한 해석을 전적으로 포기하게 되었다. 그리고 민중을 강조하고 미화한 나머지 사회의 모든 계층을 포괄하는 백성이라는 개념을 기피한다. 그래서 '백성' (히브리어로 am, 헬라어로 laos)이란 말보다는 구약에서 말하는 '가난한 자' (anawim)와 마가복음의 '오클로스' 를 일반적으로 통용되는 '군중' 이라는 뜻 이상의 '민중' 으로 이해한다. "마가는 민중이라는 개념 내용이 필요했는데 다른 말이 없어서 '오클로스' 라는 단어를 빌려 썼다고 말해야 한다."고 할

8) 沈一燮,「韓國 民族 運動과 基督教 收容史 考」(서울: 亞細亞文化社, 1982). 328.

정도로 견강부회식의 신령주의적(spiritualistic)인 성경 이해를 시도한다.[9] 그러므로 마가복음의 '오클로스' 란 말의 어의학적인 뜻을 따지는 것은 아무 의미가 없다.

민중신학의 민중사관은 사회, 경제사적인 관점에서 사회를 구성하는 계층을 지배하는 권력층과 가난한 피지배층인 민중으로 이분하고 역사를 양자의 대립관계에서 보는 점은 역사의 발전을 유산자와 무산자의 대립관계로 보는 유물사관과 비슷하다. 민중신학에서는 '민중' 이 프롤레타리아 개념과는 다르고, 민중신학의 지향점이 역사의 지평을 초월하는 종말론적이라는 점에서 무산자의 독재를 전제로 하는 유물사관과는 구별된다고 하는데, 역사의 주체 파악은 별로 다르지 않다. 민중신학은 기독교를 민중에게 자유와 평등과 인권을 쟁취하는 힘과 희망을 안겨 준다는 점에서 가치를 부여하고 상대화한다. 말하자면 민중에게 힘과 희망을 주는 종교라면 어떤 종교에서든지 신학적인 가치를 발견하는 것이다.

서남동(徐南同)은 하나님 나라와 천년왕국을 두 개의 대치되는 개념으로 보고, 하나님 나라가 피안적인 면을 강조하는 반면에 천년왕국은 현세의 연장에 역점을 두는 것이라고 간주함으로써 천년왕국에 대한 신앙을 재평가한다. '하나님 나라' 는 콘스탄틴의 기독교에서, 아니 그 이전에 이미 비정치화되어 버렸다고 한다. 그래서 민중은 역사의 피안을 상징하는 천국보다는 역사의 장래에 있을 역사 변혁적인 천년왕국이라는 상징을 불가피하게 내포하게 되었다고 한다. 그리고 역사적인 기독교는 천년왕국 신앙과 거기에 준한 미래에 대한 갈망의 여러 변형들을 이단으로 정죄함으로써 민중의 갈망을 눌러 버린 것이라고 하면서 기독교 역사에 있었던 천년왕국 신앙을 강조하던 신령주의적인 운동에 가치를 부여한다. 이러한 논의에 따르면 서양 교회가 전통적으로 이해한 복음은 비정치화된 복음이다.

9) 徐南同, "두 이야기의 합류", 「民衆과 韓國 神學」, 345.

주재용(朱在鏞)은 한국 기독교사를 민중사관의 견지에서 5개의 기간으로 나누어 본다. 제1기는 1876년에서 1896년까지로 기독교가 민중에게 수용된 시기, 제2기는 1896년에서 1919년까지로 반봉건 반식민지 투쟁에서 민중의 교회로서의 사명을 다한 시기, 제3기는 1919년에서 1932년까지로 민중의 삶의 현장에서 멀어져 가면서 계몽에 힘쓴 시기, 제4기는 1932년에서 1965년까지로 반민주적인 치욕의 시기, 즉 한국 교회가 신사참배 강요에 굴복했으며 전래된 신학의 노예가 되고 교권의 노예가 된 시기, 제5기는 1965년 이후 민중의 교회로서 자기 정체를 다시 찾고, 선교적 사명을 재인식하기 시작한 시기로 구분한다.[10)]

그는 한국에 전해진 기독교의 수용과 성장을 민중의 정치적인 의식과 활동을 위한 것이며, 그 의식의 발전으로 본다. 민중신학에서 교회의 주체를 민중으로 보고, 하나님의 백성이라는 신학적인 개념을 민중이라는 정치, 사회학적인 개념으로 그냥 대치할 수 있다고 생각하는 것은 잘못이다. 이러한 관점에는 그리스도의 교회가 부르심을 받고 택함을 받은 하나님의 백성이요, 새 이스라엘이라는 개념이나, 복음이 미미한 데서 시작하여 점점 크게 자란다는 복음서의 비유가 가르치는 하나님 나라의 확장이나 교회 성장의 개념, 바울이 말하는 그리스도의 의롭다 함을 받은 성도들이 하나님의 성전으로, 즉 교회다운 교회로 지어져야 한다는 개념은 전제되지 않고 있다.

그러므로 '민족교회' 사관에서도 그렇지만 민중사관에서도 한국의 초대교회를 처음부터 의식화된 성장한 교회로 보려고 하거나 기대한다. 교회의 구성원을 복음을 듣고 회개하여 젖먹이의 상태에서 새롭게 자라가는 하나님의 백성으로 보지 않고, 복음 이전에 이미 존재하는 민중을 교회의 주체로 보기 때문에 그럴 수밖에 없다. 민중신학에서는 교회의 주체를 민중이라고 주장하지만, 그것은 성경이 가르치는 것과는 전혀 다르다. 예수를 왕으로 삼으려고 하다가 제사장들의 충동을 받아 예수를 십자가에 못 박으라고 소리지르

10) 朱在鏞, "한국 민중과 개신교사", 「민중과 한국 신학」 (서울: 한국신학연구소, 1982), 217-236.

는 폭도로 돌변하는 '오클로스'가 교회의 주체일 수는 없다.

민중신학이 한국적인 상황에서 민중의 해방과 구원을 위한다는 정치신학을 위하여 기독교 교회 전통적인 복음 이해와 교회관을 철저하게 전도하고 거부하는 것은 너무 많은 값을 치르는 일이다. 한국의 기독교는 전통적으로 이해한 복음 전파로 교회가 서서히 자라 왔고, 기독교 인구가 증가해 왔으므로, 기독교를 민중의 것으로 말할 수 있을 정도가 되었다. 그러므로 한국 교회를 있게 한 전통적인 복음 이해와 교회관을 송두리째 부정할 수는 없다. 만일 그렇게 한다면 민중신학도 설자리가 없어진다는 것을 인식해야 한다.

2

한국 교회와 교회의 전통

한국 기독교사와 한국 기독교회사

한국 기독교사' 와 '한국 기독교회사' 는 상호 대체할 수 있는 말로 알고 그렇게 사용하는 경우도 있지만, 엄밀한 의미에서는 현격한 차이가 있는 말이다. 유럽의 교회사 기술에서 '기독교사' 라는 제명의 책이 나오게 된 것은 19세기 중엽이었는데 역사비판적인 견해에서 그런 제명을 붙인 것이다. '기독교사' 는 기독교를 일반 종교의 하나로 보고 종교사나 문화사적인 관심에서 기독교의 전래와 성장을 역사적으로 기술하는 것을 말한다. 그 경우에는 중국의 당나라 시대에 한때 성행했던 경교(景教)가 한반도까지 전래되었느냐 하는 것을 규명하기 위하여 그 흔적을 추적하는 일은 당연한 것이며, 그러한 노력과 관심은 의의가 있는 일이다. '한국 기독교사' 라는 제명으로 책을 펴낸 이들은 아마도 이런 점을 충분히 의식하고 그 점에 관심을 기울이는 것으로 보인다.

오윤태는 '한국 기독교사' 라는 제명하에 「한국경교사 편」을 위시하여 「한국 가톨릭사」 I편과 II편에 이어 「개신교 전래사」 등 한국 기독교를 역사적인 관심에서 서술하는 책들을 내어 놓았다. 김광수(金光洙)도 역시 비슷한 관심에서 '한국 교회사' 들을 펴냈다. 김득황(金得榥)이 「韓國 宗教史」에서 기독교를 다루는 부분 역시 기독교사의 범주에 속한다. 그리고 이능화(李能和)의 「韓國基督教 及 外交史」의 경우와 같이 불교 신자이면서도 기독교를 역사적으로 서술하는 일도 '한국 기독교사' 라는 이름으로는 가능하다. 김양선은 「韓國基督教史研究」에서 기독교의 전래에 관련된 폭넓은 주제를 다루고 있다. 이만열(李萬烈)을 중심으로 한국의 기독교인 사학자들이 주로 공헌하고 있는 한국기독교사연구소에서 「한국 기독교의 역사」라는 책을 펴내는 것은 당연한 일이다.[11]

그러나 '교회사' 라는 말은 교회에 더 역점을 두고 있는 교회에 대한 신앙고백을 전제로 한 말이다. '기독교사' 라고 할 때는 기독교를 종교의 한 형태로나 문화의 한 현상으로 다루는 일을 함축하고 있지만, '교회사' 는 그리스도의 교회에 대한 역사적인 관심뿐 아니라 현재의 교회에 대한 지대한 관심을 담고 있다. 그러므로 '교회사' 이해는 교회를 어떻게 이해하는가 하는 교회관을 전제로 한다.

개신교의 한국 가톨릭 교회사 이해

1960년대에 들어와서 기독교 토착화가 논의되면서부터 신학자들 간에는 기독교를 주로 한국 고유문화나 재래 종교와의 관계에서 이해하려는 경향이 농후해졌다. 그 가운데서도 윤성범(尹聖範), 유동식(柳東植), 김광식(金光植) 같은 이들은 한국적인 신학을 위해서는 서양 교회 전통이 불필요하며, 복음의 재해석을 통하여 서방 기독교의 전통에서 해방되는 것이 '한국적 신학' 을 위한 전제라고 이해한다. 서양 기독교의 전통에서의 단절을 주장하는 경향은 교회사가인 이장식(李章植)과 민경배에게서도 볼 수 있다. 민경배는 「한국 기독교회

11) 1990년 9월 기독교 문화의 창달과 정착에 기여할 것을 목적으로 초교파적인 기관으로 설립된 기독교역사연구소는 사료 연구를 위하여 매월 세미나를 개최하며 때때로 공개강좌를 여는 한편, 노치준, 「일제하 한국 기독교 민족 운동 연구」 등 연구 총서와 「내한 선교사 총람」 등 자료총서를 펴냄으로써 한국 기독교 연구에 많은 기여를 하고 있다.

사」 서론에서, 교회 전통은 오늘날 더욱더 상대화되고 있기 때문에 교회사의 근거는 바로 경건이어야 한다고 말한다.[12] 만일 누구든지 한국 교회사를 수평적인 면을 고려하지 않고 수직적인 면만을 고려한다면 결코 올바른 개신교의 교회사관을 갖지 못하고 한 신령주의적인 사관을 갖는 결과가 된다. 수직적인 면, 즉 경건만으로는 개신교의 교회사를 바로 이해할 수가 없다.

또한 민경배는 위의 저서 서문에서 가톨릭 교회사도 신교의 교회사와 함께 기술할 의도라고 말하면서도 개신교 선교가 시작되기 이전 시대의 가톨릭 역사만 기술했을 뿐이다. 이영헌도 민경배와 같은 의도를 표명했으나 개신교사와 병행하는 시대의 가톨릭교회 역사에는 겨우 몇 면만 할애했을 뿐 개신교 선교 이전의 가톨릭 교회사를 개신교 교회사 이전의 기독교 선교사로 엮고 있다.

이와 같이 그들의 의도와는 달리 가톨릭 교회사를 개신교 교회사에 함께 기술하는 데 실패한 이유는 전혀 이상할 것이 없다. 왜냐하면 개신교와 가톨릭 교회의 교회관이 다르고, 그에 따라 교회사관도 다르기 때문이다. 가톨릭 교회사관에 따르면, 교회를 한편으로는 그리스도의 신비적인 몸과 같은 것으로 보고, 다른 한편으로는 역사에서 실제로 파악할 수 있는 로마 가톨릭 교회와 하나로 보고서 교회사를 성육(成肉, Incarnation)의 직접적인 계속으로 이해한다. 게하르트 에벨링(Gehard Ebeling)이 지적하듯이, 가톨릭의 교회사관에 의하면 교회는 정체성(identity)과 계속성(continuity)을 온전히 유지하는 데서 성장하며 그 교리를 펼 수 있다고 한다.[13] 이러한 가톨릭의 교회사관은 교회사를 하나의 유기체적인 움직임으로 보고 본래적인 의미에서의 역사적 움직임으로 보지 않는다.

그 반면에 '신령주의 교회'(Spiritualistic church = Schwarmertum)는 영적인 관계만을 지나치게 강조함으로써 교회와 예수 그리스도 안에 있는 계시의

12) 閔庚培,「韓國 基督敎會史」, 21.
13) Gehard Ebeling, *Wort Gottes und Tradition* (Göttingen, 1964), 19.

역사성의 상호관계를 무시한다.[14] 이것은 또한 바르트(K. Barth)와 바르트주의자에게서도 볼 수 있는 경향으로, 그들의 교회사관의 약점이다.

그러나 전통적인 개신교의 입장에서 볼 때, 하나님의 말씀과 교회 전통의 긴장 관계를 취급하는 것이 교회사의 과제다.[15] 다시 말하면 교회사는 우리의 신앙과 경건생활을 요구하는 하나님의 말씀을 통한 하나님의 계시라는 수직선과 역사상의 기독교인들의 증거라는 수평선 간의 긴장 관계에서 성립하는 것이다.[16] 교회사는 우리 인간과 예수 그리스도 안에 나타난 하나님의 계시와의 관계에서 성립되는 것이므로, 때로는 부담스럽기도 하고, 또 유익을 주기도 하는 상호작용을 하면서 성립한다. 이렇게 상호작용을 하면서 성립하는 교회사를 통하여 예수 그리스도의 증거가 우리에게 도달하는 것임을 인식할 수 있다. 그러므로 교회관과 교회사관이 다른 가톨릭의 교회사를 개신교 교회사와 함께 섞어 서술한다는 것은 쉬운 작업이 아니다.

한국 가톨릭 교회사의 대표적인 책은 1962년에 출판한 유홍렬(柳洪烈)의 「韓國 天主敎會史」란 방대한 저서인데, 유홍렬은 무엇보다도 많은 지면에 가톨릭교의 선교와 신자들의 순교를 할애하여 생생하게 기록하고 있다. 개신교 선교 시대 이후의 역사가 4분의 1밖에 차지하지 않는 것을 보면, 물론 저자가 일반 역사가지만, 교회가 확고히 서기 이전의 역사에 훨씬 더 많은 흥미를 가지고 있음을 알 수 있다. 그리고 일단 교회가 확고히 서면 기구(機構, Institution)로서의 교회의 역사 서술은 개신교 교회보다 굴곡이 적어 서술할 것도 적기 마련이다.

많은 개신교 교회사가들이 개신교 선교 이전의 한국 가톨릭교회의 역사를 개신교 선교의 전역사(前歷史)로 취급한 것은 당연한 듯싶다. 이런 경우 가톨릭교회와 이를 뒤따르는 개신교 교회사는 선교사(宣敎史)로서 연결된 교회사

14) 같은 책, 20.
15) 개신교의 교회사관은 종교개혁 이후 시대를 따라 변천되어 온 것은 사실이며, 신학적인 견해에 따라 달리 말한다.
16) Winfried Zeller, *Theologie und Frommigkeit* (Marburg, 1971), 7, 1-8 비교.

로 다루어진 것이지 본격적인 교회사, 다시 말해서 신학으로서의 교회사로 연결된 교회의 역사로 기술되었다고는 할 수 없다. 왜냐하면 한국의 가톨릭교회와 개신교회는 각기 분리된 상태의 종교로 한국에 전래되었으므로 한국의 역사에서는 서로 아무런 교회사적인 관련성이 없기 때문이다.

다시 말하면 종교 개혁으로 인한 두 교회의 분립이 서양의 역사에서 일어난 것이지 한국의 역사에서 일어난 것은 아니라는 뜻이다. 그런데 대부분의 교회사가들이 개신교 선교 이전의 가톨릭의 선교 역사 부분을 먼저 씀으로써 서양의 교회사 책의 형식을 취하고 있다. 다시 말하면 그것은 선교사(宣教史)로서의 가톨릭의 역사 부분을 개신교의 역사와 연결된 교회사로 인식하여 선교사와 교회사를 혼동한 데서 온 것이다.

김양선과 백락준이 민경배나 이영헌과는 달리 개신교 선교 이전의 가톨릭 교회사를 선교사로 솔직하게 본 점은 옳았으나, 그들도 역시 신교와 구교의 관계를 서양의 교회사의 형식(pattern)에 따라 고려했던 것 같다. 즉, 김양선이 가톨릭 신자들의 순교가 개신교 선교의 기초가 되었다고 보는 것이라든지, 백락준이 가톨릭 신자들의 순교를 높이 평가하면서도 가톨릭 교회가 복음서를 하나도 번역하지 않았기 때문에 개신교의 선교가 불가피한 것이었다고 진술한 일 등이다. 두 사람이 모두 그렇게 말함으로써 양 교회의 역사적인 발전을 한 콘텍스트에 두려고 하였다.

한국 개신교의 교회 전통

가톨릭 교회사와 개신교 교회사를 병행하여 기술하거나, 개신교 선교의 시작을 기점으로 전후로 나누어 기술하건 간에, 양 교회의 역사적인 관계는 한국의 역사가 아니라 서양의 역사에서 발견할 수 있다는 점을 인식한다면 우리는 자연히 가톨릭교회와 개신교 교회 전통을 묻게 된다.

개신교의 교회 전통에 속하는 교회는 루터교회(Lutheranism), 개혁주의 교회와 영국의 성공회(Calvinism and Anglicanism), 신령주의적인 재세례파들의 교회들이다. 재세례파는, 유럽 대륙에서는 로마 가톨릭이나 루터 교회나 개혁교회 등 국가 교회들의 박해를 받았으나 미국에서는 동등한 권리를 주장하게 되었다. 영국의 청교도 운동은 개혁주의 신앙을 가진 이들이 성공회의 철저한 개혁을 주창한 운동인데, 청교도들이 형성한 교회는 장로교회와 회중교회 등이다.

한국 개신교의 대다수를 차지하는 한국 장로교회가 명실상부 개혁주의, 즉 칼빈주의 전통에 속함은 두말할 여지가 없다. 장로교회와 연륜을 같이하며 둘째로 큰 교세를 이루고 있는 감리교회와 감리교회에서 파생한 성결교회 역시 넓은 의미에서는 칼빈주의 전통에 속하며, 침례교 또한 청교도 운동에 뿌리를 두고 있다. 그러므로 각자가 개혁주의를 강하게 표방하느냐 그렇지 않느냐의 차이는 있으나 한국의 중요한 교파 교회들이 대부분 개혁주의 전통에 속한다. 그리고 초기에 한국의 교회들이 부흥 운동을 경험하고 경건주의적 신앙을 가졌다는 점에서 공통의 유산을 가진 것이다.

한국의 성공회는 영국의 국가적인 특색이 풍기는 탓으로 다른 교파 교회처럼 성장하지 못했다. 루터 선교회는 다른 교파보다 훨씬 늦은 1958년에 한국으로 들어와서 먼저 방송과 문서로 전도를 시작하였다. 루터 선교회는 애초부터 한국에 이미 많은 교파 교회가 있었으므로 루터 교회를 따로 세울 생각이 없었다고 한다. 오스트호이젠(G. G. Oosthuisen)의 말이 이러한 루터교 교회관의 특징을 잘 대변하고 있다. "루터란은 교회가 신자의 공동체임을 앞세우면서 그 조직은 2차적인 것으로 본다."[17] 그러나 루터선교회는 서울에 루터교 신학교를 1962년에 세웠고, 1965년에는 9명의 한국 목사를 장립하였다.

17) G. G. Oosthuisen, *Theological Battleground in Asia and Africa* (London: C. Hurst & Company, 1972), 2.

'교회 전통'에 대한 이해

한국 교회사를 기록할 때 교회 전통을 고려해야 한다는 말은, 한국에 처음 온 선교사들의 신앙 유형이 어떤 것이었는지 알아야 하고, 나아가서는 서양에서 개신교가 신학적, 역사적으로 어떻게 발전해 왔는지 물어야 한다는 뜻이다. 한국에 온 첫 선교사들은 청교도적 경건주의 신앙을 전수하여 한국 교회 형성의 기틀을 마련하였다. 김재준(金在俊)도 이를 인정하면서 한국 교회의 신학적 과업은 이 선교사들의 영향에서 벗어나는 것이라고 주장하였다. 일찍부터 그는 이를 한국 신학이 서양 신학에서 해방되어야 한다고 표현하였다. 이렇게 주장하는 신학자들은 한국에 온 초대 선교사들을 '서양 교회 전통'과 혼돈하고 구별하지 못하거나 교회 전통을 부정하는 자유주의 신학을 취하기 때문이라고 볼 수 있다.

또한 이들은 초대 선교사들의 신앙을 부정적으로 평가하면서, 결국은 서양 교회 전통을 고려하는 것까지도 거부하는 유감을 범한다. 이와 같이 서양 교회 전통을 무시하고 한국 교회의 독자성(Eigenstandigkeit)을 지나치게 강조하려는 교회사관은 교회 역사의 수평적인 흐름을 인정하지 않고 각 시대의 교회와 신학을 말씀과 계시에 대한 수직적인 관계에서만 이해하려는 변증법 신학(Dialektische Theologie)의 교회사관이나 신령주의적인 교회사관을 대변하는 것이다.

그 반면에 일부 신학자들은 한국에 온 초대 선교사들의 신앙을 '청교도적 칼빈주의'라며 그것이 아무도 침범할 수 없는 한국 장로교회의 표준적인 신학이므로, 한국 장로교회가 이를 교회 전통으로 고수해야 한다고 주장한다. 그런데 이와 같이 초대 선교사들을 한국 교회의 사도로 지나치게 이상화하면 본의 아니게 교회 전통의 계속성을 단절하는 결과가 된다.

한국에 온 초대 선교사들은 사도들이 전한 그리스도의 복음을 믿는 그리스도 교회의 지체로서의 신자요, 개신교의, 더 좁혀서 말하면 칼빈주의의 교회의 한 특정한 교파를 대표하는 선교사일 뿐이다. 그러므로 한국 장로교회 전통은 초대 선교사의 신앙뿐만 아니라 더 소급하여 칼빈주의, 즉 개혁주의의 역사적 발전에서 찾아야 한다. 한국 교회의 신앙을 청교도적 혹은 경건주의적 신앙 유형이라고 한다면, '청교도적' 이라거나 '경건주의적' 이라는 말을 일반적으로 통용되는 고정관념에서만 이해할 것이 아니라, 그러한 운동이 어떠한 역사적인 배경을 가졌는지, 다시 말하면 어떠한 상황에서 일어났으며 그 본래의 정신이 무엇인지를 먼저 이해해야 한다.

3

한국 교회사의 과제

한국 교회사를 기술하는 데는 교회 전통을 찾아야 하고 존중해야 한다는 말, 다시 말하여 한국 장로교회의 역사를 기술할 경우 장로교회 전통을 개혁주의의 역사적 발전에서 찾아야 한다는 말은 서양의 칼빈주의를 그대로 한국 교회의 양상을 진단하는 규범으로 삼아야 한다는 뜻이 아니다. 칼빈주의가 서양의 각 나라에서, 그리고 시대에 따라 각기 조금씩 다른 양상으로 발전한 것과 같이, 한국에서도 한국의 역사와 문화를 배경으로 한 한국인의 모임인 한국 교회의 독자성을 의식하는 가운데 개혁주의를 서양 세계의 경계를 넘어 발전하는 개혁주의로 인식하는 것을 말한다.

한국 장로교회사를 기술한다면 일단 칼빈이나 칼빈주의의 신학적인 견해를 통해 조명해 보고, 교회사적인 사건이나 교회의 양상을 역사적인 전통을 가지고 복음을 전수한 서양 교회에서 또는 한국 교회와 비슷하거나 서로 다른 견지에 있는 선교 교회에서 그 유사성이나 상이성을 발견하고 비교, 검토하는 것이다. 그럼으로써 우리는 한국 교회의 역사와 양상을 더 잘 이해할 수 있다.

한국 교회사에서 교회 전통과 교회의 보편성(ecumenicity of the Church)을 고려할 때, 1906~7년의 부흥 운동은 한국인의 대단한 종교심의 열매이거나 사회, 정치적인 여건에서 나온 산물이거나, 또는 비민족화 운동이라는 편협한 일방적인 이해에서가 아니고, 17세기 말부터 서양 교회와 세계의 여러 선교지에서 일어났던 부흥 운동의 하나라는 관점에서, 그것이 우리나라에서는 어떤 상황에서 일어났는지를 더 타당성 있게 고찰할 수 있다. 그뿐 아니라 3 · 1 운동과 기독교인들이 대거 독립 만세 운동에 참여한 사실에 대해서도 기독교 역사에서와 칼빈주의를 따르는 여러 나라에서 그와 유사한 사실들을 찾을 수 있으므로 신학적으로 설명할 수 있다.

'정교 분리'(政敎分離)라는 개념도 교회사적인 전통에 비추어 이해하면, 결코 교회의 정치에 대한 무관심을 표현하는 말이거나 교회를 정치적인 도구로 사용하는 구실로서의 구호만으로 볼 수 없다. 그것은 본래 교회를 지배하려는 정치 세력에서 교회가 자유를 누리기 위하여 내세운 명분이었다. 종교개혁 당시로 말하면 '정교 분리'는 개신교를 억압하려는 로마 가톨릭교회와 야합한 정치 세력에서 교회의 독립을 주창한 말이다. 바로 이 '정교 분리'가 종교적, 정치적 자유를 위하여 투쟁할 수 있는 용기와 힘을 개신교 시민들에게 불어넣은 것이다. 그리고 1930년대부터 해방이 되기까지의 신사참배 반대 운동도 교회 전통과 교회의 보편성(ecumenicity)에 비추어 볼 때, 더 긍정적으로 평가할 수밖에 없다.

어떤 특정한 신학이, 예를 들어 변증법적 신학이 서양, 즉 독일과 역사적, 사상사적 배경이 전혀 다른 선교지에서는 그 영향이 아주 다른 방향으로 나타나고 발전한다. 그것은 마치 한국 장로교회가 개혁주의를 표방하면서도 서양의 전통적인 개혁주의를 일단 여과하여 수용함으로써 바람직한 개혁주의 교회의 면모를 갖추지 못하거나, 특이한 개혁주의 교회의 면모를 갖추는 것과 같다. 이러한 사실을 규명하는 것도 한국 교회사 연구의 중요한 과제다.

어떤 구체적인 역사적인 상황에서 나온 하나의 신학 사상은 그 사상을 배태한 역사적인 상황을 고려하여 이해하고 평가해야 한다. 그러할 때 교회사는 신학으로서의 역할을 충분히 다하는 것이다.

한국의 개신교를 교회 전통에 비추어 고찰하는 역사적 연구는 아주 시급한 과제다. 토착화신학을 시도하는 대부분의 신학자들이 가진 수직적인 교회사 이해만으로는 탈기독교적이거나 반기독교적인 종파 운동에 대하여, 예를 들면 통일교나 박태선파나 그 밖에 여러 사이비 기독교 종파에 대하여 아무런 언급도 할 수 없다. 왜냐하면 이러한 종파들 역시 수직적인 역사 이해를 하고 계시와 성경 이해에 대한 동등한 권리를 주장하기 때문이다.

한국 교회사는 한국 교회와 한국의 신학을 수립해야 한다. 한국 교회사 연구는 그 교회와 신학을 대상으로 하는데, '한국 신학의 수립' 운운하는 말은 앞으로 한국 교회의 한국 사람을 염두에 둔, 한국 사람이 수립한 신학이 나와야 하고, 그러한 신학적이며 교회적인 전통을 세우고 발전시켜야 한다는 의도가 함축되어 있다. 그러므로 미래적인 '교회 전통' 을 말하면서 과거의 교회 전통을 무시하는 것은 모순이다. 과거와 현재가 없는 미래는 없고, 과거와 현재를 고려하지 않는 미래 설계도 있을 수 없다.

'한국 신학의 수립' 은 신학으로서의 한국 교회사의 필연적인 과제다. 그런데 '한국 신학'(韓國神學)은 '한국적임을 앞세우는 신학'(a typical Korean theology)이 아니라 '한국인의 교회가 그리스도를 믿고 높이며 고백하는 신학'(the Church and theology in Korea)을 의미하는 것이어야 한다. 그러므로 한국 교회사의 과제는 모든 다른 분야의 신학과 마찬가지로 성경을 규범으로 삼되 교회와 성경 이해를 포함하는 신학을 그 전통에 비추어 평가하며, 또한 그것을 한국의 역사적, 문화적, 사회적인 상황에 비추어 고찰함으로써 한국의 교회와 신학이 지향할 방향을 제시하는 것이다.

한국 기독교사와 경교

1934년의 소래예배당(송천예배당)

1

동서의 교류와 기독교의 전래

주전 200년경에 중국 대륙을 통일한 진(秦, Chin)이 로마에까지 알려진 것으로 보아 일찍부터 동서 간에 교역이 있었음을 알 수 있다. 고대 동서간의 교역의 길은, 북방으로는 유라시아 대륙의 초원 지대와 중앙아시아 지역과 유라시아 대륙 남방의 해양로를 들 수 있다. 실크 로드는 한대(漢代)로부터 개척된 것으로 한대 이후 동서 문화 교류의 유일한 통로가 되었고, 중앙아시아와 서양의 종교들이 이 길을 따라 중국에 전래되었다. 예수님의 제자 도마가 시리아와 인도를 거쳐 중국까지 왔었다고 하나,[1] 주후 67년경에 초기 기독교의 선교 활동이 중국까지 미쳤다고 보기에는 많은 문제점이 있다.[2] 중국의 공식 기록에 의하면, 경교가 중국에 전래된 것은 당조(唐朝) 시대인 635년으로 되어 있다. 알로벤(Alopen, 阿羅本, 아브라함)을 단장으로 하는 페르시아의 사절단이 전했다고 한다. 당(唐)은 618년에 건국되었으며, 당나라 시대에 동서 교류는 더욱 활발하였다.

로마와 적대 관계에 있던 동방의 페르시아는 로마 제국이 기독교를 박해할 때 기독교에 대하여 관대하였다. 그래서 많은 신자들이 박해를 피하여 페르시아로 피난했으므로 페르시아에서 기독교가 흥왕하게 되었다. 226년

1) 吳允台, 「韓國 基督教史」(韓國景教史 編), 62 이하.
2) 이만열, 「한국 기독교사 특강」(서울: 성경읽기사, 1989), 20.

아르다셔(Ardashir)가 바대 왕조를 멸하고 왕이 되어 조로아스터교를 부흥시키면서 기독교를 포함한 타종교를 탄압하기 시작하였다. 그러나 로마에서는 313년에 콘스탄티누스 황제가 기독교를 공인하였으며, 이어서 380년에 테오도시우스는 칙령으로 기독교를 로마의 국교로 선포하였다. 그러자 페르시아는 기독교를 점점 더 박해하기 시작하였고, 마침내 많은 기독교인들의 목숨을 앗아갔다.

안디옥 교회가 서방 선교의 근거지였던 것과 대조적으로 유프라테스강 상류 중간 지점에 위치한 에데사(Edessa) 교회는 동방 선교의 근거지였다. 에데사 교회는 도마가 46년에 인도로 가는 도중에 세운 교회라고 한다. 도마가 세운 에데사 교회를 목회하던 아다이(Addai)는 예수님의 70인 제자 중의 한 사람이었다고 한다.

그리스도가 인성(人性)만 가졌다는 잘못된 기독론을 주장하다가 431년 에베소 회의에서 이단으로 정죄를 받고 추방된 감독 네스토리우스(Nestorius)의 추종자들이 시리아와 페르시아로 건너가서 그곳에 옛날부터 번성하던 원시 기독교와 합류하여 교세를 이루고 동방 선교에 힘썼다. 그들의 교는 중국에 경교(景教)라는 이름으로 전해졌다.

2

경교의 중국 전래

635년, 알로벤이 이끄는 페르시아의 사절단이 장안에 도착했을 때 당(唐)의 황제는 재상 방언치금(房言齒今)을 파견하여 환영하였다. 오윤태는 이를 선교단이라면서, 당이 재상을 파견하여 선교단을 영접한 것을 보면 그 이전에 이미 경교(景敎)가 전래되어 알려졌음이 틀림없다고 주장한다. 그러나 알로벤이 국가의 사절단으로 왔다면, 이를 선교단이라고 보았다는 것은 속단일 것이다.

대진중국경교비

638년 7월에 경교(景敎)는 태종(太宗)의 칙령에 따라 당(唐)의 조정이 공인하는 종교가 되었다. 태종은 국비로 장안의령방(長安義寧坊)에 대진사(大秦寺)를 건립하고 승려 21명을 두게 하였다. 태종은 경교를 공인하게 된 이유를 이렇게 말했다. “이 교는 도덕적으로 숭고하며 심오한 신비성이 풍부하고 평화를 존중하는 종교이므로 나라가 공인하는 종교로 한다.”

알로벤은 635년부터 641년까지 포교하는 한편, 「예수 메시아경」(經)을 번역하였다. 650년에 즉위한 고종(高宗) 때에는 경교를 진종(眞宗)이라며 전국 각지에 사원을 건설하고 알로벤을 높이어 진국대법주(鎭國大法主)로 삼았다. 이 때부터 경교는 국교로 인정받았으며, 845년 무종(武宗) 때의 외래 종교 대박해 사건이 있기까지 약 200여 년 동안 융성하였다.[3]

3) 金良善, 「韓國基督敎史硏究」, 서울: 基督敎文社, 1971, 19802, 27.

한반도에 경교가 전래되었는가

많은 한국의 기독교사가들이 이에 대하여 긍정하는 대답을 한다. 김광수는 「동방 기독교사」(東方 基督教史)에서, 경교의 모조비(模造碑)에 관하여 언급하며, 이조(李朝)의 헌종(憲宗) 때의 이규경(李圭景)이 쓴 「오주연문」(五州衍文)의 한 구절에 경교를 알고 있음을 표현하고 있다고 한다.

1917년 골든 여사(Mrs. E. A. Golden)가 금강산의 장안사에서 '경교모조비'를 발견하였다. 그에 의하면 신라 시대의 경교에 관한 전설이 있다는 것이며, 경주 석굴암의 무인상(武人像), 십일면관음상(十一面觀音像) 등의 옷무늬와 신발과 유리 장식 등을 페르시아의 것으로 보고 경교의 영향을 받은 것이라고 생각한다. 또한 1956년에는 불국사에서 석제(石製) 십자가와 아기 예수를 안고 있는 마리아상(pieta)을 발견하였다. 김양선은 「한국 기독교사 연구」에서 통일 신라 이후 능묘 제도(陵墓制度)의 특색이 되어 있는 호석(護石)에 부조(浮彫)된 12지상(支像)과 능묘 앞에 배치된 페르시아의 무인상 등이 경교의 영향을 받은 것이라고 한다.[4] 「한국 종교사」(韓國 宗教史)의 저자 김득황은 경교가 불국사가 건축된 해인

돌 십자가 상
불국사에서 발견, 1956년

4) 같은책.

751년 이후에 전래된 것으로 본다.

아기를 안은 마리아 상
불국사에서 발견, 1956년

오윤태는 경교가 한국에 전래된 것을 확신하면서 그 증거를 제시한다. 그는 먼저 불교가 경교의 영향을 입어 변질되었다고 주장한다. 석가모니가 가르친 불교는 개인의 구원과 해탈에 관심을 갖는 소승불교(小乘佛敎)인데, 석가 사후 400년에 이르러 교세가 점점 약화되어 갈 즈음, 인도의 북방에서는 도마의 전도 이후 기독교가 왕성해졌으므로 이에 대처하는 방안으로 중생의 구원을 가르치는 대승불교(大乘佛敎)가 생겼다. 그리하여 교조의 전기를 예수의 것과 비슷하게 만들었으며, 소승불교와 대승불교가 분리하게 된 것은 AD 184년이다.[5)]

우리나라에 들어온 불교는 기독교의 영향을 받은 종교이다. 아미타불(阿彌陀佛), 미륵불(彌勒佛), 대일여래(大日如來)가 곧 예수이며 관세음보살(觀世音菩薩)은 예수와 성모 마리아에서 온 것이라고 한다. 오윤태는 특히 일본에 투영된 한국 불교에서 기독교적인 영향을 본다. 일본에 불교가 전래된 것은 백제의 성명왕(聖明王) 30년, 즉 일본의 흠명천황(欽明天皇) 13년(520/30년경?)이었다. 554년에는 담혜(曇惠) 등 9인이 건너가서 선임자들과 교대하여 포교하는 임무를 수행하였다. 594년에 도일한 고구려의 혜자(惠玆)는 성덕 태자(聖德太子)의 스승이 되었다. 610년에 도일한 담징(曇徵)은 일본 문화에 크게 공헌하였다. 특히 성덕 태자를 중심으로 이루어진 아래의 이야기에서는 기독교적 형태를 볼 수 있다.[6)] '今昔物語'(금석 이야기)는 태자의 탄생 이야기가 누가복음에 있는 예수의 탄생 이야기와 닮았다는 점을 지적한다.

흠명천황 31년 황녀를 비로 삼았다. 32년 봄 정월 15일 밤 꿈에 용모가 찬란한

5) 吳允台, 앞의 책, 154, 147 이하.
6) 같은 책, 198 이하.

금색의 승려가 나타나 비에게 말하기를, 나는 구세(救世)의 소원이 있다. 바라기는 후(后)의 배를 잠간 빌려 달라. 비가 묻기를, 당신은 누구십니까? 나는 구세의 보살이다. 내 집은 서방에 있다. 비가 대답하기를, 내 배는 때가 많고 더러운데 어찌 귀인이 머물 수 있겠습니까? 승려는 말하기를, 나는 더러운 것을 가리지 아니한다. 다만 바라기는 사람이 되려는 것이다. 비가 대답하기를, 그렇다면 사양하지 아니하겠습니다. 명령대로 복종하겠습니다. 한즉 승려는 기뻐하는 얼굴로 비의 입에 뛰어 들어갔다. 비는 놀라 깨어나니 목에 무엇을 삼킨 것 같은 감이 있어 이상히 여기며 부군인 황자에게 말했다. 황자는 네가 낳을 아이는 반드시 성인이 되리라 하더니, 과연 임신이 되더니 8개월이 되었을 때에는 아이의 뛰는 소리가 비의 귀에 들리어 황자와 비가 이를 기이하게 여기었다. 민달천황(敏達天皇) 원년 정월 초하룻날에 비가 궁중에서 산보하다가 마구간에 이르러 별안간 산기가 있어 거기서 해산하였다. 이를 본 궁녀들이 비와 어린아기를 침전에 급히 모시니 비와 어린아기가 다 무사하여 방안에서 평안히 잠들었다. 이것을 본 황자와 시관들이 모두 놀라 뜰 밖에 모일 때(눅 2:8) 문득 붉고 누른빛이 서방으로부터 와서 전각 안에 두루 비치더니(눅 2:9) 얼마 있다가 사라졌다. 민달천황이 머물러 있는 궁전에 별안간 이상한 소식이 들려오므로(눅 2:10-11) 곧 달려오니(눅 2:15-16) 전각 밖에 빛이 비치어 있었다. 천황이 이를 보고 기이히 여기고(눅 2:18) 궁신에게 칙어를 내려 이 아이는 특이한 아이니 곧 유신에게 명하여 대탕좌 약탕좌를 정하고 목욕을 시키라(눅 2:21) 하여 목욕시킨 후 천황이 의보(衣保)에 싸서 안은 후 황후에게 주고 황후가 다시 부왕자에게 주니 그가 이를 받아 다시 비에게 주니 비는 이를 받고 모든 것을 마음에 새기었다.[7]

일본서기 유고천황조(推古天皇條)에는 성덕 태자가 40세 되는 613년에 일어난 한 이야기가 실려 있다. 태자는 편강산(片岡山)을 거닐다가 굶주려 길가에 쓰러진 거지를 만났다. 그는 음식과 입을 것을 주었다. 다음날 사람을 보내어 그의 형편을 살피게 하였는데 그가 죽었다는 보고를 들었다. 태자는 그를 후히 장사지내게 하였다. 그런데 사흘 후에 그곳을 다녀온 사람의 말에

7) 같은 책, 198 이하.

따르면, 무덤이 열렸는데 시체는 없고 태자의 웃옷만 관 위에 놓여 있었다고 하였다. 태자는 그를 가리켜 그야말로 참 사람이며 성인이라고 감탄하고, 웃옷을 다시 자기가 입었다고 기록되어 있다. 이 사료를 정리한 사람은 난파백제사(難破百濟寺)에 살고 있었는데, 그는 백제의 노승 조자마려(調子麻呂)이며 기독교인이었음이 분명하다고 한다. 후지야마(富山昌德)도 그렇게 증언한다고 한다.

621년 혜자는 고구려로 돌아갔고, 이듬해 태자는 49세를 일기로 별세하였다. 이 소식을 전해들은 혜자 대사는 "나는 명년 이 날에 정토(淨土)에 가서 태자를 만나겠다."고 했는데, 본래 정토란 불교에는 없던 개념이므로 기독교에서 온 것이라고 말한다. 그리고 법륭사에 있는 벽화에 그려진 천인 천사의 상에서 경교의 영향을 엿볼 수 있다. 성덕 태자를 기념하는 '팔각형 몽전'(八角形 夢殿)에 안치되어 있던 것으로 1200여 년 동안 다섯 자의 긴 포목에 싸인 채 공개되지 않았던 작은 불상이 명치(明治) 17년에 결국 빛을 보게 되었는데, 그 이름은 구세관음(救世觀音)이라고 새겨져 있었다고 한다.

경교의 신앙 개조

1625년 장안(長安)에서 발굴된 '태진경교유행중국비'(太秦景教流行中國碑)의 비문을 통하여 경교가 중국에서 성행한 역사와 교리의 윤곽을 알 수 있는데, 그 신앙 개조(信仰箇條)의 특색과 실천신학의 개요를 소개하면 다음과 같다.[8)]

신앙 개조의 특색

- 마리아를 신모(神母, theotokos)로 숭배하는 것을 반대한다.
- 십자가 부표를 사용하지만 십자가 이외의 형상은 사용하지 않는다.
- 사자(死者) 때문에 망령 위안의 기도회는 금하지 않지만 사후 속죄론은 부인한다.
- 성찬식에 사용되는 떡과 포도주가 승려의 성별하는 기도로 예수의 피와 살로 변한다는 변질설은 채용하지 않으나, 성찬식에서 그리스도가 영으로 임재한다는 설을 주장한다.
- 승위 8계급을 확정한다. 그것은 법주(法主), 대덕(大德), 승집사(僧執

8) 같은 책, 218-9.

事) 와 4종의 교회 보조자로 한다.

· 승려의 대처(帶妻)를 금하지 않는다.

· 금식 장려주의는 경교의 특색이다.

· 경교의 법주는 원칙적으로 채식을 하되 고승, 대덕, 승려의 육식은 금하지 않는다.

· 법주(總管長)의 취임은 관장(대덕, 대인의 장) 3인의 호선으로 결정한다.

· 경교 신도의 예배 용어, 즉 성서의 기도문과 찬송은 시리아어로 하되 그리스어와 라틴어 사용을 금하지 않는다.

경교의 실천신학

· 영관(靈關), 욕수(浴水, 세례)의 예전을 거행하여 죄를 깨끗하게 씻는다.

· 십자가의 인을 가지고 사방에 미치어 만민을 융화케 한다.

· 목종(木鍾)을 쳐서 인혜(仁惠)의 음을 떨치게 한다.

· 동방을 향하여 절함으로써 생명의 길을 지향케 한다.

· 수염을 기르는 것은 외행(外行)의 위품(威品)을 말하는 것이다.

· 이마를 미는 것은 속마음에 정결을 표백(表白)하는 것이다.

· 자기를 위하여 물질을 쌓아 두지 않고 귀천의 분별없이 만민이 고루 살도록 힘쓴다.

· 재화를 모으기에 힘쓰지 않고 몸을 청빈한 데 두도록 노력한다.

· 매일 일곱 번씩 예배를 드린다.

· 7일에 한 번씩 마음을 깨끗케 하여 정결한 신앙을 가지도록 한다.

5

정토교는 경교의 영향을 받은 것인가

오윤태는 우리나라에 전수된 불교는 정토교(淨土教)이며, 이 정토교는 경교의 영향을 받은 것이라고 주장한다. 정토교는 불교의 민중화에 힘쓴 종파로서 개조(開祖)가 된 승려는 중국의 도안(道安, 312~385)이었고, 그 제자인 동진(東晋)의 혜원(慧遠, 334~416)이 이를 발전시켰다. 그런데 정토교가 막상 대중화가 되기는 선도(善導, 613~681)가 오면서부터였다. 선도의 정토 교리는 일향전심으로 염불하여 타력본원(他力本願)으로 소원을 비는 상대불(相對佛)의 이름을 부르면서 염불하기 때문에 통칭 명염불(名念佛) 또는 수량염불(數量念佛)이라고 하는데, 이러한 교리는 기독교의 영향을 받아 이루어졌다고 한다.

선도(善導)는 염불의 승려인 도도(道悼)를 만나서 그에게 배우고, 그 후 장안(長安)의 광명사(光明寺)로 왔다. 이때 중국 전역 380여 주(州)에 경교의 대진사(大秦寺)가 건립되고, 경교가 당(唐)의 국교로 지정된 때였다. 그는 또한 알로벤을 만났고 예배 시간에도 참석하여 기독교적 분위기를 맛보았다고 한다. 오윤태는 선도(善導)가 기독교에서 불교에 도입한 것을 아래와 같이 든다.

· 천대를 받던 하급 대중에게 전하기 시작하여 민간 불교의 길을 열었다. 죄악의 속죄는 자기 힘으로는 절대 불가능하며, 오직 칭타(稱陀)해야 한다는 구원관을

가지게 되었다. 죄악관과 함께 은총관에도 철저했으며, 이로 말미암아 선도는 동양의 어거스틴이라고 불리었다.

· 육시예찬(六時禮讚)을 제정하고 기독교의 찬양을 도입하였다. 왕생예찬(往生禮讚) 일권(一卷), 법사찬(法事讚) 이권(二券), 반주찬(般舟讚) 일권(一卷) 등을 저술하여 아미타불을 찬미하였다. 하루에 여섯 차례의 예배를 드리며 찬불가를 불렀다.

· 우란분' (盂蘭盆)이라고 하여 선조에게 제사하는 것 역시 기독교에서 온 것이 아니냐고 한다.

· 정토종(淨土宗)의 교리적 근거인 '환무량수경소' (歡無量壽經疏)는 정토타력(淨土他力)의 법문(法門) 조직의 집대성인데, 이 가운데 나타나는 '유원무행' (唯願無行)이란 말은 '의인은 오직 믿음으로 살리라.' 는 말과 같다.[9]

· 주수(珠數)하는 것, 현재 로마 가톨릭에서는 54개의 묵주(默珠)를 사용는데, 정토교에서는 그 배수인 108개의 염주(念珠)를 사용한다.

· 목탁은 목종(木鐘)에서 온 것이다.

고구려와 신라에 전래된 불교는 정토교인데, 불교의 대중화는 혜숙(惠宿)을 비롯하여 혜공(惠空), 대안(大安), 원효(元曉) 등의 승려가 출현하면서부터 실현되었다. 특히 원효는 자장(玆藏)과 함께 정토 신앙을 신라 전국에 전하여 염불로 왕생한다는 미타신앙(彌陀信仰)을 민중에게 심었다. 오윤태는 원효(元曉, 617~686)가 당(唐)의 선도(善導)와 동시대의 인물로서 상호 교류가 있었을 것으로 추정한다. 그러나 원효는 유학을 가던 도중에 깨달은 바가 있어서 돌아온 사람이다. 그러므로 후에 간접적인 상호 교류가 있었을 것으로 추정할 수는 있으나 역사적인 기록은 없다.

오윤태가 더 많은 예를 들어 경교가 불교와 함께, 혹은 불교의 이름으로 한반도에 전래되었음을 역사적으로 규명하려는 노고에 치하를 보내며, 많은

9) 마스다니 후미오/이종택 옮김, 「불교와 기독교의 비교 연구」 (서울: 고려원, 19891, 19903), 170-209 참조.

점에서 새로운 조명을 한 점을 높이 평가해야 할 것이다. 그의 연구는 한국 불교를 기독교적인 시각에서 이해하는 데 도움을 준다. 그러나 그가 지적하는 불교의 교리를 모두 기독교의 영향으로 형성된 것이라고 말하기는 어렵다. 설사 불교가 기독교적인 요소나 가르침이 있다고 하더라도 그러한 요소들은 이미 불교화된 것이므로 한국의 불교가 기독교적이라고 말할 수는 없다.

가령, 예수를 '구세관음'(救世觀音)이라고 하여 많은 불(佛) 가운데 하나로 상대화한 것이라면, 그것은 예수를 선지자 가운데 한 사람으로 상대화하고 있는 이슬람교가 기독교가 아니듯이 이미 기독교적인 것을 벗어난 것이다. 그리고 한국에 전래된 불교가 기독교적인 영향을 받았으므로 한국 사람들이 결국 기독교를 잘 받아들일 수 있는 심성을 가진 것이라는 생각 역시 타당성이 없다. 만일 그렇게 말할 수 있다면, 경교의 색채를 더 잘 보존하고 있다는 일본은 기독교를 더 잘 받아들였어야 할 것이기 때문이다.

로마 가톨릭교의 선교와 한국 천주교

서울 새문안예배당

1

로마 가톨릭교의 전래

한반도에 로마 가톨릭교가 전래된 것은 선교사를 통해서가 아니라 선조(宣祖) 이후 북경을 드나든 사절(使節)이 서양의 문물과 함께 들여온 천주교의 서적을 통하여 전래되었다.

로마 가톨릭의 선교사로서 제일 먼저 한반도에 발을 디딘 이는 세르페데스(Gregory de Cerpedes) 신부였다. 임진왜란 당시 고니시 유키나가(小西行長)가 이끈 군대는 주로 로마 가톨릭 신자들로 구성되어 있어서 세르페데스는 종군목사로 온 것이다. 그러나 왜적의 점령하에 있던 지역에 사는 우리나라 사람들과 어떤 선교적인 차원에서 접촉이 있었다는 흔적은 발견되지 않는다. 단지 포로로 잡혀 일본으로 건너간 한인들 가운데 상당수의 사람들이 로마 가톨릭교를 신앙하게 되었다. 그리고 도꾸가와 시대에 와서 로마 가톨릭 교도들이 박해를 받아 순교를 당했는데, 순교자들 중에는 한인계 신자들이 많았다.

일본에는 일찍이 사비에르(Francisco de Xavier)를 위시하여 예수회(Jesuite) 교단의 선교사들이 찾아와서 로마 가톨릭교의 선교가 시작되었다. 사비에르는 로욜라(Ignatius de Loyola)와 함께 종교개혁 운동이 일어나자 그것을 반대하는 한편, 교황과 로마 가톨릭교의 질서에 충실하면서 교회 내부의 쇄신을 도모하고자 1520년 예수회 교단을 창설한 중심인물 가운데 한 사람이다. 그는 후에 선교의 길로 나서서 1549년에 일본에 도착하였다.

1636년 인조 때 병자호란(丙子胡亂)이 일어난 이듬해, 소현 세자(昭顯世子) 일행은 청(淸)의 도읍지인 심양관(瀋陽館=奉天)으로 인질로 갔다가 1644년 청(淸)이 북경으로 천도를 하는 바람에 다시 북경으로 가게 되었다. 거기서 세자는 예수회 교단의 신부 아담 샬(Adam Shall, 湯若望)과 사귀고, 천주교 교리에 접하게 되었다. 세자는 귀국하면서 아담 샬이 선물한 물건들 가운데 천구의(天球儀)와 천문서 등 서양 문물을 소개하는 책자와 물건들은 받아 가지고 왔으나, 천주상과 성교정도(聖教正道) 등 천주교에 관한 서책과 물건은 사양하고 후에 선교사를 보내주도록 부탁하였다.

그런데 천주교의 서책이 우리나라로 유입된 것은 그 이전부터였다. 명(明)을 종주국으로 섬기고 예를 갖추느라 조선 조정에서 보내는 사절단을 통하여 유입되었다. 사절단은 보통 300명에서 500명으로 구성되었다. 이수광(李睟光)은 「지봉유설」(芝峯類說)에서 그와 동시대 사람인 마태오 리치의 「천주실의」(天主實義, 1603)를 알고 있는 것으로 말한다. 이수광과 동시대 사람인 유몽인(柳夢寅)도 「어우야담」(於于野談)에서 마태오 리치의 「천주실의」와 천주교의 교리를 소개하고, 허균(許筠)이 천주교를 믿고 있음을 시사한다.[1)]

1) 李永獻, 「韓國基督教史」 (서울: 컨콜디아사, 1978), 22..

2

한국 천주교회의 설립

1777년 정조(正祖) 원년에 이벽(李檗), 권일신(權日身), 권철신(權哲身), 정약전(丁若銓), 정약용(丁若鏞) 등 남인의 시파 유학자들이 서학(西學)에 관심을 가지고 한강가의 산사(山寺)인 주어사(走魚寺)에 모여 토론을 하였다. 이벽은 서학에서 신앙을 얻고 매월 7일, 14일, 21일, 28일을 쉬면서 묵상하고 기도하는 일에 힘썼으며, 다른 이들에게 천주교 신앙을 가르쳤다. 1783년 정조 7년에 동지사 겸 사은사 황인점(黃仁點)의 서장관 이동욱(李東郁)의 아들이요, 정약전의 매부인 이승훈(李承薰)이 아버지를 따라 북경으로 가게 되자, 이벽은 천주교의 진리를 잘 알아 오도록 부탁하였다.

이승훈은 일행을 따라 10월 14일에 서울을 출발하여 12월 21일에 북경에 당도하여 남당(南堂)을 방문하고 신부에게서 필담으로 교리를 배웠다. 1784년 음력 정월 그믐께 귀국하기 직전에 예수회 신부 그라몽(Louis de Grammont)에게 세례를 받고 '베드로' 라는 세례명을 받았다.

그 해 3월에 수십 종의 교리 서적과 십자가상과 성화, 묵주 등 진귀한 물품을 가지고 돌아와 신앙생활을 하고 이벽에게 교리 서적들을 전해 주었다. 이벽은 기독교 진리 변증, 중국과 조선에 있는 미신에 대한 반박, 7개 성사(聖事)에 관한 설명, 공교요리(公敎要理), 복음 해설, 매일의 성인전, 기도서 등을 통하여 신앙에 더욱 확신을 하고 전도하였다. 상당수의 신앙의 동지들을 얻어 1785

이승훈 李承薰
1756-1801
천주교 최초의 수세자, 1783년

년 봄부터 그들과 함께 서울 명례동(明禮洞 – 현재의 명동)에 있는 김범우(金範禹)의 집에 모여 예배를 드렸다. 이벽은 상좌에 앉아 설법하고 선생의 예우를 받았다.

그러나 그들은 곧 새로운 조정의 박해를 견디어야만 하였다. 유하원(柳河源) 등 성균관 유생들의 "천(天)이 있는 줄만 알고 임금과 어버이가 있음을 모르며, 천당과 지옥이 있다는 설로 백성을 속이고 세상을 의혹케 함이 큰물이나 무서운 짐승의 해(害)보다 더하다."는 등의 상소를 받은 조정은 이들을 벌하도록 하였다.

중인(中人)인 김범우는 매를 맞고 순교했으며, 이벽과 이승훈은 핍박을 이기지 못하고 배교(背敎)하였다. 이벽은 배교로 인한 양심의 가책 때문에 번민하다가 1786년 봄에 열병에 걸려 33세의 젊은 나이로 세상을 떠났다. 핍박이 가라앉자 이승훈을 비롯하여 교회를 떠났던 사람들이 다시 교회로 돌아왔다.

핍박을 겪고 난 신자들은 모두 교회를 이끌어 갈 수 있는 성직자가 있어야 한다는 필요성을 실감하였다. 그리하여 서로 상의한 끝에 권일신을 주교로, 이승훈, 이단원(李端源), 유항검(柳恒儉), 최창현 등을 신부로 선정하였다. 1789년 10월, 교회의 지도자들은 윤유일(尹有一)에게 동지사 이성원(李性源)의 일행을 따라 북경으로 가서 천주교 주교를 만나 서울에서 교회가 조직되었음을 보고하고 재가를 받아 오도록 하였다. 그러나 북경에 주재하는 주교 구베아(Gouvea)는 평신도가 행할 수 있는 세례성사(洗禮聖事)만 인정할 뿐 성직 제도는 인정하지 않았다.

1793년 구베아 주교는 서울의 신도들이 신부(神父)를 보내 달라는 요청을 받고 북경 천주교 신학교에서 교육을 받은 중국인 주문모(周文謨) 신부를 선정하여 보내기로 하였다. 주문모는 1794년 12월 국경을 넘어 이듬해 1월에 서울에 숨어 들어왔다. 그러나 약 6개월 후에 밀고로 인하여 관의 체포령이 내려져 쫓기는 신세가 되었다. 그는 신도들의 도움으로 6년 동안 용케 피해 다니면서 교회를 돌보며 지방으로 순회하면서 전도 활동을 하였다. 그가 입국할 때 4천 명이던 교인수가 5년 후에는 만 명이 되었다. 그는 자신에게 점점 더 절박하게 다가오는 위험을 피하여 국경을 넘어 귀국하려고 가다가 많은 교인들이 자기 때문에 희생당하는 것을 보고 되돌아와 자수하고, 1801년 음력 4월 19일에 참수형을 당하여 순교하였다.

명동 성당 건립 1896년 당시

1825년, 이여진(李如眞)은 역관 조진길(趙進吉)과 연서로 로마 교황에게 한국 교회의 실정을 아뢰고 신부를 보내 달라고 간청하는 편지를 썼다. 이 편지는 북경을 거쳐 1827년에 교황 레오 13세에게 전달되었다. 그러나 한국의 사정이 어렵다는 이유로 신부의 파송을 미루다가, 1830년 포교성장으로 있던 까펠랄리(Capelali) 추기경이 교황 그레고리 16세가 되자 1831년 9월 9일부로 북경 주교로부터 온전히 독립된 대리감목을 조선에 두어 독립된 교구로 승인한다는 교서를 내렸다.

3

천주교의 수난

"선교사(宣教史)는 곧 순교사(殉教史)다."[2] 라는 말과 같이 이조의 조정이 열국에 문호를 개방하기 이전까지의 한국의 천주교 역사는 순교로 점철되는 역사였다. 1791년의 신해박해(辛亥迫害)를 비롯하여, 1801년의 신유박해(辛酉迫害), 1839년의 기해박해(己亥迫害), 1846년의 병오박해(丙午迫害), 1866년의 병인박해(丙寅迫害)와 그 외에도 많은 수난을 겪었고 수많은 사람들이 순교하였다. 8천 명의 교인들이 죽임을 당하고, 1836년 이후 한국에 와서 선교 활동을 한 26명의 프랑스 선교사 가운데 12명이 죽임을 당하고 4명이 추방을 당하였다. 이렇게 심한 박해에도 불구하고, 1863년의 집계에 의하면 천주교 신자는 19,748명에 이르렀다.

기독교가 새로운 문화권에 전파되면 기존의 문화와 세계관이 기독교의 세계관에 항거한 예를 선교 역사에서는 흔히 볼 수 있는 일이다. 한국에서는 로마 가톨릭의 교리가 유교의 가르침과 다르기 때문에 이 새로운 외래 종교가 기존의 사회 질서와 윤리적 가치관을 위협하는 운동으로 간주되었던 것이다. 그 가운데 가장 구체적인 사건은 천주교 신자들이 조상에 대한 제사를 우

2) Campenhausen, Hans von, " Das Martyrium in der Mission" , in: *Kirchengeschichte als Missionsgeschichte, Band I* (herausgegeben von Heinzgunter Frohnes und Uwe W Knorr, Chr. Kaiser Verlag München, 1974), 71.

상 숭배로 보고 이를 거부한 일이다. 중국에 먼저 와서 선교를 시작한 예수회 교단은 중국의 유교적인 세계관과 문화에 적응하고 조화하려는 융화 정책으로 임하였다. 그래서 그들은 조상의 제사를 단순한 문화적인 의식으로 관용할 수 있는 것이라고 하였다.

프랑스 신부 3인

그러나 뒤늦게 들어온 프란체스코 교단(Franciscan)과 도미니코 교단(Dominican)의 보수적인 신앙을 가진 선교사들은 예수회의 이러한 적응 정책을 전혀 용납할 수 없었다. 그리하여 제사 문제를 두고 소위 진보적인 예수회 교단의 선교사들과 보수적인 도미니코와 프란체스코 교단의 선교사들 간에 논쟁을 하다가 마침내 교황청의 결정을 촉구하였다. 적응 정책은 17세기 이후 동양 선교와 관련하여 방법론을 두고 로마 가톨릭교회에서도 논쟁을 벌였던 문제다.

교단 창설 이래 교황의 친위대로 불릴 정도로 세력을 떨치던 예수회 교단은 독단이 지나쳐 로마 가톨릭 세계에서 미움을 사게 되어 당시 유럽의 여러 나라에서 추방을 당하는 등 약세에 몰리게 되었다. 교황 클레멘트 14세(Clement XIV)는 제사 문제에 대하여 프란체스코 교단과 도미니코 교단의 견해를 지지하고, 1773년에 예수회 교단을 해체하도록 명하였다. 이러한 배경 때문에 한국의 천주교인들은 조상의 제사를 거부하는 것을 교인이 지켜야 할 당연한 의무로 받아들였다.

1791년의 신해박해는 천주교 박해의 시발이었다. 진산(珍山, 지금의 충남 금산)의 양반 가문의 윤지충(尹持忠)과 권상연(權尙然)은 제사를 지내지 않을뿐더러 신주(神主)를 불태우고 파묻어 버렸다. 이것이 지방관을 통하여 중앙에까지 보고되자, 관에서는 이들을 유교 사상을 어지럽힌 사문난적(斯文亂賊)이라며 처단하였다.

1919년과 1930년에 교황청은 일본의 신도(神道)를 종교라고 선언했는데, 1936년에는 신사참배는 일본 황실의 조상에게 경의를 표하는 국가의식으로 조상에 대한 제사와 함께 허용하는 것으로 결정을 내렸다. 그 결정을 하는 데에는 신자들의 희생을 줄이려는 배려도 작용했으나, 20세기에 들어와 다시 복원된 예수회 교단이 교황청에 영향력을 행사할 수 있게 된 배경에서 나온 결정이다.[3] 이만열은 교황이 1984년 5월에 내한하여 순교자 103위의 시복식을 거행한 일을 자체의 모순으로 지적한다. 제사를 지내도 좋다는 후손들이 제사 문제로 죽임을 당한 선조들을 성자의 위에 올린다는 것을 납득하기 어렵다는 비판은 수긍이 간다.[4] 한국의 천주교는 이와 같이 종교적인 문제만이 아니라 이조의 붕당 정치적인 상황에 휘말려 더 큰 희생을 치렀던 것이다.

숙종(肅宗)과 영조(英祖)까지는 주로 노론(老論)이 집권하였다. 이에 대항할 만한 세력으로는 남인(南人)이 있었다. 그런데 정조(正祖)가 즉위하면서 남인계 인물들이 많이 등용되었다. 정조의 부친인 사도세자(思悼世子)의 불운한 죽음을 계기로 당쟁의 판도는 시파(時派)와 벽파(僻派)로 나뉘었는데, 세자에게 동정하는 사람들이 남인의 시파(時派)였기 때문이다. 1800년에 남인의 시파를 두둔하던 정조가 서거하자 그의 아들 순조가 11세의 어린 나이로 왕위에 올랐다. 그래서 왕가에서는 가장 어른인 영조의 부인 대왕대비 김 씨가 수렴청정을 하게 되었고, 그때부터 외척 세력인 노론이 다시 집권하여 세도 정치가 시작되었다.

신유박해를 불러일으킨 또 하나의 요인은 황사영(黃嗣永)의 백서(帛書)였다. 황사영은 정약전의 형 약현(若鉉)의 사위로 주문모(周文模) 신부에게 세례

3) 참조: Heinrich Rick, *Christliche Verkundigung und Vorchristliche Erbgut* (Stuttgart u. Basel: Ev Missionsverlag , 1938), 18.
4) 이만열, 앞의 책, 32.

를 받은 사람이다. 1801년 2월에 체포령이 내리자 황사영은 제천의 산골 옹기점 토굴에 숨어 있으면서 북경에 있는 구베아(Gouvea) 주교에게 도움을 요청하는 밀서를 보내다가 발각되어 체포되었다.

백서는 10월 5일 왕이 친히 보았고, 황사영은 극악한 대역적이란 죄명으로 처형되었다. 백서는 길이 62센티미터, 너비 38센티미터의 흰 명주 비단에 13,311자의 작은 한자로 쓴 진정서였는데, 그 내용은 대역의 음모를 꾀한 경악할 만한 것이어서 조야가 모두 천주교를 매국 종교로 단정하고 가일층 탄압하게 되었다. 이 백서는 1894년 갑오경장 당시 한국 교구 책임자인 뮈텔(Mutel) 대주교가 입수하여 1925년 한국 천주교 순교 복자 79명의 시복식(諡福式)이 로마에서 거행될 때 교황 비오 11세에게 바쳐 교황청에서 보관하고 있다.

백서에는 당시의 교세와 주문모 신부의 활동 상황, 신유교난 때의 순교자들의 간단한 전기와 주 신부의 순교에 관하여 쓰고 있으며, 이어서 정계의 실정과 앞으로 전교하는 데 필요한 네 가지 건의안을 제시하고 있다. 즉, 조선은 경제적으로 전혀 힘이 없으므로 서양 제국의 동정을 얻어서 성교(聖教)를 받들어 나가고 백성을 구제하기 위하여 필요한 자본을 얻고자 한다는 것, 조선은 종주국인 청나라 황제의 명령을 따르니 청나라 황제의 동의를 얻어서 서양인 신부를 조선에 보내게 해 달라는 것, 이씨 조선은 이제 쇠하고 망할 지경에 이르렀으니 조선의 땅을 청에 예속시키고 안무사(按撫使)를 평안도의 안주와 평양 사이에 두어 친왕(親王)에게 이 나라를 감독하고 보호하게 할 것, 조선은 2백 년 동안 평화가 계속되었으므로, 백성은 전쟁을 모른다. 그러니 배 수백 척과 병사 5, 6만과 무기를 싣고 와서 힘으로 전교(傳教)의 자유를 보장 받도록 해 달라는 것이었다. 황사영의 백서 사건은 한국 천주교사에 오점을 기록하는 유감스러운 사건이었다. 그러나 그것을 초대 천주교의 신앙적인 유형으로 일반화하는 것은 옳지 않다고 본다.[5]

5) 비교: 閔庚培, 「韓國 基督教會史」 (서울: 대한기독교서회, 1972), 64.

신유박해로 남인 계통의 사람들이 사형을 당하고 귀양을 갔다. 정약종(丁若鍾), 최필공(崔必恭), 홍교만(洪敎萬), 홍낙민(洪樂敏), 최창현(崔昌賢), 이승훈(李承薰)은 참수형을 당하였고, 이가환(李家煥), 권철신은 장형(杖刑)으로 죽임을 당하였다. 정약전(丁若銓)은 흑산도로, 정약용은 전남 강진(康津)으로 유배되어 19년 동안 귀양살이를 하였다. 정약용은 귀양살이를 하는 동안 목민심서(牧民心書) 등 무려 400권의 책을 저술하여 조선 후기 실학(實學)의 최고봉으로 인정받는 역사적인 인물이 되었다.

1839년의 기해박해(己亥迫害) 역시 노론의 벽파와 남인의 시파의 갈등에서 일어난 것이다. 순조(純祖)는 국구(國舅)인 김조순의 세도를 싫어하여 1827년 맏아들 효명세자(孝明世子)에게 정사를 맡겼다. 효명 세자의 빈은 앞으로 세도를 잡을 조만영(趙萬永)의 딸이었다. 효명 세자가 죽자 그 아들 헌종(憲宗)이 임금이 되고 순조의 비인 김 대왕대비 순원 왕후의 세력을 몰아내려는 풍양 조씨의 책동으로 일어난 박해이다. 정약용이 순원 왕후의 남편 순조와 아들 효명 세자가 위독할 때 의술로 도와 준 일이 있었고, 궁녀 여럿이 천주교도였기 때문에 왕후는 천주교에 대하여 온건하게 대하였다. 그런데 조만영이 어영대장이 되고, 동생 조인영이 이조판서, 조카뻘 되는 병현이 형조판서가 되자, 조정은 순원 왕후의 세력을 거세하고 다시 천주교를 박해하였다.

기해년 3월 5일, 우의정 이지연(李趾淵)이 천주교를 박멸하도록 헌의하였다. 대왕대비는 조인영을 시켜 척사윤음(斥邪綸音)을 쓰게 했는데, 그 내용은 유교가 정당한 반면 천주교는 부당하다고 논하는 글이었다. 정하상(丁夏祥)은 이 글에 답하여 상재상서(上宰相書)를 써서 천주교를 변증하였다. 그것은 천주교가 이로운 종교임을 이해시키려는 최초의 변증서이다.

기해박해에는 정하상을 비롯하여 30여 명의 신자들이 서소문 밖 형장에서 사형되었으며, 앙베르(L. M. J. Imbert) 주교, 모방(P. P. Maubant)과 샤스땅(J. H. Shastan) 두 신부도 고문 끝에 한강변 새남터에서 군문효수(軍門梟首)를 당하였다. 전국적으로 70여 명이 참수를 당하고 60여 명이 옥사하였다.

1846년 병오년 7월 26일에는 최초의 한국인 신부 김대건(金大建, 1821~1846)이 새남터에서 26세의 나이로 참수되어 순교하였다. 김대건은 1821년 8월 21일 충청도 내포 지방 놀매, 현재의 당진군 강면 신종리에서 출생하였다. 조부와 부친이 모두 순교하였다. 1836년 모방 신부는 김대건과 최양업, 최방제를 마카오로 보내어 신학 공부를 하게 하였다. 김대건은 1845년 초에 본국으로 돌아와서 프랑스 신부들을 맞이할 준비를 하고 다시 중국으로 가서 그 해 8월 17일 상해 근처 김가항에서 신부 서품을 받았다.

김대건 金大建
1821-1845
최초의 천주교 신부

김대건은 다시 귀국하여 프랑스 선교사들의 뱃길을 알선하려다 체포되어 3개월 동안 감옥에 있었는데, 때마침 프랑스 함대가 와서 기해박해에 희생된 프랑스 신부들에게 가해한 정부의 처사에 대하여 힐문하자 이에 자극을 받은 정부는 또 하나의 박해를 일으켰다. 그 바람에 김대건이 처형되었다. 1857년 9월 23일, 교황 비오 9세는 김대건에게 가경자(可敬者)의 칭호를 주었고, 또 1925년 7월 5일 복자의 칭호를 주었다. 1949년 11월 15일 그를 대주보(大主保)로 받들기로 했으며 7월 5일을 신부의 축일로 정하였다.[6)]

병오박해 이후 천주교를 핍박하던 세도재상 조만영이 급사하였다. 새로 즉위한 철종은 신유박해 때 사약을 받은 은언군(恩彦君)의 손자였으며, 김 대비가 섭정을 하게 되면서부터 천주교에 동정하던 시파(時派)인 안동 김씨가 다시 집권하게 되었다. 따라서 천주교는 잠깐 동안 자유를 얻게 되었다.

1863년 12월 8일 철종이 급서(急逝)하고 흥선군(興宣君)의 아들 고종(高宗)이 등극하여 조 대비가 수렴청정했으나, 실권은 대원군이 장악하였다.

6) 李永獻, 앞의 책, 49.

대원군 大院君
1820-1898

1866년 1월에는 러시아 상선이 원산까지 와서 오만한 태도로 통상을 요구하고 거주권까지 강요하였다. 대원군은 프랑스 신부들이 러시아인들을 물러가게 해 준다면 신교(信敎)의 자유를 주겠다고 시사했으나, 베르뇌(S. F. Berneux, 張敬一) 주교나 다블뤼(M. A. N. Davluy, 安) 부주교가 모두 지방에 가 있어서 대원군의 면담 요청에 즉시 응할 수가 없었다. 그래서 대원군은 이를 불만스럽게 생각했는데, 러시아인들이 스스로 물러가자 심경이 변하였다.

그러던 중에 북경에 동지사로 간 이흥민(李興敏)이 "청국에서는 그 나라에 퍼져 있는 서양 사람을 모두 죽이고 있다."는 편지를 보내왔다. 정부의 대신들도 대원군에게 "서양 오랑캐를 모두 죽이고 서학군을 모두 죽이시오."라는 진언을 올렸다. 그리하여 1866년 2월 19일 병인박해(丙寅迫害)가 시작되었다. 프랑스 신부를 포함하여 많은 천주교 신자들이 박해를 받게 되자, 프랑스 함대는 그 해 양력 9월 18일 리델(F. C. Ridel) 신부를 통역으로 삼아 인천 앞바다를 통해서 한강을 거슬러 양화진 서강까지 올라오면서 대포를 쏘아 많은 사람을 살상하고, 소중한 사고(史庫)를 불태우고, 귀중한 사서들을 탈취하여 퇴각하였다. 이런 일을 겪자 대원군은 신부와 천주교 신자들을 죽여 없애는 것이 마땅하다면서 천주교를 박해하는 일에 한층 더 박차를 가하였다.

개신교 교회사가들 가운데 어떤 이들은 천주교의 선교 방법이 선교지의 정부나 문화 등을 염두에 두지 않고 단지 전교만을 하려고 급하게 서둘렀다고 비판한다.[7] 그러나 몇 가지 사항에 유의해 보면 그러한 비판은 지나치게 편협한 시각에서 내리는 것임을 알 수 있다.

7) 李浩雲, 「韓國 敎會 初期史」(서울: 대한기독교서회, 1970), 85 참조.

첫째, 천주교가 한국에서 행한 선교 방법은 로마 가톨릭교회가 일반적으로 사용한 선교 방법이 아니었다는 점에 유의해야 한다. 그들은 오래 전부터 인도 등지에서는 학교와 병원을 설립하는 등 한국에 온 개신교 선교회가 한 것과 같은 방법으로 선교 활동을 전개하였다.[8] 둘째, 개신교가 선교를 시작할 무렵과는 시대적인 상황이 다르다. 셋째, 천주교에서는 한국인들이 선교를 서두르고 앞장을 섰다는 점이다. 넷째, 붕당의 정쟁과 어쩔 수 없이 관련을 맺게 되었다는 점에 유의해야 한다.

8) H. W. Gensichen, *Glaube fur die Welt* (Gütersloh, 1971), 29.

개신교의 한반도 선교 시작

서울 정동예배당

1

최초의 선교 시도

대원군이 실각하자, 고종은 점차 밀어닥치는 외세를 견디지 못하고 쇄국 정책을 포기하고 문호를 개방하였다. 그로 인하여 여러 나라의 개신교 선교부에도 한국 선교의 문이 열리게 되었다. 1876년, 조선 정부는 일본과 외교적 수교를 맺도록 강요당하였다. 한국은 쇄국의 긴 잠에서 깨어나 해외의 세계를 향하여 눈을 뜨고 열강이 약소국의 식민지화에 혈안이 된 국제 사회의 무자비한 현실을 인식하게 되었다. 조선의 조정은 미처 준비도 갖추지 못한 채 외부로 문호를 개방하여 세계 열강의 사절들을 맞이하여 서방의 여러 국가들과도 속속히 통상 수교 조약을 맺었다. 1882년에 미합중국과, 1884년에는 영국, 독일, 이탈리아, 러시아와, 1886년에는 프랑스, 오스트리아, 벨기에, 덴마크와 수교하고 우호 조약을 맺었다.

한반도 내에서의 개신교 선교는 1884/85년 미국 선교사들이 처음으로 시작하였다. 그러나 한국은 그 이전부터 여러 방면으로 복음을 접하였다. 유럽에서 온 선교사들이 일시적으로 방문을 하면서 성경을 전해 주었고, 미국 선교사들이 입국하기 얼마 전의 일이지만, 국내에도 이웃 나라인 일본과 만주에서 종사하던 선교사들을 통하여 개신교 신앙을 얻게 된 약간의 신자들이 있었다.

귀츨라프의 내한

제일 먼저 한반도에 온 개신교 선교사는 '독일 선교의 사자(使者)' 귀츨라프(Dr. Karl A. F. Gützlaff, 1803~1851)였다. 귀츨라프는 독일 북부 지방 폼머른(Pommern) 주의 퓌리츠(Pyritz)에서 경건주의 신앙을 가진 장인(匠人)의 아들로 태어났다. 그는 어학에 재질이 있는 명석한 두뇌의 소유자였는데, 청소년기에 이미 재능이 뛰어남을 인정받았다. 프로이센의 왕 빌헬름 3세는 그를 접견하고 베를린의 야니케 선교학교에서 공부하도록 조처하였다.[1] 폼머른 주는 제2차 세계 대전 이후 폴란드의 영토가 되었다.

귀츨라프가 여행한 뱃길 1831–1833

귀츨라프는 선교학교 학생 시절 대학에서 신학, 철학, 의학을 공부하고, 페르시아어를 포함하여 무려 6개 국어를 부지런히 배웠다. 그는 선교에 뜻을 두고 길을 찾던 중 네덜란드 선교회의 부름을 받고 임지로 나

1) Wilhelm Oehler, *Geschichte der Deutschen Evangelischen Mission,* Bd.1, 144-151. 귀츨라프와 중국 선교에 관해서는 같은 책 228-231과 342-356 참조. Waldemar Augustiny, *Gehet hin in alle Welt, Zwei Jahrtausend Christliche Mission,* 195-207. H. Schlyter, *Karl Gützlaff als Missionar in China,* 500ff. 귀츨라프의 저서: Gützlaff, *Geschichte des chinesischen Reiches von den altesten Zeiten bis auf den Frieden von Nanking*(herausgegeben von Karl Friedlrich Neumann, Stuttgart und Tübingen, Verlag der J. G. Cotta' schen Buchhandlung, 1847)과 그 밖에 여러 권의 책이 있다. Winfried Scharlau, *Gützlaffs Bericht uber drei Reisen in den Seeprovinzen Chinas 1831-1833*(Abera Verlag Meyer & Co. KG, Hamburg, 1997); *Karl Gützlaff* (1803-1851) *und das Christentum in Ostasien Ein missionar zwischen den Kulturen,* herausgegeben von Thoralf Klein und Reinhard Zöllner, Steyler Verlag, 2006. 리진호,「귀츨라프와 고대도: 최초로 내한한 선교사와 고대도 전도」(과천: 감리교출판사, 1988): 귀츨라프가 여행한 뱃길 사진 출처

가기까지 로테르담에서 3년 동안 공부하고 루터교 목사 안수를 받았으며, 두 권으로 된 개신교 선교 역사를 저술하였다. 그는 선교를 위하여 의학 공부도 했으며 나중에 중국에서 선교할 때 병을 먼저 치료해 줌으로써 사람들에게 쉽게 접근하였다.

귀츨라프 목사
Dr. Karl A. F. Gützlaff
1803-1851

귀츨라프는 선교의 아버지로 알려져 있는 윌리엄 캐리(William Carey, 1761~1843)나 헨리 벤(Henry Venn)과 마찬가지로 본토인의 역사와 문화를 공부하고 존중하고, 본토인의 말로 된 성경을 보급하는 일과 본토인 교회의 자립을 주창하며 설교자를 양성하는 일을 실천하였다.[2] 이러한 그의 생각을 미처 따르지 못하는 유럽의 선교회나 후원자들의 오해와 반대도 받았으나 자기보다 일찍 중국 선교를 시작한 회중교회 출신 선교사 로버트 모리슨(Robert Morrison, 1782~1834)을 이어 중국에서 개신교 선교의 개척자의 한 사람으로 1831년부터 종신토록 봉사하였다. 리빙스턴과 허드슨 테일러에게도 많은 영향을 주었다.[3]

귀츨라프는 처음에 1828년에서 1831년까지 사이암(Siam), 즉 현재의 태국에서 활동하였다. 그가 한반도를 방문한 것은 1832년 7월이었다. 그가 통역으로 일하게 된 영국 상선 '로드 앰허스트'(Lord Amherst) 호가 교역을 위하여 태국으로부터 말레이시아를 거쳐 중국 해안을 돌아 한국 서해안에 와 닿게 되어 한국을 방문하게 되었다. 그는 통역으로 일하면서도 자기의 본직을 소홀히 하지 않고 이 귀중한 기회를 선교를 위하여 힘써 활용하였다.

그는 충청도 서해안에 있는 고대도에 약 한 달 간 머물면서 지방 관리와 주민들과 접촉을 하면서 순조(純祖)에게 통상 요구서와 성경전서 2권을 보내며 무역과 선교를 청원했으나 순조는 성경을 되돌려 보내며 거절하였다. 귀츨라프는

2) 토착 교회의 자립 선교에 관하여는 이 책 104쪽 이하 참조.
3) Charles Gutzlaff, *Journal of Three Voyages along the Coast of China, in* 1831, 1832 & 1833 *with Notices of Siam, Corea and the Loo~Choo Islands* (London: Frederick Westley & A.H. Danis, 1834), 317-356.

이 나라가 배타주의를 계속하는 한 조선은 열강에서 가장 하등 국가로 처질 것이라고 '항해기' 에서 개탄하고 있다. 그것을 볼 때 조선의 쇄국적인 경향은 오래된 것임을 알 수 있다.[4)]

1832년 7월 27일자 항해기에 따르면, 귀츨라프는 한국에 관하여 많은 관심이 있었으며, 역사와 중국과 일본과의 관계에 관해서도 상당한 지식이 있음을 알 수 있다. 귀츨라프는 '양' 이라는 사람에게 한글 자모를 쓴 것을 받았으며, 자신은 그에게 한자로 주기도문을 써 주고 그것을 한글로 쓰게 하였다. '양' 은 한글로 쓰면서 손으로 자꾸만 목이 베인다는 시늉을 하였다. 귀츨라프는 또한 주민들에게 쪽복음 서책과 전도지를 나누어 주며 예수 그리스도께서 인류의 구세주이심을 되풀이하여 말했으나 주민들이 무관심한 것을 보고 안타까워했다.

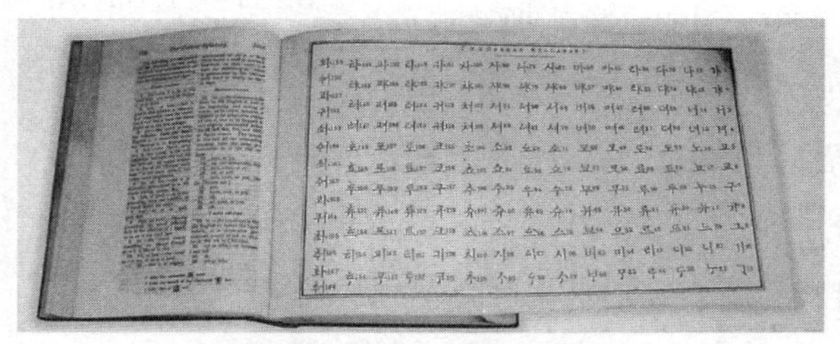

주기도문을 한글로 쓰게한 귀츨라프가
Chinese Repository 1832년 11월호에 소개한 한글

통상의 가능성도 무위로 끝나고, 선교의 노력에도 불구하고 주민들의 호응을 얻지 못하여 만족할 만한 흔적을 남기지 못한 채 한국을 떠나면서 한국 방문의 의미를 기술한 글은 참으로 인상적이다.

> 어쨌든 이는 하나님의 역사였다. 나는 이 땅에 뿌려진 하나님의 진리의 씨가 소멸되리라고 믿지 않는다. 하나님의 영원하신 섭리 가운데 그들에게 하나님의 자비가 미칠 날이 오고야 말 것이다. 우리는 그 날을 기다린다. 한편 그 날이 오게 하기 위하여 십자가의 도를 애써 전파하지 않으면 안 될 것이다. 하나님께서 이 미약한 첫 방문 사업도 축복할 수 있다고 성경은 가르친다. 우리는 한국 땅에 광

4) 리진호, 앞의 책, 49.

명의 아침이 찾아오기를 기다린다.[5]

토마스의 내한

그 다음으로 찾아온 선교사는 토마스 목사(Rev. Robert Jermain Thomas, 1840~1866)였다. 토마스는 웨일스의 회중교회 목사의 아들로 태어났으며 런던에서 교육을 받았다.[6] 1863년 12월에 런던 선교회의 보냄을 받아 부인과 함께 중국 상해에 도착하였다. 4개월 후에 그는 불행하게도 부인을 잃고 슬픔과 실의에 빠졌는데, 때마침 한국에서 로마 가톨릭 신자들이 핍박을 받는다는 소식을 듣고 관심을 갖게 되었다. 한국이 개신교의 선교지로는 새로운 곳이므로 그의 관심은 더욱 고조되었다.

1865년 9월에 토마스는 산동성 지푸(芝罘)에서 스코틀랜드 성서공회의 지배인으로 있던 알렉산더 윌리암슨(Alexander Williamson)의 집에서 알게 된 두 사람의 한국인 천주교 신자와 함께 배를 타고 황해도 소래(松川) 근처에 와 닿았다.[7] 이 근방에서 그는 2개월 반 동안 머물면서 한문으로 쓰인 쪽복음 서책을 주민들에게 나누어 주었다.

1866년 8월에 토마스는 다시 우리나라로 왔다. 런던 선교회가 조선 선교가 위험하다는 이유로 허락하지 못하겠다는 데도 이번에는 미국 상선 '제너럴 셔먼'(General Sherman) 호를 타고 왔다. 한 달 후에 배는 대동강을 거슬러 올라가 평양까지 이르렀다. 그러나 외국 선박 '제너럴 셔먼' 호가 불법으로 조선 영토 깊숙이 들어온 이유를 물으며 문책하러 보낸 세 명의 군인을 선원들은 인질로 잡고 발포하는 등 행패를 부리자 평양성의 수비병이 이에 대응하여 전투를 벌였다. 총격전으로 인하여 20명의 주민과 병사가 사상을 입었다. 밀물을 타고

---

5) Charles Gützlaff, 앞의 책, 339, 340. 백락준을 비롯한 많은 한국 기독교사 저자들이 인용하고 있다.「한국 기독교의 역사」I, 한국기독교사연구소 (서울: 기독교문사, 1989), 136.

6) 閔庚培,「韓國 基督敎會史」, 116; 마포삼열, "첫 개신교 순교자 토마스",「아시아와 선교」, 111-121. 영문: *Korea Herald*, April 1973에 게재.

7) 민경배, 같은 책, 119; 李浩雲(「韓國 敎會 初期史」, 27)은 백령도라고 쓰고 있다.

토마스 목사와 순교 기념관
Robert Jermain Thomas 1840-1866

올라온 배가 썰물이 나자 수심이 얕아져 배가 자유롭게 움직일 수 없게 되었다. 그러자 수비병들은 화공(火攻)으로 배를 불태우고 배에 탔던 사람들을 모조리 붙잡아 죽였다. 제너럴셔먼 호의 선원은 백인이 5명이고 나머지 19명은 말레이시아인과 중국인이었다.[8]

토마스도 붙잡혀 강기슭에 무릎을 꿇고 기도하는 가운데 흥분한 수비병들에게 죽임을 당하였다. 그리하여 복음을 위한 선교의 꿈은 이루지 못하고 무산되었다. 그러나 토마스의 뜻과 선교의 시도는 헛되이 돌아가지 않았다. 그의 활동과 열매의 흔적을 어렴풋이나마 더듬을 수 있을 뿐만 아니라, 그의 이름과 죽음은 한국 기독교인들의 마음속에 남아서 영적인 생활의 활력소가 되었기 때문이다.

토마스 목사를 죽인 병사는 자기가 착한 사람을 죽였다고 후회했다고 하며, 토마스가 죽기 전에 건네주는 성경을 받아 가지고 집에 돌아와 그것을 벽지로 사용했는데, 벽에 보이는 말씀을 읽는 가운데 감동을 받아 회개했다는 이야기가 있다. 그의 조카 이태는 신자가 되어 평양의 숭실전문학교에서 공부하였다. 이태는 선교사 이눌서(李訥瑞, William D. Reynolds, 1867~1951)를 도와 성경 번역하는 일을 하였다. 마포삼열(馬布三悅, Samuel A. Moffett, 1864~1939) 선교사는 자기에게 세례를 받은 이들 가운데 한 사람이 성경 지식을 토마스에게 받은 성경에서 얻었다는 고백을 들었다고 전하고 있다.[9] 언더우드(元斗尤, Horace

8) Harry A. Rhodes, *History of the Korea Mission, Presbyterian Church, U.S.A. 1884-1934*, 74. William E.Griffis, *Corea The Hermit Nation* (New York Charles Scribner' s Sons, 1897), 394.

G. Underwood, 1859~1916)도 토마스 목사가 나누어 준 한문(漢文) 성경의 영향을 추적할 수 있었다고 말한다. 토마스가 처음 도착했던 소래에 1884년 최초의 개신교 교회가 서게 된 것이 토마스와는 직접적인 관계는 없지만 뜻있는 일이다.

1927년 5월 8일, 수많은 기독교인들이 토마스가 순교한 곳으로 알려져 있는 대동강의 쑥섬에 모여 기념 예배를 드렸다. 1933년 9월 14일에는 기념 예배당이 준공되었다.[10] 토마스 목사의 순교는 1930년대 초부터 신사참배 문제 때문에 시련을 받게 된 한국 교회를 고무하는 본보기가 되었다는 점에서도 의미가 있다. 그의 죽음을 통하여 유럽과 미국의 교회들과 선교회들은 한국에 관심을 갖고 본격적으로 선교를 시작하였다.

---

9) 李浩雲, 앞의 책, 28 이하.
10) Harry A. Rhodes, 앞의 책, 73.

2

선교 이전의 성경 번역과 최초의 복음 수용

토마스 선교사가 순교한 지 몇 해가 지난 후였다. 스코틀랜드 장로교회는 만주에다 선교 거점을 마련하였다. 1872년 로스 목사(John Ross, 1842~1915) [11]는 그의 인척인 맥킨타이어(John McIntyre) 목사와 함께 스코틀랜드 성서공회의 파송을 받아 만주의 우장(牛莊)에 여장을 풀었다. 그들은 산동성에서 일하는 동역자 윌리암슨에게서 그가 중국과 만주에서 한국 사람들을 사귀면서 경험한 이야기와 토마스 목사가 순교한 이야기를 듣고 한국 선교에 관심을 가지게 되었다.[12] 윌리암슨은 토마스 목사가 순교한 직후 한국으로 입국하려고 했으나 사정이 여의치 않았으므로 압록강 북쪽 국경 지방의 동만주에 사는 한국인들에게 한문 성경을 배포하는 것으로 만족해야만 했다.

로스 羅約翰 목사
John Ross
1842-1915

1873년 가을에 로스와 맥킨타이어는 간도(間島)의 고려문(高麗門)까지 전도 여행을 하면서 한국인들을 접촉하고 한국에 대한 정보를 수집하였다.

11) 로스의 전기로는 김정현, 「羅約翰(*John Ross*), 한국의 첫 선교사」 (계명대학교출판부, 1982) 참조.

12) 金秉喆, 「韓國近代飜譯文學史硏究」 (서울: 乙酉文化社, 1975), 24.

1874년 이른 봄에 로스와 맥킨타이어는 중국인 서기를 동반하고 고려문으로 근거지를 옮겨 성경을 한국어로 번역하려는 원대한 목표를 세우고 이를 실천하였다.

최초의 우리말 성경
1887년

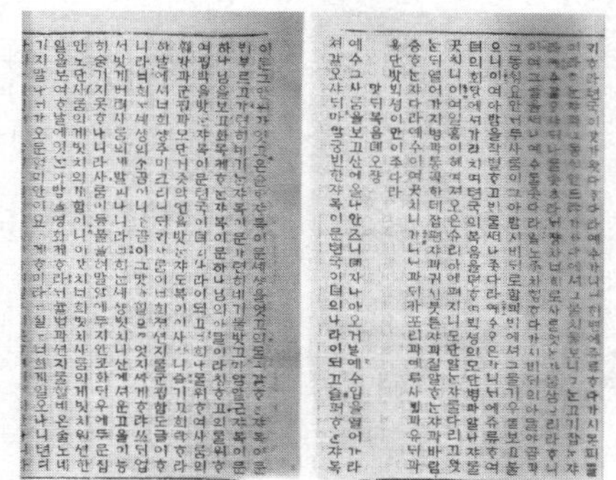
예수성교전서 본문
마태복음 5장

이듬해 두 한국인 청년 이응찬(李應贊)과 김진기(金鎭基)를 만나 그들의 도움으로 성경 번역에 착수하였다.[13] 이 두 청년은 1876년에 맥킨타이어에게 세례를 받았다. 그 후 이성하(李成夏), 백홍준(白鴻俊), 서상륜(徐相崙) 등이 이 번역 사업에 합세하였다. 로스와 그의 협조자들은 1882년에 누가복음을 인쇄했으며, 1883년에는 마태복음과 마가복음, 사도행전을 인쇄하고, 1887년에는 신약 전체를 번역하여 「예수성교전서」라는 이름으로 3,000부를 출판하였다. 이를 '로스 번역'(Ross Version)이라고 한다. 로스 목사는 1874년에 「한영입문」(Corean~English Primer)을 저작 출판했으며, 1879년에는 「한국의 역

13) 로스는 한국어 선생 가운데 한 사람이라고 하면서 이름을 밝히지 않고 있다. John Ross, "The Christian Dawn in Korea", *The Missionary Review of the World,* Vol.*3,* Nov., 4. 1890. 金秉喆, 앞의 책, 29: *The Report of the British and Foreign Bible Society,* London, Vol. 76-77, 1880-1881, 173 에는 두 사람의 한국인 협조자를 말하고 있으나 역시 이름을 밝히지 않고 있다. 첫 협조자는 아마도 서상륜일 것이라고 생각하는 사람도 있으나 김양선은 그에 동의하지 않는다. 김양선, "로스 역과 한국 개신교", 「白山學報」 제3권 (1967), 420-424. *The Annual Reports of the National Bible Society of Scotland, 'Corea'* (1881)는 이응찬과 김진기가 번역을 도운 사람들이라고 보고한다. 그렇다면 서상륜의 일화에서 말하는 그의 회개와 수세의 날짜가 보고의 내용과는 맞지 않는다.

사와 예절 및 관습」(*Corea Its History, Manners and Customs*)을 출판하였다.

최초의 유급 사역자
백홍준 서상륜 서명오

로스와 맥킨타이어는 유능한 협력자들을 얻어 한국어 번역 성경을 출판하고, 협력자들과 함께 한국인들에게 전도도 열심히 하였다. 그 결과 1881년에 간도(間島)에서는 75명의 한국인들이 선교사들에게 세례를 받았다. 그들은 만주에서 활동했으나, 한국 안까지 복음의 씨를 뿌린 것과 같다. 그 결과 1884년 이후 미국에서 온 선교사들이 처음 한국에 입국하여 선교를 시작하자마자 결실을 거둔 것이다.

성경 번역에 참여한 서상륜을 비롯하여 이성하, 백홍준 등이 성경을 파는 매서인(賣書人)으로, 또 전도인으로 활동하였다. 이성하와 백홍준은 1884 봄부터 고향 의주에 돌아와 복음을 전하였으며, 백홍준은 1885년 18명의 신자들을 얻어 함께 예배를 드릴 정도였다.

1883년, 서상륜은 새로 번역된 복음서 성경을 비밀리에 국경을 넘어 한국으로 가져왔다. 국경을 넘다가 책이 발각되는 바람에 별정소에 구금되어 책을 압수당할 뻔했으나, 마침 그곳 관리로 있는 그의 먼 친척이 밤에 몰래 빠져 나가게 해 준 덕분에 책을 찾아 가지고 무사히 입국하였다. 서상륜의 고향은 본래 의주(義州)였는데, 황해도 소래에 가서 한국 최초의 교회를 설립하였으며, 소래와 서울을 내왕하면서 전도하여 많은 신자를 얻었다.

1884년 봄에 서상륜은 인천에 배편으로 보내온 6,000부의 복음서를 인수하여 여러 지방으로 다니면서 배포하였다. 사실 그때까지만 해도 금지된 복음서를 대량으로 반입한다는 것은 쉬운 일이 아니었다. 인천 세관에서는 몰래 들여오는 책을 적발하여 압수하였으나, 서상륜은 묄렌도르프(Möllendorf, 穆麟德)의 힘을 입어 무사히 통관을 하였다. 묄렌도르프는 독일 사람인데 한국 정부의 초청을 받아 외아문협판(外衙門協辦)이라는 조정의 외교 자문 관직에 있었다. 그의 부인이 경건주의 출신의 독실한 신자였기 때문에 로스(Ross) 목사가 편지로 부인에게 도움을 청하여 이런 도움을 받을 수 있었다.

서상륜 장로
1849-1926
전도자 소래교회 개척자

이 시기에 일본에서도 한국어 성경 번역 사업이 추진되었다. 이수정(李樹廷)은 1882년 고종의 수신사(修信使) 박영효(朴泳孝)의 수행원으로 일본에 갔다가 3개월의 공무가 끝나자 서양의 새로운 문물을 배울 의욕으로 공직을 떠나 일본에 계속 머물렀다.[14] 이수정은 기독교인 농학자 쯔다센(津田仙)에게 농학을 배우고 기독교적인 감화도 받았다. 그는 이미 한문 성경과 한문으로 된 기독교 서적을 읽은 적이 있어서 기독교에 대한 관심이 많았다. 그는 미국 장로교회 선교사 낙스(George W. Knox)와 감리교회 선교사 매클레이(R. S. Maclay)를 알게 되었다. 이들은 일본에 머물러 있으면서 한국 선교를 위한 가교 역할을 한 사람들이다.

이수정은 1883년 4월에 쯔다센(津田仙)의 소개로 알게 된 일본인 목사 야스가와(安川)에게 세례를 받았다. 그 후 그는 일본 주재 미국 성서공회 총무 루미스(Rev. Henry Loomis)의 간청으로 한국어 성경 번역의 중임을 맡았다. 이수정은 일본의 기독교 잡지 「로꾸고 雜誌」 1883년 5월호에 요한복음 14장을 따라 신앙을 고백하는 글을 써서 기고하였다. 이 글을 읽은 루미스는 그의 신앙이 성경을 번역할 수 있을 정도로 성숙한 것으로 인정하였다.[15] 이수정은 루미스의 도움을 받아 누가복음 번역을 완성하였다. 그리하여 1885년 초

---

14) Henry Loomis는 이수정을 역사편수관으로 알고 있다(*The Foreign Missionary,* Henry Loomis, 1884, I. 336). 한국 정부의 문서에는 이수정의 이름을 볼 수 없는 것이 이상하지만 일본의 외교문서 제15권(1882년 1월-12월), 15에는 그의 이름이 발견된다(김병철, 앞의 책).
15) 김병철, 앞의 책, 47.

이수정과 일본 기독교 지도자들 1883년

에 미국 성서공회는 1,000부의 번역판을 인쇄하였다. 이수정은 일본에 있는 교포에게 설교도 하고, 선교 잡지를 통하여 미국의 신자들에게 한국 선교의 시급함을 호소하기도 하였다. 1896년 4월, 이수정은 귀국했다가 체포되어 비밀리에 처형되었다.

만주와 일본에서 번역된 우리말 성경이 비록 한국 교회에서 사용하는 번역 성경의 모체는 되지 못했으나, 이 번역을 통하여 한국 최초의 개신교 신자들은 처음부터 직접 성경 말씀을 접할 수 있었으며, 성경을 가지고 전도할 수 있었다. 그리고 일본을 거쳐 한국으로 찾아온 초대 선교사들은 이미 번역된 복음서를 들고 입국할 수 있었다. 특히, 만주에서 번역에 참여한 이들의 매서 활동을 통하여 선교사들이 도착하자마자 곧 첫 열매를 거둘 수 있을 만큼 선교의 준비 작업이 진행되고 있었다.

3

열강의 식민지 확장과 세계 선교

19세기 중엽부터 20세기 초까지는 식민주의의 전성기였다. 이 시기는 구미의 열강들이 식민지 개척과 확장을 위하여 치열하게 경쟁하다 못해 마침내 제1차 세계대전을 치른 시기였다. 바로 이 시기에 구미의 교회와 선교 단체의 선교열도 최고조에 이르렀다.[16] 19세기 중엽에 미국에서 일어난 제3차 복음적인 각성 운동이 유럽으로 파급되어 북부 아일랜드 등 여러 지역에서 새로운 영적 부흥 운동이 일어났다. 그로 말미암아 많은 사람들이 그리스도를 위하여 증거하며 봉사하는 일에 헌신하게 되었으며, 초교파적이며 복음주의적인 선교회들이 조직되고 선교 지망생들이 쇄도하게 되었다.[17]

기독교의 선교를 비판적으로 보는 시각에서는 선교를 식민지 확장 정책의 일환으로 본다. 식민지화 정책은 현지민들이 복음을 받아들이는 데 방

16) 김영재, "세계 선교 동향과 한국에 대한 선교 정책", 「한국 기독교와 역사」 제6호 (한국기독교역사연구소, 1997), 5-26.

17) 1846년 Evangelical Alliance가 조직되었다. 종교의 자유, 주일을 안식일로 지키는 문제에 관심을 두고 선교에 힘썼다. 1855년 The World Alliance of the Christians Young Men' s Societies, 1894년 Christian Young Women' s Societies, 1886년 The World Student Christian Federation Conferences, 1875년 이후 Lambeth Conferences of the Anglicans, 1875년 The Presbyterian Alliance, 1891년 The Methodist World Alliance, 1891년 The Congregationalist World Alliance,1905년 The Baptist World Alliance 등 연합 운동을 하는 많은 선교 단체들이 속속 조직되었다. 1986년에 리버풀, 1885년에 런던, 1900년에 뉴욕에서는 선교를 위한 국제적인 대회가 열렸으며, 1910년 에딘버러에서는 WCC의 모체가 되는 제1차 세계선교대회가 열렸다.

구한말 남산에서 본 서울 시내

해가 되는 부정적인 요소로 작용한 것이 사실이다. 그러나 선교에 열정이 있는 사람들에게는 식민지 확장을 통하여 선교의 세계가 그만큼 넓어졌다. 스웨덴과 노르웨이를 제외한 개신교 국가들의 정부는 대체로 선교에 냉담한 편이었으나, 선교의 사명이 있는 이들은 선교회를 조직하여 자신들의 정부가 식민지로 개척한 선교지로 향하였다. 선교사들이 식민지 개척자들이나 식민주의 정부의 비인도주의적 시책에는 항거하는 경우도 있어서, 식민주의자들에게는 성가신 존재로 취급되기도 하고 원주민들에게는 식민주의의 앞잡이로 오해를 받기도 하였다. 그러나 그들은 식민주의 정부의 보호를 받으며 그 울타리 안에서 선교 활동을 하였다. 정치적인 세력의 확장과 더불어 선교가 이루어지는 현상은 19세기의 식민주의 시대에 처음 있었던 일은 아니다.

기독교의 복음은 시초부터 세상적인 정부의 권세나 문화를 거슬러 전파되거나 혹은 그것을 배경으로 하거나 지지를 받으며 전파되었다. 아시아로 전파된 네스토리우스파의 기독교는 동양의 여러 종교와 문화와 접촉하는 과정에서 심한 박해를 받아 그 정체성이 왜곡되거나 소멸되기에 이르렀다. 중동과 소아시아와 이집트에 전파된 기독교는 7세기에 일어난 이슬람교도로 말미암아 아주 거세되거나 교세가 극도로 약화되었다. 그러나 서방으로 전파된 기독교는 로마 제국의 박해를 무릅쓰고 문화를 거슬러 마치 '가루 서말 속에 갖다 넣어 전부 부풀게 한 누룩' 처럼 서서히 성장하여 로마 제국을 기독교화하게 되었다.

기독교가 로마 제국의 국교가 된 것을 부정적으로 보는 시각도 있으나,

실은 국교가 됨으로써 역사적이며 세계적인 종교로 존속하고 발전할 수 있었던 것이라고 보아야 한다. 로마 제국의 정권은 게르만에게 와해되었으나 로마의 문화 속에 생존하면서 문화를 주도하게 된 교회는 문화적으로 열등한 게르만을 권위로 기독교화하기에 이르렀다. 유럽의 기독교화는 12세기경에 이르기까지 약 800년이란 긴 세월에 걸쳐 진행되었다.

슬라브족에 대한 선교는 더 늦게 그리스 문화를 배경으로 한 동방교회를 통하여 이루어졌는데, 기독교 신앙은 이를 가진 지역에서 아직 가지지 못한 지역으로, 선교사들의 희생과 순교를 통하여, 혹은 카를 대제(샬마뉴, 768~814)의 경우처럼 무력적인 다스림을 통하여 전파되었다. 중세에 무슬림에 대한 선교를 시도한 적도 있었으나, 선교는 유럽을 기독교화하는 데 머물렀다. 당시의 교회는 그들이 알고 있는 세상 끝까지 기독교 신앙을 전파하는 일에 힘을 기울인 셈이다.

그러다가 지리상의 발견 이후 유럽인들에게 세계는 더 넓어졌다. 따라서 선교의 대상지도 그만큼 넓어진 것이다. 콜럼버스가 서인도제도를 발견한 이듬해인 1493년 교황 알렉산더 6세는 스페인 왕에게 그 섬들에 대한 무역 독점권을 인정함과 동시에 신앙과 덕망을 갖춘 인물을 보내어 그곳에 거주하는 백성에게 기독교 신앙으로 돌아오게 하도록 지시하였다.[18] 남북 미주 대륙과 호주를 발견한 유럽인들은 새 대륙으로 자신들의 종교를 가지고 이주했으므로 기독교 신앙을 새 대륙에 이식한 셈이다. 백인들의 군대와 정부는 이주자들의 거주 영역을 넓히기 위하여 원주민을 무력으로 몰아내고, 교회는 백인이 아닌 인디언들에게 선교하기 시작하였다. 그러다가 더 확고하게 정착을 하고 부흥 운동을 경험하면서 세계 선교에 눈을 뜨게 되었다.

"문화의 이식은 선교의 주목적이 아니나 선교의 필연적인 결과요, 덤으로 따라오는 부산물"이라고 한 바르넥의 말과 같이,[19] 선교사들은 복음의

18) 스티븐 니일 「기독교 선교사」, 홍치모, 오만규 공역, (성광문화사, 1980) 173.

구한말 남대문 거리

전도자뿐만 아니라 아프리카와 태평양의 섬나라, 문맹한 아시아의 여러 나라에도 산업 혁명을 통하여 자연과학과 산업이 앞선 구미의 문화를 소개하고 전달하는 문화 전수자(Kulturträtger) 역할을 하였다. 선교사들의 기질이나 교양에 따라, 혹은 선교지의 나라와 민족의 특성과 재래적인 토착 문화의 정도에 따라 여러 가지로 다른 선교 방법이 동원되었다. 선교지의 나라와 민족들은 새로운 신앙을 토착적인 문화와 전통에 도전하는 것으로 받아들이고 거의 예외 없이 거부한다. 따라서 선교사들은 직접적인 전도보다는 우회적인 전도 방법을 사용하였다.

의사 선교사들은 병원과 학교를 세워 의료 활동을 펴고 새로운 교육을 실시하였다. 그리고 의사소통을 위하여 선교지의 문화와 관습을 연구하는 일은 선교사들이 기본적으로 갖추어야 하는 준비 자세였으며, 성경 번역은 선교 사업의 초석을 놓는 것이었다. 한국에 온 선교사들 역시 이러한 직무와 역할을 충실히 이행하였다. 그리고 그들은 예외적으로 한국이 유럽과 미국이 아닌 일본의 식민주의 침략과 통치를 받고 있었으므로 선교를 하기에는 유리한 입장이었다.

19) Gustav Warneck, *Die gegenseitigen Beziehungen zwischen der modernen Mission und Kultur* (Gütersloh, 1879), 12.

4

선교사들의 입국

한국과 미국 사이에 수교 조약이 체결된 후 미국 교회들은 한국 선교에 점점 더 많은 관심을 가지게 되었다. 한국에 제일 먼저 입국하여 거주 허락을 받은 선교사는 알렌(Dr. Horace N. Allen)이었다. 그는 1883년에 미국 북장로교회 선교부에서 파송되어 먼저 중국으로 갔다가 일 년 후 선교부의 허락을 받고 한국으로 왔다. 알렌은 1884년 9월 20일, 제물포(오늘의 인천)에 도착하여 이틀 후에 서울로 왔다. 이때는 아직 조선 정부가 선교 활동을 허락하지 않았을 때였으므로, 알렌은 미국 영사관의 공의(公醫)의 신분으로 입국하였다. 알렌은 처음에 주로 서방 여러 나라의 영사관 직원들을 상대로 의사로서 활동을 하다가 드디어 고종의 인정을 받아 시의(侍醫)가 되었다.

알렌 安連
Horace Newton Allen
1858-1932

1884년 12월 4일에 개화당의 봉기 사건이 있었을 때 수구파의 지도 인물인 민영익(閔泳翊)이 자상을 입어 생명이 위독한 상태에 빠졌으나 알렌의 치료를 받고 생명을 보전할 수 있었다. 이 일로 인하여 알렌은 고종의 신임을 얻게 되었다. 1885년 2월 25일 알렌은 왕의 윤허를 얻어 한국 최초의 병원인 광혜원(廣惠院)을 설립하였다.[20] 광혜원 건물은 본래 홍영식(洪英植)의 저택이

광혜원 1885년
1930년대에 찍은 사진

었는데 나중에 경성여고의 기숙사로 사용되었다.[21)]

1885년 4월 5일 부활 주일 아침에 드디어 목사 선교사들이 입국하였다. 북장로교회의 언더우드와 감리교회의 아펜젤러(Henry G. Appenzeller, 1858~1902) 부처가 일본을 거쳐 제물포에 도착하였다.[22)] 그들의 뒤를 이어 감리교회 선교사로 스크랜턴(Dr. W. B. Scranton) 부처와 스크랜톤의 모친 매리 스크랜턴(Mary F. Scranton)이 왔다. 1885년 6월에는 헤론(Dr. John H. Heron)이 입국하였다. 헤론은 1884년 초에 미국 북장로교 선교부에서 제일 먼저 한국 선교사로 지명을 받았다.[23)]

호주 장로교회(Presbyterian Church of Victoria)에서는 1889년 10월에 데이비스(Rev. J. Henry Davies)와 그의 누이 미스 데이비스(Miss M. T. Davies)가 왔다. 데이비스 목사는 6개월 후 천연두에 걸려 별세하였다. 그의 죽음에 대한 소식을 들은 호주의 장로교회의 많은 이들이 한국 선교에 관심을 가지게 되었다. 호주 장로교회의 선교사들은 주로 부산을 중심으로 경상도 지역에서 선교 활동을 하였다.

---

20) 한국교회백주년준위원회사료부과위원회 편, 「大韓예수教長老會百年史」 (서울: 대한예수교장로회 총회, 1984), 66.
21) 「歷史書報」1934, 참조. 사진은 1930대에 찍은 것이다.
22) 미국 북장로교회 명칭은 Presbyterian Church in the United States of America이고 약칭으로 P.C.U.S.A.혹은 Northern Presbyterian Church라고 하며, 미국 북감리교회는 Methodist Episcopal Church in the United States이며 약칭으로 the Northern Methodist 라고 한다.
23) Lillias H. Underwood, *Underwood of Korea (New York London and Edinburgh: Fleming H. Revell Company* , 1918), 영인본: 한국기독교사연구회, 「사료총서 2집」(서울: 한빛문고, 1983).

영국 성공회에서는 1890년에 코프 감독(Bishop C. J. Corfe)이 6명의 목사와 2명의 의사가 와서 선교 사업에 착수하였다. 1891년 9월 30일, 제물포에 최초의 성공회 교회당을 건립하여 헌당 예배를 드렸다. 성공회가 한국 선교를 계획한 것은 중국의 선교사 울프(Archdeacon J. R. Wolfe)의 보고를 읽고 나서부터였다. 즉, 1887년 선교지(宣敎紙)에 한국에 관하여 쓴 기사가 성공회의 관심을 불러일으켰고, 또 호주의 데이비스가 한국행을 결심하도록 하는 동기를 부여하였다.[24]

헤론 蕙論
Dr. John W. Heron
1856-1890

미국 남장로교회는 1892년 호남 지방에 선교사를 파송하여 선교를 시작하였다. 테이트 목사(Rev. L. B. Tate)와 그의 누이 미스 마티 테이트(Miss Mattie S. Tate), 미스 데이비스(Miss Linnie Davis), 평양신학교에서 조직신학을 가르친 이눌서 목사와 전킨 목사(Rev. W. N. Junkin) 부처가 와서 선교를 시작하였다.

미국 남감리교 선교부는 1896년 리드 목사(Rev. C. F. Reid)를 보내어 선교의 길을 열도록 하였다. 그리고 캐나다 장로교회 출신인 맥켄지 목사(Rev. William J. McKenzie)는 독립 선교사로 한국에 와서 한국에서 제일 먼저 세운 개신교 교회가 있는 소래에 거주하면서 서상륜의 동생이며 후에 장로교 초대 목사가 된 서경조(徐景祚, 1852~1938)의 도움을 받아 목회를 시작하여 1895년 7월 초에 소래교회 예배당을 신축하였다.[25] 그러나 3주 후에 일사병으로 별세하였다. 캐나다 장로교회는 맥켄지가 죽었다는 소식과 함께 소래교회의 교인에게서 선교의 필요성을 호소하는 편지를 받고 숙의한 끝에 1887년 한국 선교를 결정하였다.[26] 호주 장로교회가 헨리 데이비스의 부음을 듣고 한국

24) A.D.Clark, 앞의 책, 109
25) 徐景祚, "徐景祚의 信道와 傳道와 松川敎會 設立 歷史", 「神學指南」(1925. 10).
26) H. G. Underwood, *The Call of Korea*, 141; 민경배, 앞의 책, 135에 인용.

맥켄지 梅見施
W. J. McKenzie
1861-1895

선교를 시작한 경우와 같이 캐나다 장로교회는 맥켄지의 죽음을 계기로 한국 선교를 결행하게 된 것이다.[27] 그리하여 1898년에 그리어슨(Dr. Robert G. Grierson) 부처, 푸트 목사(Rev. W. R. Foote) 부처와 맥캐어(D. M. McCare)가 와서 함경도에서 선교를 시작하였다.

침례교의 선교는 1889년 캐나다의 토론토 대학교 기독청년회(YMCA)에서 파송한 펜위크(Malcolm C. Fenwick, 1863~1935)를 통하여 시작되었다. 침례교회는 영국의 청교도 J. 스미스와 T. 헬비스가 1612년 런던에 최초로 교회를 세웠다. 유아세례를 인정하지 않으며 만인제사장, 각 교회의 독립, 교회와 국가의 분리 등을 강조한다. 미국에서는 1639년에 청교도 로저 윌리엄이 로드 아일랜드에 최초의 침례교회를 세웠다. 침례교회는 미국에서 가장 큰 교파 교회가 되었다. 1895년, 미국 침례교회 계통의 엘라딩 기념선교회(Ella Thing Memorial Mission)에서 파송한 폴링(E. C. Pauling), 게이들린(A. Gadeline) 등이 충청도 공주와 강경 지역에서 선교 활동을 하다가 재정난으로 1900년에 사업을 중단하였다. 펜위크가 이를 인계해서 1906년에 '대한기독교회' 라는 독자적인 교회 조직을 갖추고 선교에 착수하였다.[28]

제칠일안식교(Seventh Day Adventists)의 선교는 하와이로 가려던 중 일본 고베(神戸)에서 전도를 받은 손흥조(孫興祚)와 하와이에 들렀다가 오던 임기반(林基盤)이 포교하기 시작하였다. 이들은 1904년 진남포와 용강 등지에서 전도하여 안식교회를 설립하였다. 1905년 손흥조에게 전도한 구니야(國谷喜之介)가 교회를 도왔으며, 1905년 미국으로부터 첫 선교사 스미스(W. S.

27) Elizabeth A. McCully, *A Corn of Wheat or The Life of Rev. W. J. McKenzie* (Toronto; The Westminster Co., Limited, 1903), 28 「한국 기독교의 역사」 I, 192; 金容海, 「대한기독교침례교회사」 (1964), 15.
28) 「한국 기독교의 역사」 I, 192; 金容海, 「대한기독교침례교회사」 (1964), 15.

Smith)가 내한함으로 말미암아 본격적인 선교가 시작되었다.[29] 안식교는 구약을 신약을 통하여 이해하지 않을 뿐 아니라 토요일을 안식일로 지켜야 한다고 주장하며 독선적인 교리를 말함으로써 스스로 개신교의 정통적인 교회 전통에서 제외한다.

성결교회는 처음에 동양선교회(東洋宣教會, The Oriental Missionary Society)라는 이름으로 전도하기 시작하였다. 미국 감리교회 출신인 카우먼(C. E. Cowman)과 길보른(A. Kilbourne)이 일본에서 선교하던 중 동양선교회를 조직하고 전도인 양성을 위하여 도쿄(東京)에 성서학원을 세웠다. 이 성서학원을 졸업한 김상준(金相濬)과 정빈(鄭彬)이 1907년에 귀국하여 종로 염곡동에 집을 세내어 '동양선교회 복음전도관' 이란 간판을 붙이고 전도하기 시작하였다. 1911년에 무교동의 전도관 내에 성서학원을 설립했으며, 1921년에 감독자 문회를 조직하고 '조선 예수교 동양선교회 성결교회' 라고 개칭하였다.[30] 웨슬리의 사상을 따르며, 중심 교리는 4중 복음(중생, 성결, 신유, 재림)이다.

구세군(The Salvation Army)의 선교는 1908년 10월 1일 호가드(R. Hoggard, 許加斗)의 내한으로 시작되었다. 구세군 창설자 부스(W. Booth)가 동양 순방 중 일본에 들렀다가 두 사람의 한국인에게 선교 요청을 받고 호가드를 한국 개척 선교사로 임명하였다.[31] 구세군은 성결교회와 마찬가지로 웨슬리의 신학을 따르는 교회이다.

'자유교회' (自由教會)로 알려진 플리머스 형제단(Plymouth Brethren)의 한국 선교는 이미 1896년부터 시작되었다. 일본인 전도자 노리마츠(乘松雅休)가 내한하여 조덕성(曺德成)과 신태일(申泰一) 등의 협력을 얻어 서울과 경기 지방을 중심으로 전도 활동을 폈으며, 1898년 일본에서 활동하던 브랜드가

29) 같은 책, 191; 이영린, 「한국 재림 교회사」 (서울: 시조사, 1965), 23.
30) 「韓國基督教年鑑」 (1976), 279; 李明稙, 「朝鮮 耶蘇教 東洋宣教會 聖潔教會 略史」 (1929), 51..
31) 「한국 기독교의 역사」 I, 190; 장형일, 「한국 구세군사」 (구세군대한본영, 1976), 21 이하

내한하여 서울 서소문에 선교부를 개설하고 본격적인 선교를 시작하였다. 이들은 교회 조직을 부인하는 그들 특유의 신앙공동체를 이루어 '성서성당', '기독동신회', '기독신우회' 라는 이름 아래 모임을 가졌다.[32)]

32)「한국 기독교의 역사」I, 192. Plymouth Brethren은 1830년 영국 남부의 항구도시 Plymouth에서 경건주의의 모라비안의 영향을 받은 J. N. Darby가 시작하였다.

5

한국에서의 기독교 선교와 수용

미국에서 온 개신교 선교사들은 적절한 시기에 한국으로 왔다. 20~30년 전만 하더라도 로마 가톨릭 신자들과 선교사들이 핍박을 당했는데, 이제는 그때처럼 적대시당하는 일이 없어졌기 때문이다. 한국은 이웃한 일본과 중국의 세력에 시달렸으며, 북에는 국경을 접하고 있는 러시아가 남진 정책에 따라 한반도로 세력을 뻗치려는 책략이 훤히 들여다보이는 상황에 처해 있었다. 그래서 한국은 멀리 떨어져 있는 나라, 즉 중립을 지키는 듯이 보이는 미국을 우방으로 생각하였다.

그러나 미국의 자본가들에게는 한국이 만족할 만한 시장이 있는 나라로 보이지 않았으므로, 미국 정부는 한반도에 세력을 구축할 의욕이 별로 없었다. 그러나 미국은 1905년 한국이 일본에 수교권을 박탈당하기 전까지는 외교적인 우호관계를 계속 유지하였다.

일본은 1895년 청일 전쟁에서 승리한 후에는 폭도를 사주하여 민비(閔妃, 追稱 明星皇后, 1851~1895)를 시해하는 만행을 저지르는 등 한반도에 세력을 구축하는 일에 광분하였다. 그러다가 1905년 러시아와의 전쟁에서 승리

고종과 조신들

한 이후 11월 17일 강제로 한국과 을사보호조약을 체결함으로써 한국의 수교권을 박탈하여 한국을 완전히 자국의 세력하에 두었다. '수교권 박탈' 이란 정기간행물의 날짜를 일본의 연호로 쓴 것만 보아도 단순히 대외적인 외교권을 박탈당한 것만이 아님을 알 수 있다.[33]

미국 대통령 테오도르 루즈벨트(Theodor Roosevelt)는 1907년 7월 비밀리에 태프트-가쯔라 조약을 맺고 일본이 한국을 식민지로 하는 일을 묵인하였다. 그럼으로써 미국은 러시아의 남진을 막고, 반대급부로 필리핀을 식민지화하는 일을 일본이 묵인해 주기를 바란 것이었다.[34] 고종은 이러한 힘의 외교의 현실을 전혀 알지 못하고 미국에 기대어 도움을 바랐으니 비극이 아닐 수 없었다.

그러므로 미국 선교사들은 한국에서 본국의 식민 정책 때문에 부담스러워할 필요가 없었다. 그들은 복음을 전하고, 서양 문화의 배경에서 온 보통 시민으로서 본의든 아니든 간에 문화 선전자(Kulturpropagandisten)로서의 역할을 다하였다.[35] 한국에 온 선교사들도 이러한 문제점을 충분히 인식하였다. 이화학당의 교장 길모어(Gilmore) 부인은 선교가 동반하는 문화의 이식이라는 부산물에 대하여 사려 깊은 견해를 피력하였다.

> 우리는 학생들에게 서양 옷을 입고 서양식으로 살도록 할 생각은 추호도 없습니다. 우리는 그들이 성실한 한국 여성이 된다면 그것으로 만족합니다. 우리는 그들이 자기 나라를 자랑스럽게 여기는 사람들이 되기를 소원합니다. 주 그리스도의 가르침을 통하여 그렇게 될 수 있기를 희망합니다.[36]

언더우드 선교사 부인도 편지에 같은 이야기를 하고 있다.

---

33) *Korea Mission Field,* Vol.1 (1905) 참조.
34) 李基白, 앞의 책, 366.
35) Hans-Werner Gensichen, *Missiongeschichte der neueren Zeit, Die Kirche in ihrer Geschichte* (Vandenhoeck & Ruprecht in Gottingen, 1976), Bd. 4, T 43.
36) Mrs. Gilmore, *The Gospel in All Lands* (1888), 373. 李浩雲, 앞의 책, 102.

우리는 그들을 한국인 기독신자들로 만들려고 하지 미국 여자들로 만들고 싶지 않습니다.[37]

선교사들은 여러 면에서 한국의 개화와 계몽에 기여한 것이 사실이다. 그러므로 고종은 선교사들에게 친절을 베풀고 신뢰를 하였다. 그러나 기독교를 자유롭게 선교하도록 선뜻 허락할 용의는 없었던 것으로 보인다. 왕은 인정이 많은 분이었으나 왕의 세력을 약화시킬 것이라고 생각되는 개화 운동에는 단호히 반대하였다. 왕은 기독교도 다분히 그런 위험한 요소를 지니고 있다고 짐작했던 것이다. 고종은 선교사들과의 친분에서 그들의 선교 활동에 관대히 대하고 아무런 반대를 표하지 않았으나, 정부 인사들은 선교사들의 활동을 의심하는 눈으로 지켜보았다. 그러므로 선교사들은 선교할 수 있는 자유를 허락한다는 정부의 공적 승인을 받지 못한 상태에서 조심스럽게 선교 활동을 추진해야만 했다. 선교사들이 정치와 종교의 분리를 내세우며 이를 강조한 것도 그러한 상황에서 정부를 안심시키려고 내세운 구호요, 선교 정책이었다.

이와 같이 초기에 선교사들은 직접적인 선교 활동은 할 수 없었으므로 우선 학교와 의료 사업부터 시작하였다.[38] 그러므로 개신교 선교사들은 가톨릭 선교사들이 당했던 어려움을 피할 수가 있었다.

---

37) 李浩雲, 앞의 책, 104.
38) 선교사들이 입국할 때 여권에 직업을 그대로 밝히기는 1898년 6월 10일에 입국한 스왈론 (Rev.W. L. Swallon)이 처음이었다. 민경배, 앞의 책, 105.

6

선교사들의 문화 사업

의료 사업

최초의 국립병원인 광혜원은 위에서 말한 바와 같이 알렌의 간청으로 정부의 허락을 받아 1885년 2월 25일에 설립되었다. 광혜원은 곧 제중원(濟衆院)으로 이름이 바뀌었다. 1887년에 알렌이 워싱턴 국무성의 한국 담당 서기관으로 임명을 받아 미국으로 떠나게 되자 후임으로 헤론(Dr. John H. Heron)이 제중원 운영의 책임을 맡았다. 이 해에 제중원은 구리개(銅峴洞), 즉 현재의 을지로 2가로 이전하였다. 1888년에는 미스 호르턴(Miss Dr. Lillian S. Horton)을 맞이하여 부인 병실을 증설하였다.

구리개 제중원, 1887년

1893년 선교연합회는 의료 사업을 선교 사업의 일환으로 부산, 평양, 대구, 선천, 청주, 강계, 전주, 광주, 해주, 안동, 원산, 군산, 목포, 개성, 춘천, 인천, 진주, 성진, 함흥 등 전국의 각 주요 도시에 병원을 세우기로 결정하였다.[39]

39) 李永獻, 「韓國基督敎史」, 102 참고.

1893년 11월에 애비슨(Dr. O. R. Avison, 魚丕信)은 제중원 원장이 되자 재정적인 책임을 맡고 있는 장로교 선교회의 기관으로 체제를 변경하였다. 이때부터 제중원은 매달 연 500명의 환자를 치료하게 되었으며, 점점 불어나는 많은 환자를 수용하기 위해서 병원을 확장해야 했다.

애비슨 魚丕信
Dr. O. R. Avison
1860-1956

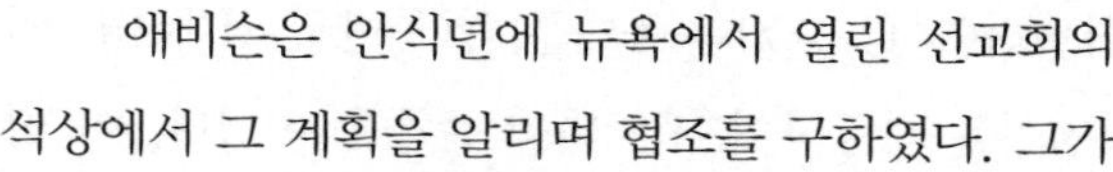

애비슨은 안식년에 뉴욕에서 열린 선교회의 석상에서 그 계획을 알리며 협조를 구하였다. 그가 호소하는 말을 듣고 클리블랜드(Cleveland)의 실업가 세브란스(Louis H. Severance)가 15,000불을 헌금했으며, 그 후 대지와 건물을 위하여 3배나 되는 돈을 더 기증하였다. 그리하여 1904년 9월 23일에 병원 건축을 위하여 헌금한 이의 이름으로 명명한 세브란스 병원(The Severance Memorial Hospital)은 14개 분과의 큰 병원으로 개원하였다.[40]

감리교 선교부는 1885년 9월 10일에 진료소를 설치하여 스크랜턴(Dr. Scranton)의 주도하에 의료 사업을 개시하였다. 스크랜턴은 한국으로 와서 처음 2, 3개월 동안 광혜원에서 알렌과 함께 일하다가 자기 사저에서 따로 병원 일을 보았다. 그는 정동에 새 건물을 마련하여 1886년 6월 15일에 정부의 허가를 받아 정식으로 병원을 개원했는데, 이것이 바로 시병원(施病院)이다. 시병원은 고종이 지어 준 이름이었다. 스크랜턴은 서민들을 더 쉽게 상대하고 치료하기 위하여 1894년 남대문 근처 빈민 지역인 상동으로 병원을 옮겼다.[41] 그는 또한 어린이와 부녀자들을 위한 병원 설립을 구상하고 미국 감리회 선교 본부에 여의사를 보내 주도록 요청하였다.

1887년 10월 20일에 미스 하워드(Miss Dr. Meta Howard)가 입국하자

40) Harry A. Rhodes, 앞의 책, 199. 基督教大韓監理會總理院教育局 編, 「韓國監理教會史」(1975), 166 이하.
41) 「한국 기독교의 역사」 I, 195.

세브란스
Mr. Louis H. Severance

감리교 선교회는 그를 원장으로 세워 이화학당 구내에서 한국 최초의 부인 전용병원을 시작하였다. 민비가 '보구여관'(保救女館)이라고 이름을 지어 주었다. 1892년에 보구여관은 동대문에 분원을 설치하고 볼드윈 시약소(Boldwin Dispensary)라고 이름하였다. 1899년 가을에 병원 본원을 정동에서 동대문으로 이전하여 분원과 합병하였다. 1909년 동대문 옆에 한국 최대 규모의 부인병원을 착공하여 1912년에 준공을 하였다. 이 병원은 1897년 10월에 내한하여 5년 동안 동대문병원에서 일하다가 순직한 여의사 해리스를 기념하여 '릴리안 해리스 기념 병원'(The Lillian Harris Memorial Hospital)으로 개칭하였고, 1930년부터는 동대문 부인병원으로 널리 알려졌다.[42]

감리교회 의사들은 주로 지방에서 환자를 돌본 반면에, 장로교회 의사들은 서울의 병원에서 환자를 돌보며 한국인의 의학 교육에 힘을 기울였다. 호주 장로교 선교회에서는 1896년 부산에서 의료 사업을 시작했으며, 같은 해에 평양에서는 북장로교 선교회가 의료 사업을 시작하였다. 성공회는 1890년 인천에서 의료 사업을 시작하였다.

1895년 한국 전역에 콜레라가 만연하여 서울에서만 약 한 달 반 만에 5,000명이 사망하자, 애비슨은 초교파적으로 치료반을 조직하여 전염병 퇴치를 위해 일하였다. 정부는 애비슨의 지시에 따라 예방, 소독, 주의 사항 등을 포고하였다. 선교사들은 이렇게 성실하고 헌신적인 사랑의 봉사를 통하여 국민의 존경과 신뢰를 받았다.

42) 「韓國監理敎會史」, 169 이하.

교육 사업

우리나라에서 현대식 교육을 하는 최초의 학교는 개화파에 속했던 최현석(崔顯奭)이 1883년 원산에 세운 학교 원산학사이다.[43] 아펜젤러 선교사는 1885년 8월 3일 영어를 배우려는 이겸라(李謙羅), 고영필(高永弼) 두 청년을 데리고 첫 수업을 시작하였다. 이듬해 1886녀 6월 8일 감리교 선교부의 공인을 받고 11월에 미국 공사를 통하여 고종께 학교 설립 허가를 얻어 7명의 학생으로 기독교 학교로서 첫 출발을 하였으며, 1887년 학생 수가 75명에 이르러 서양식 교사를 지었다. 국왕은 많은 학생들을 동교로 보냈으며, 정부는 그 학교 출신을 정부에 채용할 것을 약속하였다. 이태왕은 친히 교명을 짓고 당대의 명필 정학교(丁學喬)에게 학교 간판을 쓰게 하여 하사하였다. 배재학당은 이때로부터 전 민족의 학교가 되었다.[44]

배재학당 1885년, 교사신축 1887년

신학문의 학교가 서기 이전에는 유학의 서당과 향교가 있었다. 서당은 초등학교에 해당하고, 향교는 중등학교에 해당하는 교육기관이었다. 그리고 대학에 해당하는 기관이 바로 성균관으로서 유일한 고등 교육 기관이었다. 1911년의 통계에 따르면 전국에 16,540개의 서당과 141,604명의 학생이 있었다. 이러한 서당은 1920년대까지 존속되었다.[45]

유교 교육은 지나치게 현학적이어서 실제 생활에 큰 도움이 되지 못했으므로 새로운 교육 이념과 제도가 필요하였다. 이런 까닭으로 선교사들의

43) 李基白,「韓國史新論」, 개정판 (서울: 一潮閣, 1988), 391.
44) 金良善,「韓國基督教史硏究」, 365.「한국 기독교의 역사」 I, 197. *Annual Report of the Board of Foreign Mission of the Presbyterian Church in the U.S.A.* (1885), 238. 언더우드의 아들 원한경(元漢慶, Horace Horton Uderwood, 1980-1951)은 그의 책 *Modern Education in Korea* (New York: Inernational Press,1926)에서 한국의 교육 상황과 함께 선교사들의 교육 사업에 관하여 상세하게 기록하고 있다.
45) Han Woo Keun, 앞의 책, 239f.

육영 사업은 보수층을 제외한 많은 사람에게 인정을 받고 환영을 받았다. 스크랜턴(Mrs. M. F. Scranton, 施蘭敦) 부인은 1886년 5월 30일에 최초의 여학교인 이화학당을 설립하였다. 여태껏 등한시했던 여성 교육이 실시됨으로 말미암아 여자들의 사회적 위치에 혁신을 가져오게 된 것이다.[46]

경신학교는 1886년 초에 언더우드 선교사가 고아들을 데려다 숙식을 제공하고 교육한 데서 시작되었다. 언더우드 선교사 부부가 미국에 다니러 간 사이에 마포삼열이 책임을 맡아 한동안 학교를 '예수교 학당' 이라고 하였다. 장로교회에서 경영한 최초의 여학교 '정신'(貞信)은 1890년에 섰다. 이 학교 역시 미스 엘러스(Dr. Annie Ellers)가 한 고아를 데려다가 가르치면서부터 시작된 것이다.

이렇게 시작한 학교들은 초기에 학생들을 전적으로 기숙하게 하면서 교육하였다. 이화학당의 경우 학생들의 연령은 8세부터 17세까지였고, 그 중에서 나이 많은 학생이 반장이 되어 반 학생들을 통솔하였다. 나이 많은 학생들은 어린 학생들의 빨래와 바느질까지 돌보아 주었다. 8~9세 때 학교에 입학하면 10년 정도 머무는데, 재능이 있는 학생에게는 유학 가는 길을 열어 주고 혼처가 생기면 바로 시집을 보내는 것이 곧 졸업시키는 것이었다. 선교사들과 교회는 인도적이며 실리적인 입장에서 남자들의 교육뿐 아니라 여자들의 교육을 위해서도 똑같은 노력을 기울였다. 그리고 그것은 실제적으로 전도를 위해서나 개화 운동을 위해서 알찬 결실을 맺게 해 주었다.[47] 청일 전쟁을 치르고 난 후 교육에 대한 열의와 향학열이 고조되어 학생이 갑자기 늘어났다. 그래서 사립학교의 수는 급격히 증가하기 시작하였다. 1909년에는 전국에 950개의 기독교 학교가 있었는데, 그 중에서 605개교가 장로교회에서, 200개교가 감리교회에서 설립한 것이다.[48] 이와 같이 기독교에서 시작한 사

46) H. H Underwood, *Modern Education in Korea,* 17f.
47) 李浩雲, 앞의 책, 259 이하.
48) 閔庚培, 앞의 책, 198 이하 참조.

립학교 설립은 신속히 확산되어 비기독교 재단의 학교도 많이 서게 되었다. 재래의 서당이 개편되어 개량서당으로 발전했다가 보통학교로 승격하는 경우도 있었다.[49] 이러한 사립학교가 1910년에는 3,000개교에 이르렀다.

경신학교 1886년 설립
선생과 학생

우리나라의 근대식 고등교육의 효시는 세브란스의 학교이다. 1886년 3월 29일에 병원의 의학부로 개설했는데, 1899년 정식으로 의학교로 설립되어 애비슨이 초대 교장이 되었다. 1908년에 제1회 졸업생 7명의 배출했으며, 1913년에는 장로교회와 감리교 선교회에서 연합으로 경영하도록 하였다. 연희전문학교는 언더우드 선교사의 노고로 1915년 3월에 장로교회와 감리교회 공동으로 설립하여 1917년에 사립 연희전문학교 기독교연합재단법인의 설립허가와 학교 설립 인가를 얻어 문학과, 상업과, 농업과, 수학과, 물리학과, 응용화학과를 두었다.

평양의 숭실전문학교는 이보다 먼저 1906년에 설립되었으며, 1907년에는 장로교회와 감리교회 양 교파가 공동으로 경영하다가 1913년부터 운영체제를 바꾸어 장로교 선교회가 단독으로 경영하였다.[50] 이화학당은 1910년에 대학과를 설치하고 1912년에 학교 인가를 얻었으며, 1914년 전문학교 제1회 졸업생 6명을 배출하였다.

문서 운동과 한글 보급

기독교 문서 운동 역시 복음 전도를 위하여 큰 몫을 다했으며 한국의 근대 문화 운동을 위하여 기여한 바가 크다. 말이 서투른 선교사들에게는 성경

49) 李基白, 「韓國史新論」, 개정판, 432.
50) 李浩雲, 앞의 책, 96.

평양 숭실전문학교 1906년

과 소책자나 전도지 같은 것을 발간하여 돌리는 것이 가장 효과적인 전도 방법이며 복음의 진리를 많은 사람에게 전할 수 있는 방도였다. 그래서 선교사들이나 전도자들은 어디를 가든지 전도 문서를 가지고 다녔으며, 매서인(혹은 권서인)을 많이 두어 성경과 전도 문서들을 반포하도록 하였다. 그리고 많은 대중이 읽을 수 있도록 한글을 사용했으므로 자연히 한글이 널리 보급되었다.

1888년 초에 입국한 북감리교회 선교사 올링어(Rev. F. Ohlinger)는 다음 해에 출판사를 설립하고 1891년부터 출판 사업을 시작하였다. 선교사들은 1890년 6월에는 '한국 기독교 소책자회' (The Korean Religious Tract Society)를 조직하고 올링어를 회장으로 하여 번역, 출판, 반포를 위하여 힘썼다. 1895년에는 22,000부의 책과 소책자를 발행하였다.[51]

1887년 언더우드, 아펜젤러 목사가 중심이 되어 상설 성서위원회(Permanent Bible Committee)를 조직하고, 그 아래 성서번역위원회를 두어 한국어 성서의 번역, 개정, 출판, 반포하는 일을 위하여 힘썼다.[52] 1892년에 선교사 게일(J. S. Gale)이, 1893년에는 이눌서가 참가하면서 성서 번역 사업은 한층 활기를 띠었다.

1893년 5월에는 조직을 개편하여 개신교 각 교파의 선교사들의 대표들로 상임성서위원회(Permanent Executive Bible Committee)를 구성하고 성서의 번역과 출판 사업을 본격적으로 추진하였다.[53] 성경은 주로 매서인을 통하여 보급되었는데, 1892년까지는 모두 578,000권, 1895년부터 1936년까지

51) 韓國敎會史學會編, 「朝鮮예수敎長老會史記」 下卷 (서울: 연세대학교출판부, 1968), 50.
52) William M. Griffis, *A Modern Pioneer in Korea, The Life Story of Henry G. Appenzeller* (New York: Fleming H. Revell Company , 1912). 〈사료총서 7집〉.
53) *The Korean Repository,* Vol.2 (1895), 75.

는 무려 18,079,466권이 보급되었다.[54)]

1893년 1월 제1차 장로회공의회에서는 모든 문서에 한문을 섞지 않고 순전히 한글로만 기록한다는 방침을 결의하였다. 그리고 한글 창제 이후 '언문'이라며 지식층에게 멸시를 당하며 빛을 보지 못하던 한글을 선교사들이 직접 연구 개발에 나섰다. 1894년, 게일은 한국어의 동사를 주로 연구하여 「한국어의 문법 형식」(Korean Grammatical Form)이란 책을 썼으며, 1896년에는 「한영사전」을 편찬하여 출판하였다. 배어드(W. M. Baird) 목사 부인은 한국어를 처음 배우는 이들을 위하여 「50가지 도움」(Fifty Helps)이라는 작은 책을 썼다. 이러한 책들은 외국인은 물론이고 한국 사람들에게도 도움이 되었으며, 젊은 학도들에게 우리말과 글을 연구하게 하는 자극이 되었다.[55)]

성경번위원회 1904년
정동원 이눌서 이명준 언더우드 김정삼 게일

청년 운동

청년 운동 조직으로는 장로교회에 청년면려회(Christian Endeavor), 감리교회회에 엡워스청년회(Epworth League)가 있었으며, 연합 청년 운동으로는 기독청년회(YMCA)와 여자기독청년회(YWCA)가 있었다.

1903년 10월 28일, 선교사 질레트(P. L. Gillet, 吉禮添)의 주도로 서울 중앙에 황성기독청년회라는 이름으로 YMCA(Young Men's Christian Association)를 결성하고, 동시에 홍콩기독청년연합회에 가맹하였다. 게일이 회장이 되고 질레트가 총무로 활동하였다. 당시 회원은 정회원 28명, 준회원

54) 이만열, 「한국 기독교사 특강」, 100.
55) 李浩雲, 앞의 책, 250.

9명으로 조직되었다. 박영효(朴泳孝), 민영환(閔泳煥), 윤치호(尹致昊), 이상재(李商在), 유성준(俞星濬), 이원긍(李源兢), 남궁억(南宮億), 김정식(金貞植), 조종만(趙鍾萬), 신흥우(申興雨) 등의 인사들이 발기 회원이었다.[56]

기독청년회는 국내 인사들의 후원과 뉴욕에 본부를 둔 북미 기독청년연합회의 보조로 사업을 추진하였다. 1907년, 서울 종로에 3층으로 회관을 건립하였다. 건축 기금은 현흥택(玄興澤)이 회관 기지를 위하여 8천원을 헌금하였고, 미국인 워너메이커(Wanermaker)가 8만원을 기부했으며, 구한국 황실에서 2만 6천원의 하사금을 기증하였다.[57] 낙성식에는 황태자가 친림하였다. 1916년 5월에는 운동실을 건축했는데, 이를 위하여 미국 캠덴(Camden)과 그랜드래피즈(Grand Rapids)의 양 청년회가 6만 8천여 원을 모금하여 보내왔으며, 구한국 황실에서 매년 만 원씩 6년 동안 6만원을 보조하였고 각계 유지들이 만 원을 기부하였다. 활동 기금을 위해서는 한국인 유지들을 비롯하여 미국 선교회, 외국 공관의 주재원들과, 심지어 이등박문(伊藤博文)을 포함한 일본인들까지 기부금을 내놓았다. 기독청년회는 그 이념과 사업 내용에 어울리게 그 결성에서부터 활동 기금 마련과 회관 건립에 이르기까지 거족적이며 국제적인 사회적 성원을 얻었다.[58] 교육가요 독립운동가인 이상재는 1908년 황성기독교청년회 종교부 총무를 맡아 1914년에는 전국 10개의 YMCA를 규합하여 조선 기독교청년연합회를 조직하고 YMCA의 자립을 위하여 헌신하였다.[59] YWCA는 1922년 6월 13일 서울 여자 성경학교에서 열린 여름 수양회 기간 중에 조직되었다. 전국에서 모

이상재 李商在
1850-1929
독립운동가, YMCA 공로자

56) 閔庚培, 「韓國 基督敎會史」, 199.
57) 「朝鮮예수敎長老會史記」, 51. 참고:「韓國 YMCA 運動史」1895-1985 (서울: 대한 YMCA 연맹 엮음, 1986).
58) 같은 책.
59) Harry A. Rhodes, *History of the Korea Mission,* 405.

인 65명의 젊은 부인들이 창립총회 발기회원이 되었다. 최필례 부인은 간사의 책임을 맡아 전국을 순회하여 5개 도시와 11개 학교에서 YWCA를 조직하게 하였다. 1923년 11월에는 회원이 2000명에 달하였다.[60)]

YMCA가 하는 사업은 실로 다양하였다. 종교 사업으로 일요강화, 성경 연구, 특별 전도와 강연, 사회사업을 비롯하여, 교육 사업으로는 1906년부터 인쇄, 목공, 철공, 제화, 사진 기술 등 실제적인 직업 교육과 영어, 중국어, 독일어 등의 외국어학과를 두고 노동야학과도 두어 근로 청장년들에게 학습할 수 있는 기회를 마련해 주었다. 그 밖에도 소년 사업, 체육 사업을 벌였는데, 가장 드러난 사업은 체육 사업이었다. 야구, 축구, 배구, 권투, 기계체조, 유도, 격검, 씨름, 궁술 등 동서양의 각종 운동 경기를 소개하고 장려하는 등 YMCA는 한국 사회의 근대화를 위하여 다방면으로 기여하였다.

서울 YMCA 회관

복음 전도와 함께 사회 운동에 관여하는 기독청년회와는 대조적으로 교회에서 교회의 부흥과 성장에 기여한 교회 중심의 기독교 청년 운동이 기독청년회의 조직과 거의 동시에 장로교회에서 조직되기 시작하였다. 1904/5년경에 평북 선천읍교회에서는 선교사 윤산온(尹山溫, McCune)이, 서울 승동교회에서는 선교사 곽안련이 청년회를 조직하였다. 그 후 여러 다른 교회에서도 청년전도회(靑年傳道會), 면려회(勉勵會) 혹은 공려회(共勵會)라는 명칭으로 청년회를 조직하였다. 그리고 1923년부터는 안동에 거류하는 선교사 앤더슨(Anderson, 安大善)이 선교사연합회의 위임을 받아 권대윤(權大潤), 윤치병(尹恥炳) 등과 협동하여 여러 지방 교회를 순방하면서 청년면려회를 조직하여

60) 같은 책, 529..

청년면려회(CE, 즉 Christian Endeavor)의 전국적인 조직을 결성하였다.[61]

미국 감리회에서는 일찍이 1897년 5월에 정동 제1교회에서 엡워스청년회가 조직되었다. 선교사 존스(G. H. Jones, 趙元時), 노블(Rev. W. A. Noble, 魯普乙), 여선교사 페인(Miss Josephine O. Pain), 피어스(Miss Nellie Pierce)와 김기범, 이은승 등이 초창기에 지도적인 역할을 하였다. 1905년에 을사조약이 체결되어 수교권을 박탈당하고 일본의 통감부가 설치되려고 할 즈음에 엡워스청년회 회원들이 총궐기하여 일본의 침략 정책에 항거하자, 이듬해 1906년 6월에 일제 정부로부터 해체당하여 몇 해 동안 활동을 정지하지 않으면 안 되었다.

엡워스청년회는 1872년 미국 필라델피아 시에 있는 감리교회 목사 닐리(T. B. Neely)가 처음 조직한 것인데, 요한 웨슬레의 출생지의 이름을 따라 엡워스청년회라고 하였다. 엡워스청년회의 초기 목적은 복음 전도 사업과 성경 연구의 권장, 그리스도인의 절제와 사회 개혁, 그리스도의 박애 사상 실현, 문화와 사회 활동 등 젊은이들에게 신앙심을 배양하고, 그리스도의 사상을 이 사회에 실현함으로써 하나님의 뜻을 이 땅에 실천하는 것이었다.[62]

한국 교회와 여성의 봉사

1893년 장로교회 선교사들은 장로교 공의회를 조직하고, 그들의 첫 회합에서 네비우스의 선교 방법에 근거한 선교 정책을 작성하여 채택하였다. 10항의 선교 정책 가운데 둘째 항은 부녀자들에게 전도하고 소녀들을 교육하는 일에 주력해야 할 것을 다짐하고 있다. 제2세의 교육에는 부인들이 더 크게 영향을 미치기 때문이라는 것이다. 한국에 온 선교사들은 이와 같이 부녀자들을 전도하고 교육하는 일을 중요하게 생각하였다. 그러므로 선교사들은 일찍부터 남자 학교를 세움과 동시에, 당시 한국의 인습을 거스르면서도 여

61) 같은 책, 52.
62) 「韓國監理敎會史」, 256.

자 학교를 세웠다.

스크랜턴 부인이 여자 교육을 위하여 설립한 이화학당은 1886년에 배재(培材)와 경신(儆新)과 같은 해에 시작되었다. 한국의 여자들이 신교육을 받게 되고, 사회적 지위가 향상된 것은 기독교로 말미암아 비롯되었다. 기녀와 무녀, 의녀(醫女) 외에는 사회에서 일하는 여성이 없었는데, 이화학당의 이경숙(1888)과 연동 정신여학교의 신마리아(1896)는 한국 최초의 여교사가 되었다. 한국에서 여자 기도회를 시작한 이화학당의 김점동은 1896년에 미국에서 의학을 공부하고, 1900년에 미국의 의사 면허를 갖고 박에스더라는 이름으로 귀국하여, 서재필에 이어 두 번째로 의사가 되었다.[63)]

1897년에는 교회 내의 부녀자들이 여자 선교사들과 함께 복음 전도를 목적으로 최초의 기독교 여성 단체인 '가정선교회'(The House Missionary Society)를 조직하였다. 1898년에 장로교회의 이신행은 평양 넋다리골교회에서 신반석, 박관선, 김정신 등과 함께 전도회를 조직하여, 자신들이 모은 돈으로 순안(順安) 지방에 전도사를 파송하여 복음을 전하도록 하였다. 1898년 9월에는 100명의 부인들이 모여 '찬양회' 라는 이름의 순성학교 부인회를 조직하고 여성 교육의 필요성을 역설하며 여성 교육을 추진하였다. 회원 가운데 기독교인이 얼마나 되었는지는 알 수 없으나 '찬양회' 라는 이름으로 미루어 보아 기독교인들이 주도적인 역할을 한 것임을 짐작할 수 있다.

1899년 3월에는 기독교 부녀자들로 조직된 여우회(女友會)의 정혜숙이 50명의 회원들과 함께 덕수궁 문 앞에서 축첩을 반대하는 시위를 벌이는 한편, 왕에게 상소하고자 한 일도 있었다. 이것은 선교사들이 부녀자들에게 복

---

63) 「한국 여성사」 II (이화대학출판부), 53. 주선애, "한국 기독교 여성 운동 백년의 회고", 「기독교 사상」 (1984. 12), 54. 참조; 장병욱, 「한국 감리교 여성사」 (서울: 성광문화사, 1979). 주선애, 「장로교 여성사」 (서울: 혜선문화사, 1979). 배가례, 「성결교회 여성사, 1907-1987」(서울: 기독교대한성결교회출판부, 1990). 이덕주, 「한국 교회 처음 여성들: 개화기 여성 리더들의 혈전의 역사」 (서울: 홍성사, 2007). 이덕주, 「한국 교회 처음 여성들: 초기 한국 기독 여성 28인의 이야기」 (서울: 기독교문사, 1993). 정석기, 「한국 기독교 여성 인물사 1, 2」 (서울: 쿰란출판사, 2001).

음 전도와 교육을 선교 정책의 중요한 사항으로 내세우기 이전부터, 복음을 통하여 눈을 뜬 한국의 여성들이 여자를 비하하고 억압하는 남존여비 사상에 찌든 완고한 사회 인습을 타파하고 개혁하려는 운동을 벌였다는 것을 보여 준다.

이신행 여전도회 창설자

1905년 한국이 일본에게 수교권을 박탈당한 이후부터 일어난 구국 운동에는 여성들도 참여하였다. 황애덕, 이효덕, 박현순 등은 숭의학교를 중심으로 비밀결사 단체인 송죽회(松竹會)를 조직하여 독립지사의 생활비와 운동자금을 조달했으며, 회원들에게 각 교회에서 여성의 인권에 대한 자각을 불러일으키고, 민족정신을 고양하고, 독립 사상을 고취하였다. 그 밖에 많은 기독교 여성들은 한국 여성들의 정신적 지도자로, 국민을 깨우치는 계몽자로, 소외된 자들을 위하여 헌신하는 봉사자로, 영혼을 구원하는 전도자로 활동하였다.[64)]

신분 평등화 운동

1894년 7월부터 1896년 2월까지 갑오개혁이 있었다. 이 개혁의 중요한 내용은 사회 제도의 개혁이었다. 양반과 평민의 신분을 타파하고, 백정과 광대 등 천민신분을 폐지하고, 공사노비(公私奴婢) 제도를 없애며, 인신매매를 금지하는 법령을 공포하였다. 정부가 이러한 법령을 공포하기까지는 선교사 무어(牟三悅, Samuel F. Moore, 1846~1906)와 승동교회의 전신인 곤당골교회의 교인 박성춘의 끈질긴 호소가 있었다. 박성춘은 백정 출신으로 무어의 전도를 받아 곤당골교회 교인이 되었으며, 그의 영향으로 경향(京鄕) 각지에서 많은 백정 출신들이 교회로 나와 예수를 믿게 되었다.

64) 주선애, 「장로교 여성사」 (서울: 혜선문화사, 1979), 115 이하.

무어 목사는 백정들이 교회에 나옴으로 말미암아 양반들이 교회를 떠나는 일 때문에 어려움을 겪었으나 신분 평등화 운동을 전개하는 박성춘을 적극적으로 도왔다.[65] 그리고 왕족을 위시하여 일부 양반 출신 기독교인들이 그들과 어울려 교회생활을 한 것 자체가 사회 계급 타파를 위하여 크게 기여한 것이다.[66]

1894년 12월부터 1895년 7월까지 제2차 개혁이 단행되었을 때였다. 박성춘은 1895년 4월 12일에 현 내무부에 해당하는 내무아문(內務衙門)의 대신에게 백정에게도 평등한 인권을 인정해 달라는 내용의 소지(訴志)를 올렸다.[67]

> 대감의 비천한 종들인 우리는 500년 남짓 백정일을 생활 수단으로 살아 왔습니다. 연례적인 대제(大祭) 때마다 조정의 요구에 순응해 왔지만 항상 우리는 무보수였고,가장 천대받는 일곱 천민 중의 하나로 취급받아 왔습니다. 다른 천민 계층은 도포와 갓과 망건을 쓸 수 있으나 우리에게는 아직 그것이 허용되지 않습니다. 우리는 모든 이들로부터 멸시를 받고 심지어 지방 관아의 아전들은 재물까지 수탈해 가곤 합니다. 만일 그들의 요구에 불응하면 갖은 행패를 다 부리고, 때로는 삼척동자에게까지 하대를 받습니다. 이 세상 어디에 이런 고통이 있겠으며 그 외에도 우리가 당하는 수없는 천대를 어찌 말로 다 할 수 있겠습니까? 우리보다 낮은 계층인 광대조차도 갓과 망건을 쓰는데 유독 우리만 허용되지 않고 있으니 그 한이 뼈에 사무치고 있습니다. 이제 듣건대 대감께서는 옛 악습을 폐하고 새 법을 만드신다고 하옵는데 이것 때문에 당신의 비참한 종들이 희망을 갖고 주야로 열망합니다. 지금 공포에서 벗어나게 되었사오니 각하께서는 저희들이 갓과 망건을 쓸 수 있게 한 이 특별한 법이 전국 어디에서나 알 수 있도록 해 주시기를 청하옵니다. 지방 관아 아전의 학대를 금하도록 해 주시기를 바랍니다.[68]

65) 「勝洞敎會 百年史」(1996), 67-69. 「승동교회 110년사」(2004), 95-99.

66) 이재형(李載馨)은 그리스도인이 된 최초의 왕족으로 1907년 만 36세에 승동교회에 입교하였으며 동 교회 7번째 목사(1924-1928)로 봉사하였다. 「승동교회 110년사」, 194.

67) *The Korean Repository* (1895. 7), 279.

68) S. F. Moore, "The Butchers of Korea", *The Korean Repository* (1898. 4). 7종류의 천민은 포졸, 광대, 백정, 고리장, 무당, 기생, 갖바치였다.

모삼열 牟三悅 목사
Samuel F. Moore 1846-1906

무어 선교사는 백정에 대한 당시 한국 사회의 차별의식이 오랜 역사를 가진 뿌리 깊은 것임을 인식하였다. 백정은 거지보다 낮은 최하층 계급이고, 호적에 올릴 수 없는 무적자(無籍者)들이며, 갓과 망건을 쓰거나 도포를 입는 것도 금지되었다. 일반 백성은 남녀노소를 막론하고 백정을 무시하여 말을 놓거나 반말을 사용하는 데 반하여, 백정들은 양민과 양반들에게 존댓말을 써야만 했으며, 백정의 신분은 자손들에게까지 세습되었다.[69]

평등사상의 실현은 기독교의 영향으로 이루어진 것으로 한국 사회의 근대화 작업 가운데 우선적으로 착수하게 된 것이다.

69) S. F. Moore의 편지, 1895년 4월 21일: *The Korean Repository* (1895. 7).

7

초대 선교사들의 전도 활동과 교회 설립

선교사들은 한국 정부의 여러 규정을 존중하며 정부를 자극하여 마찰을 초래하는 일을 가능한 한 피하였다. 그래서 직접적인 전도에 나서는 일은 삼갔다. 그렇다고 본래의 목적인 전도 사업을 언제까지 뒤로 미루어 둘 수는 없었으므로 1885년 6월 28일에 선교사들은 알렌의 집에 모여 처음으로 함께 예배를 드렸다. 참석자는 알렌 부처와 헤론 부처, 그리고 스크랜턴 부인이었다.

언더우드 元斗尤
Horace G. Underwood, 1859-1916

이듬해 1886년 가을에는 미국 공사관에서 집회를 열기 시작하였다. 몇 주일이 지나자 15 내지 20명의 미국인과 영국인이 예배에 참석하였다. 미국 공사 파커(William Parker)는 이 사실을 한국 정부에 통고했으나 한국 정부에서는 아무런 반대를 표명하지 않았다. 정부 관리들은 이 사실에 대하여 개인적으로 불만을 표시하면서 이러한 처사를 그만 두도록 종용하였다. 한국 정부가 기독교의 포교를 금지한 가장 큰 이유는 외세가 종교를 미끼로 정치적인 간섭을 하는 결과까지 생기지 않을까 하는 두려움과 새로운 종교의 신봉자들이 반란을 일으키지 않을까 하는 의구심에서였다.

그러나 선교사들은 기회가 닿는 대로 한국인들을 은밀히 신앙으로 인도하려고 힘썼다. 선교사들은 우선 그들의 주변에 있는 사람들부터, 즉 학생과 선생들, 병원에서 일하는 사람들과 환자들을 상대로 전도하기 시작하였다. 선교사들은 그들에게 이수정과 로스가 번역한 성경을 읽어 보도록 주었다. 한국에 온 선교사들은 중국의 허드슨 테일러처럼 첫 개종자를 그렇게 오래 기다릴 필요가 없었다.[70)]

1886년 6월 11일 노도사(魯道士)로 알려진 노춘경이 처음으로 언더우드 목사에게 비밀리에 세례를 받았다. 1887년에 접어들어서는 배재학당 학생 한 사람과 한 관리가 밤에 몰래 아펜젤러의 저택에서 하는 성경 공부에 참석했는데, 학생은 믿음을 얻어 세례를 받았다. 아펜젤러는 1887년 6월 24일에 자기 집 안방에서 문을 걸어 잠그고 그에게 세례를 주었다. 성경 공부에 참석하는 인원이 많아지자 더 큰 집회 장소가 필요하게 되어 불가불 자그마한 초가집을 사서 성경 공부와 예배 장소를 만들고 '베델 기도소'(Bethel-chapel)라고 하였다.[71)] 그리하여 한국의 최초의 감리교회 정동교회가 설립되었다. 1887년 10월 8일 한국 신자들은 아펜젤러의 인도 아래 첫 예배를 드렸다.

아펜젤러 亞篇薛羅 목사
Henry G. Appenzeller
1858-1902

魯道士로 알려진 노춘경
첫 수세자
1886년 6월 11일

장로교회 선교사 언더우드는 다방면으로 선교 사업을 추진하면서도 늘 규칙적으로 거리에 나가서 전도하는 일에 힘썼다. 주로 현재 롯데호텔이 있는 곤당골과 서대문 밖의 모화관(慕華館)과 남대문과 정동 쪽으로 다니면서 사람들과 얘기할 기회를 찾았

70) 참조: W. Augustiny, 앞의 책, 213.
71) A. D. Clark, *A History of the Church in Korea*, 98.

다.[72] 1887년 9월 27일, 언더우드 목사는 14명의 한국인 신자와 함께 최초의 장로교회인 새문안교회를 설립하고, 그날 예배에서 일찍이 만주에서 로스 선교사를 도왔던 서상륜과 백홍준을 장로로 장립하였다. 그런데 이 14명의 신자들 대다수가 이미 만주와 한반도 북부 지방에서 믿음을 얻은 사람들이었다. 서울에 이 두 교회가 설립되기 이전에 한국의 북부에서는 이미 상당수의 한국인 신자들과 몇몇 한국인 전도자들이 열심히 신앙생활을 하고 있었다.

서경조 徐景祚 목사
1852-1938
한국 최초의 목회자

1884년 황해도 장연현 대구면 송천동에 한국 최초의 개신교회가 섰다.[73] 서경조는 회고록에서 소래교회가 1886/7년에 시작되었다고 하나 그것은 조직을 갖춘 교회로 시작한 것을 두고 말하는 듯하다.[74] 서상륜과 그의 동생 서경조는 의주 사람인데 만주에서 귀국하여 황해도 소래에 거점을 정하고 활동하였다. 서상륜은 1883년에 만주에서 국경을 넘어 온 이후 이곳으로 와서 서울로 왕래하며 복음을 전하며 매서인으로 활동하고 있었는데 소래에는 1884년경부터 예배를 위해 모이는 공동체가 형성되었던 것으로 보인다.

서경조는 1885년에 소래에 와서 형의 부탁을 받고 복음을 전하며 예배

72) 같은 책, 99. H. G. Underwood, *The Call of Korea,* 106.

73) 「歷史書報」(조선예수교장로회, 1935), 41. 「朝鮮예수教長老會史記」(9쪽)에서는 서경조가 1885년 중국에서 귀국했다고 한다. 한국기독교역사연구소 편, 「한국기독교의 역사 I」(서울:기독교문화, 1989, 150쪽)은 "서상륜이 늦어도 1886년까지는 예배처소를 마련하여 매주일 정기 예배를 드린 것으로 보인다"고 기록하고 있다. 그런데 이 교회와 함께 로스 성경번역에 참여한 백홍준 이성하 등이 전도하여 예배하는 모임들을 가리켜 "한국 개신교의 최초의 자생 교회들"이라고 하는 것은 어색하다. 초창기의 교회는 으레 그렇게 서는 것이다. 이를테면, 간도에 있는 많은 교회들이 평신도들이 시작한 것이지만 그런 걸 일컬어 '자생 교회'라고 하지 않는다. 바울에 의하면, 복음을 전하는 자는 아무것도 아니다. 사람들에게 뿌려진 복음의 씨가 싹이 나서 자라게 하시는 하나님이시다(고전 3:4-7). 이벽이 중심이 되어 세웠던 천주교회의 경우와는 다르다.

74) 서경조, "徐景祚의 信道와 傳道와 松川教會 設立 歷史," 「神學指南」 (1921. 5): 서경조는 그의 글에서 소래를 '松川'으로 쓰고 있으나 '소래'라고 발음한 것이라고 알려져 있다. 선교사들은 모두 Sorai라고 표기하고 있다.

처소에 모이는 신자들을 돌보며 목회하게 된 것이다. 서경조는 나중에 장로교회 7인의 초대 목사 가운데 한 사람이 되었다. 1886/7년 봄에 그는 백씨(伯氏)의 부름을 받고 상경하여 비밀리에 언더우드 목사에게 세례를 받았다. 서경조의 회고록에 의하면, 그가 세례 받은 해(1886/7) 가을에 언더우드 목사가 소래를 방문했으며, 그때 그의 아들 병호(丙浩)가 세례를 받았다. 그리고 동네 여러 사람에게 전도하여 그 이듬해 1888년에 언더우드 목사와 아펜젤러 목사가 들렀을 때 5인에게 세례를 베풀었다.

소래에서와 비슷한 한인 교인들의 모임이 의주(義州)와 정주(定州), 강계(江界)에도 있었다. 이러한 미조직 교회들은 성례를 행하고 교회를 조직할 선교사나 목사를 기다리고 있었다. 언더우드는 이러한 사정을 알고 1887년에 북쪽으로 전도 여행을 떠나 그 해 가을에 소래를 방문하였다. 언더우드는 또한 이 기회에 네 사람의 매서인을 선정하여 서울, 장연, 평양, 의주 지역에 성경을 반포하며 전도하게 했으니 이것이 "조선교역자 임명"의 시작이었다.[75)]

최초의 유아세례를 받은
서병호 김규식 김일 원한경

그 후 소래교회를 찾는 선교사들마다 교회를 보고 감탄하였다.[76)] 오래 지 않은 세월에 거의 온 마을 사람들이 전도를 받았다. 80명이 모일 때까지 서경조의 사랑에서 예배를 드리다가 1895년에는 새로 예배당을 지었다. 그러나 곧 비좁아져서 이듬해 1896년 8간의 예배당으로 증축하였다. 동학란 때문에 피난 온 사람들이 찾아들어 교인이 더 불어나 모두 200명이나 되었다.[77)]

선교사들은 선교 초기에 일손이 모자랐으므로 주

75) 「朝鮮예수教長老會史記」, (1928년 간), 13.

76) S. M. Zwemer and A. J. Brown, "The nearer and farthereast", *Outline Studies of Moslemlands and of Siam, Burma and Korea* (New York, 1908), 288f. 여기서는 7인이 세례를 받았다고 하는데, 서경조는 아들이 세례를 받았고, 이듬해 5인이 세례를 받았다고 말한다. 참조: 서경조, 앞의 논문.

로 도시에서 선교 활동을 폈다. 미국 북장로교회 선교부의 서기 가운데 한 사람이었던 엘린우드(Rev. F. F. Ellinwood)는 1890년 한국 선교에 관하여 이런 기록을 남겼다.

> 우리가 한국 선교에서 한 특정한 지역에 지나치게 많은 힘을 투입한 것은 잘못이었다. 이제는 한국에서 일하는 방법을 바꿀 때가 되었다고 본다. 이제부터는 전도의 범위를 더 넓히고 선교의 거점(mission stations)을 전국에 두루 두도록 해야겠다.[78]

그러나 그것은 엘린우드의 사견일 뿐이었다. 선교사들은 먼저 선교 본거지부터 단단히 굳히고는 지리를 답사할 겸해서 전도 여행을 했다. 그럴 수밖에 없는 것이 아직 한국의 정치적인 형세가 선교를 위한 전국적인 조직을 갖출 수 있을 정도로 무르익지 못했기 때문이다. 그래서 언더우드는 1887년에, 아펜젤러는 1888년에 각기 전도 여행에 나섰다.

장로교회와 감리교회 두 교파의 다른 선교사들도 역시 이 두 선구자의 본을 받아 전도 여행을 다녔다. 그들은 가는 곳마다 복음의 씨를 뿌리는 한편 한국 선교의 개척자로서 한반도의 지리를 조사하며 이미 설립된 교회를 방문하였다.[79] 언더우드는 1887년 가을에 개성에 들렀다가 소래교회를 찾아본 후에 북쪽으로 평양을 거쳐 한만(韓滿) 국경에 위치한 의주까지 갔다. 이렇게 여행하면서 그는 소래에서 세례를 베푼 7명의 신자를 포함하여 20명이 넘는 사람들에게 세례를 주었다.

1888년에 언더우드는 두 번째 전도 여행을 떠났다. 이번에는 그의 감리교회 동역자인 아펜젤러와 함께 길을 떠났다. 두 주일이 걸려 평양에 도착한

---

77) 비교: L. G. Paik, *The History of the Protectant Missions in Korea, 1882-1910*「한국개신교사」(Pyeong-yang: Union Christian College, 1929/Seoul, 1970), 119.
78) L. G. Paik, 앞의 책, 177.
79) 같은 책, 179.

후 더 북쪽으로 가려던 차에 급한 전갈을 받고 여행을 중단하고 서울로 돌아왔다. 천주교에서 명동성당을 건립할 때, 정부에서 성당을 왕궁보다 높이 짓지 못하도록 경고했는데도 성당을 높이 짓는 일을 강행함으로 말미암아 천주교가 정부와 불편한 관계에 처하게 되었기 때문이다. 선교회는 이러한 관계가 개신교에까지 영향을 미칠까 하는 염려에서 한 것이었다.[80)]

언더우드는 1889년 봄에 여의사 호르턴(Miss Lillian Horton)과 결혼하였다. 그들의 신혼여행은 한국 선교 사상 잊지 못할 일화로 남게 되었다. 두 신혼부부는 평양으로 해서 강계를 들러 의주까지 갔다. 두 달 동안 장장 1,600km의 길을 여행하였다. 그들은 여행하는 동안 600명에 달하는 환자를 치료해 주었고, 성경과 그 밖에 다른 기독교 서적을 팔았다. 의주에 다다랐을 때는 놀랍게도 백 명이나 되는 사람들이 세례를 받겠다고 신혼부부를 기다리고 있었다. 언더우드는 그들 중에서 32명만 데리고 압록강을 건너 만주 땅으로 가서 세례를 베풀었다. 한국 내에서는 아직도 이러한 종교의식을 공개적으로 행할 수 없었기 때문이다.[81)]

언더우드 목사 부처

1888년 8월 아펜젤러는 존스(Mr. G. H. Jones)와 함께 원주에 들렀다가 남쪽으로 대구를 거쳐 부산까지 갔다. 그는 또한 그 해 10월에 여행을 떠나 북쪽 국경 지대의 애진(愛津)까지 갔다. 거기서 뜻밖에도 세례 교인 한 사람과 기독교 신앙에 관심이 있는 여러 사람들을 만났다. 아펜젤러는 1902년 6월 11일 성서번역 위원회에 참석하러 목포로 항해하는 중 애석하게도 침몰사고로 별세하였다.

정부는 여행을 하는 선교사들에게 특별 여행 허가증을 발부하였다. 그

80) 같은 책, 155.
81) Allen D. Clark, *A History of the Church in Korea*, 106. L. H. Underwood, *Fifteen Years among the Top-knots* (New York: the American Tract Society,1904), 34-38.

런데 이것은 허가증이라기보다는 외국 손님에게 각별히 친절을 베풀라고 중앙정부가 지방관청에 하달하는 명령서와 같은 것이었다. 이 여행 허가증을 제시받은 지방관청에서는 선교사들의 거처를 알선하고, 타고 갈 말을 내어 주고, 한두 사람의 경호원을 딸려 보내는가 하면 한국어를 가르쳐 줄 사람이나 길 안내자도 알선해 주었다. 선교사들은 마을에 들어가서 호기심에서 모여드는 사람들에게 설교를 하고 기독교 서적과 약을 팔았다. 물론 교회가 선 이후에는 곧장 교회로 가서 집회를 인도하고 성례를 베풀었다.[82)]

순회 전도를 떠나는 선교사들

선교가 시작된 이후부터 20년 동안은 철도가 없었기 때문에 교통이 여간 불편한 것이 아니었다. 선교사들은 두 사람 혹은 네 사람이 드는 가마를 타기도 하고 말을 타기도 했는데, 도보로 여행하는 것이 예사였다. 이러한 강행군의 전도 여행이 한국에서는 선교하는 중요한 방법이요 과정이었다. 예를 들면, 미세스 베어드(Mrs. Baird)는 부산에서부터 전국을 세 번이나 순회했으며, 게일(J. S. Gale)은 1889년에서 1897년까지의 8년 동안에 계절을 불문하고 매번 다른 길로 한반도를 12번이나 돌았다고 한다. 1915년의 보고에 의하면, 그 해까지 말을 타고 전국을 무려 25번이나 다녔다고 한다. 선교사들은 이와 같이 두루 여행을 함으로써 1894년까지 거의 한반도 전역을 답사하였다.[83)] 1930년의 통계에 의하면, 한국 인구의 73%가 농촌 거주자였으며, 도시의 전도소가 225인 데 비하여, 지방에 산재한 전도소 수는 7,000이나 되었다. 이러한 사실은 순회 전도에서 나온 결과라고 본다.[84)]

82) L. G. Paik, 앞의 책, 181.
83) 같은 책, 180.
84) Harry Rhodes, 앞의 책, 85.

8

선교 정책

선교지 분담 정책

선교가 진행됨에 따라 선교사들은 선교 지역을 나누어 관할할 필요성을 느끼게 되었다. 국적이 다르고 교파가 다른 선교사들이 불필요하게 경쟁을 하는 일을 피하고 같은 일을 되풀이하는 수고를 피해야 한다는 생각을 한 것이다. 또 선교사들은 선교 정책을 세워 앞으로 계속 선교하러 올 후진들이 보다 나은 예비지식과 뚜렷한 전망을 가지고 일터에 임할 수 있도록 해야 한다고 생각하였다. 그러기 위해서는 여러 교파의 선교사들이 합동으로 회합을 해야만 했다. 그러나 이러한 제안에 침례교와 성공회, 남감리교회 선교사들은 별로 관심을 보이지 않았다. 그래서 결국은 장로교회 선교사들만이 회합을 가졌다.

1889년 미국 북장로교 선교회와 호주 선교회가 선교연합공의회(The United Council of Missions)를 구성하는 데 합의를 하였다. 이 선교공의회는 호주 선교사 데이비스가 별세하자 부진 상태에 빠졌다. 그러다가 1893년에 미국 남장로교 선교회가 온 후에 조직을 쇄신하여 이름을 '장로회 정치를 쓰는 미션공의회'(The Council of Missions Holding the Presbyterian Form of Government)라고 하고, 이를 생략하여 '장로교 공의회'(The Presbyterian Council)라고 하였다. 미국 남장로교회와 북장로교회의 각 총회에서는 1893

년 4월에 비록 본국 교회는 나누어져 있으나 선교지에서는 양 선교부가 하나의 장로교회를 세우는 선교 정책을 지향하도록 결의하였다.[85)]

캐나다 선교회와 호주 선교회는 나중에 여기에 참여하였으나 장로교 공의회는 다행히도 한국에 하나의 장로교회를 세우는 일에 합의하였다. 선교가 진척되고 한국 교회가 여기저기 많이 서게 됨에 따라 장로교 공의회는 노회의 역할을 하게 되었다.

제1회 장로교 공의회 1893년

미국 북장로교 선교회와 북감리교 선교회는 1893년 상호간에 선교지를 분담하기로 합의하였다. 작은 도시와 그 주변 지역을 공동으로 선교하는 것은 양 선교회의 힘을 유용하게 이용하지 못하는 것이므로 원칙적으로 피하기로 한 것이다. 인구가 5,000명이 넘는 도시나 개항장(開港場) 등 특별히 필요하다고 인정된 곳은 예외로 했으나, 인구가 5,000명 미만인 지역일 경우, 선교사가 1년에 2~4차씩 방문하는 전도소(substation)를 두고 있으며, 교인들이 정기적으로 주일 예배를 드리는 곳에는 다른 선교회가 개입하지 않도록 하였다. 그러나 6개월 동안 기능을 정지했을 때에는 자유롭게 전도할 수 있다고 하였다. 그런데 선교사들의 이러한 결의는 일본에 주재하는 감리교 감독 포스터(Bishop R. S. Foster)가 인정하지 않았기 때문에 무효가 되었다.[86)]

그러나 두 교파의 선교회는 비공식적으로나마 일단 합의를 보았던 원칙을 준수하였다. 장로교회가 노회와 총회를 조직한 이후에도 양 교회는 협

85) L. G. Paik, 앞의 책, 199.

86) 李浩雲, 앞의 책, 205, 295. 북감리교회와 북장로교회의 지역 분할 약정서(Territorial Artition Agreement between the Methodist Episcopal Mission and the Northern Presbyterian Mission in 1893)는 7항의 합의 내용을 담고 있다.

의 기관을 두고 복음 전도에 따른 여러 가지 문제들을 서로 협의하며 보조를 같이하면서 상당히 오랫동안 이 원칙을 준수하였다. 예를 들면, 1922년의 장로교 총회 결의 사항 가운데는 이런 것이 있다. 감리회가 진남포에서 장, 감 양 교회가 공동으로 전도하는 것을 승인할 경우에는 장로교 총회도 사리원에서 장, 감 양 교회가 공동으로 전도하는 것을 승인해야 한다는 것이다.[87] 북간도의 선교를 두고 장로교와 감리교 양 교회는 1918년부터 협의를 시작하여 1920년에 전도 구역을 정하였다.[88]

하나의 장로교회를 세우기로 한 장로회 선교회끼리도 선교 지역을 나누어 별 어려움 없이 선교지 분담 협정을 지켰다. 미국 남장로교 선교회는 전라도와 충청도에서, 호주 장로교 선교회는 낙동강 이동의 경상도 지역에서, 캐나다 선교회에서는 원산과 동해안 지방에서, 그리고 미국 북장로교 선교회는 서울에서와 평양과 의주를 중심으로 한 서북 지방에서 선교를 하도록 하였다.

네비우스 선교 방법

1890년 6월에 7명의 장로교회 선교사들이 서울에서 2주 동안 수양회(Missionaries' Conference)를 개최하였다. 강사로는 미국 북장로교회에서 파송을 받아 중국에서 선교하는 네비우스(Rev. John Nevius) 부처를 초청하였다. 한국에서 활동을 시작한 젊은 선교사들은 네비우스의 선교 정책에 대한 조언을 들으며 서로 경험을 나누었다. 그들은 네비우스가 출판한 책자 「선교지 교회의 설립과 발전」을 통하여 그의 이름을 알고 있었다.[89]

한국에 있는 선교사들은 장시간 토의를 거쳐 '네비우스 방법' (The

87) 「朝鮮예수敎長老會史記 下卷」, 33.
88) 같은 책, 24 이하 참조.
89) John L. Nevius, *The Planting and Development of Missionary Churches* (New York: The Presbyterian and Reformed Publishing Company, 1899, 19584). 이 책은 1886년에 上海에서 처음 출판되었다.

Nevius Method)을 선교 정책의 원칙으로 받아들여 시행하기로 결정하였다. 이 선교 방법은 이미 조직된 교회를 위해서가 아니라 선교지의 초창기 선교를 위하여 적합한 방법으로 제시한 것이었다. 곽안련은 이를 다음과 같이 요약하였다.[90]

· 선교사는 널리 순행하면서 사람들을 일대일로 만나 전도해야 한다.
· 자립 전도: 신자마다 남을 가르치는 선생이 되어야 한다. 남에게 배운 사람은 남을 가르치는 일을 더 잘할 수 있다. 신자 각자나 신자의 회(會)는 새 결신자를 막론하고 모든 신자들 각자가 성경을 배우고, 가르쳐야 한다. 교회에 속한 모든 회원이 전도에 힘써야 한다. 양식(養殖)하는 방식'(layering method)으로 전도 사업을 확장해야 한다.
· 자립 정치: 모든 신자의 회는 무보수로 일하는 이들의 지도를 받도록 한다. 그러나 시찰회(circuits)에는 보수를 받는 조사(助事, helpers)를 둔다. 이들은 장차 목사가 될 사람들이다. 시찰회 모임들은 사람들을 장차 군, 도, 국가 단위의 지도자가 되도록 양성해야 한다.
· 자립 경영: 교회 건물은 신자들 스스로 마련해야 한다. 신자의 회가 구성되면 곧 시찰회 소속 조사의 급료도 지불해야 한다. 심지어 학교도 설립된 지 얼마 안 되는 초기에만 부분적으로 보조해야 한다. 개체 교회의 목회자는 일체 외국 선교부에서 돈을 받지 말아야 한다.
· 모든 신자는 자기 회의 지도자나 시찰회 조사의 지도 아래 체계적인 성경 공부를 해야 한다. 그리고 모든 지도자나 조사는 성경공부반을 체계 있게 가르쳐야 한다.
· 엄격한 신앙생활을 하고 성경 중심의 권징을 받아야 한다.
· 다른 선교 단체와 협력하거나, 아니면 지역을 나누어 일해야 한다.
· 선교사는 소송 문제나 그러한 유의 사건에 관여하는 것을 삼가야 한다.
· 그러나 주민들의 경제 문제에는 언제나 도와 줄 자세를 취해야 한다.

90) C. A. Clark., *The Korean Church and the Nevius methods* (New York: Felming H. Revell 1928) 〈사료총서 4집〉, 75f.

언더우드는 네비우스 정책을 더 간략하게 네 가지로 요약한다.

· 그리스도인은 각자가 자신의 위치에서 자기 손으로 생계를 꾸려 모범적인 생활과 말씀을 통하여 이웃에게 그리스도를 증거해야 한다.
· 교회의 조직이나 교회적인 방법은 한국인의 교회가 스스로 책임을 질 수 있을 정도로 발전되어야 한다.
· 교회는 전담 교역자를 택할 때는 자격을 잘 갖춘 사람으로 뽑고, 그들을 부양해야 한다.
· 교회 건물은 한국 고유의 양식에 따라 짓되 한국인들이 재원을 각출하여 자신들의 힘으로 짓도록 해야 한다.[91]

네비우스 방법에 근거한 선교 정책

장로교 공의회는 1893년에 그들의 첫 회합에서 합의를 보아 이미 시행되고 있던 네비우스 방법에 의거하여 아래와 같이 한국 선교 정책을 정식으로 채택하였다.

· 상류층보다는 근로층을 전도하는 것이 더 낫다.
· 부녀자들에게 전도하고 소녀들을 교육하는 데 주력해야 한다. 제2세의 교육에는 부인들이 더 크게 영향을 미치기 때문이다.
· 초등학교를 경영함으로써 기독교 교육을 위한 여러 가지를 달성할 수 있다. 그러므로 우리는 교사 양성에 힘써야 한다.
· 장차 한국의 목사들도 이런 학교에서 배출될 것이므로 이 점을 더욱 유의해야 한다.
· 사람을 회개시키는 것은 하나님의 말씀이다. 그러므로 좋은 성경 번역을 내어 놓는 것이 중요하고도 시급한 과제다.
· 모든 기독교 서적이나 출판물은 한문을 쓰지 않고 한국 글(한글)로만 쓰도록 한다.

91) *Geschichte der Christlichen Mission* (herausgegeben und erganzt von Niels-Peter Moritzen, Verlag der ev.-luth. Mission Erlangen, 1974), 228.

· 교회가 생명 있는 교회가 되려면 자립적인 교회가 되어야 한다. 선교사의 도움을 받는 사람의 수는 될 수 있는 대로 줄이고, 자급하여 세상에 공헌하는 사람을 늘려야 한다.
· 한국의 대중은 동족의 전도로 믿게 되어야 한다. 그러므로 우리 자신이 대중에게 설교하는 일보다는 비록 수가 적더라도 한국인 전도자의 양성에 주력해야 한다.
· 의료 선교사들은 환자들과 오래 두고 사귈 때 더 효과적으로 선교할 수 있다. 말하자면 성경 말씀을 가르칠 기회도 얻고 마음을 주고받으며 조언할 수 있다. 의료적인 치료만으로는 효과를 거두기 어렵다.
· 지방에서 와서 치료를 받은 환자들을 그들의 마을로 찾아가 계속 치료해주며 안부를 물어야 한다. 여태까지의 경험으로 보아 사랑으로 치료할 때 전도의 문이 열린다.

'네비우스 방법' 은 사실 중국에서는 별로 실효를 거두지 못했으나 한국에서는 교회의 발전에 아주 중대한 역할을 하였다.[92] 네비우스는 중국 산동성에서 자신의 선교 방법에 따라 선교를 시도하다가 1886년 7년 만에 포기하였다.[93] 네비우스 선교 방법이 한국에서와 달리 중국에서는 별 실효를 거두지 못한 데에는 여러 가지 이유가 있다. 중국 사람이 한국 사람에 비하여 자존심이나 자립심이 덜 강하다든지 외래 종교에 무조건 더 배타적이라거나 종교심이 덜하다든지 하는 진술은 근거가 없으므로 타당한 설명이 못된다. 오늘날 중국에 엄청난 수의 지하 교회를 고려해 볼 때도 그렇다. 그러나 당시의 상황에서 한국에서는 기독교가 기울어져 가는 나라에 구원의 희망을 주는 종교로 간주된 데 반하여, 중국에서는 많은 사람들이 기독교가 식민주의 침략의 교두보 역할을 한다는 선입견을 갖게 되었으므로 선교가 그만큼 어려웠을 것으로 추정할 수 있다.

그러나 네비우스 방법이 중국에서 실효를 거두지 못한 가장 큰 원인은

92) Spencer J. Palmer, *Korea and Christianity* (Seoul: Hollym Corp., 1967), 27.
93) C. A. Clark, 앞의 책, 45.

선교사들 간에 선교 방법을 두고 견해의 일치를 보지 못했다는 데 있다. 네비우스의 동료 선교사 머티어(Dr. Mateer)는 '옛' 방법을 주장하면서 네비우스의 방법을 철저하게 반대하였다. 머티어는 네비우스가 죽은 지 7년째 되는 해에도 「네비우스 방법의 재검토」(*Review of the Nevius Method*)라는 책을 써서 네비우스를 호되게 비판하였다.

네비우스의 방법은 '옛' 방법보다 시행하기가 더 어렵다. 중국에서는 선교가 한국보다 더 일찍부터 '옛' 방법에 따라 시행되어 왔는데, 거기에 어려운 새 방법, 그것도 선교사들의 의견이 일치하지도 않는 방법을 시도한다는 것은 정말 어려운 일이었으리라는 것을 쉽게 짐작할 수 있다. 그러므로 한국의 장로교회 선교사들이 네비우스의 입장을 알고 있었음에도 불구하고 네비우스 방법을 한마음으로 수용하여 서로 협력하여 적용했다는 점은 높이 평가해야 한다.

평양여자성경학교 제1회 졸업생 1912년

곽안련은 한국 교회의 급성장이 '네비우스 방법'에 기인한다고 평가하며,[94] 베어드(W. M. Baird)도 1927년에 한국 선교의 성공에는 네비우스의 힘이 컸다고 피력하였다.

> 우리 선교회가 한국에 알맞은 선교 방법과 원칙을 찾아 모색하고 있을 때, 그의 생각은 선교사들에게 많은 영향을 미쳤다. 선교사들이 성실하게 기도하며 일치단결하여 이 방법에 따라 선교를 한다면 성공할 것임에 틀림없다.[95]

한국 선교를 위하여 네비우스 방법에 따른 이들은 장로교회 선교사뿐 아니라 감리교와 다른 교파의 선교사들 역시 그 방법을 따른 것임이 드러난

94) 같은 책, 33f.
95) L. G. Paik, 앞의 책, 228.

선천여자성경학교 학생들 1933년

다. 교회의 자립 전도와 경영 문제만 하더라도 감독 치리 제도를 시행하는 감리교회에서도 배려하였다. 북감리교 선교 보고에서 아펜젤러의 1890년 첫 사분기 보고를 그대로 인용하는 북감리교 선교 보고에서 집사들이 교회의 지출을 위하여 적극적으로 재정을 담당한다는 사실과 돈이 없으면 없는 대로 빚을 지지 않기 위하여 냉방에서 예배한다고 말하고, 문서가 보급되고 말씀이 전파되는 등 전도 사업이 고무적으로 진행되고 있는데, 이러한 일들이 무료로 봉사하는 일꾼들이 진행하고 있다고 하며, 선교부는 전도 사업을 위하여 단 한 명만 고용하고 있다고 보고한다.[96]

네비우스 방법을 적용한 효과는 시초부터 드러났다고 할 수 있다. 예를 들어 선천(宣川) 선교지부(mission station)의 보고에 의하면, 1906년에 이 지역에 있는 기독교 학교는 56개교이고, 기독학생은 1,192명이었다. 그런데 이 학교들은 외국 선교회로부터 한 푼의 보조도 받지 않았다. 또 이 지역에는 교회 건물을 가진 교회가 70개나 되었는데, 단지 두 교회만이 선교회의 보조를 받았을 뿐이었다.[97] 1910년에는 전국을 통틀어 80%의 교회가 자립하고 있었다.

그러나 네비우스 방법을 실제로 어디서나 적용할 수는 없었다. 흔히 선교사들이 한국 교회를 재정적으로는 자립하는 교회로 만들려고 했으나 영적으로는 계속 지배하려고 했다는 비판을 한다. 그러나 한국 교회는 중국 교회에 비하면 훨씬 일찍 교회 치리권을 넘겨받았다.[98] 한국인 전도자에게 선교는

96) Annual Report of the Board of Foreign Missions of the Methodist Episcopal Church, Korea Mission 1884-1943 (한국기독교역사연구소), 273 참조.
97) Palmer, 앞의 책, 29.
98) 같은 책, 2. 그리고 122의 각주 참조.

시키면서 성례 집행은 허락하지 않았다는 비판도 있다. 그러나 그것은 외국인 선교사와 피선교지의 신자와의 관계라는 관점으로 볼 것이 아니고 목사와 평신도라는 교회론적인 관계에서 있었던 일로 보는 것이 옳다.

선교사들은 자신들을 목사로서 합법적인 성례 집행자로 간주하여 한국교회가 제대로 조직되고 본국인들이 목사 장립을 받아 교역을 맡을 때까지 성례 집행의 권리와 의무를 수행하였다. 개혁주의 신앙고백에서 목사의 직무는 교회를 치리함과 동시에 말씀 선포와 성례를 집행하는 직무로 설명한다.[99] 칼빈은 교회의 가장 중요한 직무가 설교와 성례의 집례를 맡은 목사의 직무라며, 목사(pastor)의 직무와 교수(doctor)의 직무의 차이를 밝히 말한다. "나의 생각에 그 차이점은 이러하다. 교수는 권징을 행하거나 성례를 집행하거나 권면을 하고 격려를 하는 등 목회 활동을 하지 않고 다만 성경을 풀이함으로써 신자들이 건전한 교리를 배워서 보존하도록 하는 일을 한다. 이에 반하여 목사는 이 모든 일을 수행한다."[100]

그런데 왜 선교사들이 바로 교회를 조직하게 하여 목사를 장립하지 않고 1907년까지 20년 동안이나 시일을 끈 것이냐고 물을 수도 있다. 장로교회가 독노회를 조직하던 1907년의 보고에 의하면 전국 각지에 많은 교회들이 섰으며 그 중에는 큰 교회들도 많이 있었다. '독노회'란 처음에 노회가 단독으로 하나만 있을 때의 노회를 가리키는 말이다. 처음에 이를테면 서울에만 하더라도 제일 먼저 설립된 새문안교회는 3백여 명의 신자들이 힘을 합하여 염천동에 "화려 광대한" 예배당을 지어서 예배를 드리고 있었다. 1893년 공당골에서 출발한 승동교회는 1905년에 승동(承洞)으로, 즉 현재의 인사동으로 옮겨서 큰 교회당을 짓고 수백 명이 모여 예배하고 있었다. 그리고 연동교회(蓮洞敎會)에는 장로 고찬익(高燦益)을 위시하여 이상재(李商在), 이원긍(李源

99) 참조: 대한예수교장로회 헌법(1966), 79. 벨기에 신앙고백(1561), III. 스코틀랜드 신앙고백 제22장.
100)「기독교 강요」IV, 3, 4.

兢), 유성빈(俞星濱), 박승봉(朴勝鳳), 민준호(閔濬鎬), 김정식(金貞植), 오경선(吳慶善) 등 '당시 명망 있는' 신자들이 있었으며, 이 교회는 각 방면으로부터 협동과 찬조를 받아 80간의 예배당을 건축하고 천 수백 명의 신자들이 모여서 교회생활을 하였다.[101)]

재령성경학교 남자반 1934년 283명 등록

이러한 교세를 감안할 때 독노회의 조직이 때늦은 것이었다고 생각할 만도 하다. 그러나 우리는 교회가 1900년도에 들어서야 갑자기 성장했다는 사실을 감안해야 한다. 복음 전파에 대한 한국인의 대단한 호응과 갑작스런 성장은 미처 예상하지 못했던 일이다. 그리고 여러 나라에 사람을 보내어 선교하는 서구 교회의 선교부에서는 피선교지의 교회가 자립하기 위해서는 오랜 준비 기간이 있어야 한다고 생각하였다. 신학 교육에 대한 계획을 세우고 신학교를 설립하여 첫 졸업생을 배출하기까지의 기간만 하더라도 장로교회의 경우 근 10년이 걸렸던 것이다. 그 밖에 여러 가지 선교적인 배려가 이유 없는 것이 아니었음을 이해해야 한다.

'근대 선교의 아버지' 로 알려진 윌리엄 캐리(William Carey, 1761~1843)는 영국 최초의 선교회를 창설한 침례교 목사였다. 그는 선교 교회의 자립을 주창하고 현대적인 선교 방법을 제안하고 실천하였다. 모든 가능한 방법을 동원하여 복음을 전파해야 하고, 그 나라의 말로 된 성경을 보급함으로써 설교하며 설교를 이해하는 일을 도와야 하고, 비기독교 백성의 배경과 사상을 깊이 연구해야 하며, 가능하면 일찍부터 본토인의 교직자를 양성해야 한다고 주장하였다.[102)]

101) 「朝鮮예수教長老教會史」, 197.

런던의 '교회선교회'(Church Missionary Society) 총무 헨리 벤(Henry Venn)은 1854년에 "선교의 목적은 자립적으로 정치하고, 자립적으로 경영하며, 자립적으로 전도하는 교회를 이룩하는 것"이라고 하였다. 그리고 헨리 벤은 선교의 안락사(安樂死, euthanasia of mission)에 관하여 말했다. 선교회는 교회를 설립하고 곧 그 지역에서 죽어 없어져야 한다는 것이다. 선교사들은 자신들이 세운 교회가 스스로 성령의 인도 아래 교회로서의 기능을 모두 발휘할 수 있도록 그냥 내버려 두고, 즉시 복음이 아직도 전파되지 않은 곳으로 가야 한다고 말했다.

그러나 스테판 닐(Stephan Neill)은 헨리 벤의 원리를 어디서든지 적용할 수 있는 것이 아님을 두 가지 사례를 들어 말한다. 1860년 아프리카의 시에라리온(Sierra Leone)에서 본토인 목회자들을 세우고 선교사들이 완전히 철수하였다. 그 결과 그곳 교회는 현저히 약화되었다. 그로부터 20년 후 트리네렐리(Trinnerelly)의 교회도 엉망이 되어 버렸다.[103]

한국에서도 이와 비슷한 예가 있었다. 충청도 공주에 미국 침례교 선교회에서 교회를 설립했는데, 약 200명의 교인이 모였다. 그런데 재정적인 이유로 선교사들이 이 교회에서 손을 떼고 떠나자 교회는 아주 약해졌다.[104] 그러므로 만약 선교사들이 한국 교회를 여러 면에서 좀 더 일찍 자립을 하도록 서둘렀다고 하더라도 오늘날 비평하는 사람들이 생각하듯이 반드시 긍정적인 결과를 기대할 수 있다는 보장은 없다.

선교사들은 많은 한국의 지성인들과 애국자들이 정치적인 동기에서 교회를 찾는다는 사실을 알았다. 교회로 찾아오는 사람들 가운데 많은 사람이 나라의 비운을 눈앞에 두고 애국과 새로운 신앙을 조화 있게 잘 소화하지 못했다. 당시의 이러한 정치적, 사회적 상황을 감안할 때 선교사들이 한국인에

102) Stephan Neill, *Geschichte der christlichen Mission* (herausgegeben und erganzt von Niels-Peter Moritzen, Verlag der ev.-luth. Mission Erlangen, 1974), 178.
103) Stephan Neill, 같은 책, 175f.
104) 이호운, 앞의 책, 193.

게 교회 치리권을 더 일찍 선뜻 넘겨주지 않았던 점을 이해해야 한다.

선교 정책 가운데 사회의 상류층보다 근로층을 선교하는 것이 더 낫다는 원칙을 세운 것에 대하여 비평하기도 한다. 이러한 원칙 때문에 양반층은 기독교를 더욱 적대시하게 되었다고 한다. 양반층을 소홀히 했으므로 양반층이 전수하는 전통적인 문화도 소홀히 다루게 되었다는 것이다.[105]

독일 선교학의 아버지 구스타프 바르넥(Gustav Warneck, 1834~1910)은 선교 방법을 논하면서 "선교는 전 국민을 대상으로 해야 하고 하층 계급만을 대상으로 해서는 안 된다."고 한다. 그 이유는 '건전한 국민층'(die gesunden Volkselemente), 즉 상류층과 무엇보다도 중산층이 교회를 설립하는 데 필요하기 때문이라고 한다.[106] 이러한 원칙은 선교의 과제를 위해서 뿐만 아니라 선교의 목적을 위해서도 이상적이다. 바르넥은, 선교의 과제는 온 국민을 기독교인으로 만드는 것이며, 선교의 목표는 국민 교회를 설립하는 것이라고 한다.[107]

복음은 사회의 어떤 특정한 그룹이나 계층을 위한 것이 아니고 만인을 위한 것이다. 그러나 피선교국의 사회 계층 간의 격차가 크고 알력이 심한 곳에서는 이 이상적인 선교 원칙을 실제로 적용하기가 쉽지 않다. 아마도 그래서 한국에서는 선교사들이 하류층에서 선교의 침투로를 찾은 것이라고 볼 수 있다. 초대 기독교의 선교 역시 비슷한 경로를 밟아 진행되었다.[108]

'먼저 하류층에' 라는 원칙은 이상적인 것이 못된다. 그러나 한국에서는 그것이 실제적이었다. "일본에서는 사람들이 기독교를 지적인 결단에서

---

105) 전호진, 앞의 논문, 98.

106) Johannes Christian Heokendijk, *Kirche und Volk in der deutschen Missionswissenschaft* (Theologische Bucherei 35, Chr. Kaiser Verlag, München, 1967), 90.

107) 같은 책, 95.

108) 참조: Kurt Dietrich Schmidt, *Grundriβ der Kirchengeschichte* (Vadenhoeck & Ruprecht in Göttingen, 1975), 62f.; Stephan Neill, 앞의 책, 289. "개종자들은 주로 하류층에서 나왔다. 그들은 백인들이 옴으로 말미암아 가장 이득을 본 계층이며, 해방을 얻게 되었다고 하는 느낌이 특별히 강하였다."

받아들였으나, 한국에서는 거리나 시장에 있는 사람들과 시골 사람들이 복음을 듣고는 어린아이와 같이 신뢰하며 열광적으로 받아들였다."[109] 는 평가와 같이 지성인들 간에 먼저 복음이 전파된 일본 선교에 비하면 아주 큰 성과를 거둔 것이다.

한국의 양반 사회는 이미 17세기 이후부터 몰락하기 시작했으며, 19세기에는 거의 그 의미를 상실하게 되었다. 정치적인 권력을 가진 소수를 제외하고는 양반층의 대부분이 다른 사회층에 동화되고 말았다. 또한 19세기에는 동학란 등 농민 반란으로 상류층과 하류층의 알력이 더욱 심화되었고, 일제하에서 전통 사회의 붕괴와 함께 양반층은 완전히 몰락하고 말았다.[110]

천주교의 선교도 처음에는 정치권력으로부터 도태되었던 시파(時派)의 양반층을 중심으로 시작되었으나 심한 박해로 이 양반 그룹이 거의 말살을 당한 이후에는 주로 하류층이 선교의 대상이 되었다. 천주교가 도시를 중심으로 신도를 얻은 반면에, 새로 일어난 동학교(東學敎)는 지방의 농민들에게 더 많은 지지를 받았다.

동학교는 철종(哲宗, 1849~1863) 때 최제우(崔濟愚)가 제창한 것으로 유(儒), 불(佛), 선(仙) 3교의 장점을 취하여 천주교에 대항한다고 했으나, 그 교리 속에는 천주교와 무속 신앙에서 취한 것도 있다. 중심 사상은 '인내천'(人乃天)으로, 인간과 하늘을 한가지로 생각하는 것이었다. 그리하여 인심은 곧 천심이요, 사람을 섬기는 것은 곧 하늘을 섬기는 것이라며, 사회적인 신분이나 계급을 초월하여 모든 인간은 평등하다고 부르짖어 농민을 중심으로 현실을 개혁하려는 사회 운동을 일으켰다. 그러자 나라에서는 동학을 혹세무민(惑世誣民)의 무리로 규정하였다. 최제우는 철종 14년(1863년)에 체포되어 그 이듬해에 처형되었다.[111]

109) Kim Chae-Choon, 'The Present Situation and Future Prospect of the Korean Church' in *Korea Struggles for Christ* (1966), 33.
110) 李基白, 앞의 책, 297-317 참조.
111) 같은 책, 309.

유교적이며 보수적인 문화 전수자인 양반층은 기독교뿐만 아니라 모든 개혁, 개화 운동에 반대하였다. 개신교 선교를 두고 말하더라도 이러한 양반층에 새로운 복음으로 접근하기는 쉽지 않은 일이었다. 그렇다고 한국에 온 선교사들이 상류층을 선교에서 배제한 것은 아니었다. 그들은 왕실의 총애를 받고, 또 선교를 시작한 후 상류층 출신의 많은 지성인들을 얻었다. 그러나 상류층의 다수는 기독교를 서양에서 온 새 종교라고 하여 외면하였다.[112] 그러나 선교사들은 학교를 세워 교육 사업에 힘을 기울임으로써, 결과적으로 유교적인 양반을 회심시키려고 노력하는 대신 양반층과 경쟁하고 그들을 대치할 수 있는 새로운 지식층을 육성한 셈이다.

선교사들은 목회자 양성 문제에 대해서도 네비우스의 생각을 따랐다. 1896년 이눌서는 목회자 양성 원칙에 대한 글을 썼다. 이눌서는 1897년 같은 주제로 글을 쓴 스왈른(William L. Swallen, 1865~1954)과 마찬가지로, 목사 교육을 받을 사람은 소명감이 투철하고 희생적이며, 진실하고 자존심이 있는 사람이어야 한다고 강조하였다.[113] 그러므로 믿음을 얻은 선량한 기독교인이라고 성급하게 목사 교육을 받도록 추천하는 것은 삼가야 하며, 오랜 시일을 두고 살펴보며 시험해 보고 그를 위하여 기도하면서 기다려야 한다고 말했다. 왜냐하면 "교회의 성장은 교인들의 경건한 생활과 자발적인 활동에 달렸기 때문"이라는 것이다.

그러므로 목사가 될 사람은 무엇보다도 '성령으로 충만한 자' 라야 하고, 하나님의 말씀과 기독교 진리의 중요한 사실에 근거한 신앙을 가진 자라야 하며, 예수 그리스도를 위하여 어떠한 고난도 이겨낼 수 있는 사람이라야 하고, 다른 일반 지식도 갖추어 교회의 지도자로서 사람들의 존경을 받을 수

112) 예로 들면, 유교적인 양반 전통이 취약한 북부 지방에서는 교회 성장이 훨씬 빠르고 왕성하게 진행된 반면에 유교적인 전통이 강한 남부 지방에서는 선교의 진척이 완만하였다. Roy E. Shearer, *Wildfire: Church Growth in Korea,* 81f.

113) W. D. Reynolds, "The Training of a native Ministry", in *The The Korean Repository, Vol.*3 (1896), 199*f;* W. L. Swallen, "The Training of a Native Ministry", in *The Korean Repository, Vol.*4 (1897), 129f.

있어야 한다고 말했다. 그러나 지나치게 교육을 많이 받아 다른 사람들이 질시할 만큼 되거나 생활 방식과 사고방식이 일반 사람들과 다르면 안 된다고 했다.

위에서 말한 원리는 좋은 의미에서 한 말이고, 무슨 독특한 생각을 편 것은 아니다. 이러한 원리는 교회를 섬기도록 부르심을 받은 목사에게는 그 어디서나 적용되는 원리이다.[114] 그러나 마지막의 말, 즉 목사가 지나치게 교육을 많이 받지 않도록 하는 것이 가하다고 한 말은 한국인 목사의 교육 정도가 일반 사람들보다는 조금 높아야 하나 선교사들이 받은 교육 수준보다는 좀 못해야 한다는 식의 말로 이해되었으며, 또한 이러한 원리는 선교사의 우월감에서 나온 것이라는 말을 듣게 되었을 뿐 아니라, 그것이 목사의 지적 수준의 저하를 초래하게 된 중요한 요인이 되었다고 비판을 받게 되었다.

그러한 비판은 당연히 받아야 한다. 당시의 상황을 감안한다면, 즉 대부분의 사람이 새로운 학교 교육도 못 받은 데다가 신자는 급격히 증가하던 상황에 비추어 볼 때, 그것이 실제적이고 경제적인 원리라고 이해할 수도 있다. 그러나 만일 이러한 원리가 1920년대와 30년대에도 적용될 수 있는 것이라고 주장한다면, 그것은 잘못된 것이다. 1920년에 벌써 지성인들과 목사들이 이를 비판하였다.[115]

한국 교회는 많은 지식을 갖추지는 못했으나 신앙이 두터운 목사들과 봉사자들을 통하여 크게 성장하였다. 그런데 한국 교회 내에 일련의 반지성주의가 만연되고 있었던 사실을 보아서, 선교사들이 한국의 일반적 교육 향상을 위하여 노력한 데 비하면 목사 교육의 학적인 면을 소홀히 하였다는 인상을 씻을 수는 없으나, 그것은 목사후보생들의 자질 등 현실적인 문제에도 기인한 것이다.[116]

---

114) 참고. 딤전 4:6-16; C. H. Spurgeon, *Lectures to my Students, The Call to the Ministry* (London, 1893), 18-39

115) 김영재, "초창기 한국 교회와 신학 교육의 변천 과정", 「목회와 신학」 (1991. 9), 34-42.

한국 교회는 시초부터 재정적으로는 자립하는 교회로 출발하였다. 그리고 20년이 경과한 시점에서 선교사들에게 교회의 치리권을 넘겨받았다. 그렇지만 한국 교회가 자립교회가 되기까지는 더 먼 길을 걸어야 했다. 초대 선교사들의 선교 활동은 다양했으나, 한국 교회는 주로 선교사들의 전도 활동만을 넘겨받아서 전도하는 교회로 발전했으며, 교회가 분열되면서부터 보수적인 교회는 전도와 선교에만 치중하는 교회가 되었다. 구제, 봉사 활동(Diakonia)은 계속 선교사들이 맡아 했으며, 한국 신자들은 봉사 활동도 주로 개인적인 차원에서 외국 교회의 선교부나 봉사 기관의 원조를 받으며 해 왔다.

116) 같은 글. 참고: A. D. Clark, *History of Korean Church*, 180. 「대한예수교장로회 백년사」, 403.

한국 개신교 교회 설립

경성 연동예배당

1

정치적 환경과 개신교

1895년부터 1910년에 이르는 시기에 한국의 정치적 형세는 한국 역사상 가장 파란 많은 위기를 맞이했으며, 온 국민이 이민족에게 나라를 잃은 비운을 통분해 하였다. 그런데 이 기간에 한국 기독교는 급속히 성장했으므로, 이러한 시대적 상황은 한국 기독교에 큰 의미를 부여한 셈이다. 19세기 말경에 접어들면서 한국의 정세는 다사다난하였다. 잇달아 일어나는 혁신 운동, 민비와 대원군의 암투를 비롯하여 세도 가문과 연결된 당파 싸움 때문에 정부 각료는 자주 바뀌었다. 게다가 여러 파당들은 제각기 중국이나 일본, 러시아 등, 기회만 있으면 한반도를 넘보며 들이닥치려는 외세를 등에 업고 있어서 정국은 풍전등화같이 불안하고 위태로웠다.

통상조약을 통하여 한국에 세력을 뻗치게 된 세계 열강들은 여러 가지 경제적 실익을 위하여 경쟁을 벌였다. 외국 상품들이 한국 시장에 범람하여 한국 경제는 심한 타격을 입었다. 그 중에도 중국과 일본의 상품이 외국 상품의 대부분을 차지하였다. 이러한 상황에서도 가장 피해를 입는 층은 농민이었고, 양반 관리들의 부패와 수탈 또한 끊일 줄을 몰랐다.

1894년에는 호남에서 동학당의 새로운 봉기가 일어나 전국의 농민들에게로 불길처럼 번져 갔다. 정부군이 이 봉기를 진압하기에는 역부족인 것을 알고 정부는 중국에 원병을 청하였다. 그렇지 않아도 한반도에 세력을 뻗칠

구실을 찾던 청(淸)은 기회를 놓치지 않고 3천의 군사를 파견하였다. 청나라와 경쟁을 해 오던 일본은 이에 뒤질세라 즉각 7천의 병력과 군함 7척을 보냈다.

이 두 나라의 병력이 한국에 상륙했을 때는 이미 동학란이 평정되고 난 후였다. 그래서 남은 것은 양군의 충돌뿐이었다. 드디어 청일 전쟁(1894~1895)이 터졌다. 그 결과 전쟁은 일본의 승리로 끝났다. 시모노세끼(下關)에서 조인된 평화조약에 따르면 청(淸)은 조선의 독립을 인정하여 종래의 종주(宗主) 관계를 폐기한다는 것이었다. 청의 세력을 배제한 일본은 한국을 지배할 수 있는 길을 더 공고히 하였다. 김홍집(金弘集)과 박영효(朴泳孝)가 중심이 된 친일 내각이 구성되고, 급진적인 개화 정책이 시행되었다.

그러나 이 개화 정책은 백성의 반일 감정만 자극했을 뿐이었으므로 반대파에서는 러시아의 세력을 뒷받침하여 친일 내각을 뒤엎고 일본의 내정 간섭을 막으려고 비밀리에 모의를 하였다. 이 일이 성공하여 친로파(親露派)인 이완용(李完用)과 이범진(李範晋)이 추종자들과 함께 정권을 장악하였다. 이를 계기로 러시아도 조선의 정치 무대에서 무시하지 못할 영향력을 행사하는 배역을 맡게 되었다. 친로당이 정국을 장악하게 된 배후에는 민비의 후원이 있었다.

일본은 이러한 처사를 참지 못했다. 그래서 새로 부임한 일본공사 미우라(三浦梧樓)가 음모를 꾸몄다. 일본 자객들이 궁정으로 침입하여 왕후를 시해했던 것이다.[1] 이를 알게 된 백성은 경악하고 분노하였다. 왕후 시해 사건 후 고종은 세자와 함께 러시아 공관으로 피신하여 4개월이나 보호를 받으며 지냈다. 1년 후 고종은 덕수궁으로 알려져 있는 경운궁으로 이거하였다. 1897년, 고종은 나라의 독립을 선언하고, 국호를 '대한제국'(大韓帝國)으로 고치고, 왕을 '황제'로 칭하였다.

1) "The Assassination of the Queen of Korea", in *The Korean Repository,* Vol. 2 (1895), 387f.

고종의 신임을 받던 개신교의 선교사들은 왕의 신실한 친구가 되었다. 선교사들은 위기에 처한 왕을 위하여 최선을 다하였다. 민비가 시해되었을 때 제일 먼저 왕에게 배알하고 조문한 이가 알렌과 웨버(C. Weber)였다. 왕의 간청에 따라 애비슨은 왕의 곁에 머물면서 왕의 음식에 독약이라도 섞이지 않는지 점검하였다. 언더우드는 왕을 자주 찾아가 알현하고 위로했으며, 선교사들은 왕을 보호하기 위하여 불침번까지 섰다.

1895년, 윤웅렬(尹應烈) 장군과 몇 사람의 대신들이 왕을 더 안전한 곳으로 모시려고 계획했으나, 그것이 오히려 더 큰 위험을 자초할 수도 있다고 진언하는 선교사들의 반대로 계획을 취소한 적도 있었다. 이튿날 서울에서 발간되던 일인들의 한성신문(漢城新聞)에서는 이를 보도하면서 선교사들이 '국왕 납치 사건'에 가담했다고 비난하였다. 선교사들이 이런 일에 얼마나 깊이 개입했는지는 모르나, 그들은 열성과 용기를 다하여 국왕을 돌보았다. 언더우드는 윤웅렬 장군이 상해로 피신 가는 것을 도와주고, 그의 아들 윤치호(尹致昊)가 자기 집에 유하면서 왕의 둘째 왕자 의화군(義和君)을 보호하도록 하였다.[2)]

고종황제의 알현을 강요하는 일본군

이러한 소용돌이 속에서 러시아는 이미 일본에게 거세당한 청(淸)의 자리를 인계한 셈이 되었다. 일본과 러시아 간에 마찰이 일어나자, 미국은 러시아의 남진 정책을 막으려고 일본을 후원했으며, 마침내 일본이 한국을 식민지화하는 것을 묵인하는 비밀 조약까지 맺었다. 그것이 바로 태프트-가쯔라 조약이다. 1905년에 일어난 러일 전쟁은 일본의 승리로 끝났다. 그래서 일본

2) 金光洙, 「韓國基督敎成長史」 (1976), 139 이하.

은 한국에 대한 권익을 열강으로부터 인정받게 되었다. 그 해 11월에 일본은 이등박문(伊藤博文)을 특사로 보내어 고종에게 보호조약에 조인하도록 강요하였다. 이 조약으로 한국은 사실상 독립을 상실한 것이나 다름없었다. 한국은 수교권을 빼앗겨 일본을 통해서만 외국과 외교관계를 맺을 수 있었다.

고종은 미국의 우호적인 도움에 마지막 한 가닥 희망을 걸었다. 그러나 그것은 국제 사회의 냉혹한 현실을 모르는 천진한 헛된 희망이었다. 고종 황제는 제국주의 열강들이 피차 권익을 쟁취하기 위하여 서로 어떤 협상을 하는지 짐작조차 못했다. 황제는 선교사 헐버트(H. B. Helbert)에게 비밀리에, '보호조약'은 강제로 체결된 것이기 때문에 무효라는 내용의 친서를 주어 미국의 테오도르 루즈벨트(Theodor Roosevelt) 대통령에게 전하도록 부탁하였다. 그러나 고종의 성실한 밀사는 워싱턴 정부 기관에 한 번 들어가지도 못하고 문 앞에서 거절당하고 말았다.[3)]

고종황제

한국 백성은 정부와 정치가들에 대하여 실망한 지 오래였다. 백성은 싸움을 일삼는 당파들의 배후에 어느 외세가 뒷받침하고 있는지 다 알고 있었다. 관리들의 부패는 불치의 고질이었다. 온 국민은 정말 국가의 운명에 대하여 비감을 금치 못했다. 몇몇 애국적인 고관들과 우국지사들 가운데는 정부의 무능을 개탄한들 무슨 소용이 있을 것인가 절망하고 자살하는 이도 있었다. 백성은 여기저기서 봉기하였다. 백성은 미래가 불투명하므로 그저 불안할 뿐이었다. 이와 같이 정치적인 불안과 절망으로 가득한 사회 상황에서 사람들은 마음의 안식처와 도움을 찾아 방황하였다. 그리하여 의지할 데 없는 많은 백성들이 힘 있는 서양의 종교이며 새로운 종교인 기독교에 관심을 돌

3) L. G. Paik, 앞의 책, 271.

리게 되었다. 많은 사람이 기독교의 복음에서 안식을 발견한 것이다.[4)]

초기의 한국 기독교인들은 온 국민과 함께 나라의 운명을 슬퍼하고 고통을 함께 나누었다. 그들은 고종 황제에게 충성심을 노래와 기도로써 표현하였다. 예를 들면, 1906년 황제의 생신을 맞이하여 신자들이 한 곳에 모여 생신 축하 예배를 드렸다. 언더우드는 이때 황제에게 바치는 노래를 인쇄하여 모인 사람들에게 돌렸다. 그런데 선교사들은 교회 내에 애국적인 경향이 너무 짙은 것을 위험하게 여겨 우려했다.[5)]

많은 사람들이 애국적이고 정치적인 동기에서 교회로 나왔기 때문이다. 이들은 교회 안에서 또는 교회 조직을 통하여 애국심에서 나온 정치적인 소원을 성취할 수 있기를 바랐다. 독립협회 지도자인 이상재는 교회를 찾아든 목적을 나라의 비운이 종국에 이르렀음을 알고 나라를 구할 일념에서 기독교 신앙을 받아들였다고 말했다. 윤치호, 이승만 등 독립협회의 유수한 인물들이 교회와 밀접한 관계를 맺고 있었다.[6)] 그러나 이러한 경향은 1907년을 전후로 교회 안에서 일어난 부흥 운동으로 말미암아 점차 순화되었다. 교인들은 교회를 더 깊이 이해하게 되었고, 그들의 신앙생활은 도덕적이며 영적인 면에서 더 향상되었다. 그러나 교회에서 초신자는 급증하고, 정치적인 목적을 달성하기를 바라던 많은 사람들은 이탈하였다.

4) 閔庚培,「基督教 形成史論」, 36 이하.
5) 李浩雲, 앞의 책, 254. C. C. Sharp, "Motives of Lookng Christ", *The Korean Mission Field,* 1905-1942 〈 이하 *K. M. F.*〉, Vol.2, No.10 (1906), 182. L. G. Paik, 앞의 책, 357.
6) 閔庚培,「民族 教會 形成史論」, 40. 김광수, 앞의 책, 129.

2

초기 한국 교회의 부흥

1907년 평양 장대현교회의 부흥은 한국 교회에 큰 영향을 미친 운동으로 전국을 휩쓸어 새로 자라나는 한국 교회에 영적 생활의 기틀을 잡게 해 주었다.[7] 일반적으로 부흥 운동의 연원은 1903년 원산에서 열린 한 집회에서 비롯된 것으로 말한다. 2, 3명의 감리교회 선교사들이 모여서 중국에서 선교하다가 때마침 한국을 방문한 미스 화이트(Miss M. C. White)를 강사로 모시고 한 주간 성경 공부를 하며 기도회를 하였다. 그리고 얼마 후 같은 선교사들이 장로교와 침례교 선교사들과 함께 이번에도 중국에서 선교하는 스칸디나비아 알리앙스(Alliance) 선교연맹의 프란손(Rev. F. Franson)을 강사로 한 주일 간 저녁 집회를 열었다.

이 집회에는 원산의 한국인 신자들도 참석하였다. 여기 참석한 선교사들 가운데는 한 주 전부터 프란손 목사를 자기 집에 모시고 있던 의료 선교사 하디(Dr. R. A. Hardie, 河鯉泳)도 있었다. 하디는 캐나다대학선교회(Canadian Colleges' Mission)에서 파송한 선교사로 한국에 와서 1898년 남감리교 선교회의 회원이 되었다. 하디는 3년 전부터 강원도 지방에서 선교를 하였다. 그는

7) William N. Blair, "The Korean Pentecost" 와 J. R. Moose, "A Great Awakening", *K. M. F.* Vol.2, No.3 (Jan. 1906), 51f. Graham Lee, 'How the Spirit came to Pyeongyang" *K. M. F.* Vol.3, No.3 (Mar. 1907), 33-37.

선교가 뜻대로 진척되지 않아서 실망 중에 있었는데, 이 집회에서 그는 동료들에게 선교의 어려움과 자신의 부족을 고백하였다. 한국 사람들을 멸시하고 사랑으로 대하지 못한 것도 회개하였다. 그리고 그는 집회 중에 성령 충만을 경험하였다.[8] 그 후부터 복음에 대하여 냉담하던 청중의 태도와 반응이 달라졌다. 그의 설교에 사람들은 감동을 받아 회개하며 복음을 받아들였다.

1904년 봄에 원산에서 다시 초교파적인 사경회가 열렸다. 이번에는 장로교회 선교사 롭(A. F. Robb), 장로교회의 전계은(全啓恩), 감리교회의 정춘수(鄭春洙)도 '성령을 충만히' 받아 힘 있게 복음을 전파하였다. 선교사들과 한국 각처의 교인들은 부흥을 주시도록 하나님께 기도하였다.[9]

평양에 있던 선교사들이 1906년 8월에 하디를 사경회의 강사로 초청하여 서로 경험을 나누었다. 그 후 뉴욕에서 한국 시찰을 하러 온 존슨 목사(Rev. Howard Agnew Johnson)를 초빙하여 인도와 웨일스(Wales)에 일어난 부흥 운동에 관한 보고를 들었다. 이 보고를 듣고 난 후 온 교인들은 자기 교회에도 이러한 은혜를 주시도록 기도하였다. 그들은 길선주의 모범에 따라 새벽기도회를 열고 성령의 충만하신 은혜를 간구하였다.[10] 한국 교회의 부흥을 위하여 한국 성도들뿐만 아니라 선교사들과 선교사들을 파송한 본국 교회들도 기도하였다. 선교사 무스(J. R. Moose)는 이렇게 기록하고 있다.

전계은 全啓恩 목사
1869-1942

> 우리가 최선을 다하고 가장 지혜롭게 계획을 세운다고 하더라도 우리는 실패할 수밖에 없다. 그러나 우리가 주님께 모든 것을 맡기고 그의 말씀을 믿으면, 주님께서는 우리가 상상할 수 없는 방법으로 이 백성을 주님께로 돌아오도록 하실 것이다.

---

8) L. G. Paik, 앞의 책, 367.
9) J. R. Moose, "A Great Awakening", *K. M. F.* (Jan. 1906), No. *2, 51;* W. G. Cram, "Revival Fires", *K. M. F.,* Dec. No. 2, 33.
10) W. L. Swallon, "A Story of Korean Prayer", *K. M. F.* (Oct. 1909), 182.

우리는 그것을 '부흥' 이란 말로 요약할 수 있다. 무엇보다 먼저 교회가 깊은 영적인 삶을 살아야 한다. 지금 교회에 가장 필요한 것은 부흥임을 믿는다. 한국에서 일하는 모든 사역자들이 새해를 맞이하여 부흥을 경험하도록, 한국에 오순절이 진정으로 시작되도록 그 어느 때보다도 열심히 기도해야 할 것이다.[11]

크램(W. G. Cram)은 자기 본국에 있는 신자들에게 기도를 요청하였다.

지금 급속하게 성장하는 한국 교회를 위하여, 이렇게 노력하는 우리를 위하여 본국 교회가 기도해 주시기를 요청합니다. 교회는 다만 그리스도와 그의 의(義)만을 기초로 세워져야 합니다. 여러 나라에서 부흥이 일어나고 있는 이러한 시점에 그리스도께서 연약하고 주저하는 많은 제자들의 마음속에 그의 형상을 이루어 주시도록, 그리고 그들에게 신앙과 소망과 용기를 주셔서 앞으로 교회에 큰 유익이 되도록 기도해 주시기 바랍니다. "한국을 그리스도께, 그리스도를 한국에게!" 이것이 우리가 원하는 것입니다. 이것은 위로부터 임하는 불의 부흥으로 가능한 것입니다.[12]

길선주 吉善宙 목사
1869-1935

한국인으로서는 길선주와 전계은, 정춘수(鄭春洙)가 부흥 집회를 인도하며 크게 기여하였다. 1907년 1월 6일부터 평양의 장대현교회에서는 일주일 이상 계속되는 사경회가 열렸다. 이 역사적인 사경회가 열리기까지 길선주 목사의 인도로 장대현교회의 교인들이 새벽마다 예배당에 모여 하나님께 은혜를 간구하는 새벽기도회로 모였던 것이다. 스왈른(W. L. Swallon)은 그 사실을 이렇게 회고하고 있다.

11) J. R. Moose, 앞의 글.
12) W. G. Cram, 앞의 글.

평양에 위치한 큰 교회인 중앙교회의 한국인 목사 길선주는 평양의 신도들에게 차가운 냉기가 감도는 것을 느끼고 자기 교회의 장로 한 사람과 매일 새벽에 기도하러 예배당에 가기로 결심하였다. 이 두 사람은 겸손하게 신뢰하는 믿음으로 그 사실을 아무에게도 알리지 않고 매일 새벽 4시면 기도하였다. 이러기를 두 달 동안 계속하였다. 그러자 그 사실은 점차 여러 사람들에게 알려져서 기도회에 참여하는 사람들이 불어났다. 길 목사는 많은 사람들이 자기들과 함께 기도하고 싶어 하는 것을 알고 누구든지 원하는 이는 자기들과 함께 기도할 수 있다고 말하고 4시 반이면 종을 치도록 하겠노라고 주일 예배 시에 교회에 광고하였다. 그 이튿날 아침에 사람들이 예배당으로 오기 시작하였다. 벌써 새벽에 수백 명이 모였다. 첫날 종이 울렸을 때는 4~5백 명, 이삼일 후에는 6~7백 명의 교인들이 모여들었다. 나흘째 되던 날, 기도 중에 갑자기 온 회중이 자신들이 무관심하고 냉랭하며 봉사할 마음이 적고 열심이 부족한 것을 깨닫고 통회하기 시작하였다. 그 후 그들은 죄를 사함받는 기쁨을 맛보고 하나님께 봉사하고자 하는 강한 욕망을 갖게 되었다.[13)]

1907년 1월 장대현교회의 사경회는 첫날 저녁부터 남자만도 1,500명의 사람이 모여들어 부인들은 앉을 자리도 없을 정도였다. 한국인 교회 지도자들과 선교사들이 저녁 집회를 인도하며 교회에 사랑이 필요함을 역설하고, 신자는 성령의 인도하에 살아야 하다고 강조하였다. 1907년 1월 14일 방위량(Rev. W. N. Blair) 선교사는 고린도전서 12:27의 "너희는 그리스도의 몸이요 지체의 각 부분이라."는 말씀으로 설교하였다.[14)]

방위량 선교사는 이 말씀으로 교회가 하나임을 강조하면서 "교인은 다 지체로 연결되어 있으며, 서로 남의 짐을 같이 져야 한다."고 말했다. "교회가 하나 되지 못하면 그것은 몸에 병이 난 것과 같다.", "교인 한 사람의 마음속에

13) W. L. Swallon, "A Story of Korean Prayer", *K. M. F.* (Oct. 1909), 182.

14) 민경배는 이 성경 구절이 성찬과 관련하여 교회의 연대성을 가르치는 말씀으로 사람들에게 감동을 주었음을 의미 있게 생각한다. 동남아의 니아스(Nias)에서는 1916년에서 1930년까지 부흥 운동이 계속되어 주민의 90%가 기독교로 개종했는데, 이 부흥 운동은 성찬식을 준비하는 과정에서 시작되었다고 한다(Th. Muller, "Die große Reue in Nias, 1931", in *Die Religion in Geschichte und Gegenwart,* Dritte Auflge 〈이하 *RGG*〉, J. C. B. Mohr (Paul Siebeck) *Tübingen,* 1957, II, Sp. 629.

남을 미워하는 생각이 있으면 그것이 온 교회에 상처를 입힐 뿐 아니라 교회의 머리이신 그리스도에게 상처를 입히는 것"이라고 하면서, 그는 마침 상처가 나서 싸맨 손가락을 쳐들어 보이면서 말했다. 이 설교의 결과는 놀라웠다. 온 교인이 깊은 감동을 받고 죄를 회개하였다.

이튿날 월요일 저녁에는 이길함(李吉咸. Graham Lee) 선교사가 집회를 인도하면서 교인들 가운데 누구든지 대표로 기도하라고 말하였다. 그랬더니 기도하려고 나서는 사람이 너무 많아 다 함께 통성으로 기도하도록 하였다. 소리를 내어 제각기 기도했으나 모두 한마음이 되어 기도하였다. 아무런 혼돈도 없었다. 그저 목소리와 영(靈)이 조화를 이루는 것이었다. "그것은 마치 폭포와 대양의 물결 소리같이 하나님의 보좌에 상달되었다. 온 교인이 하나님의 능력에 사로잡혀 눈물을 흘리고 회개하면서 기도하기를 새벽 2시까지 계속하였다." 15)

그 다음 날 저녁에도 같은 회개 기도가 되풀이되었다. 사람들은 죄를 통회하며 하나님께 용서를 빌었다. 선교사들은 이러한 뜻밖의 결과에 놀라서 강단에 모여 이러한 교인들의 반응이 순수한 것인지 서로 의견을 교환했을 정도였다. 심지어 선교사들은 이러다가는 정신을 잃는 사람이 생길까 봐 은근히 걱정하기도 하였다. 그러나 그들은 "우리가 하나님께 성령을 부어 주시라고 기도한 대로 성령이 임하신 것이 아니냐?"고 하면서 교인들이 울며 소리치는 것을 그냥 내버려 두었다. 선교사들은 또한 개인적으로 한 사람씩 자리로 찾아가서 하나님께서 죄를 용서하신다

평양 장대현교회 1893년 설립
예배당 1900년 건립 1500명 수용

15) Graham Lee, 앞의 글.

고 위로하였다.

이 회개 운동은 학교에도 번졌다. 평양의 숭덕(崇德)학교에서는 김찬성(金燦星) 교사가 인도하는 기도회에서 300명의 학생이 죄를 깨닫고 통회하였다.[16] 숭실전문학교 학생들도 회개의 영을 받았다. 1907년 2월에 학생들이 새 학기를 맞이하여 학교에 와서 성령의 역사하심을 경험하였다. 사경회를 인도하던 사람들은 의도적으로 학생들의 감정을 돋우려고 하지 않았다. 부흥을 위한 분위기 조성을 위하여 달리 한 일도 없었다. 인도자들은 다만 예수의 십자가를 얘기했을 뿐이었다. 그런데도 성령께서는 능력으로 임하셔서 많은 학생들을 회개케 하셨다. 학생들은 이 시간에 새로 거듭남을 체험하였다. 그리고 교회를 위하여 봉사생활을 하기로 결심한 이들도 있었다.

학생들은 평양과 그 주변의 시골로 가서, 아니 경기도와 충청도까지 가서 이 부흥의 불길을 전하였다. 이 해 5월에 장로교회 신학생들이 그 해 여름 3개월 간의 공부를 위하여 학교에 모여들자, 선교사들은 교회를 위하여 특별한 사명을 지닌 이들을 위하여 특별집회를 열었다. 이리하여 한국 교회를 인도할 장래의 전도자들은 "성령의 불길에 그들의 죄를 태우는 통회를 경험하였다."[17]

일반적으로 1907년 평양 장대현교회에서 일어난 부흥 운동이 한국의 오순절인 것으로 말하나, 사실은 이미 1907년 이전에 한국 전역에서 부흥의 불길이 일어나고 있었다.[18] 크램(W. G. Cram) 선교사는 1906년에 중부 지방의 송도(개성)에서 부흥이 일어났음을 보고한다.

> 성령의 주재하에서 사람들이 회개하고 죄를 고백하는 일들은 순수한 것이었다. 그리스도께서 그들의 죄를 도말하여 주시는 것을 확실히 믿고 마음으로 기뻐하고 즐거워하는 광경을 보는 것은 정말 감동적이었다.…… 돈을 훔친 자는 돌려주고, 형

16) 민경배, 앞의 책, 210..
17) G. S. McCune, "Opening Days at the Theological Seminary", *K. M. F. Vol.3, No.6 (Jun.* 1907), 89; S. M. Zwemer and A. J. Brown, *The Nearer and Farther East* (New York, 1908), 187.
18) 박용규, 「평양 대부흥 운동」 (생명의말씀사, 2000), 124 이하 참조.

제를 미워한 자는 당사자에게 용서를 빌며, 돈을 위하여 예수를 믿는다고 한 사람들은 이제는 참으로 주님을 섬기겠다고 고백하였다. 양반이라고 하여 천민을 멸시하던 사람이 이제부터는 그 사람들을 종으로 알지 않고 친구요, 형제로 대하겠다고 했다. …… 진실로 하나님께서는 우리에게 대 부흥을 주셨다. …… 부흥의 불길을 주신 하나님께 감사한다. 이 불길이 교회에서 교회로, 전도소에서 전도소로 번져가서 마침내 한국 교회가 명실상부하게 마음에서부터 기독교 교회가 되기를 빈다.[19]

무어(S. F. Moore)와 클라크(C. A. Clark) 역시 1906년에 서울에서 열린 사경회에서 있었던 부흥에 관하여 언급한다. 클라크는 서울 시내에서만 하더라도 밤 기도집회와 사경회가 몇 달을 두고 두세 군데씩 열리고 있다고 보고한다.[20] 남부 지방에서도 이미 1906년 저딘(Rev. J. S. Gerdine)이 인도하는 목포 사경회에서 통회 운동이 일어났다.

이와 같이 1907년 평양 장대현교회의 대부흥 이전에 이미 부흥의 불길은 여기저기서 타오르고 있었던 것이다. 1903년 원산 지역에서 시작된 부흥은 각 지역에서 열리는 사경회를 통하여 전국으로 확산되어 1906년과 1907년에 이르러서는 한국 교회가 사람들을 회개케 하시는 성령의 크신 역사를 경험하게 되었다. 선교사들은 이미 1906년에 묘사한 바와 같이, "이 부흥 운동은 감정적인 요소에도 불구하고 무책임한 감정에 도취한 잔치(orgies)는 아니었다."[21] 그것은 하나의 순수한 회개 운동이었다. 미리 충분한 성경 공부를 했기 때문에 광신적인 요소(fanaticism)는 없었다. 이 대부흥 운동은 '한국 교회의 영적 중생(重生)' 이라고 할 수 있다. 이길함 선교사는 이를 "한국 교회가 성령의 세례를 받은 것"이라고 표현하였다.[22]

---

19) W.G.Cram, " The Revival in Songdo", *K. M. F.* Vol.2, No.6(Apr.1906), 112f
20) S. F. Moore, "The Revival in Seoul", *K. M. F.*, ibid, 117; C. A. Clark, "Seoul Central Church", 같은 책, 213f.
21) A. D. Clark, 앞의 책, 165
22) Graham Lee, 앞의 글.

이 부흥의 역사를 통하여 한국 교회는 나름대로 특성을 지니게 되었다. 이 부흥 운동이 있은 후에 교회는 일본의 식민지 통치하에서 어려운 시련을 겪어야만 했다. 어린 교회는 1930년대 말에 신사참배 때문에 참패의 고배를 마시긴 했으나 도덕적, 영적 힘으로 많은 어려움과 시련을 견디며 극복하였다. 부흥 운동 이후 선교사들과 한국인 신자들은 피차 상대방을 더 잘 이해하고 더 깊은 교제를 나누게 되었다. 대 부흥으로 말미암아 한국 신자들의 도덕적, 영적 생활은 더 높은 수준에 이르게 된 것이다.

어떤 이들은 1907년 전후의 부흥 운동을, 한편으로는 한국인의 대단한 종교적인 심성 때문에 경험하게 된 것이라고 말하는가 하면, 다른 한편으로는 선교사들이 이 부흥 운동을 통하여 한국 교회의 비정치화를 달성했다고 비평한다. 즉, 한국 개신교의 관심을 영적이며 피안적인 것을 지향하도록 강조함으로써 정치와 현실 문제에서 떠나게 했으며, 그럼으로써 의식적이든 무의식적이든 한국 교회의 비정치화 작업을 위하여 일본의 제국주의에 협조했다고 한다.[23] 그런데 이러한 표현은 마치 부흥의 역사를 인위적으로 조작할 수 있다는 식의 견해를 대변하는 듯이 보인다.

그러나 부흥 운동을 그렇게 이해할 수는 없다. 명심해야 할 것은, 부흥 운동은 성령께서 주권으로 일하시는 불가항력의 영적인 운동이라는 사실과, 17세기 말엽 독일에서 경건주의 운동이 일어나면서부터 20세기 초에 이르기까지 영국 웨슬리의 부흥 운동, 미국의 조나단 에드워즈의 부흥 운동과 2차, 3차에 걸쳐 일어난 부흥 운동과 유럽의 개신교 나라들과 세계의 여러 선교지에서 줄곧 일어났던 부흥의 하나라는 사실이다. 다시 말하면 이 부흥의 역사는 비단 한국에서만 일어난 특별한 사건이 아니라는 사실을 염두에 두어야 한다.

기독교 신앙과 경건을 이해한다면서 선교 활동을 식민주의 운동으로 말하거나, 부흥의 역사를 서양의 식민주의에 봉사하기 위한 환각제와 같은 것이

23) 閔庚培, 「民族 敎會 形成史論」, 42 이하. 李章植, "韓國 外來 宣敎 政策 史的 批判", 「基督敎 思想 講座」 (1963).

었다고 말할 수는 없다. 이 대 부흥을 통하여 한국의 기독교인들은 예수 그리스도를 믿는 확신에 거하게 되고 도덕적으로 정화되었으며, 열심히 전도할 힘을 얻게 되었다.

그런데 대 부흥이 한국 교회의 성장에 기여한 직접적인 요인은 아니었고, 다만 교회 내 신자들의 수준을 높이는 역할을 했다는 의견을, 서명원(R. E. Shearer)은 교회 성장의 수치를 들어서 말한다. 즉, 교회의 급속한 성장은 1907년 이전부터 시작하여 1914년까지 계속되었기 때문이라는 것이다.

그러나 대 부흥이 교회 성장의 요인이 될 수 있었는가의 여부를 통계 수치에 근거해서만 논할 수는 없다. 사실 많은 사람들은 이 운동이 교회 성장에 큰 몫을 다하였다는 것을 인정한다. 죄를 회개하고 그리스도를 구주로 올바로 인식하고 신앙하는 영적인 각성은 유기적인 교회 성장의 초석이 되기 때문이다. 김재준 역시 부흥 운동이 한국 교회 성장에 기여했다고 말한다.[24)]

유럽에서는 부흥이 기독교인들을 영적으로 각성케 했을 뿐 아니라 사회봉사 운동을 유발했으나, 한국에서는 기독교인들의 신앙심을 깊게 하고 도덕성을 고양하는 데 그쳤다면서 아쉬워하는 견해가 있다. 그것은 양 교회가 처한 역사적, 사회적 배경의 차이에서 오는 것이므로 단순히 현상만을 보고 비교하여 평가할 수는 없다. 한국에서는 선교가 시작된 지 오래되지 않았으며 복음을 받은 신자가 소수인 반면에, 유럽 사회는 주민의 대다수가 교회에 적을 두고 있는 사회일 뿐 아니라 오랜 기독교 역사와 구제, 봉사의 전통이 있으며, 사회 운동을 말하는 인문주의 사상이 고조되고 있던 사회임을 고려해야 한다.

24) Roy E. Shearer, *Wildfire: Church Growth in Korea,* 56. Kim Chae-Chun, "The Present Situation and Future Prospect of the Korean Church", in *Korea Struggles for Christ,* 28.

3

초기 한국 개신교의 성장

개신교 선교가 시작된 후의 첫 10년 동안에는 신자의 증가율이 극히 미미하였다. 이 시기는 선교를 위하여 지리적인 답사를 하고 씨를 뿌리는 시기였다. 선교를 시작한 지 5년째인 1890년에 장로교와 감리교의 선교회에는 각각 11명의 선교사들이 한국에서 일하고 있었다. 이 해에 세례 교인 수는 장로교회에 119명, 감리교회에 36명, 모두 합하여 155명이었다.[25] 그러다가 약 5년이 지나면서부터 교인 수가 불어나기 시작하였다. 1895년의 평양 선교지부의 보고에는 이렇게 말하고 있다.

> 평양에서 선교의 첫 단계는 지났다. 이제는 일이 틀에 잡혀서 교회는 차츰 자라고 있어서 평양시와 인근에 새로운 생활환경을 조성하고 있다. 교인들은, 심지어는 학습 교인들도 전도하기를 힘쓰니 기꺼운 일이 아닐 수 없다. 사실 전도는 이 사람들이 하고 우리 선교사들은 뒤처리를 위하여 초청을 받는다.[26]

바로 이 해에 개신교의 세례 교인은 582명으로 보고하고 있다. 그런데 그 중 3분의 2가 남자였다. 학습 교인, 즉 세례 지원자는 567명인데, 그 중에서

25) 李浩雲, 앞의 책, 160.
26) Roy Shearer, 앞의 책, 160.

여자는 5분의 1밖에 되지 않았다. 한국 교회에 현재는 여자가 더 많지만, 초기에는 남자가 더 많았다. 그것은 여자들이 바깥출입을 자유롭게 할 수 없었던 시대적인 상황 때문이었다. 유아 세례를 받은 자가 50명이었고, 55세대의 가정이 교회로 들어왔다. 42개의 교회와 전도소 중 선교회의 관할 아래 한국인 전도사가 목회를 하는 곳이 6개 처였다.[27]

장로교회의 교인은 1910년까지 증가했으며, 세례 교인은 1914년까지 계속 증가하였다. 반면에 감리교에는 대 부흥이 있었던 1906년과 1907년에 교인이 갑자기 증가했을 뿐이다.[28] 이 양 교파 교회 성장의 차이는, 장로교회회에서는 네비우스 방법에 따라 착실하게 성경 공부를 한 반면, 감리교회에서는 부흥식 설교와 집회로 교인을 얻으려고 한 데서 비롯된 것이라고 추측한다. 그러나 부흥의 초기에는 집회도 공동으로 개최했기 때문에 사경회식 집회의 성격에 큰 차이가 있었던 것은 아니다.

양 교회 성장의 차이를 두고는 여러 가지 견해를 이야기 할 수 있다. 장로교회가 감리교회보다 더 성장한 이유는 선교지 분담 정책에 따라 지역별로 볼 때 교회 성장이 가장 빨랐던 서북 지방을 맡았다는 점, 장로교회회의 경우 네 선교회가 선교사를 파송하여 교회 설립에 주력했다는 점, 즉 장로교회 선교사가 수적으로 우세했다는 점을 들 수 있다. 그리고 장로교회에서는 목사를 양산한 데 비하여, 감리교회에서는 목회자의 자질을 높인다는 동기로 목사 후보자를 엄선하는 바람에 장로교회에 비하여 훨씬 적은 수의 목사를 배출했다는 점도 양 교회의 성장에 차이가 생긴 또 하나의 큰 원인이라고 볼 수 있다. 한국 장로교회와 감리교회의 신학 교육 방침은 각성 운동 당시의 미국 장로교회와 감리교회의 방침과는 정반대였다.

미국에서는, 각성 운동으로 말미암아 급격히 늘어나는 교인들을 양육하기 위하여, 감리교와 침례교는 지도할 만한 이들을 먼저 안수하여 교회를 돌보

27) *The Korea Repository, Vol.2* (1895), 383*f*
28) 비교: Spencer J. Palmer, *Korea and Christianity*, 92, 부록의 교회 성장 도표 참조.

도록 하고 목회하면서 추후에 신학 교육을 받도록 조처했으나, 장로교회는 그러한 상황을 고려하지 않고 목회자는 어떤 상황에서도 소정의 신학 교육을 받아야 한다고 주장하였다.

한국 장로교회의 독노회(獨老會)가 조직된 1907년 9월에는 989개처의 교회와 예배 처소에 1만 9천 명의 세례 교인을 포함한 교인이 모두 7만 명, 장로가 53명이었다.[29] 그런데 1910년에는 교인이 모두 16만 7천 명에 달하였다.[30]

교회의 성장은 서북 지방이 월등히 빨랐다. 이러한 현상에 대하여 흔히 설명하는 대로 말하자면, 서북 지방의 주민들이 지리적 이유와 기후 관계로 인하여 더 활동적이고 민첩하여 적응력이 강한데다가, 이곳은 보수적인 유교가 깊이 뿌리를 내리지 못한 곳이기에 자연히 새 종교인 기독교에 훨씬 더 개방적이었던 것으로 이해한다.[31]

조선 시대에 서북 지방 사람들은 유교를 숭상하던 권력자들에게 소외를 당하여 높은 관직을 얻지 못하고 기성세력에게 불만이 있었으므로, 오래 전부터 개화사상과 독립 정신을 지니고 있었다. 그리고 청일 전쟁이 일어났을 때는 이 고장이 외국 군대의 전쟁터로 변하여 큰 재난을 당하였다. 이와 같이 외세에 짓밟힌 나라의 비운을 뼈저리게 체험한 서북 지방 사람들은 다른 지방 사람들보다 더 열렬하게 구원의 길을 찾았을 것으로 생각된다.

이러한 설명은 한국 전체의 교회 성장에도 적용할 수 있다. 즉 한국 교회 성장을 신속하게 해 준 간접적인 요인은 정치적인 불만, 애국심과 독립 정신, 여러 가지 종교적이며 영적 운동을 낳게 된 사회적 상황 등이다. 그러나 그 외에 교회와 대치되는 19세기 중엽에 일어난 동학(東學) 운동을 비롯하여 일종의 천년왕국의 메시아사상과 유사하거나 애국 사상을 고취하는 혼합적인 신흥 종교들도 많이 일어났다.[32]

---

29) Northern Presbyterian Report for 1908, 271. Cf. L. G. Paik, 앞의 책, 389.
30) 마삼락(馬三樂), 「아시아와 선교」 (서울, 1976), 86.
31) 閔庚培, 「韓國基督教會史」, 185.

이러한 사회 현상을 종교의 진공 상태라고도 부른다. 고려 시대(918~1392)에 국교로 꽃을 피웠던 불교가 조선 시대에는 정권을 장악한 유학자들에게 억압을 당하여 세력이 현저히 꺾이고 말았다.[33] 한국인들은 조선 시대에 수백 년 동안 유교의 교훈 속에서 살아와서 사람들의 사회적인 가치관도 유교의 가르침에 근거하게 되었다. 그런데도 일반 대중은 유교를 통해서는 종교적인 만족을 얻지 못했기 때문에 여전히 무속적인 신앙을 지니고 있었다.

유교는 비록 여러 신과 영에게 제사하는 의식과 조상 숭배를 말하고 권하지만, 여러 신들과 영들을 믿는 무속 신앙과는 근본적으로 다르다. 그러므로 한국의 토양에는 다분히 새 종교가 이식될 수 있는 소지(素地)가 있었던 것이다. 그러나 이러한 배경의 여러 여건들은 교회의 급성장을 위한 간접적인 요인에 지나지 않는다. 한국 교회의 성장 요인에 대하여 일찍이 장로교회의 평양신학교 설립자이며 초대 교장이었던 마포삼열이 언급한 말이 최선의 설명이다. "해마다 우리는 이 백성들에게 하나님의 말씀만을 높이 들었고, 그 나머지는 성령께서 하셨다."[34]

한국 개신교는 급히 성장했는데도 비교적 원만히 발전한 편이었다. 전체 교인에 대한 세례 교인의 비중은 높은 편이어서 1898년에는 3.6:1이었고, 1907년에서 1942년까지의 비율은 2.6:1 이었다. 이것은 38%에 해당하는 많은 예배 참석자들이 성경의 가르침을 잘 받아 세례를 받고 교회의 건실한 지체가 되었음을 의미한다.[35] 이와 같이 세례 교인의 비율이 높은 것은 성경 공부에 기인한 것이라고 말한다.

1890년 언더우드는 네비우스 방법의 중요한 원리 가운데 하나인 '성경 공부 제도' (The Bible Training Class System)를 운영하기 시작하였다.[36] 언더우

32) Fritz Vos, *Die Religionen Koreas*(Verlag W. Kohlhammer, Stutgart, 1977), 156f. 金得榥, 「韓國宗教史」(서울: 에펠출판사, 1963), 473 이하.
33) Fritz Vos, 앞의 책, 203.
34) 마포삼열, 앞의 책, 84.
35) Roy Shearer, 앞의 책, 55.

드는 처음에 일곱 사람을 데리고 성경 공부를 시작하였다. 1891년 장로교회 선교사들은 성경 공부를 필수적으로 실시해야 하는 것으로 정하였다. 성경 공부반에 참석하는 교인 수는 전체 교인의 증가 수와 병행하여 불어났다. 선교사 헌트(W. B. Hunt)가 기록한 대로 교회의 모든 사람, 즉 남녀노소를 막론하고 교육을 받은 사람이나 받지 못한 사람이이나 모두 이 성경 공부반을 거치도록 하였다. 1904년의 보고에 따르면, 60% 이상의 학습 교인을 포함한 교인들이 하나 또는 둘 이상의 성경 공부반에 참가하여 교육을 받았다. 1909년에는 북장로교회의 선교 구역에만 해도 약 800개의 성경 공부반이 있었다. 여기에 참석한 사람은 세례 교인의 두 배가 되는 5만 명이었다.[37)]

선교사들은 처음 이 성경 공부반을 시작할 때 네 개의 반으로 나누었다. 즉, 주로 농한기인 겨울에 선교지부가 있는 중심지에서 열리는 '보통 성경 공부반' 과 지방교회를 중심으로 모이는 '지역 성경 공부반', 여름에 2 내지 3주간 동안 열리는 '고급 성경 공부반' (Officers' Istitute), 주로 앞으로 신학 교육을 받을 사람들이 참석하는 '특별 성경 공부반' 이 있었다.[38)]

황해노회부인도사경회
1934년 1,500명 등록

많은 사람들이 성경을 배우기 위하여 먼 길을 불문하고 와서 성경 공부 집회에 참석하였다. 공부를 하는 동안 숙식은 모두 자비로 부담하였다. 성경

---

36) L. G. Paik, 앞의 책, 217. C. A. Clark는 네비우스 방법이 가장 강조하는 점은 성경 공부라고 말한다. 비교: Harvie M. Conn, "Studies in the theology of the Korean Presbyterian Church" in: *the Westminster Theological Journal* (Philadelphia, Vol. 29, No. 1, November 1966), 29.
37) Roy Shearer, 앞의 책.
38) L. G. Paik, 앞의 책, 300.

공부는 주로 새벽 기도 시간부터 시작되었는데, 이 성경 공부반의 특징은 참가자들이 성경을 배우면서 기회가 있는 대로 마을에서 가가호호 방문하며 전도하는 것이었다.[39] 당시에는 신자들이 공적으로 신앙고백을 할 때는 개인적으로 전도하기로 서약하였다. 목사나 선교사가 세례문답을 할 때는 다음과 같이 물었다.

> 그대가 주 예수 그리스도를 사랑한다고 말했는데, 만일 그대가 아직 한 사람도 주 예수께로 인도한 적이 없다면, 그대가 진정으로 주님을 사랑하는지 우리가 어떻게 알겠습니까? [40]

한국 교회는 이와 같이 평신도 운동을 통하여, 다시 말하면 온 교인이 성경 공부와 경건생활에 힘쓰며 열심히 전도하는 일을 통하여 급속히 성장하였다.[41] 대 부흥이 있은 지 2년 후인 1909년에는 '백만인 구령 운동'(A Million Souls for Christ)이란 표어를 내걸고 전국적으로 대대적인 전도 운동을 벌였다. 남감리교의 젊은 선교사 세 사람이 대부흥 시에 보였던 사람들의 열정이 점점 식어 가는 것을 안타깝게 생각한 나머지 한국 교인들과 함께 그 해 안으로 5만 명의 사람이 회개하도록 하자는 제목을 내걸고 기도를 시작하였다.

그 해 9월에 남감리교 선교회연합회에서는 이 세 선교사들의 제안을 받아들여 계속 추진하기로 하고 목표를 더 높여 '20만 구령 운동' 으로 정하였다. 그런 지 얼마 후 서울에서 열린 '복음선교회연합회'(General Council of the Evangelical Missions)에서 위에 말한 세 사람 중 하나인 리드(Dr. W. T. Reid)의 제안으로 이 전도 운동을 '백만 명 구령 운동' 으로 목표를 더 높이 잡고 전국적으로 전개하기로 하였다.[42]

---

39) 같은 책, 302
40) 마포삼열, 앞의 책, 86.「韓國監理敎會史」, 126.
41) 기독교인의 증가율은 인구 증가율보다 훨씬 빨랐다. Kenneth Scott Latourette, *Missions Tomorrow* (New York and London: Harper and Borthers Publishers, 1936), 26.

이제 자라기 시작한 지 얼마 안 되는 교회의 교세를 감안할 때 이와 같이 높은 목표는 실현성이 없는 과장된 것이었다. 위에서 이미 기술한 바와 같이 대부흥이 있은 이후로는 이러한 전도 운동에도 불구하고 감리교 신자의 증가율은 여전히 줄어들었다. 그렇다고 통계에만 의거하여 애당초 이 운동을 계획한 것이 잘못이었다고 평가할 수는 없다. 왜냐하면 한국 교인들은 이 운동에 적극 참여했으며, 이러한 운동으로 계기로 한일합방이란 나라의 비운으로 인하여 슬픔과 실의에 빠져 있는 한국 민족에게 희망을 주는 복음의 씨를 더 널리 뿌리게 되었기 때문이다. 기독교인들은 수백만의 전도지와 70만 부의 마가복음 쪽복음서를 사서 믿지 않는 사람들에게 나누어 주었다.[43]

이 운동은 당장 나타나길 바라는 결과와는 상관없이 그 자체가 가치 있는 것이다. 바울이 "나는 심었고 아볼로는 물을 주었으되 오직 하나님은 자라나게 하셨나니"(고전 3:6) 라고 한 말씀과 같이 사람으로서는 복음 전파를 위하여 최선을 다하는 것이 전도 운동의 본질이기 때문이다. 교회는 이로 인하여 전도의 사명을 깨닫고, 전도를 조직적으로 하는 법을 익히게 되었다. 그리하여 교회는 살아 있는 교회로 남아 있게 된 것이다. 이 대전도 운동 역시 한국 개신교의 꾸준한 성장에 보탬이 되었다고 보고 긍정적으로 평가해야 한다.[44]

42) L. G. Paik, 앞의 책, 387.
43) 같은 책, 386.
44) 비교: 閔庚培, 앞의 책, 242.

4

자립하는 한국 교회

장로교회의 자립

한국 감리교회에 비하면 장로교회는 훨씬 더 일찍 자립하여 자치하는 교회가 되었다. 그것은 감독교회와 장로교회라는 교회 치리 형태의 차이도 있지만, 한국에 온 네 장로교 선교회가 연합하여 '네비우스 방법'에 따라 실천한 덕분이다. 1907년에는 조선 장로교 독노회가 조직되었다. 그것은 한국의 선교 역사와 교회사에 하나의 큰 전환점이 되었다. 그리고 독노회의 조직이 대부흥이 일어난 바로 그 해에 있었던 것도 의의 있는 일이다. 그렇다고 새 독노회가 대부흥의 결과로 탄생된 것은 아니지만, 영적 부흥은 교회의 존립에 반드시 필요한 것으로 하나님께서 주신 은혜의 선물이다.

제1회 조선어사용 장로교공의회 1901년

각처에 신자는 많으나 치리회가 없었다. 1893년에 조직된 선교사공의회는 조선예수교장로회가 완전히 조직될 때까지 전국 교회를 돌아보고 치리하는 상회 역할을 하였다. 이눌서 선교사가 선교사공의회의 제1회 회장이 되었다.[45] 교세가 급성장하고 많은 지도적인 한국인 신자들이 육성됨에 따라 1901년에 선교사와 한국인 총대가 합하여 소위 합동공의회를 조직하고 '조선 예수교장로회공의회'(朝鮮 耶蘇敎長老會公議會)라고 하였다. 그 해 회원은 한국인 장로 3명과 조사(助事) 6명, 선교사 25명이었으며, 회장은 스왈른(William Swallen, 蘇安論, 1865~1954) 선교사였다.

합동한 장로교 공의회는 선교사들로만 구성된 영어사용위원회(English Session)와 한국어사용위원회(Korean Session)를 두었다. 미국 장로교회에서는 당회를 가리켜 '세션'(session)이라고 한다. 한국어사용위원회는 선교사와 한국인 교회 지도자들이 함께 회합을 하는 모임으로 전국 각지에 설립된 여러 교회들의 소식을 교환하고 문제점들을 토의하였다. 영어사용위원회에서는 신학교 설립과 조선 독노회 설립을 위한 제반 준비 등 중요한 문제들을 토의하고 결정하였다.[46] 이러한 조처는 과도기적인 과정에서 취한 것으로 이해할 수 있다. 한국인 지도자들은 이를 통하여 교회 치리와 그 밖의 모든 일을 점차적으로 배우고 익혀서 앞으로 독자적으로 교회 일을 처리해 나갈 수 있는 능력을 기르고 준비를 갖추었다.[47]

1901년 장로교 공의회에서 결정한 주요한 안건은 독노회 설립 방침 의정위원(議定委員)과 장로회헌법 번역위원을 선정한 일과 평양에 신학교를 설립하기로 결의한 일이다. 사무엘 마포삼열(Samuel A. Moffett)을 교장으로 선임하고 학교 일을 책임지도록 하였다. 1902년 평양에서 장로 두 사람을 학생으로 받아 가르치기 시작하였다. 이듬해에는 교회 설교자로 일하고 있는 네 사람의 학생이 입학하

평양신학교 재학생 1905년

45) 「朝鮮예수敎長老會史記」, 20.
46) 같은 책, 82 이하.
47) 비교: L. G. Paik, 앞의 책, 307.

여 함께 공부하였다. 학생들은 3개월 동안 공부하여 5년 만에 졸업하도록 정하였다. 1905년의 장로교 공의회는 이를 인준하고 학교의 이름을 평양신학교(The Union Theological Seminary)라고 하였다.[48] 학교를 영어 이름으로 the Union Thelogical Seminary라고 한 것은 네 장로교 선교회가 세운 하나의 한국 장로교를 위한 신학교라는 뜻에서이다. 평양신학교는 1908년 미국 시카고에 거주하는 맥코믹(Nettie E. McCormick)으로부터 11,000원의 기부금을 받아 평양 하수구리 언덕에 한옥 식으로 사무실 5개와 이층에 1,000명이 앉을 수 있는 큰 건물을 지었다. 1922년에 학교는 다시금 맥코믹 여사가 35,000불(7만여 원)을 보내와 서양식 건물로 새로 건축하였다.[49] 1905년의 장로교 공의회는 신학교를 인준한 것을 계기로 한국 교회의 노회 조직에 관심을 가지고 논의하였다. 호주 장로교 선교회에서는 가능한 한 즉시 노회를 조직하자고 하였으며 캐나다 선교회도 이 제안에 찬성했으나, 미국의 북장로교와 남장로교 선교회들은 먼저 본국 교회의 허락을 받아야 하기 때문에 당장 그 일을 추진할 수 없으므로 미루자고 하였다. 또한 본국인 목사도 없는 상황에서 외국인 선교사들과 본국인 장로들만으로 노회가 조직된다면 건전한 노회가 될 수 없다고 주장하였다.[50]

마포삼열 馬布三悅 목사
Samuel A. Moffett
1864-1939

그러나 장로교 공의회뿐 아니라 선교사들을 파송한 본국 교회들도 한국 교회의 교세를 감안할 때 독노회의 조직을 더 미룰 수 없을 정도로 때가 무르익었다고 인식하였다. 장로교 공의회는 1907년에 제1회 신학교 졸업생들이 배

48) 장로교공의회가 1907년에는 평양신학교를 '대한예수교신학교' 라고 명명하였다.「朝鮮예수教長老會史記」下卷, 47. 그러나 제1회 졸업장에는 학교 이름이 '대한장로회신학교' 이고, 교장은 스왈른으로 되어 있다. 참조: 옥성득,「한반도 대부흥: 사진으로 보는 한국교회, 1900-1910」(서울: 홍성사, 2009), 319.

49) L. G. Paik, 앞의 책, 303;「朝鮮예수教長老會史記」下卷, 46. 신종철,「한국장로교회와 근본주의」(서울: 도서출판 그리심, 2003), 224.「장로회신학대학100년사」, 94, 96.

50) 김광수,「韓國 基督教 成長史」, 171.

출되어 목사로 장립될 것이므로 그 해에 노회를 조직하는 것이 가능하고 바람직한 일이라고 생각하였다. 장로교회의 원칙에 의하면, 목사의 장립은 노회에서 하는 것이므로 이를 위해서도 노회가 조직되어야만 했다.[51)]

평양신학교 제1회 졸업생 1907
방기창 서경조 양전백
한석진 이기풍 길선주 송린서

평양신학교의 학생 수는 1906년에 50명이었고, 1907년에는 75명에 달하였다. 1906년 장로교 공의회는 그 이듬해에 노회를 조직하기로 하고 목사 안수 절차를 정하는 한편, 한국 장로교회의 신앙고백서로 채택하기로 한 12신조를 노회에 상정하였다.
1907년 9월 17일, 연초에 대 부흥집회가 열렸던 평양 장대현교회에서 한국 장로교회의 첫 노회가 열렸다. 33명의 선교사와 36명의 한국인 장로들이 노회원으로 참석하였다. 임원으로는 노회장에 마포삼열, 부노회장에 방기창(邦基昌, 1851~1911), 서기에 한석진(韓錫晋), 부서기에 송인서(宋麟瑞, ?-1933), 회계에 이길함이 선출되었다. 그리고 17일 노회의 저녁 집회에서는 이 해에 신학교를 졸업한 서경조(徐景祚), 한석진, 송인서, 양전백(梁甸伯, 1870~1933), 방기창, 길선주(吉善宙, 1869~1935), 이기풍(李基豊, 1865~1942) 일곱 사람이 목사 장립을 받았다. 장로교회의 교세는 목사가 7명, 장로가 53명, 70,000명의 교인이었는데, 그 가운데 세례 교인이 19,000명이었다.[52)]

노회는 장로교 공의회에서 상정한 12조항의 신조를 받아들였다. 이 신조는 1904년 인도 교회가 먼저 채택한 것이다. 장로교 공의회는 이미 1902년 조선 장로교회의 노회 조직을 내다보고 신경준비위원을 선정하였다. 준비위원들은 여러 신경을 비교, 연구하던 끝에 1905년에 이 12신조를 조선 장로교회의

51) Harry A. Rhodes, 앞의 책, 162.
52) 「大韓예수敎長老會百年史」, 288.

조선장로회독노회 회원들 1907년 장대현교회당 밖에서

신앙고백으로 채택하도록 정하였다. 그것은 처음에 인도 교회를 위하여 선교사들이 만든 것이지만, 신앙고백서란 그리스도의 교회가 얼마든지 공유할 수 있는 것이므로, 비슷한 상황에서 이제 자라기 시작하는 한국 교회도 이를 사용할 수 있으며, 간단하면서도 손색이 없는 내용을 고백하고 있는 신경으로서 당시의 시대적인 형편에도 적당하고 성경에도 부합하는 것이라고 인식하고 채택하였다.[53)]

한국 교회에서 사용하는 신앙고백서를 한국 교인들 스스로 만들지 않은 것을 유감으로 생각하는 이들이 더러 있다. 종교개혁 이후 특히 개혁주의교회에서 60여 개의 많은 신앙고백서가 나온 것을 감안하면 한국 교회에서도 신앙고백서가 나올 수 있었으리라고 언뜻 생각할 수 있다. 그러나 이제 자립하는 선교 교회를 오랜 역사와 전통이 있는 교회와 동등하게 비교할 수는 없는 일이다. 선교 교회에서 신앙고백서를 기대한다는 것은 1년 된 사과나무에서 열매를 기대하는 것과 같은 조급하고 사리를 고려하지 않은 생각이다. 이제 처음으로 안수를 받은 목사를 배출한 어린 교회가 신앙고백서를 갖는 이유를 알지도 못할 뿐만 아니라, 스스로 신앙고백서를 작성할 만큼 신학적으로 성숙하지 못했기 때문이다.[54)]

새로 조직된 한국 장로교 독노회는 신앙고백의 채택뿐만 아니라 교회의 조직과 정치에 관한 문제 등 교회의 제반 사항에 관한 것을 선교사들의 지도에

53) 郭安連, "朝鮮예수敎長老會信經論", 「神學指南」 제2권 1호 (1919), 81.

따라 결정하였다. 선교를 받아 바야흐로 조직되는 교회가 선교사들의 지도를 따르는 것은 당연한 일이며, 그것이 정상이다.[55)]

독노회는 미국과 캐나다, 호주 장로교회에 노회가 조직되었음을 통고하고 감사를 표하는 한편, 세계개혁주의교회연맹(World' s Pan-Presbyterian Alliance, der Reformierte Weltbund)에 회원가입을 청원하였다.[56)] 노회는 선교부를 두고 선교를 위한 첫 기획으로 이기풍 목사를 제주도 선교사로 파송하기로 결정하였다.

1908년 제2차 노회는 서울에서 열렸다. 노회원 수는 한국인 59명, 외국인 선교사가 30명이었다. 1909년 노회에는 85명의 한국인과 33명의 선교사가 회원으로 참석했으며, 8명의 목사가 장립을 받았다. 1910년에는 선천(宣川)에서, 1911년에는 대구에서 노회가 열렸다. 대구에서 열린 독노회에는 목사가 29명, 장로가 112명, 외국인 선교사 46명이 회원으로 참석하였다. 대구의 독노회에서는 이듬해에 총회를 조직하기로 결의하였다. 총회 총대는 매 5개 지교회에서 목사 1명, 장로 1명을 파송하고, 노회의 기능을 해온 7개 대리회(代理會)를 7개 노회로 개편하기로 하였다.[57)]

조선예수교장로회 제1회 총회
1912년 평양장로회신학교에서

1912년 9월에 드디어 제1회 총회가 개최되었다. 52명의 한국인 목사와 125

54) 참고: Paul Jacobs, *Theologie Reformierter Bekentnisschfiten* (Neukirchener Verlag, 1959), 9-25. 민경배는 소위 민족교회 형성에 관심을 둔 나머지 한국 교회를 처음부터 성숙한 교회이기를 바라는 마음에서 12신조가 한국 교인들의 손으로 작성한 것이 아님을 못내 유감으로 생각한다(민경배, 앞의 책, 225).

55) 김영재, 「교회와 신앙고백」 (합동신학대학원출판부, 2002), 204.

56) H. A. Rhodes, 앞의 책, 386.

명의 장로, 44명의 선교사가 총대로 참석하였다. 선교사 언더우드가 총회장으로, 방위량이 회계로 선출되었고, 나머지 임원직은 한국인이 맡게 되었다. 1913년에 는 총회의 총대로 목사와 장로가 동수를 이루게 되었다. 독노회 산하의 7개 대리회는 지방 노회가 되었고, 선교사 가운데 목사는 모두 노회원인 동시에 총회의 총대가 되었다. 선교사들은 또 한편 자기 본국 교회에 소속되어 있기 때문에 일부 한국 교회 지도자들은 선교사들이 이중 교적을 가지는 일을 비판하였다.

> 선교사 제군의 공(功)과 역(力)이 진실로 의(義)하고 감사할 것은 4장로 파가 문호를 각립하지 않고 합동하여 1총회를 성함이 신(神)의 지(旨)를 성취한 의거(義擧)요 성사(盛事)이다. 조선 예수교장로회 총회가 조직된 후에는 독립하여 하전도국(何傳道局)에도 속하지 않은 것은 사실이며, 선교사 제군이 역시 자증명하는 바인데 하고(何故)인지 선교사 제군이 자기 노회와 전도국에서 이명하지 않고 염연히 조선 노회와 총회 회원이 되며, 또 회원이 될 시에는 그 회에 속함이 분명한 것인데 하고인지 조선 노회와 총회가 치리할 권이 무하다 함으로 차(此)로 유(由)하여 모순이 심하지 아니한가. 차는 무타(無他)가 선교사 제군이 조선 교회를 동인시(同人視)하며 형제시하지 않고 야만시하며 노예시함이다. 선교사 제군이여, 성신으로 시작하여 육체로 결국하려느냐. 속히 회개할지어다. 차외(此外) 개인의 부족은 거론치 아니하노라.[58]

선교사들은 이러한 비판이 비록 다수의 견해는 아니더라도 원리적인 것을 말하는 것이므로 무시해 버릴 수는 없었다. 그리하여 1913년 장로교 공의회는 외국 선교사들이 그 수에 비례하여 총회 총대가 되도록 하자고 의논하고 이를 총회에 건의하였다. 그러나 1914년과 1916년에 열린 총회는 이 제안을 기각

57) 「長老教會史典彙集」, 55. 「朝鮮예수教長老會史記」, 186.
58) 「朝鮮예수教長老會史記」 下卷, 54. 이 책 하권이 1928년에 출간되었으므로 여기 인용한 본문이 언제 기록된 것인지는 알 수 없으나 1913년-1916년에 논의한 내용을 보면 인용문이 함축하는 그런 논의가 오래 전에 있었음을 알 수 있다.

하고, 목사 선교사는 다 종전과 같이 노회의 회원이 되는 것은 물론 총회 총대가 되어서 한국 교회 대표들과 긴밀한 관계를 계속 유지하며 협력해야 한다고 결의하였다. 1917년에는 한국인 총대 8명과 선교사 6명이 구성하는 위원회에서 이 문제를 1920년까지 연구하여 총회에 제출하도록 하였다. 선교사들의 제안으로 이 문제는 한국인 총대끼리만 모여서 협의를 하도록 했는데, 협의 결과 제출한 제안은 1922년의 총회에서 채택되었다.

> 외국 선교사는 선교회의 위임장을 노회에 제시하고 노회원 가입을 신청해야 한다. 노회는 이를 받아 선교사에게 노회 내의 일정한 지역을 맡겨 선교 사업을 하도록 위촉하면 선교사가 결의권을 갖는다. 그러나 만일 이러한 위촉을 받지 못할 경우에는 참관인으로 노회에 참석할 수 있을 뿐이다. 그리고 선교사가 노회의 어느 소위원회 위원으로 선임되었을 경우에는 그 소위원회 안에서 결의권을 갖는다. 또 노회가 선교사들을 총회의 총대로 뽑을 경우에 그 수가 한국인 목사 총대의 반수를 초과할 수 없다. 모든 총대는 동일하게 결의권을 갖는다. 선교사가 노회 회원으로 일단 등록을 하면 노회의 재판법에도 순종해야 한다. 새로 부임하는 선교사는 한국 장로교의 신조를 받아들인다고 공포해야 한다. 선교사의 총회 총대 수는 40명을 넘어서는 안 된다.[59]

그런데 실제로는 선교사 총대가 30명을 초과하지 않았다. 한국 장로교회는 1907년부터 자립하는 교회가 되었으므로 선교사들은 다만 손님이요, 협조자 역할을 하였다. 사실 1907년 독노회가 조직되었을 때 '장로교 공의회'는 "선교사들로 구성된 장로교 공의회의 교권(the ecclesiastical powers)은 한국 장로교회가 조직될 때까지 행사하기로 하되, 한국 장로교회가 조직되면 거기에 이양하기로 한다."는 1901년의 결의를 확인하였다.[60] 1915년 이후에는 단 한 번을 제외하고는 늘 한국인이 총회장이 되었다.

59) H. A. Rhodes, 앞의 책, 388.
60) A. D. Clark, 앞의 책, 140.

감리교회의 자립

미국 남감리교 선교회와 북감리교 선교회는 제각기 독립적으로 선교를 추진하였다. 북감리교 선교회는 이미 1901년에 김창식(金昌植)과 김기범(金箕範), 1902년에는 최병헌(崔炳憲), 1903년에 이은승(李股承)에게 목사 안수를 해 주었다.[61] 이들은 한 해에 두 주간씩 공부하는 교역자 단기 양성을 위한 신학반(Theological Class)에서 공부한 이들로, 목회자로서 신앙과 인격을 갖춘 사람에게는 목사 안수를 해 주는 감리교의 전통에 따라 목사 안수를 받았다. 1908년에 제1회 한국연회(The First Session of Korean Annual Conference)가 열렸다. 이때부터 북감리교 선교회 산하에 있던 한국 감리교회는 일본 교구와 동등한 위치로 인정을 받았다. 그러나 1916년까지는 일본 감리교의 감독인 해리스(Bishop Merriman Colbert Harris)가 한국의 감독직을 겸하고 있었다.[62]

양주삼 梁株三 목사
1879-1951
감리교 초대 총리사

북감리교보다 10년 늦게 한국으로 온 남감리교 선교회는 1904년에 김흥순(金興順), 1906년에는 정춘수(鄭春洙)와 주한명(朱漢明)에게 전도사 인허를 하였다. 1914년에는 한국 남감리교 선교 연회가 조직되었다. 한국인 목사들도 정회원으로 인준을 받고 외국 선교사들과 동등한 자격을 인정받게 되었다. 연회에 참석한 회원은 한국인이 22명, 선교사가 32명이었다. 그 후 1918년 10월 31일 개성에서 한국 남감리교 연회가 조직되었다.[63] 이와 같이 남북 감리교 선교회들은 독립적으로 선교를 추진했으나, 1906년부터는 그들의 선교 교회를 다 같이 감리교회라고 불렀다.

1907년에는 남북 양 감리회가 공동으로 서울에 협성신학교(協成神學校)를

61) 「韓國監理教會史」, 123.
62) 같은 책, 354. L. G. Paik, 앞의 책, 388.
63) 「韓國監理教會史」, 143.

설립하였다.[64] 1906년 11월부터 남북 감리회는 교역자와 지도자의 단기 양성 제도인 신학반을 '신학부'로 승격시켜 수강 시간도 늘리고, 과목과 강사진도 대폭 강화하였다. 1907년 6월, 각각 개회된 미국 북감리회 연회와 남감리회 연회가 연합하여 교역자 양성 기관인 '신학당'(神學堂)을 일정한 장소에 세워 정착시키기로 결의하고, 그 결과로 협성신학교(The Union Theological School)가 설립되었다.

감리교 총리원 1930년

존스(趙元時, Dr. G. H. Jones, 1867~1919) 선교사가 초대 교장으로 취임하여 1911년까지 집무하였다. 협성신학교는 1911년 12월 20일에 제1회 졸업생 45명을 배출하였다. 그리고 1910년에는 서울 냉천동에 학교 부지를 6천불에 구입하고, 1915년에는 본관과 기숙사와 부속 건물 등 세 동과 교수 사택도 한식으로 지어 신학교의 면모를 새롭게 하였다.

1929년 3월부터는 여자 협성신학교와 합동하여 남녀공학으로 하고, 학제를 3년에서 4년제로 변경하였다. 그리고 고등보통학교 졸업생에 한하여 입학을 허락하고 15인의 신입생을 받았다. 여자 협성신학교는 1909년 서울 종로 여선교부에서 앨버트슨(Miss Millie M. Albertson, 1870~1918)이 교장직을 맡아 처음 성경학교 정도의 여성 교역자 양성 기관으로 시작했는데, 1917년 서대문 충정로로 신축 교사를 지어 이전하면서 본과와 별과를 둔 3년제 신학교로 발전한 것이다.

한국의 남북 양 감리교회는 1924년부터 통합에 대한 협의를 했으나 본국의 양 감리교회가 부결하는 바람에 통합 운동은 지연되었다. 그러다가 1927년에 한국의 남북 감리교 연회에서 각각 통과된 수정안이 미국 북감리교회에서는 1928년 5월의 연회에서, 남감리교회에서는 1930년의 연회에서 승인을 받

64) 같은 책, 292.

게 되었다. 그리하여 1930년 12월 2일부터 11일 동안 협성신학교 강당에서 양 감리교회가 기독교조선감리회라는 이름으로 제1회 총회를 개최하였다. 한국인으로 1915년 최초로 협성신학교에서 교수한 양주삼이 초대 총리사(감독)로 취임하였다.[65)]

성결교회의 자립

1907년 동경에서 성서학원을 졸업하고 귀국한 김상준과 정빈이 동양선교회 복음전도관이란 이름을 내걸고 3년 동안 순전히 전도하는 일에만 전념하였다. 그러나 상주하는 선교사에게 지도를 받아야 할 필요성을 절감한 나머지 선교사를 초청하였다. 그리하여 1910년 11월에 토마스 목사가 와서 사역하면서 복음전도관은 선교사의 감독 아래 33개처로 불어났다.

1921년 제3대 감독 길보른(E. A. Kilbourne)은 고문회(1921~1924)를 두고 복음전도관 체제에서 교회 체제로 전환하여 조선 예수교 동양선교회 성결교회로 이름을 바꾸었다. 1922년에는 신앙지 '활천'(活泉)을 발간하기 시작하였다. 1923년에는 효과적인 선교 사업을 위해 이명직(李明稙), 이명헌(李命憲)과 두어 명의 선교사들로 구성된 고문단을 조직하였다.

1924년에는 이사회 제도를 도입하여 동양선교회 본부의 감독권을 강화하고, 1925년 3월에 만국 성결교회 신앙 개조를 토대로 '동양선교회 성결교회 교리 및 조례'를 발표하여 성결교회의 정치 제도가 감독 정치 제도임을 확고히 하였다. 선교사들의 감독권이 더욱 강화되자 한국 교인들과 선교사들 간에 교회 운영을 두고 갈등이 증폭되었으나, 이를 완화하고 조정하기 위하여 교역자 간담회를 하게 되었다. 이 간담회는 1924년에 교회교역자회로 발전했으며, 1929년 2월에 연회를 조직하였다. 교회의 치리는 선교사들과 일부 한국인들로 구성된 이사회가 시행했는데, 동양선교회는 한국 성결교회의 치리권을 한국

65) 「韓國監理敎會史」, 312.

교인들이 충분히 준비를 갖추게 될 때 넘겨 줄 계획을 하고 있었다.

1933년에 총회가 조직되었다. 1929년의 「제1회 연회의사록」에 따르면 교회가 106개처, 신도가 8,083명이던 것이, 1933년 제1회 총회록에 의하면 교회가 196개처, 신도가 10,718명으로 불어났다. 총회에는 총회장 이명직 목사, 부회장에 곽재근, 서기 이건, 부서기 이상철, 회계에 박현명 등이 선출되었다. 1940년 제2차 세계대전을 앞두고 일본 정부가 선교사들의 퇴거를 명했으므로, 성결교회는 선교사들의 출국 이전에 임시 연회를 소집하여 총회를 조직하였다. 1940년 11월에 선교사들이 출국한 이후에는 한국인들이 교회의 치리권을 넘겨받게 되었다.[66]

침례교회의 조직

1906년 충남 강경에서 조직된 '대한기독교회'의 조직은 철저한 감독 체제였다. 펜윅을 수반으로 한 하나의 교회로 조직되어 교인은 그의 지배 아래 있었으며, 산하의 모든 직분자도 그가 임명하였다. 대한기독교회는 일제의 간섭으로 1921년 교단 이름을 '동아기독교회'로, 1933년에는 다시 '동아기독대'로, 1940년에는 '동아기독교'로 변경하였다.

펜윅은 지역 분담의 원칙을 존중하여 다른 교파의 손이 미치지 않은 지역에 복음을 전하려고 만주, 간도, 시베리아 몽고 지역을 선교지로 설정하고 그 지역에 사는 한국 교포들에게 선교하였다. 그 결과 1940년에 이르러 국내에 약 100교회를 설립하였고, 만주, 간도 지역에 100교회, 시베리아에 40교회, 몽고에 수 개 처의 개척 전도소를 설립하였다.

그러나 일제 말기에 식민 정부는 신사참배와 궁성 요배를 강력히 반대한 대한기독교회의 지도자 32명을 보안법 위반이라는 죄목으로 투옥하였다. 그

66) 李泉泳, 「聖潔教會史」 (서울: 기독교대한성결교회, 1970). 허명섭, "한국 성결교회 제도의 변천과정", 「성결교회와 신학」 제8호 가을 (2002), 107-147. 박명수, 「초기 한국 성결교회사」 (서울: 대한기독교서회, 2001). 박명수, 「한국 성결교회의 역사와 신학」 (서울: 서울신학대학교출판부, 2004). 성결교편찬위원회 편,「한국성결교회사」 (대한성결교회, 1992).

러나 그들이 굴하지 않자 1944년에 교단을 해체시키고 재산을 압류하여 국방 헌금으로 강제 헌납케 하였다.

5

초기 한국 교회 선교

장로교회는 독노회를 조직하면서부터 외지 전도국을 설치하여 전도자를 해외로 파송하여 선교하는 일에 힘썼다. 그런데 사실 독노회가 공식적으로 선교사를 파송하기 이전부터 북부 지방의 교회들과 후에 장로교 총회가 조직될 때 노회로 승격한 대리회는 간도와 연해주에 사는 교포들을 위하여 전도인을 파송하여 복음을 전파하며 교회를 돌보도록 하고, 이주한 신자들이 개인적으로 전도하여 교회를 세우고 목회자 파송을 요청하기도 하였다.

1901년, 선교사 이길함은 선천 사경회에서 전도의 필요성을 역설하였다. 그러자 그 해 평안 공의회위원회가 한국인 신자 9명과 선교사들을 택하여 전도위원회를 구성하고 각 교회와 개인에게 헌금을 받아 수명의 전도인을 세우고 전도 사업을 시작하였다. 1905년에 공의회는 선교사 3명과 한국인 신자 3명으로 구성된 전국 전도위원회를 조직하여 활동하다가, 노회가 조직되면서 회원 12명으로 전도국을 구성하였다.[67]

1907년의 최초의 노회에서는 처음으로 목사 안수를 받은 이기풍을 제주 선교사로 보냈다. 1909년 평양 여전도회에서는 여전도인 이관선(李寬善)을 제주 선교사로 파송하여 5년 동안 전도하도록 하여 "여자가 여자를 위하는 외지

67) 「長老敎會史典彙集」, 132.

이기풍 李基豊 목사
1865-1942

전도의 시초"가 되었다.[68] 그리고 평양의 남자대중학교(男子大中學校)의 학생들이 헌금을 모아 김형재(金亨哉)를 제주에 파송하여 1년 동안 전도하게 하였다. 남자대중학교는 독노회의 교육협의위원부와 평양신학교의 선교사들이 협의하여 노회와 신학교가 목회후보자 양성을 위하여 세운 평양신학교 부설중학교였다.[69] 1913년부터는 제주의 전도 사업은 전라노회가 전담하기로 하였다.[70]

1909년의 독노회는 새로 '교회신보'(教會申報)를 발간하기로 하고 사장에 목사 한석진(韓錫晋)을 임명하는 한편, 일본 동경에 파송하여 한국 유학생들에게 3개월 동안 전도하게 하였다. 이듬해 1910년에 열린 독노회는 장로 박영일(朴永一)을 동경으로 보내어 그 전 해에 한석진이 설립한 교회를 거점으로 한국 유학생들에게 전도하게 했으며, 또한 시찰위원을 동경에 파송하여 복음 사역의 형편과 가능성을 살피게 하였다. 1911년에는 장로 임종순(林種純)을 일본 유학생들을 위하여 전도인으로 파송하였다.[71] 1912년에 장로회 총회는 감리교회와 합세하여 동경 유학생을 위한 연합교회를 설립했는데, 얼마 후 총회가 맡은 일이 과다하여 교회의 관리를 장로회연합선교회에 위임하였다.

1909년의 독노회는 목사 최관흘(崔寬屹)을 러시아의 블라디보스토크(海參威)에 파송하여 '유리동포'(流離同胞)에게 전도하고 그들을 돌보도록 하였다.[72] 블라디보스토크에는 몇 해 전에 성진(城津)에 거주하고 있던 선교사 그리어슨(Dr. R. G. Grierson, 具禮善)과 롭(A. F. Robb, 業亞力)이 전도인 전훈석(全燻錫),

---

68) 같은 책, 184. 「長老教會史典彙集」, 133쪽에는 이선광(李善光)이라고 기록하고 있다.
69) 「朝鮮예수教長老會史記 下卷」, 44.
70) 「長老教會史典彙集」, 137. 「朝鮮예수教長老會史記 下卷」, 15, 178.
71) 朝鮮예수教長老會史記」, 187.
72) 같은 책, 184. 최관흘은 1911년 감리교에 소속되기를 요청했으나 거절당하였으며, 1912년 희랍정교회에 가입함으로써 면직되었다(「大韓예수教長老會百年史」, 243의 각주 참조).

홍순국(洪淳國), 이두섭(李斗燮) 등과 함께 함북과 동만주를 순회하면서 전도한 일이 있었다. 그 후에 원산에서 파송을 받은 전도인 김유보(金有甫)와 모학수(毛鶴壽)가 교회를 설립했는데, 바로 이 교회를 목회하고 그 지역 전도를 수행하도록 최관흘을 보낸 것이다.[73]

1910년의 독노회는 또한 김영제(金永濟) 목사를 북간도에 전도 목사로 파송하였다. 김영제는 오래 전부터 동만주의 북간도에서 전도인으로 활동하였다. 중국 만주의 간도에는 오래 전부터 많은 한국인 교포들이 살고 있었다. 이곳의 한국 교포들은 일찍이 성경 번역에 종사한 로스와 맥킨타이어, 그들을 도운 한국인 청년들을 통하여 본국인들보다 먼저 복음을 접하였다. 1902년, 장로교 공의회는 만주에서 활동하는 스코틀랜드 선교사들에게 편지를 보내어 간도에 거류하는 조선인을 계속 자기들이 돌아볼 것인지, 아니면 이쪽 장로교 공의회가 돌아보아야 할 것인지 의사를 타진하였다.

스코틀랜드 선교사들은 조선인의 전도는 조선인 교회에서 추진하는 것이 좋겠다고 대답하였다.[74] 그때부터 평북 각 교회는 압록강 건너편에 거주하는 한국인을 위하여 매서인이나 전도인을 파견하여 전도에 힘썼다. 1910년, 평북 대리회는 서간도 선교를 독노회 전도국에서 주관해 주기를 청원했으나, 독노회는 노회 자체로는 힘이 미치지 못하므로 평북 대리회가 재정을 전담하기로 하고, 김진근(金振瑾)을 서간도의 전도 목사로 파송하였다.[75]

평안북도와 함경도의 교회들은 간도를 같은 교구로 생각할 정도로 많은 신자들이 개인적으로 이주하여 개인 자격으로 전도하며 교회를 설립한 사례들이 많다. 1898년 중국 남만주 즙안현리(楫安縣裡)에 일찍부터 거주하던 이성삼(李星三)과 임득현(林得賢)이 열심히 전도하여 양자교회(楊子敎會)가 설립되었다. 이듬해 그들은 집사로 세움을 받았다.[76] 이 양자교회에 다니던 교인들이 박응

73) 같은 책, 318.
74) 「長老敎會史典彙集」, 134 이하.
75) 같은 책.
76) 같은 책, 55, 59.

간도 용정동산교회 1923년

엽(朴應燁)을 인도자로 하여 1903년에 뇌석차(磊石岔)교회를 설립하였다.[77] 또한 이 뇌석차교회의 교인이 증가됨에 따라 원거리를 왕래하는 일부 교인들이 1908년에 분립하여 신풍교회(新豊教會)를 설립하였다. 중국 남만주 왕청문(旺淸門)교회는 이 지역으로 이주한 뇌석차교회 집사 장경현(張景賢)이 열심히 전도하여 1910년에 설립되었으며, 남만주의 요천수(撓川水)교회는 한국 본국에서 이주한 교인 장대석(張大錫), 이학엽(李學燁), 이시화(李時和) 3인이 전도하여 같은 해에 세운 교회이다.[78]

함북 대리회는 캐나다 선교회와 협력하여 함북 지방과 중국 동만주와 블라디보스토크에 전도인을 파송하거나 순방하여 교포교회를 세우고 돌보았다. 1908년에 모아산(帽兒山)교회가 설립되고, 1909년에는 명동(明東)교회, 호천포(湖泉浦)교회가 설립되었는데, 김영제 목사가 이 교회들을 순회하면서 돌보았다. 그 밖에 용정시(龍井市)교회, 1910년에 김서범(金西範) 목사가 설립한 만지기(滿眞基)교회, 대황구(大荒溝)교회, 차대인구(車大人溝)교회, 경신향옥천동(敬信鄕玉泉洞)교회, 장백현(長白縣)교회, 장은평(藏恩坪)교회, 적안평(赤岸坪)교회, 국자가(局子街)교회, 정동(正東)교회, 최선탁(崔善鐸) 목사가 목회하는 화룡현(和龍縣)교회, 두도구(頭道溝)교회, 간장암(間獐岩)교회, 신풍(新豊)교회, 일송정(一松亭)교회, 이병하(李炳夏) 목사가 목회하는 금당촌(金堂村)교회 등이 설립되었다.[79]

북간도는 그 크기가 거의 강원도만한 광활한 땅으로, 1923년 전후에는

77) 같은 책, 105.
78) 같은 책, 216.
79) 같은 책, 317 이하.

거주 인구의 80%에 해당하는 30만의 교포가 살고 있어서, 비록 중국에 속한 땅이지만 한민족의 영토나 다름없을 정도였다. 그래서 장로교 총회는 간도와 러시아 영토에 있는 교회들과 접경해 있는 우리 본국 관할하에 두었다. 1917년에는 북간도는 함북노회에서, 블라디보스토크은 함남노회에서 관할하였다.[80] 그러다가 1921년에는 간도 일대를 독립시켜 간도노회(間島老會)로 설정하였다.[81]

1912년에 처음으로 조직되어 회합을 한 장로회 총회는 총회의 창립을 기념하기 위하여 중국 산동성(山東省) 내양현(萊陽縣)에 선교사를 파송하여 외국 전도를 시작하기로 하고, 매년 감사일(感謝日)은 외국 전도를 위하여 예배하는 날로 정하여 이를 위하여 설교하고 기도하며 특별 헌금을 하기로 하였다. 이듬해 1913년의 총회에서 산동성의 선교사로 김영훈(金永勳), 박태로(朴泰魯), 사병순(史秉淳) 3인의 목사들을 선정하여 파송하기로 하였다.[82]

4년 후인 1917년의 총회 전도부의 보고에 의하면, 산동성의 선교 구역은 120여 개의 촌락이 있는 인구가 조밀한 지역이었다. 선교를 시작하고부터 세례 교인 20명, 학습 교인 35명, 집사 2명을 얻었으며, 기도소가 6개 처, 학교가 3개 교로 확장되었다. 그러나 선교사 김영훈과 사병순은 자의로, 박태로는 신병으로 귀국하는 바람에 1917년의 총회 전도부는 방효원(方孝元), 홍승모(洪承模)를 우선 산동성으로 파송하고, 이듬해인 1918년에 박상순(朴尙純)을 선정하여 추가로 파송하였다. 1923년 이대영(李大榮), 1931년 김순효(金淳孝) 여선교사, 1937년 방지일(方之日) 선교사

산동 선교사
박태로 김영훈 사병순

80) 「朝鮮예수教長老會史記 下卷」, 20 이하.
81) 같은 책, 29.
82) 같은 책, 14 이하.

를 파송하였다.

선교사들은 외국에서 임지의 노회에 속하도록 이명(移名)해 주기로 정한 총회의 규칙에 따라, 방로원은 산동(山東) 노회에, 홍승모와 박상순은 교동(膠東)노회에 소속되었다. 1919년의 총회는 박상순의 주택 마련 문제를 두고 평양 부인전도회에서 800원을 기부 받아 주택을 마련하도록 허가했으며, 중국 선교병원 설립을 위하여 평양의 한 독지가의 도움을 받아 대지를 매수하도록 결정하였다.[83] 1921년에는 목사 이대영(李大榮)을 산동으로 파송하여 선교에 가세하도록 하였다.

또한 1918년에 총회에서는 블라디보스토크과 상해에 전도 목사를 한 사람씩 보내기로 하고, 블라디보스토크에는 김현찬(金鉉贊)을 파송하고, 상해에는 5개월 후에 선교비가 마련되는 대로 목사를 파송하도록 하였다. 1919년에 총회에서는 김현찬의 블라디보스토크 전도 보고에 감동을 받은 회중이 2천원의 헌금을 모았다.[84]

1918년의 장로교 총회에서는 간도 선교를 두고 감리교회와의 갈등이나 필요 없는 경쟁을 피하기 위하여 선교 구역 조정을 위한 협의를 제안했으며, 1920년에는 전도지 분계위원회를 두어 선교 구역을 조정하기로 하였다. 즉, 러시아 영토에서는 소왕령(蘇王嶺)에서 동청철도(東淸鐵道)와 이북의 지역은 감리교회의 전도국으로 정하고, 소왕령에서 수청(水淸), 해삼위(海三威), 추풍(秋風), 연추(延秋) 등지는 장로회의 전도 구역으로 정했으며, 소왕령은 양교회의 공동 전도지로 정하였다.

중국 최초의 한인 선교사(사병순) 사택

83) 같은 책, 25.
84) 같은 책, 23 이하.

중국 영토에서는 하르빈 시 전부와 동청철도 이북은 감리회의 전도 구역으로 정하고, 북간도, 서간도, 목능현(穆凌縣), 소왕령 하르빈 시 연선에 있는 교회들과 동청철도 이남은 장로교회의 전도 구역으로 정하였다.[85] 서양 선교사들이 한반도에서 시행했던 선교지 분담 정책(comity)을 피선교 교회가 자립하여 선교하는 교회가 되면서 그대로 시행한 사실은 선교의 연장이어서 매우 흥미 있는 일이다. 이러한 역사에서 난립하는 오늘의 교회적인 상황에 사는 그리스도인들과 교회 지도자들은 많은 교훈을 얻을 수 있다.

미국 감리회는 1908년 3월에 조선 선교연회를 조직하고, 9월에는 남감리회 선교연회를 조직하여 목사 이화춘(李和春)을 간도 용정촌(龍井村)에 파송하여 선교 사업을 시작하였다. 1910년에는 목사 배형식(裵亨湜)과 손정도(孫貞道)를 남북 만주에 파송하고, 1920년에는 북감리교회 조선연회 만주지방회를 조직하였다. 장로교회에서 북간도 노회를 조직한 것과 거의 같은 시기였다.

남감리회 선교연회에서 동만주와 시베리아의 선교를 결의하고, 1920년 9월에 남감리교 조선연회장 램버트(Bishop Lambuth)는 동만주와 시베리아에 거주하는 교포들을 위하여 선교사 크램(W. G. Cram)을 관리자로, 양주삼(梁柱三)을 총무로 임명하고, 정재덕을 선교사로 파송하였다. 정재덕은 길림성 신안촌 액목현(吉林省 新安村 額穆縣) 등지에서 개척교회를 설립하고, 시베리아에서도 전도하여 해삼위 등지에 한인감리교회를 설립하였다. 1930년, 남북 감리회는 서로 합동하여 '기독교조선감리회'를 조직한 뒤에 기독교조선감리회 만주선교연회를 조직하였다.[86] 1925년도 조선총독부의 통계에 의하면 간도 지역 기독교회의 현황은 아래와 같다.

85) 같은 책, 24, 27.
86) 「韓國監理敎會史」, 156 이하.

교회별	교회 수	교인 수
장로교	61	6,262
남감리교	14	1,513
동아기독교	7	288
안식교	2	164
천주교	32	9,320
합계	116	17,538

초기 한국 교회 신학

한국 개신교는 각기 그 교파를 따라 선교국 교회의 외적인 형태를 본 땄을 뿐 아니라 그 교회의 법과 신앙고백까지 넘겨받았다. 1922년에 새로 통과한 장로교회 헌법에는 1907년의 12신조, 웨스트민스터 소요리문답, 미국 장로교회를 모방한 교회 행정, 북장로교회의 것을 약간 수정한 권징조례, 그리고 남장로교의 것을 약간 수정한 예배 모범이 포함되어 있었다.[87]

선교사들의 신앙과 신학적인 견해가 설교와 성경 공부, 선교 방법을 통하여 새로 자라는 한국 교회에 이식된 것은 자연스러운 일이다. 초대 선교사들은 거의 모두 보수적이고 복음적인 신앙의 소유자였다. 이러한 선교사들에게 신학 교육을 받은 한국 목사들과 이 목사들이 목회하는 한국 교회는 보수적인 신앙과 신학 사상을 갖게 되었다. 그리고 한국 목사들은 자기들이 전수 받은 것을 유일한 합법적인 신학이라고 이해하였고, 그것이 신학적인 전통이 되었다.[88]

선교가 시작되던 해로부터 1920년대 중엽까지는 보수적이며 복음적인 신학이 한국 장로교회에서 지배적인 신학으로 통하였다.[89] 그러나 한국 장로

87) Harry A. Rhodes, 앞의 책, 389.
88) 참고: 朴亨龍, "韓國 長老教會의 神學的 傳統", 「神學指南」 제43권 3호 (1976), 11-22. 洪致模, "韓國 長老教會의 歷史的 背景", 같은 책, 33 이하.
89) 金義煥, 「挑戰받는 保守 神學」 (서울: 曙光文化社, 1970), 49.

곽안련 郭安連 목사
Dr. Charles A. Clark, 1878-1961

교회가 비록 행정적으로는 자립했더라도 신학 사상으로는 미국 장로교회의 영향하에 있었다. 그러므로 미국 교회에서 신학적인 논쟁이 벌어지면 그것이 곧 한국으로 비화되어 한국 교회에서도 신학적인 동요가 일어났다.[90] 한국 실천신학의 대부 곽안련이 말하듯이, 초대 선교사들은 옛날 스코틀랜드의 계약 신앙을 지닌 이들(Covenanters of Scotland)의 후손이어서 그들도 조상들처럼 성경을 하나님의 말씀으로 믿었다.[91] 그러므로 그들은 '네비우스 방법'을 자기들의 선교 방법으로 채택하고 성경 공부를 시키는 일에 역점을 두었다. 그들은 보수적이며 근본주의적 성경관을 지녔기 때문에 전적으로 성경 중심의 선교를 추진하였다. 그들에게는 오늘날 자주 논의되는 성경 해석학적인 문제가 없었다. 예수 그리스도를 성경에 있는 대로 전파했으며, 성경 전체를 무오한 하나님의 말씀으로 믿었다. 그것은 19세기의 부흥 운동 이후 선교사들에게서 볼 수 있는 일반적인 경향이었다.[92]

마포삼열 선교사는 한국 선교의 희년을 기념하는 예배에서 한국에 올 때 구원의 복음, 즉 십자가의 도 이외에는 전하지 않기로 결심했다고 말했다.[93] 남장로교회에서 온 첫 선교사 이눌서는 1923년부터 1937년까지 평양신학교에서 조직신학 교수로 봉직한 초기 한국 장로교회의 신학을 대변한 사람이었다. 그는 자신의 성경관을 이렇게 말한다.

> 나는 종교와 경전과의 관계는 절대적이라고 본다. …… 성경의 문자나 절구를 고

---

90) 참고: Chun Sung-Chun, *Schism and Unity in the Protestant Church of Korea,* 67. Harvie M. Conn, "Studies in the Theology of the Korean Presbyterian Church" Part I in *The Westminster Theological Journal,* Vol.29, No 1. (November 1966), 28. 韓哲河, "保守主義 神學의 어제와 오늘", 「韓國의 基督教 思想」, 88~101.

91) H. M. Conn, 앞의 논문. 이호우는 그의 「곽안련의 신학과 사상」(서울: 생명의 말씀사, 1905)에서 곽안련을 "한국 교회 강단의 아버지"로 지칭한다.

92) Hans-Werner Gensichen, *Glaube fur die Welt* (Gütersloh, 1971), 48f.

93) 金良善, 앞의 책, 173.

친다든지 그 정신을 덮어 놓는다든지 혹은 그 의미를 왜곡하든지 해서는 안 된다. 성경은 그 원형을 그대로 보존하고 그 정신을 그대로 발휘하지 않으면 안 된다.[94]

전성천(全聖天)은 논문에서 선교사들의 신앙적 경향에 관하여 말한다. 초대 선교사들 가운데 뉴잉글랜드에서 온 몇몇 감리교회 선교사들을 제외하고는 거의 다 미국 장로교회의 구학파 사상(the Old School idea)이 지배하던 지방에서 왔다. 따라서 네비우스를 비롯하여 한국에 온 선교사들이 극히 보수적이며 근본주의적인 것은 놀라운 일이 아니다. 이것은 그들의 교육 배경을 보아 알 수 있다.[95] 1893년에서 1901년까지는 한국에서 40명의 미국 북장로교회 선교사들이 일했는데, 그 가운데 16명이 프린스턴 신학교 출신이고, 11명이 맥코믹(McCormick) 신학교 출신이었다.[96] 프린스턴 출신들이 신학교에 재학할 당시의 교수로는 미국 장로교회 신학에 크게 영향을 미친 찰스 하지(Charles Hodge, 1797~1878)의 아들 A. A. 하지(1823~1886)와 "타협을 모르는 칼빈주의자"[97] 워필드(Benjamin B. Warfield, 1851~1921)가 있었다.

이눌서 李訥瑞 목사
William D. Reynolds
1867-1951

워필드는 당시에 개혁주의 성경관을 가장 강력하게 변호한 신학자였다. 그는 개혁주의 성경관을 전통적인 신앙고백을 위하여 변증했을 뿐 아니라 전통적인 성경무오설을 하나님의 섭리 교리에 비추어 이해하였다.[98] 워필드는 성경을 성령으로 말미암아 영감된 하나님의 말씀이라고 하고 영감의 내용으로는 축자적(逐字的) 영감설(verbal inspiration)을 주장하였다. 그리고 사람들이 흔

94) 같은 책.
95) Chun Sung-Chun, 앞의 책.
96) H. M. Conn, 앞의 논문.
97) John T. McNeill, *The History and Character of Calvinism* (Oxford University Press, 1954, 1973²), 427.
98) B. B. Warfield, *The Inspiration and Authority of the Bible*, edited by Samuel G. Craig (London,1959). 참고: Introduction.

히 이 두 설을 혼동하기 때문에, 그는 축자적 영감설을 기계적 영감설(mechanic inspiration)과 구별하였다.

> 개혁주의 교회는 성경의 모든 말씀이 예외가 없이 하나님의 말씀인 것으로 믿는다. 그와 동시에 그 말씀이 사람의 말이라고 믿는데…… 성경 기자들은 성경을 쓸 때 특별한 초자연적이며 비상한 성령의 감화를 통하여 썼으며, 성경 기자들의 인간적인 요소가 제한을 받는 일이 없이 하나님께서 전적으로 주관하셨으므로 성경 기자들의 말은 동시에 하나님의 말씀이 되었다. 그러므로 성경 말씀은 어떤 경우에도 절대로 오류가 없다.[99]

한국에 온 초대 장로교회 선교사들은 이러한 성경관을 대변하였다. 이렇게 엄격한 칼빈주의적, 보수적 교육을 받은 선교사지만 18세기의 구파(the Old Side) 칼빈주의자들처럼 그들의 신조에는 철저하지 않았다. 그러므로 한국 장로교회의 신앙에 대하여, 전성천은 미국 장로교회와 회중교회의 구파(Old Side, Old Lights)나 구학파(Old School)에서 온 것이라고 주장하는 데 반하여, 한철하(韓哲河)는 한국에 온 선교사들이 '신파'(New Side, New Lights)와 '신학파'(New School)에 속했을 것이라고 주장한다.[100]

미국 장로교회는 1741년에 '구파'와 '신파'로 분열되었다가 1758년에 다시 연합하였고, 그 후 다시 '구학파'와 '신학파'로 분열되었다. 그런데 북쪽에서는 1870년에 다시 연합하였다. 첫 분열은 부흥 운동과 목사 교육에 대한 의견 차이에서 비롯된 것이다.

신파는 부흥 운동을 환영하고, 부흥 운동으로 말미암아 급격히 불어나는 교회에 대비하여 이를 돌아볼 목회자를 신속히 충당해야 한다고 했으며, 그러기 위해서는 목회자 양성을 위한 단기 교육이 불가피하다는 주장을 폈다. 이에 반하여 '구파'는 부흥 운동에 대하여 냉담한 태도였으며, 어떠한 상황에서도

99) 같은 책, 421.
100) 한철하, 앞의 논문.

목사교육을 철저히 하는 일을 양보할 수 없다고 했다. '신파' 의 주장은 미국의 감리교회와 침례교회에서 실시하던 목회자 수급 정책과 같은 것이었다.

두 번째 분열은 장로교회가 회중교회와 연합하려는 '신학파' 의 제안에 '구학파' 쪽의 반대로 일어났다. 1870년 신, 구학파가 다시 연합하면서 북장로교회는 엄격한 칼빈주의를 다소 탈피하고 관용을 보이는 경향을 띠었다. 1903년에 웨스트민스터 신앙고백을 수정한 사실이 그것을 입증한다.[101)]

이눌서와 부인 Bolling 선교사
선교 사역 40주년 기념

워필드는 19세기 중엽 이후부터 유럽과 미국에 일어났던 부흥 운동과 연합 선교 운동의 영향을 받아 다른 교파에 대하여 관대하였고, 감리교 설교자나 다름없이 열렬히 설교하였다. 워필드는 사실 학생들에게 신학적으로만 영향을 준 것이 아니라 경건생활을 위해서도 모범이 되었다. 그는 때때로 이와 같은 말로 학생들을 일깨웠다.

> 여러분은 신학생들입니다. 여러분이 믿음이 있는 사람이라면 여러분은 여러분의 신앙을 위하여 신학을 공부해야 하고, 또한 여러분이 지체로 속해 있는 교회의 유기적인 경건생활에 전적으로 참여해야 합니다. 이러한 과업을 다하기 위해서는 여러분의 마음속에 불타는 경건생활의 불길을 계속 간직해야 합니다. 여러분은 속사람부터 하나님의 사람이 되어야 합니다.[102)]

한국에 온 초대 선교사들은 또한 학생 시절에 직접, 간접으로 무디(Dwight L. Moody, 1837~1899)의 부흥 설교를 통하여 감화를 받았으며, 부흥의

101) Walter L. Lingle, *Presbyterians, Their History and Beliefs* (Richmond, Va.,1928), 128f, 136. Lefferts A. Loetscher, *The Broadning Church: A Study of Theological Issues in the Presbyterian Church since 1869* (Philadelphia: University of Pennsylvania Press, 1954, 1964), 8.
102) 홍치모, 앞의 책, 44. B. B. Warfield, *Selected Shorter Writings*, 442.

영향을 입었다. 무디가 설립한 시카고의 성경학교에서는 자주 학생들을 위한 대규모 집회가 열렸다.[103] 한국에 온 선교사들은 이러한 배경에서 신앙 훈련을 받았기 때문에 타 교파에 대해서는 관대했으나 신학적 자유주의나 성경 비판은 단호히 배격하였다. 미국 북장로교회 선교부의 총무였던 브라운(A. J. Brown)은 한국에 온 선교사들을 이렇게 평가하였다.

> 그들은 성경 비판이나 자유주의는 위험한 이단으로 간주한다. 미국이나 영국의 복음주의 교회는 대부분 보수파이든 자유파이든 평화롭게 공존하며 공동으로 일을 하기도 하는데, 한국에서는 자유주의 신학 사상을 가진 사람은 어려운 길을 가야 한다. 그런데 이러한 경향은 장로교회에서 더욱 농후하다.[104]

한국에 온 선교사들의 신학적인 견해는 1907년에 한국 장로교회가 채택한 신조에서도 볼 수 있다. 장로교회 신조는 12조항으로 구성되어 있다. 즉, 성경이 하나님의 말씀이라는 점, 하나님의 성품, 삼위일체 하나님, 하나님의 창조 사역, 인간의 창조, 인간의 타락, 그리스도의 속죄, 성령, 하나님의 은혜로운 선택과 성령의 일, 성례, 기독교인의 의무, 성도의 부활과 최후의 심판에 관한 신앙고백을 간명하게 서술하고 있다.

백락준은 이를 칼빈주의적 색채가 농후한 신조라고 했으며, 다른 많은 이들도 그렇게 받아들인다.[105] 그러나 12신조가 짧은 문장으로 되어 있기도 하지만, 복음주의의 영향을 입어 사실은 개혁주의적 내용이 다분히 희석되어 있음을 발견할 수 있다.[106] 말하자면 12신조는 예정론을 말하는 조항에서 이중 예정 등 예정론을 강조하는 웨스트민스터 신앙고백과는 달리 신자의 선택에 관해서만 서술하고 있다. 그것은 19세기 말에 영국과 미국의 장로교회가 복음

103) Friedrich Hauss, *Vater der Christenheit,* Bd.III, (Verlag Sonne und Schild Gmbh, Wuppertal, 1959), 86. Paulus Scharpff, *Gesbcichte der Evangelisation* (Gießen und Basel, 1964), 193-198.
104) H. M. Conn, 앞의 논문, 26.
105) L. G. Paik, 앞의 책, 389.
106) 김영재, 「교회와 신앙고백」, 209-211.

주의와 부흥 운동의 영향으로 수정하려던 부분인데, 12신조에는 그러한 경향이 그대로 반영되고 있다.

신조의 제1조는 최초의 번역에는 그 의미가 뚜렷하지 않으나 후에 나온 번역에는 본래 영문판대로 성경이 하나님의 말씀임과 그 무오성을 강조한다. "신구약 성경은 하나님의 말씀이니 신앙과 본분에 대하여 정확무오한 유일의 법칙이니라." 성경이 성령의 영감으로 쓰였다는 말이 없어 미흡한 감이 있지만, 이 조항을 1930년에 채택된 감리교 신조의 같은 조항과 비교하면 '성경의 무오성' 을 강조하는 것이 눈에 띈다.

감리교의 신조에는 하나님의 거룩하심과 의로우심과 심판하심에 관하여 전혀 언급이 없을 뿐 아니라, 예수 그리스도의 탄생이나 그의 죽으심과 장사지낸 바 되심과 부활에 관하여 침묵한다.[107] 그러나 장로교회 목사들은 처음부터 평양신학교에서 이와 같이 보수적인 견지에서 성경을 배웠고, 보수적인 성경관을 지니게 되었다. 이러한 보수적인 성경관은 한국 개신교 신앙의 기초가 되고, 교회 성장의 밑거름이 되었다. 김양선은 이러한 공헌을 다음과 같이 쓰고 있다.

> 십자가의 도만을 전함으로써 한민족(韓民族)을 죄와 사망에서 구원하려던 것 이외에 아무것도 없었던 순수하기 짝이 없는 저들의 이타적 신앙과 신학 사상은 지금에 와서 높이 평가되어야 하고 또한 선양되어야만 한다. 그것은 한국 초대 선교사들이 헬라의 문화 도시에 나타났던 바울과 같이 십자가의 도 이외에는 전하지 않으려는 단순한 신앙의 소유자가 아니고, 천문학과 역산(曆算) 등의 과학적인 지식으로 계몽함으로써 기독교를 이해시키려던 중국 천주교 선교사들과 같은 전도자였다면, 한국 장로교회는 결코 오늘의 융성(隆盛)을 달하지 못하였을 것이다.[108]

그런데 이러한 견해는 비단 한국에 온 선교사뿐 아니라 다른 나라에서

107) Son Myong-Gul, 앞의 논문, 43.
108) 金良善, 앞의 책, 175.

일하는 선교사들도 같은 견해임을 한 선교학자는 말한다.

> 세계의 모든 교회에서 활동하는 선교사들의 설교는 서양에서보다는 훨씬 더 그리스도 중심적이었다. 선교사가 자기 자신의 어떤 특별한 신앙고백으로 비기독교도들을 얻을 수 있을 것으로 생각하면 그것은 오산이다. 예수 그리스도에 관한 여러 가지 말보다는 그의 인격의 역사적인 실재성과 그의 사심과 죽으심과 부활에 대한 증거가 사람들을 회개시킨다.[109]

그러나 한국 교회는 보수적인 성경관을 소화하는 데서 약점을 드러냈음을 간과할 수 없다. 선교사들의 보수적인 신학은 한국 목사들을 통하여 좀 더 극단적인 근본주의적 신앙으로, 성경을 문자적으로 이해하려는 데서 오는 율법주의와 독선적인 분리주의로 발전하게 되었다.[110] 또한 많은 장로교회 목사들은 성경을 문자적으로 믿고 해석하는 경향 때문에 전통적인 개혁주의 신앙과는 분명히 색채가 다르지만, 성경을 하나님의 말씀으로 철저하게 믿는다는 공통점이 있는 세대주의를 거부하지 않고 친근하게 영입하였다.[111]

게다가 성경을 자기 멋대로 해석하는 이단적인 운동도 위험한 고질병으로 등장하였다. 물론 이렇게 발전하게 된 현상에 대해서는 여러 가지 요인을 들 수 있다. 그러나 흔히 비판하듯이 그 책임을 주로 초대 선교사들에게 돌리는 것은 옳지 않다. 장로교회 선교사들은 모두 칼빈주의 신학 교육을 받은 사람들임에 틀림없다. 그러나 그들이 한국 목사들을 칼빈주의에 입각하여 올바로 교육을 했는지는 의문이다. 사실 오늘의 보수 신학자들 가운데서도 선교사들이 엄격하게 칼빈주의적으로 과업을 다한 것인지 의문을 품는 사람들이 없지 않다.

한국 목사들이 철저한 칼빈주의자로 교육을 받지 못한 데는 그럴 만한

109) Heinrich Meyer, *Bekenntnisbildung in jungen Kirchen* (C. Bertelsmann Verlag, Gütersloh, 1973), 38.
110) 같은 책, 176.
111) 김영재, 「교회와 신앙고백」, 214.

이유가 있다. 많은 한국 목사들이 일반 학교 교육을 충분히 받지 못했기 때문에 칼빈주의[改革主義]를 하나의 세계관을 가진 사상 체계로 이해할 만한 소양을 갖추지 못했었다. 또한 선교사들 역시 이를 전수할 수 있는 능력을 갖추었는지도 의문이지만, 설사 능력이 있었다고 해도, 다시 말해서 그들이 개혁주의 신학을 충분히 소화한 사람들이었다고 해도, 여러 가지 선교 일에 쫓기는 처지에서 목회하며 교회 봉사를 하느라고 여유가 없는 목사 후보생들에게 옳게 교육하기는 어려웠으리라는 것을 짐작할 수 있다.[112]

장로교회가 평양에 신학교를 세워 정규 신학 교육을 시작한 것은 1902년부터였다. 대부분의 학생들은 교회의 전도사로 시무하였고, 신학 과정은 1년에 3개월씩 5년 동안 공부를 하고 졸업하였다. 이러한 수업 제도는 1919년까지 계속되다가 1920년에야 비로소 1년에 두 학기로 나누어 3년 만에 졸업하는 과정으로 변경되었다.[113] 이러한 조건하에서 학적으로 바람직한 신학 교육을 실시한다는 것은 기대하기 어려운 일이었다.

또한 교회가 일제의 탄압을 받았기 때문에, 선교사들은 일본 총독부와의 마찰을 피하려고 했으므로 정치, 사회, 문화, 전통에 관심을 가지게 하고, 또 신학적인 안목을 가지도록 교육하는 일은 기대할 수 없었다. 선교의 초창기에는 회개와 그리스도인이 되게 하는 일에 큰 관심을 두었고 그리스도인으로서 어떻게 살 것인지에 대한 관심은 이차적인 것이었기 때문에 신학 교육이 더 어려웠다. 선교 교회에는 구원론적인 관심이 우선이고 통전적인 신학과 기독교 문화에 대한 관심은 이차적인 것이다. 후자의 것은 세월이 흘러 신학 지식이 축적되고 전통이 수립될 때 기대할 수 있는 것이기 때문이다.

1918년에 평양신학교의 신학지인 「신학지남」(神學指南)이 창간되었다. 초기의 「신학지남」에는 한철하(韓哲河)가 지적하듯이, 주로 설교와 신자의 실제

112) C. A. Clark는 1908년부터 평양신학교에서 가르쳤으나 1922년에야 비로소 전임교수가 되었다. H. M. Conn, 앞의 논문, 38.
113) 「朝鮮예수教長老會史記」 下卷, 47.

생활에 대한 글들이 실렸다.[114] 그러나 여기서 말하는 실제 생활이란 교회생활과 개인적인 신앙생활을 중심으로 하는 생활을 말하는 것이다.

1919년 3 · 1 독립 운동이 일어났을 때 온 기독교인들이 주도적인 역할을 했다고 할 정도로 기독교인들은 이에 적극적으로 참여하였다. 수많은 신자들이 고문을 당하고 죽임을 당했으며, 옥고를 치렀다. 평양신학교도 그 때문에 가을까지 휴교를 해야만 했다. 그럼에도 불구하고 「신학지남」에는 이러한 일에 대하여 일언의 간접적인 시사마저도 없다.[115] 한국 교회의 지도자들을 위시하여 전 교인들이 3 · 1 독립 만세 운동에 참가하다시피 한 터이므로 그들이 독립 운동에 참가한 동기나 참가해야 할 당위성에 대한 신학적인 설명이 응당 있어야 한다. 그러나 그런 일에 대한 설명은 전혀 없다.

곽안련은 일찍이 정치에 대한 선교사들의 태도를 밝혔다.

> 교회가 정치와는 아무런 상관이 없다고 우리는 믿는다. 교회는 영적인 기관이다. 그러므로 교회는 정치에 아무런 관심이 없어서 현재의 정부나 그 어떤 다른 정부에 대해서도 찬성하거나 반대하지 않는다.[116]

이와 같은 의견은 치외법권을 향유하는 선교사의 입지에서는 옳게 말한 것이다. 그들은 외국인으로서 정치적 중립을 지키고 정치에는 개입하지 않아야 한다. 그러나 이러한 견해가 바로 선교지 본국인의 견해가 될 수는 없다. 본국인들은 국민으로서 생활이 정치와 나라의 운명에 좌우되기 때문이다. 3 · 1 독립 운동은 일반적인 의미에서 하나의 정치 운동이기보다는 이민족의 폭정과 압제하에 더 오래 참을 수 없는 상황에서 터져 나온 민족 해방 운동이다.

그런 점에서 그 후에라도 신학적 반성을 했어야 하는데, 일제 정부의 엄

114) 한철하, 앞의 논문.
115) 참고: 「神學指南」 43권 4호 (1976), 부록에 1918년부터 「신학지남」에 실린 글들의 주제를 수록하고 있다.
116) L. G. Paik, 앞의 책, 415.

격한 검열이라는 이유도 있겠지만, 「신학지남」은 내내 침묵을 지켰다. 이것은 선교사들과 피선교지의 본국인들 사이에서 일어나는 신학적인 불연속(不連續, discontinuity)이라고 할 수 있으며, 또는 문화와 역사적인 배경의 차이에서 유발되는 신학적인 여과(distillation)의 한 예라고 할 수 있다.[117)]

선교사들의 신학 또는 프린스턴의 신학이 한국 교인들의 신앙에 그대로 순수하게 반영되지는 않았다. 사실 그것은 기대할 수 없는 일이다. 우리의 역사와 문화의 배경이 서양과는 다르기 때문이다. 한국 기독교인들은 불운한 정치, 사회 환경 때문에 강한 종말론적인 기대 속에서 살았다. 한국 교회의 종말론적 신앙은 전천년설(Premillennialism)을 믿는 신앙이라고 하는데, 이것은 또한 상당히 세대주의(世代主義, Dispensationalism)로 채색된 것이다.[118)]

한국 교회의 전천년설의 천년왕국 신앙은 이러하다. "그리스도께서 먼저 공중에 나타나셔서 부활한 성도들과 7년 공중 잔치가 벌어진다. 그 사이에 땅위는 아마겟돈 전쟁이 일어나 믿지 않는 세계 인구 3분의 1이 죽임을 당한다."[119)] 무천년설을 지지하는 사람의 입지에서 보면 세대주의의 천년왕국 신앙이나 전천년설을 지지하는 천년왕국 신앙에는 별로 큰 차이가 없다.[120)]

청년면려회 NAE 제1회 여름 수련회
1928년 연희전문학교에서

117) 이 책 37쪽 이하 참조.
118) H. M. Conn, 앞의 논문, 53. 간하배(H. M. Conn) 선교사는 우리나라에 도입된 세대주의를 'premitive' 한 형태라고 말한다. 참고: *Oswald T. Allis, Prophecy and Church* (The Presbyterrian and Reformed Publishing Company, 1977), 8f.
119) Lee Kun-Sam, *The Christian Confrontation with Shinto Nationalism*(The Presbyterian and Reformed Publishing Compay Philadelphia, Pennsylvania, 1966),185.
120) 참고: L. Berkhof, *Systematic Theology* (London: The Banner of Truth Trust, 1939, 1958), 710f.

그런데 한국 교회에서는 개혁주의 교회에서 더 널리 보편화되고 있으며, 역사적으로 중요한 여러 개혁파 교회의 신앙고백에서 지지를 받는 무천년설(A-millennialism)을 무시한다. 천년왕국 신앙은 역사적으로 보면 몬타니스트, 재세례파 등 대부분 전통적인 교회 밖에서 신앙 운동을 한 신령주의 그룹들이나, 경건주의자들과 부흥 신앙을 지닌 이들의 신앙이다. 431년 에베소 회의에서 교회는 어거스틴의 영향으로 전천년 신앙을 미신으로 단정했으며, 루터와 칼빈을 위시한 종교개혁자들은 이를 철저히 배격하였다.[121]

그러나 성경을 문자적으로 믿으며 무디의 부흥 운동을 통하여 은혜를 받은 선교사들에게 배운 한국 교인들은 이 천년왕국에 대한 믿음이 더 성경적이라고 믿었다. 1990년대의 한국 교회사 연구자들은 한국에 온 선교사들이 무디의 세대주의적 전천년설을 전수받았다고 한다.[122] 그리고 더 현세적인 천년왕국에 대한 믿음이 희망을 주었기 때문에, 이러한 믿음을 통하여 일본 강점기하의 압제와 고난을 참고 견딜 수 있는 용기와 위로를 받았다.

1960년대 이후부터 보수적인 장로교회 안에서도 점점 무천년설을 주장하는 사람들이 늘어나고 있다.[123] 1970년대 이후 일어난 민중신학에서 천년왕국 신앙을 현세적인 이상사회를 소망하는 것과 동일시하여 긍정적으로 재평가하는 것은 흥미 있는 일이다. 칼빈은 바로 민중신학과 같은 이유로 천년왕국설을 거부하였다.[124]

1920년대 말엽에 이르러 한국 장로교회 신학자들은 좀 더 다양하게 신학적인 문제를 논의하였다. 남궁혁(南宮赫)은 1927년 한국인으로는 최초로 평양신학교의 교수직을 맡았으며, 아울러 「신학지남」의 편집 책임도 맡았다. 1930

---

121) Norman Cohn, *Das Ringen um das Tausendjahrige Reich (Franke Verlag Bern und Munchen, 1961)*, 22. 참고: 'Chiliasmus' in: *RGG*³ Bd. I Sp. 1651.

122) 참고. 박응규의 박사 학위 논문: Pak, Ung Kyu, "*From fear to hope: The shaping of* premillennialism in Korea 1884-1945" (Westminster theological Seminary, 1998).

123) 참고: 金勝坤, 「요한계시록강해」 (용인: 국제성서출판사, 1968.), 255 이하.

124) 「기독교 강요」 III, 25, 5.

년에는 이성휘(李聖徽)와 박형룡(朴亨龍)이 교수가 됨으로써 한국인 교수진이 보강되었다. 이들은 모두 미국에서 신학을 공부하였다. 남궁혁과 이성휘는 「신학지남」에 주로 성경 강해의 글을 기고하였고, 박형룡은 변증학과 조직신학 분야에 관한 글을 썼다. 예를 들면, "심리학과 영혼의 존재", "인도주의 신종교", "무신론의 활동과 기독교의 대책" 등의 글이다. 1935년에 박형룡은 「기독교 현대신학 난제 선평」(基督教現代神學難題選評)이란 책을 출판하였다. 이 책은 1975년에 증보판이 나왔는데, 그의 보수적인 신학 사상이 잘 표현된 변증 신학서이다.

남궁혁 南宮赫 목사
1863-1939

채필근(蔡弼近, 1885~1973)은 종교철학을 다루어 "신학과 철학과의 관계", "칸트의 종교론을 비평" 등의 글을 「신학지남」에 기고하였다. 그 밖에도 "노예문제와 기독교", "기독교 윤리 문제", "세계 평화와 기독교" 등의 글을 기고하였다. 이러한 주제들은 한국 교회의 신학적인 관심이 다양하게 발전했음을 말해 준다. 그리고 연륜을 거듭함에 따라 「신학지남」의 주제가 다양할 뿐 아니라 새로운 신학적 방법이 소개됨으로써 한국 신학의 단조로움이 깨뜨려지고 신학적인 논쟁이 벌어졌다. 그러나 신학적인 논쟁이 너무 격화된 나머지 그것이 쐐기가 되어 한국 장로교회는 교회 분열이라는 쓰라림을 경험하게 되었다.

선교 초기에는 장로교회와 감리교회가 연합하여 부흥사경회도 열고, 전도 운동도 하는 한편, 선교지 분담 협정을 잘 준수하고, 새롭게 협정을 하는 등 긴밀히 협조했으나, 세월이 지남에 따라 그 관계가 해이해져 독자적인 교회 활동과 선교 활동을 하게 되었다. 그것은 양 교회가 성장하여 교회 조직과 기구가 확장됨에 따라 각자 교회 일만도 아주 많고, 각자 교회의 행정적이며 신앙적인 특성을 의식했으며, 또 신학적인 견해의 현격한 차이 때문이었다고 볼 수 있다.

장로교회는 정통적이며 보수적인 신학을 지향했으나, 감리교회는 복음주의적이면서도 신학적인 자유를 지향하였다. 감리교회는 일찍부터 이를 허용했기 때문이다. 그것은 장로교회가 일찍부터 장로교에 가입하려는 타교파의 목사에게나 평양신학교를 졸업하지 않은 목사에게 신경과 정치 규칙을 이수하도록 정한 데 반하여, 감리교에서는 그러한 제한이나 규정을 두지 않은 사실 역시 감리교가 자유주의적임을 말해 준다.[125)]

감리교 협성신학교에서는 장로교 평양신학교보다 2년 앞선 1916년 2월에 신학지 「신학세계」(神學世界)를 창간하였다. 장로교회 신학지 「신학지남」(神學指南)이 정통적인 신학을 지향함을 함축하는 것에 비하면, 「신학세계」라는 제명은 훨씬 더 포괄적으로 신학을 다룬다는 뜻을 함축하는 것으로 이해할 수 있다. 두 신학지의 내용 역시 그 특징을 나타내는 것을 발견할 수 있다. 「신학세계」에는 창간호부터 신학생 백형련(白瀅鍊)의 "예수 · 공자양교병론"(耶蘇孔子兩教竝論)이란 글을 수회에 걸쳐 싣고 있으며, 이 글과 함께 최병헌(崔炳憲)은 "종교변증설"을 기고하였고, 케이블(E. M. Cable, 奇怡富)은 "종교상 비교학"이란 글을 기고하였다. 기독교를 변증하는 견지에서 쓰고 있지만 타종교와 기독교의 비교에 관심을 보여 준다. 흥미로운 일은 「신학세계」보다 2년 후에 창간된 「신학지남」이 스스로 성격을 「신학세계」와는 달리하여 '실행적 신학'에 관한 자료를 많이 게재할 것임을 「신학세계」를 통하여 미리 광고한 점이다.[126)]

125) 「朝鮮예수教長老會史記」 下卷, 23 (1918년 총회회의록).
126) 「神學世界」 제3권 2호 (1918).

한국 개신교의 성장

서울 승동예배당

1

일본 강점기하의 한국 교회

일본 식민 정부의 교회 탄압

한국 개신교는 겨우 왕의 양해와 환심을 사게 되어 선교의 자유를 얻게 된 시점에서, 이제 외국의 통치하에서 살아야 하는 비운을 당한 민족의 고난과 종교적인 핍박을 견디어야만 했다. 그리하여 교회는 이제 외래 종교로서 한국의 전통 문화 속에 자리를 잡고 자라기 위하여 시련을 견디며 노력하는 한편, 나라와 민족을 위하여 기도하는 제사장의 역할을 다하며 민족과 함께 고난을 같이하였다. 1910년을 전후하여 교회가 의병들과 구교 신자들에게 핍박을 당한 예가 있었으나, 그것은 지역적이며 국부적인 사례에 지나지 않는다.[1]

그러나 일본은 한국에서 시초부터 기독교를 적대시하였다. 1905년의 일본 공사관 기록에 이런 말이 있다. "기독교인이 여태까지 여러 가지 귀찮은 일을 야기해 왔는데, 장래에도 각종 귀찮은 일을 야기할 것임에 틀림없다." [2] 일본 공사관에서는 한국 사람들이 교회로 모여드는 중요한 동기가 일본에 대한 적대감 때문이라고 믿었다. 그리하여 1907년에는 교회가 반일 운동의 중심이

1) 「朝鮮예수教長老會史記」 下卷, 174, 277, 308.
2) 閔庚培, 앞의 책, 189. 참고: 이만열, "한말 기독교인의 민족 의식 형성 과정", 「한국사론」 1권, 335-404.

되고 있다고 비난하기 시작하였다. 많은 지도적인 인물들이 교회로 나와 국가의 독립과 국민 계몽의 가능성을 모색한 것이 사실이다.

1907년에 안창호(安昌浩)와 전덕기(全德基)가 이러한 목적으로 조직한 신민회(新民會)에 속한 사람들은 대부분 기독교인이었다. 황해도에도 1908년에 유사한 기관인 '해서교육총회'(海西教育總會)가 조직되었다. 대부분의 회원이 역시 기독교인이었다. 전덕기 목사가 담임하는 감리교의 상동(尙洞)교회는 민족 해방 운동의 요람 역할을 하였다.[3] 한국 교회의 지도자들과 선교사들은 교회를 이러한 정치적인 운동에서 벗어나게 하려고 노력하였다. 그러나 일본은 한국 교회와 교인을 통틀어 모두 정치성을 띤 종교 단체로 간주하였다.[4]

안창호 선생 사가에서 시작한 평양 탄포리(灘浦里)교회

고종 황제를 강요하여 보호조약을 체결했던 이등박문(伊藤博文)이 한국에 총영사로 부임해 왔을 때, 한국에 있는 선교사들은 여태까지 저질러 온 일본인들의 비인도적인 처사를 그가 개선해 줄 것이라고 기대하였다. 선교를 위해서도 이등박문에게 희망적인 것을 기대한 것이다. 이등박문은 선교사들에게 마치 호의라도 베풀 듯이 처신하였다. 그는 한국에서 선교사들이 의료와 교육 사업에 공헌이 컸다는 칭찬을 하였고, 공식석상에서 기독교 선교에 대한 의견을 말한 적도 있었다.

일본에서 유신(維新) 초기에는 구세대의 정치가들이 특히 의심 때문에 기독교를

3) 閔庚培, 앞의 책, 187 이하. 전택부, "三一運動의 教會史的 意味", 「기독교 사상」 제16권 (1972. 3), 43. 尙洞교회의 뒷방에는 전덕기 목사를 중심으로 李會榮, 李相卨, 李儁 등 지사(志士)들이 수시로 모의를 거듭했다고 한다.
4) A. D. Clark, 앞의 책, 186.

용인하려고 하지 않았습니다. 그러나 나는 신앙의 자유와 종교의 자유를 위하여 투쟁하였습니다. 내가 알기로는 문명은 도덕에 좌우되고 또 가장 고상한 도덕은 종교에 좌우되기 때문입니다.[5)]

그러나 선교사들의 낙관적인 기대는 무산되었다. 1910년 이등박문이 안중근 의사(安重根 義士)에게 죽고 난 후 그의 후임으로 데라우치(寺內)가 한국에 왔다.[6)] 데라우치는 1910년 8월 22일 한일합방을 위한 조인을 끝내고 8월 29일에 이를 공포하였다. 데라우치는 총독이 되고 한국을 통치하는 절대권을 갖게 되었으며, 2만 명의 헌병과 그에 비등한 수의 헌병 앞잡이를 투입하여 한국 전역을 장악하였다. 헌병들은 수시로 가택을 수색하고 한국인을 체포하였다. 개인의 자유나 인권은 완전히 무시되었고, 신문 등 출판물은 엄격한 검열을 받았다.[7)]

일본인들은 한국인들을 멸시했으며, 심지어는 한국의 역사와 문화까지 말살하려는 정책을 폈다. 그뿐 아니라 '내선일체'(內鮮一體), 즉 '한국과 일본이 하나'라는 명목으로 한국민의 일본화, 즉 소위 황국신민화를 꾀하였다. 학교 교육 과정에서 처음에는 한국 역사와 한국어를 제한하다가 나중에는 완전히 철폐하고 금지하였다. 그리고 모든 한국인들에게 일본 황실의 조상과 신도(神道)의 잡신을 안치한 신사에 참배하도록 강요하였다.

선천 신성학교 1906년 설립

5) F. A. McKenzie, *Korea's Fight for Freedom* (1920, 1973³), 211.

6) 안중근 의사는 로마 가톨릭 신자였으며, 세례명은 도마(*Thomas*)였다. 사형 집행을 당하기 전날 그는 신부에 말했다고 한다. "저는 천국에서 조국의 독립을 위하여 빌겠습니다. 조국이 해방되는 날 저도 역시 천국에서 기뻐할 것입니다." 金光洙, 앞의 책, 118. 안중근 의사를 출교한 한국 천주교회는 1990년대에 그를 해벌하였다.

7) 李基白, 「韓國史新論」, 371. F. A. McKenzie, 앞의 책, 186.

1940년대 초에는 한국인들의 이름을 일본 이름으로 강제로 개명시키는 만행을 저질렀다. 일본은 또한 한국인들을 도덕적으로 퇴폐하게 만들고자 이혼을 조장하고 작은 마을까지도 공창(公娼)을 두는 파렴치한 행위를 서슴지 않았다.[8)]

총독부에서는 1912년에 토지측량법을 만들어 1918년까지 한국의 토지 소유자들이 모두 등록하게 하는 법을 시행하였다. 농토를 가진 많은 사람들이 더러는 무지하여 등록할 기회를 놓치거나, 더러는 식민 정부가 세금 징수를 위하여 이런 시책을 쓰는 것은 아닌가 하는 의혹에서 고의로 이를 기피하기도 하였다. 그리하여 많은 사람들이 총독부가 친 덫에 걸렸다. 총독부는 등록을 미처 하지 못한 수많은 농민들의 농토를 빼앗았고, 땅을 잃은 농민들은 비참하게도 실향민이 되어 간도와 연해주로 이주하였다.

1905년 을사조약으로 외교권을 빼앗기면서부터 군대가 해산되고 경찰권과 사법권을 빼앗기는 등 조선의 국가 기관은 와해되어 갔다. 그러나 기독교는 점점 더 조직화되어 전국적인 조직을 갖춘 기관으로 성장했으므로, 일제 정부는 교회를 요시찰 기관으로 지목하고 신경을 썼다. 국운이 기울어 민족이 비운을 당하자 서북 지방의 기독교인들은 젊은 세대의 교육과 국민 계몽에 앞장섰다. 평양에서는 안창호(安昌浩), 정주(定州)에서는 이승훈(李承薰), 선천에서는 양전백(梁甸伯)이 학교를 설립하고 기독교적이며 애국적인 교육에 종사하였다.[9)] 일본은 이러한 모든 애국적인 거사를 막고 '성가신 일' 을 제거하려고 하였다. 위에 말한 '해서교육총회' 와 '신민회' 가 이러한 제거 작업의 첫 대상이었다.

105인 사건

1910년 이등박문이 암살된 직후 일본 헌병은 해서교육총회의 회원들을 모두 체포하였다. 김구(金九), 김홍량(金弘亮), 이승길(李承吉) 등 지도적인 회원

8) F. A. McKenzie, 앞의 책, 183f. 199f.
9) 金光洙, 앞의 책, 187.

들은 10년 내지 종신 징역을 언도받았으며, 40명의 교사들이 제주도와 울릉도로 추방을 당하였다. 그 후 총독부의 헌병대는 '신민회'를 타도하려고 계획했으며, 소위 105인 사건을 날조하여 교회를 탄압하고 애국인사들을 제거하려고 하였다.[10] 1910년 해가 다 갈 무렵, 주로 서북 지방의 인사들 600명이 체포되었다. 대부분 기독교인으로 그 가운데는 목사 6명, 장로 15명, 집사가 80명이나 있었다. 유치된 사람들 가운데 123명이 총독 암살 음모를 했다는 죄목으로 기소되었다. 기소자 123 중 92명이 기독교 교인이다. 종교를 구분할 수 있는 108명 중 기독교인 중에는 장로교 82명, 감리교 6명, 기타 4명이다. 그리고 천주교 2명, 천도교 2명, 무교(無敎)가 12명이다.[11]

일경에 의해 압송되는 신민회 인사들

데라우치 총독이 12월 27일 압록강 철교 준공식에 갔을 때, 헌병대의 주장에 따르면, 16명의 암살 음모자들이 정주(定州)에서부터 선천(宣川)까지 와서 총독을 암살하려고 했는데, 고소된 사람들이 다 이 암살 음모에 가담했다고 모함하였다. "사람들이 흔히 이 암살 음모 사건에 대하여 말하듯이, 그것이 사실이든 잘못 오해한 것이든 간에 고소당한 사람들에게 죄를 묻는 이유는 교회를 꼼짝 못하게 침을 놓자는 데 있었다."[12] 그뿐 아니라 이름이 알려진 여러 선교사들도 동조자요, 협조자라고 하여 문책을 당하였다. 예를 들면, 선천학교의 교장 윤산온이 이들에게 무기를 조달해 주었다고 하였다.[13] 물론 이러한 모든 음모 사건은 경찰이 날조한 것이었다. 검사가 논고에서 든 증거는 피의자들의

10) 「한국 기독교의 역사」 I, 308-327.
11) 같은 책, 314 참조. 여기에는 명단도 보여 주고 있다.
12) C. A. Clark, *The Korean Church and the Nevius Methods,* 163. 한국에 주재하는 선교사들은 다 같은 의견이었다. 참고: Arthur Taylor가 London의 J. H. Oldham에게 보내는 1912년 10월 12일자의 편지.
13) F. A. McKenzie, 앞의 책, 222, 219-233.

자백뿐이었다. 재판장에서는 피의자들이 경찰의 고문에 못 이겨 허위 자백을 했다는 사실이 드러났다.

전덕기, 김근형, 정희선 등은 심한 고문에 지쳐 숨을 거두었다. 많은 사람들이 자기들의 자백 내용도 모르고 있었던 것이다. 이 사건과 관련이 있다고 문책을 받은 선교사들은 재판정에 들어갈 수도 없었고, 피고인을 위하여 증언할 수도 없었다. 결국 105인은 증거가 불충분한데도 불구하고 5년 내지 10년 징역 언도 받았다. 모든 피고인들이 상고하여 법정 투쟁을 한 결과 그 가운데 99명은 1913년 3월에야 무죄 판결을 받았다. 3년이란 긴 세월 동안 억울하게 감옥살이를 한 것이다. 나머지 6명은 대법원에서 5년 내지 6년 징역의 유죄 판결을 받았다가 1915년 2월에 보석으로 자유의 몸이 되었다.

105인 사건이 일어났을 때 한국에 온 선교사들은 피고인들이 무죄한 것을 믿고 그들을 변호하기 위하여 진력하였다. 그들은 총독에게 비인도적인 고문을 중지하도록 요구하고 피고인들의 무죄를 주장하는 한편, 본국의 선교부와 친지들에게 이 상황을 알리고, 죄 없이 고난을 당하는 한국인 기독교인들을 위하여 동정을 구하면서 기도해 주기를 호소하였다.[14)]

그런데 특이한 것은, 일본에 있던 선교사들은 일본 정부가 하는 일이 옳다고 했다는 점이다. 선교 본부에 있는 사람들은 이 사건에 대하여 소극적인 태도를 취했다. 그들로서는 일본의 선교 사업도 함께 고려해야 했기 때문이었다. 선교부의 이러한 태도 때문에 한국에서 일하던 선교사들의 호의와 진의마저 의심하는 것은 옳지 않다.[15)] 서로 적대적인 관계에 있는 두 나라에 선교사를 파송했을 경우에 선교부가 취해야 할 외교적, 목회적인 입장을 이해해야 하며, 선교사들은 자기들이 살면서 일하는 곳의 사람들에게 정을 주고 더 동정하기 마련임을 알아야 한다.[16)] 여하튼 선교 본부에서는 일본 정부에게 한국의 사건

---

14) Samuel A. Moffet, Hormann C. Whitemore, O. R. Avison, G. S. McCune, C. E. Sharp 선교사들은 1912년 1월 8일자로 데라우치 총독에게 호소하는 편지를 썼다.
15) 비교: 민경배, 앞의 책, 243.

을 외국에서 관심과 동정을 가지고 주시하고 있음을 상기시켰다. 미국의 선교부와 일본 공관 사이에는 이 문제를 두고 많은 서신을 주고받으며 질의응답을 하였다.

105인 사건으로 인하여 교회는 상당한 타격을 입었다. 지도자들이 정치범이란 누명을 쓰고 박해를 받은 일 때문에도 그렇지만, 이 사건으로 인하여 계속 성장하던 교인 증가율에 찬물을 끼얹는 결과를 가져왔다. 장로교회의 경우 교인 총수가 1911년의 144,251명에서 1912년에는 127,228명으로 줄어들었으며, 학습 교인의 경우에는 만 명이나 줄어들었다.[17]

선교사들의 대응

한일합방 이후 한국에 와 있는 외국 선교사들은 일본의 강점기하에서 처신하기가 곤란하였다. 그들은 한국인들의 신임 받는 친구로 선교 활동을 해야겠는데, 그러다가는 식민 정부의 비위를 거슬러 선교 활동에 지장을 초래할 수도 있어서 진퇴양난의 처지였다. 1909년에 북장로교회 선교부 총무 브라운(A. J. Brown)이 내한했을 때를 계기로 선교사들은 평양에서 회합을 가졌다. 이 회의에서 그들은 일본 정부에 대하여 어떤 태도를 취할 것인지 의논하면서 네 가지 가능성을 검토하였다.

첫째로 반일적인 태도를 취하는 것－이것은 한국 사람들이 가장 흐뭇하게 여길 것이라는 것, 둘째로 아무런 행동도 취하지 않는 것－그러면 양편 다 불만족스러울 것이라는 것, 셋째로는 일본 정부에 협력하는 것－이것은 바로 일본의 식민지 정책을 같이 수행하는 것이 될 것이며, 넷째로는 충성스런 인식(loyal recognition)을 갖는 것－이것은 권력에 대하여 중립을 지키는 일이라는

16) 영국 맨체스터의 Didsbury College의 Rev. Professor J. Hope Moulton, D. D.에게 보내는 1912년 11월 14일자의 편지에는 사태를 제대로 파악하기 어렵다는 것을 호소하고 있다. “그 문제를 두고 말하자면 온전한 판단을 하기가 매우 어렵습니다. 선교사들의 의견은 둘로 나누어져 있습니다. 일본에 있는 선교사들은 한국인들의 말만 들어오던 선교사들과는 달리 일본 정부에 더 많은 점수를 주는 경향입니다.”

17) 「한국 기독교의 역사」 I, 319.

것이었다.

선교사들은 만장일치로 넷째 태도를 취하기로 결의하였다.[18] 그리고 선교사들은 한국인 신자들에게도 이 넷째 원리를 따르도록 권하였다.

> 일본의 권세에 대항하려고 하지 말고 자기 자신을 개선하도록 힘쓰시오. 무력으로 대항해 보아야 아무것도 성취하지 못합니다. 여러분의 자녀들을 교육하여 여러분의 가족과 함께 더 나은 수준에 달하도록 하십시오. 여러분의 선행과 자제(自制)를 보여서 여러분이 일본인에 비하여 못하지 않음을 알게 하도록 하십시오.[19]

선교사들은 거의가 다 일제 식민 정치의 굴레 아래 있는 한국인의 처지에 동정하면서도 정치적 중립을 지키려고 노력하였다. 그러나 일본 정부는 이러한 중립적인 태도에 불만스러워하면서 선교사들이 정부에 반대하는 입장에 선다고 보았다.

식민 정부의 한국 교회 일본화 정책

식민 정부는 한국 교회를 일본화하기 위하여 무던히 애를 썼다. 일본의 조합교회(組合教會)는 총독부의 지시에 따라 한국에 지교회(支教會)를 세우려고 노력하였다. 그들은 한국 교인들에게 '하나님의 자녀임과 동시에 일본 천황의 신민(臣民)' 임을 깨우치려고 하였다.[20] 한국의 기독교인들은 조합 교회의 이러한 제안과 계획을 비판적으로 보면서 그런 정책에 말려들지 않았다. 누구보다도 한국에 있는 선교사들이 이 일을 적극 반대하였다.

일본 조합교회는 에비나(海老名彈正), 와다세(渡瀨常吉) 등 극우파 인사들을 1909년 4월 한국에 파송하여 식민 정부의 지원을 받으며 선교하게 하였다. 1919년에는 59교회, 교직자 80명, 교인 15,005명으로 불어났으나, 3 · 1 독립

---

19) F. A. McKenzie, 앞의 책, 211.
20) 金光洙, 앞의 책, 200 이하.

운동 이후 1921년에는 7교회, 교직자 3명, 교인 636명으로 교세가 급격히 줄어들었으며, 한국인 신자는 한 사람도 없었다.[21]

식민 정부의 교육 탄압

한국 교회와 선교회는 1915년에 다시 새로운 시련을 겪어야만 했다. 총독부는 일찍이 1911년 8월 23일부로 '교육 칙령'을 발표하여 한국에서의 교육 목적을 밝혔다. 교육 목적이란 한국의 젊은이들을 일본 제국에 충성하는 선량한 백성으로 교육한다는 것이었다.[22] 식민 정부는 교육 칙령으로 사립학교들을 학교가 교과목을 편성하는 일에서부터 철저하게 간섭하였다. 1915년 3월, 총독부는 모든 사립학교에 앞으로 10년 이내로 정부가 요구하는 기준에 맞추어서 인준을 얻도록 시달하였다. 중요한 조건으로는 모든 학교는 자격을 갖춘 교사와 규정에 부합하는 학교 건물과 시설을 확보해야 한다는 것이었다.

많은 사립학교가 실은 재정 부족에 시달리는데다가 자격을 갖춘 교사가 많지 않았기 때문에 단시일 내에 총독부의 규정대로 모든 준비를 갖춘다는 것은 어려운 노릇이었다. 총독부는 은혜를 베푼다면서 '은혜의 시기'를 10년 기한부로 주었다. 이러한 사립학교를 억압하는 정책으로 인하여 사립학교들은 타격을 입고 그 수가 현저히 줄어들었다.

선천 보성여학교 1906년

1910년 5월에 사립학교가 1,913개교를 헤아리던 것이 1911년에는 1,242개교로 줄어들었으며, 746개교이던 기독교 학교는 473개교로 줄어들었다.[23] 기독교 학교에 결정적으로 어려운 규정은 총독부가 성경 과목과 한국 역사 과

21) 「한국 기독교의 역사」 I, 192.
22) F. A. McKenzie, 앞의 책, 214.
23) 같은 곳.

목을 교과 과정에서 완전히 삭제하라고 요구한 것이었다. 그뿐 아니라 학교에서 종교와 학교 교육은 분리해야 한다고 명하였다. 이 규정은 교회와 선교부가 쉽게 따를 수 없는 부분이었다. 기독교 학교가 종교 교육도 못하고 예배도 못 보면 그것은 학교의 정체성을 상실한 것이나 다름없기 때문이다.

장로교 선교회는 이러한 견해를 고집한 반면에, 감리교회와 그 선교회는 해리스 감독의 지도 아래 달리 결정을 지었다. "성경 교육이나 종교적인 의식 없이도 학생들에게 기독교적인 영향을 끼칠 수 있다"는 것이다. 그 결과로 감리교 학교들은 총독부가 요구하는 모든 조건을 갖추어 1916년부터 인가를 받기 시작하였다. 사립학교들이 총독부의 인가를 받아야 하는 법적 기한은 아직 10년이나 여유가 있지만, 실제로는 학교 인가가 시급한 문제가 되었다. 인가를 받지 못한 학교 졸업생들은 상급학교 입학 자격을 얻지 못했기 때문이다.

대구 신명여학교 1907년 설립
1934년 졸업생들

그뿐 아니라 이들은 취직하는 데도 지장이 많았으며, 공립학교 출신에 비하여 좋은 일자리도 얻지 못할뿐더러 봉급도 떨어졌다. 교육 칙령이 발표되자 처음에 기독교 학생들은 이에 반대하는 데모를 벌였다. 예를 들면, 경신학교의 경우 세 학생이 헌병에게 붙잡혀 가고, 2주 후에는 교사 전원이 체포된 일도 있었다. 그러나 상황이 불리하게 되자, 학생들은 오히려 학교 측에 조속한 해결을 요구하였으며, 심지어는 스트라이크까지 감행하였다.[24)]

장로교 선교회는 이런 여러 가지 어려움에도 불구하고 본래의 교육 원칙을 고수하여 성경 교육을 포기하지 않았다. 장로회 공의회는 1916년 2월에 총

24) A. D. Clark, 앞의 책, 192f.

독부에 정부가 요구하는 모든 조건대로 이행하되 종교 교육만은 포기할 수 없다고 통고하였다.[25] 1917년 총독부의 압력과 이에 순응하기를 요구하는 학생들의 소요가 절정에 이르렀을 때에도 평양 숭실학교 교장 마포삼열은 이렇게 말했다.

> "우리는 계속 하나님을 의지해야 합니다. 아직도 우리에게는 기한이 몇 해나 남아 있습니다. 우리는 정부에게 우리가 성경을 가르치지 않고는 학교를 유지하지 못한다는 것을 알도록 해야 합니다. 이 일을 하나님께 맡깁시다." [26]

그로부터 2년 후, 1919년 3월 1일에 독립 만세 운동이 일어났다. 당시의 하세가와 총독은 문책을 받아 일본으로 소환당하고, 그 해 8월에 사이또(齊藤)가 새로 총독으로 부임하였다. 사이또는 종래의 군사적 무력 정치를 지양하고 소위 '문화 정책'을 시행한다고 하였다. 그러나 그것은 허울 좋은 명분뿐이며 지극히 피상적인 것이었다. 시민 경찰이 헌병을 대신하게 되었으나 그 수는 오히려 증가되었다. 여하튼 한국에 있는 선교사들은 이를 계기로 그때까지의 학교 교육 정책에 항의하여 다음과 같이 교육 정책을 변경해 줄 것을 요청하였다.

· 기독교 학교에서 성경을 가르치고 예배를 보는 것은 당연한 일이므로 허락해 줄 것.
· 한국어 교육 제한을 철폐할 것.
· 사립학교에 좀 더 많은 자유재량을 허락할 것.
· 교사나 학생이나 양심의 자유를 누려야 한다. 즉, 천황 숭배의식에 참석하지 않아도 되도록 해 줄 것.
· 사립학교 출신도 공립학교 출신과 동등한 인정을 받도록 할 것.
· 교과서를 임의로 택할 수 있도록 하고, 세계 역사와 한국 역사를 가르칠 수 있도

25) 참고: A. J. Brown이 Komatzu(小松)에게 보내는 1916일 7월 2일자의 편지.
26) A. D. Clark, 앞의 책, 195.

록 허락할 것.

· 사립학교의 시설 기준도 완화해 줄 것.

한국에 있는 연합선교공의회는 총독부에 1919년 9월에 위에 든 조건과 함께 실제적인 종교의 자유를 보장해 줄 것과 도덕 정치를 실천해 줄 것을 촉구하였다.[27] 사이또 총독부는 1920년 3월 선교사들의 요구를 받아들여 새로운 교육령을 발표하였다. 그러나 그것은 잠깐이었다. 기독교 학교는 새로이 폭풍이 닥치기 직전에 잠시 동안의 정적(靜寂)을 누린 격이었다. 1922년 총독부는 다시 새로운 교육령을 발표하여 일본말을 일상용어로 선언하는 한편, 한국어 사용을 제한하고 한국 역사 교육을 금지하였다.

27) 참고: *The Korean Situation, No.2.* Issued by the Commission on Relations with the Orient of the Federal Council of the Churches of Christ in America, June 1920. 이 문서는 한국 사정을 밝히기 위하여 "The Korean Situation: An Authentic Account of Recent Events by the Witnesses" 라는 제명으로 보고한 것이다.

2

3·1 독립 운동과 한국 교회

일제가 우리 민족의 모든 생활 분야에서 점점 더 통제를 가하고 억압하자 드디어 온 국민이 억눌렸던 울분을 터뜨려 일제의 굴레에서 벗어나는 해방과 나라의 독립을 절규하게 되었다.

3·1독립 운동을 유발한 주요한 원인 가운데 하나는 미국 윌슨(Woodrow Wilson) 대통령의 소위 '민족자결주의' 선포였다. 제1차 세계대전이 끝나고 1919년 1월 18일에 파리에서 열린 강화회의에서, 윌슨은 모든 민족은 스스로 결정할 권리가 있다는 것과 약소민족에게 자유가 주어져야 하고 강대국들이 약소국을 지배하는 일은 종식되어야 한다고 주창하였다.

외국에 살던 많은 우리의 애국지사들이 윌슨의 이러한 제안을 듣고 조국의 독립을 달성할 때가 온 것이라고 기뻐하였다. 1919년 1월에 상하이(上海)에 사는 한인들은 신한청년단(新韓青年團)을 조직하고 김규식(金奎植)을 파리로 보내어 강화회의에 참석하여 독립을 갈구하는 한민족의 소원을 전달하도록 하였다. 김규식은 1910년 새문안교회의 장로로 장립을 받았다.[28] 미국에 거주하는 한인 교포들도 이와 같은 일을 하였다. 1919년 2월 8일 동경에서는 600명의 한국 유학생들이 기독청년(YMCA) 회관에 모여 독립선언문을 낭독하고 일본

28) 김규식은 1910년 새문안교회의 장로로 장립을 받았다. 「새문안교회 85년사」, 109.

정부가 이를 받아들이도록 촉구하였다. 그리고 여기에 참석했던 지도적인 인물들은 독립 운동을 위하여 서울로 왔다.[29]

독립 운동을 유발한 또 하나의 중요한 도화선은 고종 황제의 승하였다. 1919년 1월 21일에 고종이 붕어하자 황제가 일본인에게 독살을 당했다는 소문이 퍼졌다. 국민은 망국의 백성이기에 임금의 죽음을 더없이 애도하였다.

독립을 위한 시위 계획은 개신교 교회의 조직을 통하여 전국적으로 비밀리에 시달되었다. "그것은 정말 감탄할 정도로 감쪽같이 추진되었다."[30] 일제 정부에서는 비밀 사찰을 철저히 했지만 이런 사실을 전혀 알지 못했다. 심지어 지도적인 한국인들과 교분이 두터운 선교사들조차도 이 일을 미리 알지 못했다.[31] 시위 운동은 처음 계획으로는 3월 3일에, 즉 고종의 장례식 날을 기하여 일으키기로 했으나 일본의 경계를 피하기 위하여 3월 1일로 앞당기기로 하였다. 고종의 장례식 날에 국민들이 동요하거나, 혹 모종의 소요가 있을 것을 염려하여 경찰이 사전에 경계를 강화할 것이라는 생각에서였다.[32]

덕수궁 앞 광장을 가득 메운 3 · 1 독립 만세 운동 시위자들

1919년 3월 1일 오후 2시, 지도자들은 종로 2가 인사동에 위치한 태화관에 모여 총독부 관리들에게 참관하도록 하고 독립선언문을 낭독하고 독립 만세를 불렀다.[33] 그리고는 모두 일본 경찰에 연행되었다. 33인의 대표들이 파

---

29) 李基白, 앞의 책, 401.참고: 宋吉燮, "삼일 운동에 관한 제3의 자료 분석", 「神學思想」 제16권(1977). 「韓國 獨立運動史」 (서울, 1956).

30) A. D. Clark, 앞의 책, 197.

31) 문인현, 「삼일 운동과 개신교 지도자 연구」 (연세대 석사 논문, 1975), 69.

32) F. A. McKenzie, 앞의 책, 245.

33) 유명한 요리집 명월관의 부속 건물이었던 태화관의 옛 건물은 철거되고 현재는 거기에 태화빌딩이 들어서 있다.

고다 공원으로 가서 청년들과 일반 시민들과 행동을 같이하지 않고 따로 태화관에서 독립선언서를 낭독하고 거사한 것에 대하여 비판하는 견해가 있으나, 한국 민족을 대표하는, 즉 정부를 대표할 사람들로서 일본 정부의 관리들을 증인으로 불러 놓고 의젓하게 옥내에서 한 것은 격에 맞는 처사였다.

학생들과 군중은 파고다 공원에 모였다가 거기서부터 시위 행렬에 들어갔다. 독립 만세 운동의 불길은 전국적으로 번졌으며, 심지어는 만주의 교포들이 사는 여러 도시에까지 파급되었으며, 많은 사람들이 희생되었다.[34] 독립 만세 운동은 수많은 사람들이 참가한 대중 운동이었다. 여기에 참가한 연인원이 200만이었고, 전국에 걸쳐 회집한 수가 두 달 동안 무려 1,500회 이상에 달하였다. 시위는 독립선언서에도 명시되었듯이 극히 평화적으로 진행되었다. 어떠한 상황에서든지 일본 사람들을 모욕하거나 돌을 던지거나 주먹을 휘두르는 것은 야만적 행위이니 자제하도록 독립 만세 운동을 주도한 지도자들은 백성에게 간곡히 타일렀다.[35]

태화관에서 독립을 선언하는 3 · 1 운동 대표

그러나 일본 헌병들은 평화적인 시위를 무자비하게 무력으로 진압하였다. "한국인들은 일본 경찰의 총에 쓰러지고, 칼에 베임을 당하고, 찔리고 또는 체포되어 매를 맞고 고문을 당하며, 법정에서 유죄 판결을 받곤 했으나 참을성 있게 시위운동을 진행하는 데는 놀라움을 금할 수 없었다. 무력적인 탄압에 맞서는 경우가 극히 적은 것은 희한한 일이다."[36]

일본 헌병들의 무력 진압에도 불구하고 2개월에 걸쳐 방방 곳곳에서 연

34) 朝鮮예수敎長老敎會史」 下卷, 355, 364, 393 이하.
35) F. A. McKenzie, 앞의 책 244.
36) *The Korean Stuation,* No.2,3.

쇄적으로 만세 운동의 시위가 벌어졌다. 시위 과정에서 다소의 물리적인 충돌이 있었다. 평화적으로 시위하라는 지도부의 호소에도 불구하고 시위를 무력으로 진압하는 상황에서 백성들이 시종일관 평화적인 시위만 할 수는 없었던 것이다. 그러나 희생은 일방적이었다. 정확한 통계는 없으나 흔히 7천 명이 죽고 1만 5천 명이 부상을 당했다고 추산한다. 헌병들은 715개의 가옥과 47개의 교회당과 2개의 학교를 불태우거나 파손하였다.

미국 기독교연합회가 엮은 「한국 상황」(The Korean Situation-2)에서는 조선총독부의 공식 통계는 사실과는 거리가 멀다고 소개한다. 1919년 5월의 보고에 의하면 만세 부른 고을은 577개소이며, 이 중에서 소요가 일어난 곳이 236개소이고, 그 중에서 경찰이 발포하여 희생자를 낸 곳은 185개소, 사상자를 낸 곳은 106개소라고 한다. 그 밖에 조선인에게 희생된 일본 사람들은 주로 경찰관으로 9명이었고, 상해자가 186명이었다. 조선인 상해자로서 관서에서 모진 욕을 받은 자 1,409명, 체포된 자(1919년 3월 1일~7월 10일) 28,934명, 매를 맞고 석방된 자 9,078명, 재판을 받은 자(1919년 3월 1~10월 30일) 7,116명, 재판을 받지 않고 방면된 자 7,116명, 재판에 계류 중인 자 8,993명, 징역 언도를 받은 자 5,156명, 선행으로 방면된 자 282명, 상고한 자, 1,838명, 언도에 따라 매 맞고 방면된 자가 1,513명이었다. 그리고 방화된 관공서 건물 209동, 파괴된 교회당 17동, 일부 파괴된 교회당 24동, 손해를 입은 교회당 41동, 교회 재산의 손해액 $30,000, 오산중학교 건물의 손해액 $5,000이었다.[37)]

기독교인들은 이 독립 운동에 적극적으로 참여하였다. 당시의 한국인 인구는 1,700만이었다. 기독교인은 통계에 의하면 신, 구교 합하여 318,708명이었고, 그 가운데 3분의 2에 해당하는 219,220명이 개신교 신자였다. 따라서 전체 인구에 대한 개신교 신자의 비율은 1.3%에 불과했으나 만세 운동에 참가

37) 미국 기독교연합회 동양분제위원회 편, 민경배 역, "三一運動 秘史"(The Korean Situation)(8), 「기독교 사상」 제10권 (1966. 8), 72. 이 문서는 「기독교 사상」 제10권, 1966년 1월 12월까지 9회에 걸쳐 번역, 기고되었다.

한 자의 수치는 아주 높았다. 만세 운동으로 말미암아 유죄 선고를 받은 9,456명 가운데 2,033명이 기독교인이었다.[38)]

독립선언문에 서명한 33인 중에 16명이 기독교인이었다. 그리고 천도교의 지도자 손병희(孫秉禧)를 비롯한 천도교인이 14명이었고, 나머지 2명은 불교도였다. 손병희는 '동학'(東學)의 명칭을 '천도교'(天道敎)로 개칭하도록 한 이다. 동학의 또 한 사람의 지도자 이용구는 친일적인 일진회(一進會)를 조직하였다. 독립선언서에 서명한 33인 이외에 또한 17명의 지도자가 있었는데, 그 가운데 일곱 사람이 기독교인이다. 이 23명의 기독교인 가운데는 목사가 9명, 장로가 3명, 전도사가 4명이었다.[39)]

기독교 지도자들은 독립 운동이 아무런 성과를 가져오지 못하는 날에는 교회가 박해를 당할 것을 알고 있었다. 그런데도 그들은 독립 운동을 계획, 추진하고 참여하였다. 그들은 오랫동안 이 문제를 두고 기도했으며, 온 교인이 민족과 함께 나라의 독립을 위하여 평화적으로 투쟁하는 것이 하나님의 뜻임을 의심치 않았다. 한국 기독교인들은 오래 전부터 정치적인 문제를 멀리 하라는 선교사들의 충고를 들어 왔지만, 본국의 신자와 외국 선교사들의 나라 일에 대한 입장이 서로 다르다는 것을 알고 있었다.

선교사나 한국인 신자나 다 같이 하늘나라의 시민이지만, 선교사들은 태평양 건너편 나라에 속한 시민으로서 이 나라에서는 치외 법권을 향유하는 백성이었고, 한국인 신자들은 일제의 탄압과 굴레 아래 신음하는 이 나라에 속한 백성이었다. 한국의 독립은 한국 사람의 일이지 외국 선교사의 일은 아니었다. 그러므로 한국인 신자들은 이런 민족적인 거사를 앞두고 선교사들에게 충고를 요청하지도 않았고, 그 일을 미리 알려 주지도 않았다. 한국 신자들은 또한 선교사들이 이 운동에 관련되었다가 나중에 일제 정부로부터 어려움을 당하지 않을까 하는 배려에서도 비밀을 지켰다.

38) 金得榥, 「韓國 宗教史」, 415.
39) 같은 논문, 69 이하.

양전백 梁田伯 목사
1870-1933

기독교 지도자들은 교회가 교회로서 독립 운동에 참여하는 것이 되지 않도록 배려하였다.[40] 그러나 실제로는 교회와 신자 개개인 전체를 구별하는 것은 쉬운 일이 아니다. 1919년 10월에 평양에서 제8회 총회가 열렸을 때까지도 총회장인 김선두(金善斗, 1876~1949), 전 총회장인 양전백(梁甸伯), 전 서기였던 함태영(咸台永), 부흥사인 길선주(吉善宙) 등 여러 목사들이 감방에서 독립 운동 때문에 옥고를 치르고 있었다.

희생자는 장로교회가 가장 많았다. 총회 당시의 조사에 의하면 체포된 3,804명 가운데 목사와 장로가 134명, 전도사 202명, 남자 교인이 2,124명, 여자가 531명이었다. 체포된 전체의 사람들 가운데 2,162명이 고문을 당한 후 방면되었고, 41명이 총살형이나 사형을 당했으며, 6명이 고문을 당하다가 죽었고, 1,642명이 감옥에 갇혀 있었다. 총회는 옥에 갇혀 있는 목사들에게 위로의 편지를 보내기로 하고 한 주간을 그들을 위하여 기도하기로 결의하였다.[41]

기독교 지도자들은 교회가 기관으로서 독립 운동에 참여함으로써 손해를 입지 않도록 마음을 썼다. 거의 모든 교인들이 독립 운동에 참여했으나, 교회는 정치적으로 중립을 지켜야 한다는 원리에 충실하려고 하였다. 이런 이유에서 기독교인들이 다른 종교를 가진 사람들과는 달리 자체적으로 독립 운동에 대한 공동성명을 내어 놓지 못한 것으로 볼 수 있다.

기독교인들은 소극적이 아니라 적극적으로 참여했으며, 또한 독립 운동에 주도적인 역할을 하였다. 한국 신자들은 대 부흥을 통하여 영적이며 도덕적인 생활이 향상되었으며, 교회는 비평가들이 말하듯이－그러나 긍정적인 의미에서－비정치화가 되었다. 그렇지만 기독교인들의 신앙은 결코 피안적인 것은 아니었다. 예를 들면, 33인 가운데 한 사람인 길선주 목사는 독립선언문을 낭

40) 「朝鮮예수敎長老會史記」 下卷, 24.
41) 같은 곳.

독할 때 지방에서 집회를 인도하고 있어서 자리를 같이하지 못했다. 그러나 집회를 마치고 와서 곧 경찰에 자진 신고하고 1년 동안 옥살이를 하였다.

길선주 목사를 위시하여 사경회를 인도하는 많은 목사들은 집회 때 주로 요한계시록을 본문으로 설교하였다.[42] 교인들은 예배나 성경 공부 시간에 모일 때마다 민족의 해방을 위하여 기도하였다.[43] 예수 그리스도를 통하여 죄에서 해방시켜 주시고, 영원한 생명으로 구원하여 주시는 살아 계신 하나님께서는 섭리하시는 하나님이시요, 역사에 구체적으로 관여하시고 간섭하시는 하나님이심을 믿었다. 기독교인들에게는 일본의 지배에서 벗어나는 해방이 종교의 자유를 의미하는 것이기도 하였다. 성경을 문자 그대로 믿는 단순한 믿음에서 구약의 역사를 한국 민족의 역사로 보고 이스라엘의 운명을 자신들의 운명으로 보았다. 시편과 예언서에 나오는 이스라엘 백성의 구원을 위한 호소와 기도가 한국 신자들에게는 바로 구원의 하나님을 향한 자신들의 간절한 호소요, 기도였다. 출애굽의 사건과 바빌론에서 돌아와 예루살렘 성을 재수축하는 사건은 민족의 해방과 조국 광복의 비전을 갖게 하는 하나님의 구원 사건이었다.[44]

김선두 金善斗 목사
1876-1949

이러한 관점에서 독립 운동은 하나님께서 허락하신 것이며, 신자들은 이 운동에 참여함으로써 이 나라 백성으로서 임무를 다하는 것이었다. 3 · 1 독립 운동은 견지에 따라서 긍정적이거나 부정적으로 평가될 수 있는 하나의 정치 운동이 아니고, 이 나라의 백성이면 누구나 다 참여하게 마련인 민족 해방 운

42) A. D. Clark, 앞의 책. 201.
43) Park Pong-Bae, 앞의 논문. 191.
44) 비교: Park Bong-Bae, 앞의 논문, 190, 160f. 박봉배는 한국의 기독교인을 유교 출신과 무속 종교, 불교 출신의 두 범주로 나누어 보면서 독립 운동에 적극 참여한 이들이 바로 유교 출신들이라는 것이다. 그러나 기독교인들을 두 범주로 나누어 규격화하는 것부터가 불합리하며, 이것은 계층을 막론하고 거의 모든 신자들이 독립 만세 운동에 참여했으면서도 교회적으로는 직접 개입하지 않으려고 노력한 사실에 대한 설명이 되지 못한다.

동이었다. 기독교인들은 민족의 해방과 교회의 자유를 소원하기 때문에 소극적으로 관망하지 않고 적극적으로 참여함으로써 온 백성과 함께 민족의 숙원을 이루려 하였다.[45] 그러나 기독교인들은 폭력 행사에 대해서는 반대였다. 그러므로 기독교 지도자들은 천도교인들과 공동으로 행동을 취하기를 처음에는 꺼려하였다. 천도교의 전신인 동학교의 신도들이 1870년대와 1890년대에 무력 봉기를 했던 전력(前歷)을 생각해서였다.[46]

1919년 3월 22일과 그 이틀 후에 총독부의 관리들은 외국 선교사들을 불러 도움을 요청하였다. 꼬리를 물고 끊임없이 일어나는 시위운동을 그치도록 타일러 달라고 하였다. 선교사들은 이러한 요구에 대하여 정치 문제에는 자신들이 중립을 지킬 뿐이며, 이런 상황은 그냥 지켜보고 있을 수밖에 없다고 말했다.[47] 그러면서도 선교사들은 실제로는 그냥 방관자로 있지 않았다. 그들은 독립 운동이 일어나면서부터 있었던 일을 그들의 본국에 있는 선교부에 일일이 다 보고하였다. 일본의 무자비한 보복 행위도 낱낱이 보고하였다. 국내의 독립 운동이 한국인들이 바라던 대로 국제 사회에 알려진 것은 선교사들의 증언을 통해서였다.

이번에는 일본에 있는 선교사들도 잠자코 있지 않았다. 그들도 한국에 있는 선교사들과 마찬가지로 일본 정부에 대하여 항의하고 한국인들을 인도적으로 정당하게 대우하도록 요청하였다.[48] 그리고 일본 교회도 피해를 입은 한국 교회를 돕자는 명목으로 4,100엔(圓)을 모금하였다.

독립 운동을 통하여 한국인들은 일본 정부와 세계를 향하여 자유를 갈구하는 민족으로 건재함을 시위한 셈이다. 이를 통하여 한국인들은 민족의 긍지와 민족의식을 두텁게 하는 계기가 되었다. 그러나 독립 만세 운동은 현실적인 목적을 달성하는 일에는 아무런 성과도 거두지 못했다. 파리 강화회의에 걸었

45) 참고: '韓國 民族史 속의 敎會史',「神學思想」 제16권 (1977), 121~155.
46) 비교: 문인현, 앞의 논문, 38.
47) 마포삼열, 앞의 책, 63.
48) *The Korean Situation*, No.2, 6.

던 기대도 수포로 돌아가 실망이었다. 일본 정부는 한국인에 대한 정책을 개선하겠노라고 약속했으나 실천하지 않았다.

애비슨(O. R. Avison) 선교사의 불평하는 편지가 그것을 실감케 해 준다.

> 새로 들어선 총독 정부가 개혁이라고 한답시고 제일 먼저 손을 댄 것이 공동묘지법을 개정하는 일이었습니다. 한국 사람들이나 서양 사람들은 일제 정부가 이렇게 어이없는 일부터 하는 것을 보고 실망했습니다. 산 사람들을 두고 죽은 사람들을 위하여 먼저 개혁을 서둘다니 새 총독이 점수를 따기는커녕 오히려 잃은 것이지요.[49]

실제로 한국인을 위한 정치적, 사회적 상황은 전혀 달라진 것이 없었다. 그리하여 우리네 백성은 정치적인 독립에 대한 희망을 먼 훗날에 걸 수밖에 없었다.

기독교 교인들이 독립 운동에 적극 참여함으로써 교회는 국민의 높은 평가를 받게 되었다. 그리하여 많은 젊은이들이 교회로 찾아 들어왔다. 그러나 그것도 잠시뿐이었다. 교회 안에서 보는 교회의 모습이 독립 운동 때 열렬히 참여하던 영웅적인 기독교인들의 모습과는 다름을 발견해서 그런지 교회를 다시 떠나는 사람들이 많았다.[50]

한국 교회는 일본 정부의 억압 때문에 영적인 영역으로 위축되었다. 일본의 한 정부 고문관은 교회를 정부의 정책에 따르도록 고심하기보다는 아예 없애버리는 것이 낫다고 보고한 예도 있다. 이런 건의를 하게 된 이유는 기독교의 신과 일본의 천황이 양립할 수 없고, 기독교의 세계주의와 일본의 민족주의가 서로 조화될 수 없다는 결론에서였다. 교회는 또다시 닥쳐오는 핍박을 견디지 않으면 안 되었다.

49) Dr. Avison이 뉴욕에 있는 Dr. Sidney L. Gulick에게 보내는 1919년 12월 30일자의 편지.
50) 부록의 통계 도표 참조.

3

한국 교회의 성장(1910~1930)

전도 운동과 한국 교회의 성장

선교가 시작된 이후부터 1910년 한일합방 때까지 한국 교회는 급속히 성장하였다. 장로교회는 1912년까지 계속 성장했으나 합방 이후에는 대체로 성장이 느려졌다. 1917년부터 신자가 줄어들어 독립 운동이 일어났던 1919년에는 최저점에 달하였다.[51] 아마도 사람들이 한일합방으로 인하여 낙심한 나머지 교회를 찾을 흥미마저 잃었던 것으로 해석할 수도 있다. 교회와 선교회가 일본의 세력하에서 힘을 못 쓰기 때문에 옛날과 같은 매력을 잃었을 것이라고 이해할 수 있다.

그뿐 아니라 일본의 압제가 심해져서 사람들이 교회에 나가는 것을 두려워한 것도 한 이유라고 볼 수 있다. 예컨대, 일본 정부가 기독교 학교에 압력을 가하는 것을 보고 기독교인들이 사회생활을 하는 데 불리한 점이 많다는 사실도 알게 되었다. 1910~1913년의 소위 총독 살해 음모 사건은 개신교의 발전에 상당한 지장을 초래한 것이라고 생각된다. 고소를 당한 지도적인 신자들은 일본 정부의 억울한 처사에 대하여 항의하며 자기의 무죄를 변호하기 위하여 법

51) G. T. Brown, 앞의 책, 115. 부록 참고.

정 투쟁을 하였다. 이런 일을 통하여 그들은 영적으로 생기를 얻기보다는 피곤에 지치게 되었다.[52] 후에 있게 된 3 · 1 독립 운동 때와는 달리 신자들은 마음의 준비도 못한 채 정치적인 핍박을 받다 보니 그것이 그들의 내면생활에 보탬이 되지 못한 것이다. 그리고 교회에 대한 심한 핍박이 있을 때면 새로 믿는 신자는 떨어지는 것이 교회 역사에서 흔히 볼 수 있는 현상이다.

이러한 상황에서도 개신교 교회는 전도를 게을리 하지 않았다. 1915년, 개신교회는 서울에서 대 전도 집회를 열었다. 총독부에서 한일합방을 기념하여 박람회를 열었을 때였다. 기독교인들은 박람회장 근처에 큰 천막을 치고 50일 동안 매일 박람회에 오는 관람객들을 상대로 복음을 전하였다.[53] 10만 명의 사람들이 천막을 찾아들었다. 그 중에 만 천 명이 복음에 대하여 더 알고 싶다고 카드에 이름과 주소를 남겼으나, 이러한 전도 운동을 통해서 당장 교인을 얻은 것은 아니다.[54]

박람회장 근처 전도소 1914-15년

그러나 이러한 '흉년의 해' 에도 교회는 서서히 자라났다. 성경 공부 집회의 규모는 커지고, 또 더 자주 집회가 열렸다. 교회마다 적어도 매년 한 번씩은 부흥사경회를 열었다. 어떤 이는 1912년부터 1921년까지의 기간을 교회를 공고하게 다진 시기라고도 한다.[55] 독립 만세 운동이 있은 후 1920년에서 1924년까지는 개신교 교인 수가 다시 급증하였다. 기독교인들이 독립 운동에 적극 가담하는 것을 보고 사람들이 교회를 새롭게 인식하였다. 그래서 교인들은 전

52) 閔庚培, 앞의 책, 244. 金光洙, 앞의 책, 191.
53) C. A. Clark, 앞의 책, 172.
54) Roy Shearer, 앞의 책, 62.
55) C. A. Clark, 앞의 책, 175. 비교: 같은 책, 216.

도를 위하여 새로운 힘을 얻었다.[56] 독립 운동 때에는 기독교인들이 일본 정부의 핍박과 탄압에 대하여 마음에 준비를 하고 믿음과 열렬한 전도로써 응답하였다. 감옥에 갇힌 목사는 물론 평신도들도 모두 감옥에 들어온 사람들에게 전도했으며, 목사들은 감방에서 세례를 베풀기도 하였다.

1920년에 교회는 전도 운동을 추진하였다. 이를 감리교회에서는 '백년전진'(the Centenary Advance), 장로교회에서는 '진흥운동'(the Forward Movement)이라 불렀다. 장로교 총회는 이미 1919년 9월에 이 운동을 위한 특별위원회를 조직하여 3개년 전도 계획을 수립하였다. 당시에 이 전도 운동을 위하여 활약한 부흥사는 길선주 목사와 김익두(金益斗) 목사였다.[57] 1920년에 장로교회는 5,603명의 새신자를 얻었으며, 장로교와 감리교 양 교회의 주일학교 수가 10,000에서 14,000으로 불어났다.[58]

김익두 金益斗 목사
1874-1950

기독교인의 증가 수는 1925년에서 1929년까지의 기간에 다시 감소하였다. 많은 사람이, 특히 애국적인 동기에서 교회로 나왔던 사람들이 교회를 이탈하였다. 교회는 사방에서 공격을 받아 어려움을 겪게 되었다. 교회가 전에는 서양 문화와 새로운 지식을 도입하는 거의 유일한 통로로 역할을 했으나, 이제는 사정이 달라졌다. 공립학교의 교육을 통하여, 그리고 점점 보편화되어 가는 자연과학과 인문학의 지식을 통하여 젊은이들은 기독교에 대하여 비판적이며 회의적인 견해를 가지게 되었다. 심지어는 기독교 학교 학생들도 이런 풍조에 휩쓸리게 되었다. 많은 젊은이들이 일본 서적을 읽으면서부터 사회주의 사상을 가지게 되었으며, 교회에 대한 비판적인 경향은 더욱 가속되었다. 그리고

---

56) Alfred B. Wasson은 그의 *Church Growth in Korea,* 161. 에서 한국의 교회 역사에서 교회의 성장 은 정치적, 사회적 상황과 밀접한 관계가 있다고 본다.
57) 金良善, 「韓國基督敎史硏究」, 124.
58) Roy Shearer, 앞의 책, 67.

일본에서 유학한 지성인들은 교회와 기독교에 대하여 예사로 비판을 가하였다.[59]

반기독교 운동과 목회자 교육 문제

3·1운동이 실패로 돌아간 후 러시아 공산 혁명의 영향을 받아 좌익 세력은 급속도로 성장하였다. 사회주의 성향을 띤 많은 단체와 노동조합, 청년회, 여성 단체들이 출현했다가 시들어 없어지곤 하는 과정에서 사회주의는 지식 청년 사회에 널리 보급되어 드디어 공산당의 창당을 보게 되었다.

1925년 4월에 '조선공산당'(朝鮮共産黨)과 '고려공산청년회'(高麗共産靑年會)가 결성되었다.[60] 공산당원들은 반일 구호를 외치고 노동조합을 통하여 실제로 자주 파업을 일으켰기 때문에 젊은이들은 공산당에 매력을 느꼈다. 기독교인들 가운데서도 더러는 교회를 떠나 공산당에 가입한 예가 있었다. 이동휘(李東輝)와 여운형(呂運亨)이 그 대표적인 인물이다. 이동휘는 군관 출신으로 한일합방 전후에 함경북도에서 전도사로 사역을 했는데, 1918년 6월에 하바로프스크에서 '조선사회당'을 창당하였다. 이동휘는 처음부터 사회주의 사상이 있어서 소련공산당과 접선을 한 것이 아니고 순전히 조국의 독립을 위한다는 일념에서 접촉한 것뿐이었다.[61] 여운형은 평양신학교와 남경 금능대학(金陵大學) 신학부에서 공부하였고, 한때 곽안련 선교사를 도와 승동교회 전도사로 봉사하였다.[62]

최봉석 崔鳳奭 목사
1869-1944
일명 최권능 목사

59) A. B. Wasson, 앞의 책, 135, 303f. 이광수는 이미 1917년에 이러한 비판을 했다. 민경배, 앞의 책, 229, 270 이하.
60) 송건호, 「한국 현대사론」, 136 이하.
61) 사와마시히코 "한국 교회의 공산주의에 대한 태도의 역사적 연구", 김홍수 편, 「일제하 한국 기독교와 사회주의」(서울: 한국기독교연구소, 1992), 103 이하.
62) 「大韓예수敎長老會百年史」, 266, 382 이하. 「승동교회 100년사」, 128.

1926년 10월 23일에 서울에서 조선 주일학교 대회가 열렸을 때 '한양청년연맹' 이란 공산 청년 단체에서는 반기독교 강연회를 열었다. 공산주의자들의 이러한 반기독교 운동은, 만주에서는 한인 기독교인들을 못살게 핍박하는 사태로 발전하였다. 겨우 일본인의 핍박이 좀 늦추어지는가 싶더니 이제는 교회가 공산당원들의 핍박 때문에 어려움을 당하게 되었다. 많은 목사들과 신자들이 동족인 공산당원들에게 공공연히 또는 비밀리에 죽임을 당하였다.[63)]

교회는 외부에서도 "한국인 목사와 선교사들 가운데 지식을 잘 갖추어서 젊은이들의 신앙을 이런 반기독교적인 세력에서 보호해 줄 수 있는 사람은 극소수에 지나지 않았다."[64)] 는 등의 비판을 받았다. 교회의 지도층은 교회 바깥 세계의 새로운 문제들을 인식하고 젊은이들에게 실제적인 문제 해결을 제시해 줄 준비를 갖추지 못했음을 자성하였다.

주일학교 제1회 대회
1913년 창덕궁에서 언더우드목사가 인도

그런데 우리는 이런 형편에 이르기까지의 역사적인 상황을 감안해야 한다. 1917년, 총회 신학 교육부는 신학교의 정도를 더 높이고 더 확장하도록 청원하였다. 그리고 장로교 선교회에서도 벌써부터 목회자 교육의 낙후성을 깨닫고 1918년에 목사 교육 수준을 높이려고 하였다. 그러나 그 해만 하더라도 94명의 재학생들 가운데 다수가 더 높은 수준의 강의를 따라올 수 없는 실정이었다. 대다수가 신학 교육을 받을 수 있을 정도로 예비 교육을 받지 못했을 뿐 아니라 교회를 맡아 시무하느라고 수업에 제대로 참석하지도 못했기 때문이다.[65)]

---

63) 閔庚培, 앞의 책, 271, 303 이하.
64) A. B. Wasson, 앞의 책, 136.

1924년의 신학생들의 학력은 재학생 120명 가운데 6명이 대졸이고, 5명이 대학 1년 이상 수료자이며, 중졸(5년제)이 12명, 성경학원 졸업이 5명이었다. 나머지 77%에 해당하는 92명은 그 정도의 교육도 받지 못한 이들이었다.[66] 이러한 수치를 보면 당시의 목사 후보생들의 예비 교육 정도가 비관적이었다고 볼 수도 있다. 그러나 반드시 그런 것은 아니다. 1925년의 통계에 의하면 한국의 인구 10,000명 가운데 취학자의 비율은 초등학교 208.2, 남자중등학교 5.01, 여자중등학교 1.19, 실업학교 2.96, 사범학교 0.92, 전문학교 0.55, 대학 0.05였다.[67]

일반적으로 오랜 전통이나 관습을 단시일에 타파하거나 탈피한다는 것은 어려운 일이다. 조선 시대에 정부가 불교 억압 정책을 쓰는 바람에 불교의 승려는 무당과 함께 제4계급으로 격하되어 천시 당했으므로 기독교의 목사 역시 같은 계층에 해당하는 신분으로 비쳐서 훌륭한 교육을 받은 중산층 출신의 젊은이들에게는 목사직이 매력 있는 직종으로 보이지 않았다.[68] 게다가 대다수의 목사들이 교회에서 가장 가난한 사람으로 손꼽히며 살아왔던 것이다. 그런데도 목사가 교회에서 지도자로서 존경을 받은 것은 희한한 일이다.

세브란스 의학전문학교 첫 졸업식 1908년

1927년에 조사한 통계 자료에 의하면, 목사들의 사례금이 최저 생활비의

65) A. D. Clark, 앞의 책, 180.
66) 총회 제13회 회록, 1924년, 22.「대한예수교장로회 백년사」, 400.
67) 李基白,「韓國史新講」, 개정판, 431.
68) 참고: Rhee Chong~Seong, "Types of Church Leaders Today", in *Korea Struggles for Christ,* 133f.

절반밖에 되지 않았다. 1925년경에 조사한 한 자료에 의하면, 목사들은 월 평균 48.50원, 전도사가 30원, 여전도사가 18원을 받았다.[69] 그뿐 아니라 목사들은 일본 관헌들의 핍박을 견디어야 했으며, 때로는 마을 사람들의 완강한 반대도 참아야 했다. 유교적 전통이 강한 남부 지방에서는 그러한 경향이 더 짙었다.[70]

장로교회는 젊은 세대를 위하여 고등교육 기관을 설립할 계획을 했다. 1920년 장로교 총회는 기독교 종합대학교를 설립하기로 가결한 것이다. 그러나 이 계획은 일제 총독부의 재가를 얻지 못하여 수포로 돌아갔다. 그 후 교회는 다시 현존하는 전문학교, 즉 평양의 숭실전문과 서울의 연희전문, 세브란스 의전(醫專)을 통합하여 종합대학교를 세우려고 하였다. 그러나 이 계획마저도 총독부의 식민지 교육 정책으로 말미암아 좌절되고 말았다.[71]

농촌 진흥 운동

1920년대에 이르러 교회는 교회의 성장을 위하여 다방면으로 노력하였다. 이를 계기로 교회는 사회 참여가 교회의 중요한 과업임을 깨닫게 되었다. 그리하여 교회는 농촌 사람들의 생활을 실제로 보살피려고 애를 썼다. 1920년 미국 북장로교회에서 온 루츠(D. N. Rutz)는 평양으로 와서 한국 농부들의 농사법 개선을 위하여 노력하면서 젊은 요원 양성에 힘을 기울였다. YMCA는 1925년에 이 일을 시작하였다. 1927년에 총무 신흥우(申興雨)와 간사 홍병선(洪秉璇)을 덴마크에 파견하여 그곳의 농사 기술을 익히고 농민학교를 둘러보며 경험을 쌓도록 하였다. 1928년에 장로교 총회는 농사지도위원회를 조직하였

---

69) 참고: E. S. Brunnen의 보고서(아래 참조)에 인용된 Roscoe C. Coen, *Economic Limitations of the Church in Korea* (University of Chicago, 1925). 이 통계는 도시 교회를 중심으로 얻은 것으로 보인다. 참고: 마포삼열, 앞의 책, 72.

70) 유교적인 전통이 강한 남부지방에서는 기독교에 대한 반대가 더 완강하였다. 한상동 목사가 전도사 시절에 경남 고성(固城) 지방에 있는 교회에 목회자로 부임했을 때 주민들은 사택에다 돌을 던져 그를 맞이하였다.

71) 金光洙, 앞의 책, 228.

다.

한국 장로교회가 일반적으로 '사회 복음'과 사회 참여에 더 많은 관심이 있는 것으로 알고 있는 감리교보다 먼저 농촌 사업을 시작한 것을 보면, 당시의 이러한 관심은 세계 교회의 보편적인 현상이었음을 알 수 있다. 한국의 농촌 사업에 공헌한 사람 가운데 브루너(Edmund de Schweinitz Brunner)는 한국의 경제, 사회, 종교의 현황을 조사하여 예루살렘에서 열린 '세계선교대회'(the Congress of the World Mission)에 제출할 보고 자료를 작성하였다.[72] 한국 감리교 초대 총리사인 양주삼(梁柱三) 목사는 예루살렘의 '세계선교대회'에 참석한 후 덴마크를 시찰하고 그곳의 농민학교 제도를 한국에 도입하였다.[73] 그는 1915년부터 감리교 협성신학교에서 가르친 한국 최초의 신학 교수였다. 양주삼은 지방 성경 공부반에 참석하는 농민들에게는 새로운 농사 지식을 곁들여 가르쳤다. 1919년 가을부터 1930년까지 연 4만 명이 단기 농업 교육을 받았다.[74] 그리하여 교회는 농촌 진흥 운동의 주도적인 역할을 했다는 것을 일반에서 새삼 인정받게 되었다.

그러나 교회는 농민들을 위한 사회 활동의 한계점에 봉착하게 되었다. 교회가 과잉 생산으로 인한 시장 문제 등을 일일이 해결할 수 없을 뿐 아니라, 그런 일에 대한 책임을 질 수도 없었기 때문이다. 교회는 단지 농민들이 새로운 농사법을 습득하여 경제적으로 나은 생활을 위하여 노력하도록 자극을 줄 수 있을 뿐이었다.[75] 교회가 가난한 농민들의 생활 개선에 관심을 가지고 무엇인가 그들을 위하여 해 보려고 한 것에 의의가 있다고 할 수 있다.

---

72) Edmund de Schweinitz Brunner의 보고서의 서문에 일체의 인용을 금하고 있다. 보고서의 제명은 *The Christian Mission in Relation to Rural Problems* 2, *Rural Korea, A Preliminary Survey of Economic, Social, and Religious Conditions* (New York, London: International Missionary Council, 1928)이다. 한규무, 「일제하 한국 기독교 농촌 운동: 1925-1937」(서울: 한국기독교역사연구소, 1997).

73) A. B. Wasson, 앞의 책, 147.

74) 같은 책, 148.

75) 같은 책, 149f.

1930년대의 전도 운동

장로교 총회는 1930년에 3개년 전도 운동을 추진하기로 결의하였다. 첫 해에는 성경 공부에 중점을 두고, 둘째 해에는 인쇄된 성경 말씀을 공급하며, 셋째 해에는 교회에서 이탈한 사람들을 다시 교회로 인도하는 일에 중점을 두기로 하였다. 이 전도 운동에서는 전도용으로 「예수의 생애」라는 소책자 140만 부를 배포하였다.[76] 이 전도 운동을 위하여 처음으로 현대적인 매체인 신문과 라디오를 동원한 것도 특기할 만한 일이다. 많은 지도급 기독교인들이 전국적으로 설교에 곁들여 강연도 열어서 젊은 층에게 기독교 신앙에 관심을 갖도록 하였다.[77]

개신교 신자는 1930년대부터 다시 불어났다. 교회가 사회 참여와 함께 전도에 힘쓴 결과로 성장하게 된 것이라고 볼 수 있다. 교회는 빈곤과 정치적, 사회적인 압력에도 불구하고 조직 면에서 더욱 공고해졌다. 이즈음 선교사들은 바야흐로 한국에서 물러설 문제를 두고 토의하기 시작하였다. 선교사들은 사실 1930년대 말엽에 일본이 강제 출국 조처를 취하기 이전에 벌써 한국을 떠나기 시작하였다. 선교사들이 더 머물러 있다고 하더라도, 로즈(Harry A. Rhodes)가 지적하듯이, 그들은 이제 한국 교회를 위해서는 그냥 협조자요, 조언자로서의 역할을 다할 뿐이었다고 하면서 이렇게 진술한다.

> 복음 사역에 있어서 교권이양(教權移讓)은 사실상 끝났다. 교회와 교회가 하는 일을 위하여 돕고 관리하는 일은 1912년 이후부터 한국인들의 손에 있었다. 아니 그보다 5년 전부터 이미 그렇게 된 것이다.[78]

개신교가 1934년 희년을 맞이하였을 때는 교회가 4,949개 처에 달하였

76) G. T. Brown, 앞의 책, 147.

77) 金良善, 「韓國基督教史硏究」, 127 이하. 李商在, 李大偉, 申興雨, 洪秉璇, 金昶濟, 金弼秀, 윤권 등의 인사들이 이에 참여하였다.

78) Harry A. Rhodes, 앞의 책, 532.

고, 신자는 307,403명에 이르렀다. 그리고 소학교가 357개교에, 중학교가 30개교, 전문학교가 5개교, 신학교가 3개교가 있었으며, 그 해 1년간의 헌금 총액이 2백만 원(약 백만 달러)에 달하였다.

이러한 교회 성장에도 불구하고 교회 내에서는 자가비판을 하는 사람들도 많았다. 교회가 양보다는 질적으로 성장해야 한다는 견해였다. 1933년 평양 산정현교회의 송창근(宋昌根, 1898~1950?) 목사는 「신학지남」에 이런 말을 썼다.

선교 50주년 기념대회 1934년

> 근래에 조선 교회를 염려하는 어른들이 많습니다. 교회 부흥책으로 여러 가지 노력을 해 봅니다. 하나 별한 성공이 없고 거의가 알고 보면 실패입니다. 통계 학자나 숫자 선전업가들의 눈으로 보면 교회는 해마다 진흥하는 것이 속일 수 없는 사실이니 교인의 수를 보거나 교회당 수로 보거나 교역자 수로 보거나 교육 사업으로 보거나 연보 나오는 것으로 보아 조선 교회는 십년 이십년 전과 견주어 장족진보한 것이요 결코 퇴보가 없겠다고 생각합니다. 하지만 중병 들린 것만은 사실이외다. 옛날 모든 것이 불완전하고 모든 시설이 불충분할 때에는 교회가 뜨겁더니 지금은 식어졌습니다. 운동은 무슨 운동 무슨 운동 하야 많이 하는데, 웬셈이요 대체 교인들이 전도열이 식어졌고 교역자들이 요즘 새로 생겨난 신식 운동에 생각을 팔리기 시작하면서 실제 막 대들어 하던 전도가 약해졌습니다…… [79]

평양의 창동교회의 김화식(金化湜, 1894~1947) 목사는 1935년에 「신학지남」에 위와 비슷한 논조로 말했다.

조선에도 교회가 처음 들어온 시절에는 과연 평신도의 활동은 대단하였습니다. 조

---

79) 宋昌根, "오늘 朝鮮 教會의 使命", 「神學指南」 15권 6호 (1933), 25.

선 교회 창립의 대부분이 평신도의 전도로 말미암아 된 것이 사실이외다. 나는 비록 연소한 자이지마는 당시사를 기억 회상할 수가 있습니다. 어떻게 활기가 있었는지, 그러나 지금은 조선 교회도 점점 경제화하고 자본화하야 복음은 거의 돈에 팔리우고 의식에 팔리우고 만 감이 있습니다. 이 금전에 팔고 의식에 팔고 교직에게 청부로 맡긴 복음을 다시 활기가 있고 생명이 있는 복음을 만들랴면 평신도의 복음이 되지 아니하면 아니 될 것이외다.[80)]

이와 같은 교회 내의 자가 비판은 교회의 발전을 위하여 언제나 있어야 하는 것이다. 이러한 자기반성은 곧 피선교 교회가 제대로 성장하여 자의식을 가진 성년의 교회가 되어 간다는 증거로 볼 수도 있다. 소수의 극단주의자들은 이것으로는 만족하지 못하고 이러한 비판의 도를 넘어서 반교회적인 경향으로 나가 결국 교회를 이탈하는 사태를 빚기도 하였다.

이단들의 활동

1920년대 중엽부터 여러 이단 종파가 일어났다. 그것은 반교회적인 탈선 정도가 아니고 스스로 예수라고 사칭하는 적그리스도 운동이었다. 1927년 감리교 신자인 유명화(劉明花)는 예수가 자기에게 강림했다며 마치 자신이 예수인 양 처신하였다. 백남주(白南柱)와 한준명(韓俊明)은 유명화와 밀접한 관계를 가지고 '새 생명의 길'이란 책자를 내어 성경보다도 더 큰 비중을 두었다. 그들은 사도신경과 삼위일체 교리와 예수를 통한 사죄의 교리를 폐기하고, 신비적이며 신지적(神智的)인 경험을 통하여 하나님과 하나가 되어야 한다고 주장하였다.[81)]

부흥회 인도로 선풍적인 호응을 얻던 이용도(李龍道, 1900~1933)는 유명화를 만나 큰절을 하며 이 운동에 동조하였다. 황국주(黃國柱)는 자신이 육신을 입은 예수라고 자칭하고 많은 여자 신도들을 유혹하였다. 성적인 교접을 통하

80) 金化湜, "初代教會의 特色",「神學指南」17권 1호 (1935).
81) 참조: 閔庚培, 앞의 책, 291 이하. 李永獻, 앞의 책, 186.

여 '피 가름' 을 해야 한다고 가르쳤는데, 문선명(文鮮明)과 박태선(朴泰善) 파가 이러한 이단 종파 운동에 그 연원을 두고 있다.[82]

한국 교회는 3 · 1 독립 운동 이후 20년간 밖으로는 정치적인 핍박과 반기독교적인 사상운동의 거친 물결을 헤치며 지내 오는 한편, 안으로는 종파 운동 때문에 괴로움을 당하였고, 또 한편으로는 신학적인 견해 차이가 심화되어 교회의 균열을 경험하게 되었을 뿐 아니라, 신사참배를 강요하는 일본 정부의 핍박 때문에 큰 시련을 겪었다.

82) 참고: 申四勳, 「異端과 現代의 批判과 우리의 生路」 (서울: 基文社, 1957).

1930년대 한국 교회의 시련

평북 강계읍교회 예배당

1

새 신학의 유입

자유주의 신학의 태동

선교가 시작된 이래 1930년 중엽까지 한국 장로교회 안에는 보수적인 신학 사상이 지배적이었으나 감리교는 개방적이었다. 한국의 북감리교회와 남감리교회는 1930년에 합동하여 감리교 총회를 결성하고 새 신조를 채택하였다. 그런데 그 신조에는 감리교의 자유주의 신학 사상이 부각되어 있었다. 아주 예외적으로 짧은 감리교 신조는 여러 면으로 보아 자유주의 신학적 견해를 내포하고 있음을 알 수 있다. 즉, 하나님의 내재를 초월보다 강조하고 인본주의적인 윤리에 더 많은 관심을 표현하며, 지상에 이상사회 건설의 실현에 대한 신앙을 분명하게 표현하고 있다. 그런가 하면 하나님의 거룩하심이라든지 의로우심과 심판에 관해서는 언급하지 않고, 예수의 탄생은 물론 그의 고난과 죽음, 부활과 재림에 관해서도 아무 말이 없다.[1]

---

1) 기독교 대한 감리교회 교리적 선언 (이장식, 「기독교 신조사」 II, 1930, 227).

1. 우리는 만물의 창조자시요 섭리자시며 온 인류의 아버지시요 모든 선과 미와 애와 진의 근원이 되시는 오직 하나이신 하나님을 믿으며,
2. 우리는 하나님이 육신으로 나타나사 우리의 스승이 되시고 모범이 되시며 대속자가 되시고 구세주가 되시는 예수 그리스도를 믿으며,
3. 우리는 하나님이 우리와 같이 계시사 우리의 지도와 위안과 힘이 되시는 성신을 믿으며,
4. 우리는 사랑과 기도의 생활을 믿으며 죄를 용서하심과 모든 요구에 넉넉하신 은혜를 믿으며,
5. 우리는 구약과 신약에 있는 하나님의 말씀이 신앙과 실행의 충분한 표준이 됨을 믿으며,

한국 감리교 목사의 대다수가 보수적이며 근본주의 신앙의 소유자였음에도 불구하고 이러한 신앙고백이 다수의 찬동을 얻어 신조로 채택된 사실을 두고 토착화의 한 승리적 과정이라고도 평가한다. 그러나 신학의 부재에 대한 그런 식의 평가는 잘못된 것이다. 그것은 오히려 대부분의 목사들의 신학적인 미숙함이나 무관심 때문이었다고 해야 한다. 감리교회는 장로교회와는 달리 교리적인 문제에 별로 관심을 두지 않았다. 많은 한국인 목사들은 교리 없는 기독교를 지향하는 경건주의적이며 부흥주의적인 신앙을 가졌으며 교리와 실제적인 신앙과 조화를 이루는 성숙한 신학적인 안목을 갖지 못했다.

감리교회에서는 자유주의 신학 교육을 받은 이들이 더 영향력을 가지고 주도적인 역할을 했으나 일반 목사들의 반대에 부딪히는 일도 없었다. 이를테면, 한국 교회에서 자유주의 신학의 선구자라는 정경옥(鄭景玉)은 아무 주저 없이 자유주의 신학적인 사상을 펼 수 있었다. 정경옥은 협성신학교를 졸업하고 1927~1929년 미국 에반스톤에 있는 가렛(Garrett) 신학교에서 조직신학을 공부하였고, 같은 캠퍼스에 있는 노스웨스튼 대학교 대학원에서 수업하고 문학석사 학위를 받았다. 그는 스승 롤(Franklin Roll)의 영향으로 슐라이어마허의 종교 경험을 긍정적으로 받아들이고 리츨의 도덕신학을 배웠으며, 슐라이어마허, 리츨, 칸트와 바르트의 사상에 심취하였다. 정경옥은 1930년대 초반에 「신앙세계」 등 잡지를 통하여 바르트의 사상을 소개하며 디벨리우스와 불트만의 양식비판 연구를 소개하였다.[2] 그러나 감리교회에서는 이렇다 할 만한 신학적인 논쟁도 없었다.

---

6. 우리는 살아계신 주 안에서 하나가 된 모든 사람들이 예배와 봉사를 목적하여 단결된 교회를 믿으며,
7. 우리는 하나님의 뜻이 실현된 인류 사회가 천국임을 믿으며 하나님 아버지 앞에 모든 사람이 형제됨을 믿으며,
8. 우리는 의의 최후의 승리와 영생을 믿노라. 아멘.

2) 유동식, 「한국 신학의 광맥: 한국 신학 사상사 서설」 (전망사, 1986). 송길섭, 「한국 신학 사상사」 (대한기독교출판사, 1987), 319-349. 김영한, "개혁신학과 한국 신학", 「개혁신학, 한국 교회, 한국 신학」 (도서출판 대학촌, 1991), 81 이하

이와는 대조적으로 장로교회에서 1930년 중엽에 신학적인 문제로 논쟁했던 사실은 특기할 만하다. 신학적인 보수주의의 보루라고 할 수 있었던 장로교회에 자유주의 신학이 태동하게 된 시기는 이보다 약 10년 전인 1920년대 중반이었다. 교회 외부에서 반기독교적인 운동이 한창 기세를 떨치고 있을 시기와 때를 같이하여 자유주의적인 신학적 견해를 가진 까닭으로 '어려운 길을 걸어야 했던' 몇몇 선교사들이 그들의 신학적인 견해를 공개적으로 말하기 시작하였다. 선교 분담 정책에 따라 함경도 지방에서 선교하던 캐나다 선교회에는 몇몇 자유주의적인 선교사들이 있었다. 그들은 선배격인 보수주의 선교사들 밑에서 잠자코 기회를 기다리고 있었다.

이 무렵 캐나다와 미국의 교회에서는 보수측과 자유주의측간에 신학적인 문제로 논쟁이 일어났다. 캐나다에서는 1925년 장로교와 감리교, 회중교회가 연합하여 캐나다 연합교회(The United Church of Canada)를 형성하였다. 이 연합교회는 신학이나 신조, 정치를 초월하여 이루어진 것이다. 1926년 조선예수교장로회 제15회 총회는 장로교회 전통을 고수하려는 캐나다 장로회 잔류파의 요청을 거절하고 캐나다 연합교회와 유대관계를 맺기로 하였다. 그리고 캐나다 장로교회는 함경도를 선교 지구로 하여 활동하던 선교 사업을 캐나다 연합교회가 계승하도록 결정하였다.[3] 캐나다 교회와 선교부가 자유주의 또는 진보주의로 기울자 선교사 윌리엄 스코트(William Scott)는 한국 캐나다 선교회의 주도권을 잡게 되었다. 동시에 김관식(金觀植)과 조희염(曺喜炎)이 미국에서 공부를 마치고 귀국하여 스코트 선교사와 함께 일하면서 '새로운 신학'을 소개하였다.

1926년 가을에 스코트 선교사는 이들의 협조를 얻어 함경도의 선교 지역 내에 교역자 연수회를 인도하였다. 그들은 연수회에 참가한 교역자들에게 새로운 신학적인 견해를 이해시키려고 노력하였다. "성경 전체를 하나님의 말씀

3) 蔡基恩,「韓國敎會史」, 115.

으로 믿는 것은 큰 잘못이다. 성경에는 하나님의 말씀 아닌 것도 포함되어 있다. 문학적 오류는 물론, 다수의 역사적 오류와 과학적 오류가 포함되어 있다."[4] 그러나 한 주일이 지나자 신신학적 성경관의 가르침에 경악한 목회자들의 항의에 부딪혀 연수회를 중단하였다. 엄격한 보수적 신학 교육을 받은 목사들과 전도사들은 조희염이 말하는 자유주의적인 견해에 분노를 터뜨렸다.

후에 이 소식을 듣고 격분한 캐나다 선교 지역의 장로들은 회합하여 자유주의를 배격하고 보수적인 신앙을 고수할 것을 가결하였다. 자유주의 신학자들은 이와 같이 심한 반대에 부딪혀 다시 교역자 수련회를 열 엄두를 내지 못했다. 그러나 첫 시도의 성과가 나타나기 시작하였다. 몇몇 목사와 장로들이 새로운 신학적인 견해를 받아들일 용의를 갖게 된 것이다. 자유주의 신학자들은 학생들에게 계속 그들의 신학을 가르쳤다.[5]

새 신학은 이렇게 한국 장로교회에 도입되었으며, 점점 널리 확산되기 시작하였다. 한국 장로교회 안에 자유주의 신학이 움트게 된 것을 선교사들의 지배에서 벗어나려는 한국 기독교인들의 노력의 산물이라고 주장하는 사람도 있다. 그러나 그것은 서양 신학에서의 해방도 아니고 독립도 아니다. 왜냐하면 새 신학 역시 한국 본토에서 싹이 터 나온 것이 아니고 선교하는 서양의 교회에서 도입된 것이기 때문이다. 그러나 전통적인 신학을 부정하는 자유주의는 문자 그대로 자유로운 신학(liberal theology)으로 발전하게 된다.

여하튼 자유주의 신학은 일본이나 미국에서 공부한 신학자들을 통하여 소개되고 확산되었다. 일본 교회는 오래 전부터 자유주의의 영향 아래 있었으며, 미국 북장로교의 프린스턴 신학교가 3년 동안의 신학 논쟁 끝에 1929년 현대주의 신학자들의 지배하에 들어가게 된 이후부터 이 학교의 유학생들은 자유주의 신학의 분위기에서 수학하게 되었다. 바로 이 해에 메이천을 중심하는 교수들이 프린스턴에서 나와 웨스트민스터 신학교를 설립하였다.[6] 비록 외국

4) 같은 책, 187.
5) 같은 책, 188.

에서 교육을 받은 한국 목사 수는 적었으나, 이들은 중요한 교수직과 도시 교회의 목회 처를 맡게 되었다. 이러한 목사들이 점점 불어나자 한국 장로교회에서도 신학적인 논쟁은 피할 수 없는 일이 되었다.

적극신앙단 운동

적극신앙단 운동은 자유주의 신학이 유입되면서 생긴 자유주의 사상운동이었다. YMCA의 총무로 있던 신흥우는 1932년 6월 초교파적인 적극신앙단을 조직하였다.[7] 서울을 중심으로 한 감리교회와 장로교회의 일부 목사들과 장로들이 함께 결성한 단체로서 서양 선교사들의 영향으로 축자영감설을 믿는 서북 지방의 보수적인 신앙인들에게 반발하는 한편, 마포삼열, 이길함, 허대전(許大殿, J. G. Holdcroft)과 같은 보수적인 선교사들과 이들의 지도하에 있던 서북 지방의 장로교회에 대항하기 위하여 중부 이남의 교회들을 중심으로 토착적인 교회를 수립하기로 하였다.

감리교회 측 이외에 이에 참가한 장로교회 측 인사는 함태영(咸台永), 최석주(崔錫珠), 박용희(朴容羲), 권영식(權英湜), 전필순(全弼淳), 그리고 승동교회 장로 홍병덕(洪秉德) 등인데, 그들은 1950대 초반에 분립한 한국기독교장로회의 핵심 인물들이었다.

그러나 적극신앙단에 대한 지지도는 그들이 기대했던 것처럼 높지 않았다. 우선 YMCA 국제위원회도 이 분파 작용을 '남북 감정의 표시'[8] 로 보았고, 흥사단 계의 양주삼이나 YMCA 원로 윤치호와 같은 감리교 인사들도 이 집단

6) N. F. Furniss, *The Fundamentalist Controversy 1918-1931* (Aron Books Hamden Connecticut, 1963), 127-141 참조. 박형룡은 프린스턴 신학교를 1929년 이전에 갔으며, 김재준, 한경직, 송창근은 학교의 신학적인 경향이 바뀌는 과도기에 갔다. 그 이후 한국의 보수적인 신학자들은 1929년 가을 메이천(G. Machen)이 설립한 웨스트민스터 신학교로 갔다.

7) 적극신앙 운동은 「승동교회 백년사」, 196 이하에서 참고. 이하 각주는 재인용. 閔庚培, 「韓國 民族 敎會 形成史論」 (연세대출판부, 1974), 131-132, 163. 전택부, 「人間 申興雨」 (서울: 대한기독교서회, 1971), 223-224.

8) 앞의 책, 249.

을 '비밀결사' 또는 '파시스트적 경향'으로 단정했으며, 창단 동기의 비순수성을 비판하였다.[9)]

적극신앙단으로 말미암아 서울 시내에 있던 교역자들은 크게 두 갈래로 나뉘었다. 신학적으로는 자유와 보수로, 지역적으로는 서북계와 비서북계(非西北系)로 이분되었으며, 경성노회가 조직되어 총회와 대립하게 되었다. 함태영, 박용희, 전필순은 스스로 생존을 위해 경성노회(京城老會)를 떠나 경중노회(京中老會)를 만들었는데, 총회는 한때 이들에 대해서도 징계해야 한다고 논의하였다.[10)]

경성노회가 경기노회에서 분립된 것은 1932년 10월이었다. 적극신앙단이 출현한 지 4개월 후이다. 총회는 경기노회가 경동(京東), 경남(京南), 경서(京西) 등 3개 시찰 구역을 관할하도록 하고 새로 조직되는 경성노회에는 경성과 중앙의 2개 시찰 구역을 관할하는 노회로 분립하도록 조처하고, 지역교회들이 어느 노회에 소속하는 일을 두고 임의로 결정하지 못하도록 하였다.[11)]

적극신앙단의 문제는 결국 총회까지 비화되었다. 1935년, 총회는 경성노회를 경유하여 제출된 '재경기독교유지회'의 건의문을 접수하고, "적극신앙단의 신앙 선언을 검토한 결과, 우리 장로교회의 신경에 위반된 것이므로, 적극신앙단은 우리 장로교회에서 용납하지 않기로 함이 가하다."고 의결하였다.[12)]

신학 문제와 장로교 총회의 대응

1934년의 장로교 총회에서는 성경의 역사적 비평 문제를 두고 신학적인 논란이 있었다. 즉, 두 목사가 성경에 관하여 새로운 신학적인 견해를 말한 일 때문에 고소를 당하였다. 서울 남대문교회의 김영주(金英珠) 목사는 창세기의

---

9) 앞의 책, 251.
10) 예수교장로회 총회록 제24회(1935. 9), 54; 예수교장로회 총회록 제25회(1936. 9), 70-87; 예수교장로회 총회록 제26회(1937. 9), 61, 81-83.
11) 예수교장로회 제21회 총회록(1933. 9), 49-50.
12) 예수교장로회 총회 제24회 회록(1935. 9.), 54.

저자가 모세라는 점에 의문을 표시했으며, 성진(城津) 중앙교회의 김춘배(金春培) 목사는 기독신보에 '장로교 총회에 올리는 말씀' 이란 제목으로 교회 내의 여권(女權)에 관하여 언급하면서 바울이 고린도교회에 쓴 말씀, 즉 "……여자는 교회에서 잠잠하라. 저희의 말하는 것을 허락함이 없나니……"(고전 14:34)라고 한 것은 2천년 전의 일개 지방교회의 교훈과 풍습이요, 만고불변의 진리는 아니라고 하였다. 총회는 이에 대하여 조사위원회를 구성하고 다음 총회에 그 경위를 밝혀 보고하도록 하였다.

이듬해 1935년의 총회는 조사위원회의 보고를 받고 모세의 창세기 저작을 부인하는 목사는 "신조 제1조에 위반하는 자이므로 우리 교회의 교역자 됨을 거절함이 가하다."고 하고, 김춘배에 대하여는 "성경에 여자의 교권이 전연 허락되고 있지 않음에도 불구하고 여권 운동이 대두하는 현 시대사조에 영합하기 위하여 성경을 시대 사조에 맞도록 자유롭게 해석하는 교역자들은 권징조례 제6장 제42, 3조에 의하여 처리함이 가하다"고 결의하였다. 그러나 이에 관련된 두 목사가 공적으로 사과함으로써 이 사건은 일단락되었다.[13)]

그 해의 총회에서는 또 다른 중요한 사항이 거론되었다. 감리교에서 한국선교의 희년을 기념하여 번역, 출판한 「아빙돈 단권 성경 주석」[14)] 에 몇몇 장로교회 목사들이 관여한 것이 문제가 되었다. 장로교의 초대 목사이며 부흥사인 길선주 목사는 이 책이 자유주의적인 경향에서 쓰였다고 지적하고, 장로교 교리에 위배되는 점이 많은 점을 들어 장로교회에서는 구독하지 않도록 해야 한다는 것과 이 책의 집필에 참여한 채필근, 한경직(韓景職, 1902~1999), 송창근, 김재준 등 장로교회 목사들은 기관지를 통하여 사과해야 한다고 제의하였다.

총회는 이 제의를 받아들여 가결하였다. 채필근은 즉석에서 사과했으나

13) 金良善, 앞의 책, 178-179.
14) *The Abingdon Bible Commentary,* edited by F. C. Eiselen, Edwin Lewis and O. G. Downey (Abingdon-Cokesbury Press, 1929).

송창근은 이를 거부하고 이러한 총회 결의는 신학의 자유를 억압하는 처사라며 항의하였다.[15] 그러다가 마침내 한경직, 김재준과 함께 장본인들은 번역의 편집에는 참가하지 않았으며, 장본인들이 번역한 부분의 내용은 기독교 교리에 위배되는 점이 없다고 천명하고 혹시 교회에 덕이 되지 못한 일이 있으면 사과한다고 함으로써 그 문제는 일단락을 지었다. 그러나 그것은 신학적인 양극화로 가는 예비 논쟁의 종식에 지나지 않았다.

평양신학교 교수 남궁혁(南宮爀, 1882~1950)은 총회를 마친 얼마 후「신학지남」에 "교회의 평화를 유지하자"라는 글을 실어 교회의 평화와 하나 됨을 호소하였다. 특권의식, 민족 또는 향토 관념 혹은 교파 관념, 이런 것들이 교회의 하나임을 저해하는 요소라고 지적하였다.[16] 김인서(金麟瑞)는「신앙생활」지에 총회의 결의에 대하여 좀 더 직선적으로 의견을 피력하였다. 즉, 신학적인 자유의 제한과 특정한 교리의 강요는 바리새적 독선의 행위이며,「아빙돈 단권성경 주석」에 대한 총회의 결의는 장로교회와 감리교회 간의 화목과 유대를 해치는 것이라고 하였다.[17]

정통 신학자 박형룡

이번의 신학적인 문제에 대한 총회의 결의문을 작성한 사람은 평양신학교의 교수 박형룡(朴亨龍, 1897~1978)이었다.[18] 한국의 보수주의 신학노선을 대표하는 그의 신학은 한국 보수적인 장로교회 목사들의 신앙과 신학 사상 형성에 지대한 영향을 미쳤다. 박형룡은 평양 숭실전문학교에서 보수적인 선교사들에게 배워 철저한 보수적인 신앙의 소유자가 되었을 뿐 아니라 한국 교회의

15) 金良善, 앞의 책, 177.

16)「神學指南」17권 4호 (1935), 3 이하. 남궁혁은 이 사건에 대하여 자기의 견해를 간접적으로 완곡하게 표현한다.

17) 김인서, "아빙돈 주석 문제",「신앙생활」제4권 10호 (1935), 10.

18) 박형룡 연구서: 장동민,「박형룡의 신학 연구」(한국기독교역사연구소, 1998); 박용규 편,「죽산 박형룡 박사의 생애와 사상」(총신대출판부, 1996).

부흥과 성장에 큰 역할을 한 길선주 목사에게 신앙적인 감화를 받아 보수적인 신앙과 사상의 틀을 갖추게 되었다. 그 후 그는 미국 프린스턴 신학교와 루이스빌(Louisville) 신학교에서 수학하였다. 프린스턴 시절에는 특히 메이천(J. Gresham Matchen)에게 많은 감명을 받고 찰스 하지(Charlse Hodge)의 신학서적을 읽고 영향을 받았다. 박형룡은 1928년부터 「신학지남」에 변증신학 분야의 많은 논문을 발표했으며, 이 논문들을 모아서 「신학 난제 선평」(神學難題選評)이란 제목으로 1935년에 출판하였다. 그는 이 책에서 자유주의 신학과 신정통주의 신학, 즉 슐라이어마허, 리츨, 바르트, 브루너, 틸리히 등을 비판하고 있다. 박형룡은 모든 현대적인 신학 사조에 반대하고 새로운 신학에 대하여 가차 없이 비평함으로써 한국의 보수 신학을 지키는 보루 역할을 했으며, 한국의 개혁주의 신학도가 신학적 반성을 시작할 수 있는 테두리를 잡아 주었다.[19]

박형룡 朴亨龍 목사
1897-1978

그러나 한편으로 그의 신학적인 태도는 다소 경직된 면이 있다. 그는 보수 신학 자체의 어떠한 발전도 인정하지 않는다. 일곱 권으로 된 그의 「교의신학」 제1권의 서문에 보면 이러한 신학적 태도와 의도가 명백히 표현되어 있다.

> 이 책은 역시 다른 사람들의 화원에서 꺾어 모은 꽃다발에 지나지 못한다. 이것은 물론 필자의 아는 것이 적은 탓이지만 또한 본의에 맞는 일이기도 하다. 필자의 본의는 칼빈주의 개혁파 정통신학을 그대로 받아서 전달하는 데 있고 감히 무엇을 창작하려는 것이 아니다. 이것은 옛 사람의 술이부작(述而不作)의 태도라 할 것이다. 팔십 년 전 이 땅에 서양 선교사들이 와서 전하여 준 그대로의 바른 신학을 새 세대에게 전달하는 것이 이 필자의 염원이기 때문이다.[20]

19) 金良善, 앞의 책, 188. 김영한, "한국 신학의 진단과 진로", 「改革思想」 창간호 (한국기독교사상연구소, 1989), 106.
20) 朴亨龍, 「教義神學」, 제1권, 서언.

박형룡이 지칭하는 서양 '선교사들의 정통신학'은 미국에서 한국으로 건너온 앵글로 색슨의 '청교도적인 장로교 신학'을 의미한다. 그는 또한 장로교 신학이 유럽의 개혁신학과 동일한 것이라며 이렇게 주장하였다.

> 이제 개혁주의를 새로이 개발하거나 수입할 필요가 없다. 그리고 우리 교회는 유럽 대륙의 개혁주의에 영미의 청교도주의를 가미하여 가진 장로교회이니 전자의 직접 수입을 수요하지 않는다. 우리는 이미 소유하고 있는 청교도적 개혁주의 장로교회의 신학적 전통을 확고히 보수하면서 그것의 해설에 필요한 보완(補完)을 행할 뿐이다.[21]

박형룡의 이러한 발언은 한국 장로교회의 역사적인 사실을 있는 그대로 서술한 것이지만, 교회와 신학의 역사적인 연구의 필요성을 환기시키고 개혁주의 교회 전통의 계속성을 충분히 존중하는 견해는 되지 못한다. 그것은 본의 아니게 부분적으로나마 교회 전통의 단절을 전제하는 견해로 볼 수 있다.

박형룡이 성경을 하나님의 말씀으로 믿는 믿음을 가지고, 자유주의와 부정적인 현대신학에 대항하여 보수적인 개혁주의 신학을 소개하고 보수함으로써 한국 교회가 보수적인 신앙을 갖도록 기초를 닦은 사실은 높이 평가해야 한다. 그러나 한국 교회가 이제 유년기를 면하려는 단계에서 개혁주의 신학과 사상을 역사적으로 연구하고 세대주의나 근본주의와 달리 일반은총에 대한 이해와 문화에 대한 세계관을 가진 개혁주의를 충분히 소개하지는 못했다. 다시 말하면, 그는 일반은총과 역사의식, 문화에 대한 이해를 결여하고 있으며, 반지성주의적인 경향을 띤 근본주의를 개혁주의 정통 신앙과 동일한 것으로 이해하는 듯한 발언을 한다.

> 근본주의는 별다른 것이 아니라 정통주의요 정통파 기독교이다. 한걸음 더 나아가

21) 朴亨龍, "韓國 長老敎의 神學的 傳統", 「神學指南」 43권 3호 (1976), 19.

서 근본주의는 기독교의 역사적, 전통적, 정통적 신앙을 그대로 믿고 지키는 것, 즉 정통 신앙과 동일한 것이니만치, 이것은 곧 기독교 자체라고 단언하는 것이 가장 적당한 정의일 것이다. 근본주의는 기독교 자체이다.[22]

이러한 근본주의에 대한 그의 이해는 보수적인 장로교회에 상당히 큰 영향을 미쳤다. 성경이 하나님의 말씀임을 굳게 믿는 한국의 장로교회의 많은 신자와 지도자들은 세대주의나 근본주의 역시 성경을 하나님의 말씀으로 강조하는 동일성 때문에 별다른 신학적인 반성도 없이 그러한 사상을 수용했던 것이다.

'신학의 자유' 에 문을 연 김재준

김재준 金在俊 목사
1901-1987

한국 개신교 신학사에 또 다른 중요한 인물은 신학의 문호를 개방하고 자유주의 신학을 도입한 김재준(金在俊, 1901~1987)이다. 김재준은 일본 청산학원(青山學院)에서 신학을 공부하고, 1931년에는 미국 프린스턴 신학교에서 공부했으며, 그 후 웨스턴 신학교에서 구약을 전공하였다. 그의 신학 사상은 이미 청산학원 시대에 바르트와 브루너, 니버, 틸리히, 불트만의 신학을 접함으로써 형성되었다.[23] 김재준뿐만 아니라 일본에 유학한 많은 신학자들이 신정통 신학을 접하게 되어 그 영향을 받게 되었다.

선교 초기부터 자유주의 사상을 가진 선교사들의 영향하에 성장해 온 일본교회에서, 바르트의 인기는 대단하고 그의 영향력은 지대하였다. "바르트는 30년이란 오랜 세월 동안 마치 일본 신학계의 교황으로 군림하다시피 하였다. 미국에서는 바르트를 20세기의 뛰어난 신학자 가운데 한 사람으로 알고 있으

22) 「神學指南」 25권 1호 (1960), 9, 12-24; 신복윤, "한국 개혁주의 신학의 어제와 오늘과 내일", 「神學正論」 제10권 1호 (1992), 138에서 재인용.
23) 金在俊, "나에게 영향을 미친 신학자들과 그들의 책", 「기독교 사상」 (1963. 7), 23 이하.

나, 일본에서는 유일한 신학자로 알고 있다."고 할 정도였다.[24]

김재준은 미국에서 공부를 마치고 귀국하여 평양 숭인상업학교에서 성경을 가르치며 보수주의 일색인 한국 장로교회에서 새로운 신학의 길을 틀 기회를 기다렸다. 김재준은 본래 평양신학교에서 가르치려고 했으나 먼저 교수가 되어 가르치고 있는 박형룡과 보수적인 선교사들의 반대로 목적을 달성하지 못했다. 다만 「신학지남」의 주필로 있던 남궁혁 교수의 호의로 「신학지남」의 편집위원으로 일할 수 있었다. 김재준은 1933년부터 박형룡의 반대에 부딪혀 편집위원 자리를 물러나게 된 1935년까지 「신학지남」에 8편의 논문을 기고하였다.[25]

그의 성경 연구 방법은 고등비평에 근거했으나, 당시의 그의 글에서는 이렇다 할 정도의 고등비평적 방법을 추적할 수는 없다. 김재준은 "그리스도의 부활에 대한 연구"라는 글에서 예수의 부활을 전통적이며 보수적인 어조로 변증하고 있다.

> 부활하신 그리스도의 몸은 그러면 그의 육체적 전존재를 하나도 잃지 않는 동시에 그의 영적 생명을 표현함에 가장 적응된 표현 기관인 몸, 즉 영화(榮化), 영화(靈化), 영원화한 몸이었던 것이다.……그리스도가 살으셨다면 복음은 참말이다. 그러나 그가 다시 살지 않으셨다면 전 기독교는 허망(虛妄) 중의 허망이다.[26]

김재준이 신정통 신학을 지향하는 만큼, 예수의 부활 사건을 기초로 삼고 있는 바르트를 따라 예수 그리스도의 부활을 강조하는 것은 당연하다. 그러나 바르트가 예수의 부활에 관하여 논하는 바와 같은 현저한 변증법적 표현은 따르지 않고 있다. 김재준은 예수 그리스도의 부활을 역사적인 사실이요 기독교 진리의 전제라고 말한다.

---

24) Harvie M. Conn, 앞의 논문, 143.
25) 金良善, 앞의 책, 190.
26) 「神學指南」 16권 1호 (1934), 32 이하.

그러나 다른 곳에서는 보수주의자들과 견해를 달리함을 볼 수 있다. 이를테면, 이사야 7:10~17의 '임마누엘'에 대한 해석이다. 즉, 이사야가 직접적으로 예수 그리스도를 예언한 것이 아니고 '이상왕'(理想王)의 탄생을 믿는 신앙에서 한 것인데, 그것이 우리가 볼 때 그리스도에게서 성취되었음을 알 수 있다는 것이다. 바르트의 영향을 받은 폰 라트(von Rad) 등이 취하는 견해다. 게다가 동정녀로 번역된 히브리어 '알마'는 젊은 여자로 해석한다.

새 신학의 유입과 역사적 배경

김재준은 김양선이 평하듯이 극단적인 자유주의 신학자이기보다는 신정통주의 신학자로서 초기에는 다분히 보수적이었다.[27] 자유주의에 대항하여 일어난 초기의 신정통주의를 독일에서는 자유주의 쪽보다는 정통주의에 가까운 것으로 이해한다. 특히 하인츠 짜른트(Heinz Zahrnt)에 따르면, 바르트가 정통주의 내부에서 보면 정통신학을 왜곡한 점이 많으나, 전체적으로 보면 교회의 정통주의를 약화시키기보다는 강화시키는 면에, 그리고 기독교와 세상 간의 간극을 좁히기보다는 오히려 심화시키는 면으로 공헌했다고 말한다.[28]

그러나 소위 고전적인 자유주의 신학이 없었던 한국에서는 신정통주의 신학이 자유주의 신학으로 간주되었으며, 세월이 감에 따라 마침내 그런 역할을 하게 되었다. 따라서 김재준의 신학은 보수적인 색채에도 불구하고 보수주의자들의 관점에서 볼 때에는 좌경한 것으로 비칠 수밖에 없었다. 사실 1930년대 한국 장로교의 자유주의 신학은 아직 보수주의 신학과 현저하게 다른 견해를 보여 주는 것이 없었다. 그러나 김재준이나 송창근은 무엇보다도 신학의 자유를 구가했다는 점에서 신학 사상 자체보다도 그들의 신학적인 태도가 더 자유주의적이었다. 이러한 태도가 본격적인 자유주의로 가는 문을 연 것이다.

초기의 자유주의자와 보수주의자 간의 사소해 보이는 신학적인 견해 차

27) 金良善, 앞의 책, 189.
28) Heinz Zahrnt, *Die Sache mit Gott* (R. Piper & Co. Verlag München, 1967), 151.

이는 시간이 흐름에 따라 점점 두드러진 차이로 드러나게 되었으며, 실제 문제에 대한 대응에서 아주 큰 차이를 보여 주게 되었다. 이를테면 신사참배에 대하여 서로 정반대의 견해로 대응함으로써 보수 신학과 자유주의 신학의 틈은 큰 균열이 벌어져서 나중에는 교회 분열과 신학적인 양극화로 발전하게 되었다. 보수주의 신학자들은 신사참배에 대하여 원칙적으로 반대하는 입장에 섰으나, 자유주의 신학자들은 신사참배에 순응하는 길을 취했을 뿐 아니라 이를 신학적으로 정당화하려고 하였다.

1945년 해방 이후 보수주의에 대한 김재준의 태도는 더욱 전투적으로 변하였다. 그는 송창근과 함께 이제는 성경 해석을 위하여 고등비평 방법을 주저하지 않고 적용함으로써 일제의 핍박으로 말미암아 기진한 상태에 있다가 이제 겨우 생기를 찾으려는 보수주의에 대항하여 정면으로 도전하였다. 김재준은 신학적인 보수주의를 심지어는 이단이라고까지 혹평하였다. "정통신학은 신신학보다 더 교묘하게 위장한 실제적 인본주의요, 정통적 이단이다."[29]

김재준은 신학적 보수주의에 대하여 적극 공세를 취함으로써 일제의 탄압으로 말미암아 보수주의가 약화된 틈을 타서 자유주의 세력의 기초를 닦고 그 기반을 공고히 하였다. 바야흐로 '신학의 자유' 로 인도하는 문이 활짝 열리자 고전적인 자유주의 신학을 비롯하여 반신학적(反神學的)인 사신신학과 종교다원주의에 이르기까지 서구의 새 신학들이 간단없이 소개되고 유입되었다. 그들은 새로운 신학이 일어나게 된 나라의 신학적인 전통이나 사회적인 상황이 한국 교회의 신앙과 사회적인 상황과는 상이하다는 점은 고려하지 않고 새로운 신학 사상을 주저 없이 도입하였다. 여하튼 이로 말미암아 김재준이 언급한 바와 같이 한국 교회의 신학적인 시야는 넓어졌으나 소위 자유주의적 신학자와 보수적인 신학자 간의 신학적인 대화가 단절에 이를 정도로 신학의 양극화는 심화되었다.

---

29) 金良善, 앞의 책, 199.

2

신사참배와 한국 교회의 시련

일제의 신사참배 강요 정책

한국 교회는 1930년대 중엽부터 1945년 해방이 되기까지 일제의 신사참배 강요로 말미암아 혹독한 시련을 겪었다. 1910년 한일합방 이후부터 일제는 한국 국민의 일본 황국신민화(皇國臣民化) 정책을 위하여 신민으로 만드는 교육을 시행함과 동시에 일본 황실의 조상과 전몰장병을 참배하도록 하는 것이 중요하다고 보았다.[30] 그리하여 일본의 조선총독부는 1912년부터 조선 신사 건립 준비를 예산에 계정했으며, 1919년 7월 2일에는 신도 종교의 조선 본산이 될 웅대한 신사 건설을 결의한 대로 남산에 착공하였다. 1925년 이를 준공하여 조센징구(朝鮮神宮)라 칭하고 태양신 '아마데라스 오미가미'(天照大神)와 일본 황실의 제조상과 명치천황(明治天皇)에게 헌당하였다. 총독부는 이로부터 한국의 방방곡곡에 신사(神社)를 건립하도록 하였다.[31] 그런데 신사는 사실상 이미 1883년 이후 일본 사람들이 한국으로 오기 시작하면서부터 여러 도시에 건

30) 神道에 관한 책: Kun Sam Lee, *The Christian Confrontation with Shintonationalism* (1966); Genchi Kato, *A Study of Shinto,* 1926; G. Schurhammer, *Shinto, Der Weg der Götter in Japan* (Bonn: Leipzig, 1923); Kurt Meißner, *Der Shintoismus als Quelle des Japanischen Volkscharakters und Nationalgeistes* (Leipzig, 1939).

31) 金良善, 「韓國基督教史硏究」 (1971), 176.

립되었다.[32)]

1930년 이후 일본의 군벌이 권력을 장악하면서부터 일제는 신사참배 정책을 한층 더 강요하였다. 신사참배는 소위 황국신민(皇國臣民)의 의무라고 하며, 일본 국민은 물론 한국 국민에게는 이를 더 심하게 강요한 것이다. 일제 조선총독부는 1932년에 이르러 평양의 기독교 학교에 일본 천황과 1931년 만주사변에서 죽은 전몰장병을 참배하는 의식에 학생들을 동원하여 참여하도록 강요하였다. 총독부는 이 의식이 순전히 애국적인 것이라고 설득하였다. 그러나 이 의식이 종교적인 요소를 탈피한 것일 수는 없다.[33)] 총독부는 또한 전국의 학교에 학생과 교사 전원이 규칙적으로 신사참배를 해야 한다고 시달하였다. 이에 장로교 총회는 그 해 9월에 기독교인 학생들과 교사들에게는 이러한 의무를 면제해 주도록 총독부에 건의하기로 가결하였다. 총회의 위촉을 받은 위원들이 이를 총독부에 호소했으나 아무 성과도 얻지 못했다.

평양 숭실학당 1897년 설립

1935년 11월 평안남도 도지사는 도내 교장회의가 개회되기 전에 먼저 신사참배를 시행하도록 지시하였다. 이때부터 신사참배는 아주 심각한 문제가 되었다. 숭실전문학교와 숭실중학교의 교장 윤산온과 숭실여학교 교장 스누크(Mrs. V. L. Snook) 여사가 이를 거부하자, 도지사는 그들에게 60일 간의 기한을 주어서 이 문제를 재고하도록 하였다. 신사참배를 하든지 아니면 교장직을 사임하고 학교의 문을 닫든지 양자택일을 하라고 요구하였다.[34)]

1935년 12월 13일 한국에 주재하는 미국 북장로교 선교회 임원회는 신사

32) Fritz Vos, *Die Religionen Koreas,* 222.
33) 같은 책, 177.,Fritz Vos, *Die Religionen Koreas,* 222.
34) 같은 책, 179.

참배를 반대하는 결의를 하였다. 윤산온과 스누크는 애초에 자신들이 했던 결의를 더욱 굳혔다. 그러나 결과는 예측한 대로 쓰라린 것이었다. 1936년 1월이 되자 그들은 교장직을 물러나야 했으며, 3월에는 귀국할 수밖에 없는 처지가 되었다.[35)]

기독교 학교들은 일제 당국에 신사참배 대신 다른 행사로 일본에 충성을 다하는 애국심을 표시할 수 있게 허락해 달라고 진정했으나 허사였다. 일제는 신사참배를 계속 강요하며 한층 더 탄압을 가할 뿐이었다. 1936년 10월에는 수많은 무장 경관들이 전국의 기독교 학교에 침입하여 신사참배를 강요하였다. 선교부는 이제 신사참배를 하느냐 아니면 학교의 문을 닫느냐 하는 문제를 결정해야 하는 궁지에 처하였다.[36)]

교사들과 학생들은 학교 당국에 일제 당국과 타협하도록 압력을 가하였다. 특히 기독교인이 아닌 교사나 학생의 견지에서 볼 때 신사참배 문제로 폐교한다는 것은 용인할 수 없는 일이었다. 선교회는 진퇴양난에 빠졌다. 신앙양심을 위해서는 일본 정부에 조금도 양보할 수 없는 일이지만, 그렇게 하자니 학교를 계속 유지할 수 없게 될 것이고, 양보하여 신사참배에 굴복한다면 기독교적으로 교육하려던 본래의 목적을 상실하게 되며, 따라서 기독교적으로 교육을 받으려는 학생들을 저버리는 결과가 되고 말기 때문이었다.

서울 연희전문학교 1917년 설립

이러한 어려운 문제를 두고 선교회는 오랫동안 논의하였다. 그런데 일을 더욱 어렵게 만든 것은 신사참배는 종교의식이 아니고 순전히 국민의 애국적

35) 같은 책, 183; Allen D. Clark, *A History of the Church in Korea,* 222f.
36) G. T. Brown, *Mission to Korea,* 150.

세브란스 간호학교 졸업생 1927년

인 의례(儀禮)라고 하는 일본 정부 측의 교활한 주장이었다.[37] 1936년 1월 29일 조선총독부의 교육국장으로 있던 와따나베(渡邊)는 윤치호(尹致昊)와 감리교회 총리사 양주삼 외 7명의 장로교와 감리교의 지도자들을 초청하여 아래와 같이 설명하였다.[38]

· 신사참배는 종교의식이 아니라 국민의례이며, 예배 행위가 아니고 조상에게 최대의 경의를 표하는 것일 뿐이다.
· 교육의 목적은 학생들의 지적인 육성에만 있는 것이 아니라 학생들을 천황의 신민(臣民)이 되게 하는 데 있다. 그러므로 교사와 학생 모두 신사참배를 통하여 천황에 대한 경외를 표해야 한다. 그러나 일반인들의 신사참배는 자유에 맡길 뿐이고 강제할 것은 아니다.

한국에 있는 선교회와 교회들은 이러한 일제 당국의 설명에 대하여 각기 달리 반응하였다. 장로교 선교회는 신사참배의 본질이 무엇인지를 규명하고 이에 반대를 표명한 데 반하여, 감리교 선교회와 교회는 일제 당국의 해석을 그대로 받아들여 처음부터 타협하는 길을 모색하였다. 여하튼 탄압이 점점 가중되자 모두 인간의 연약함을 드러내게 되었다.

윤산온 선교사는 기한 내에 신사참배 문제를 재고하라는 일제 당국의 통보를 받고, 평양지구 장로교 교역자회의에 참석한 한국인 목사들에게 조언을 청하였다. 그때 한 사람을 제외한 전원은 신사참배에 반대하며 이렇게 말했다.

37) *Statement Presented to the Executive Committee of the Board of Foreign Mission, M. E. Church, June. 17* (1937),
38) 같은 문서.

우리는 신사에서 죽은 영혼들을 신으로 섬기는 신사참배가 하나님의 계명에 위배되는 것인 줄 압니다. 또한 한국 교회가 이로 인하여 앞으로 심한 핍박을 받게 될 것이며, 우리 가운데 많은 사람이 핍박을 견디지 못할 것도 압니다. 우리가 아직 말할 수 있으니까 드리는 말씀입니다만 선교사님들께서 아무쪼록 어떠한 어려움을 당하시더라도 교회의 신앙을 굳게 지키도록 해 주시기 바랍니다.[39]

그러나 이와 같은 믿음에서 우러나온 양심의 소리는 날이 갈수록 약해져 갔다. 그러다가 많은 목사들이 결국 입을 다물고 말았으며, 마침내 그들이 미리 염려했던 바와 같이 굴복하고 말았다.

한편 신사참배에 대한 견해는 교회와 선교사들에 따라 차이가 있었는데, 서로 다른 의견들은 교파의 배경과 신학적 견해의 차이를 반영하는 것이었다. 그것은 일본에서도 마찬가지였다.[40] 일제 정부가 신사참배는 종교의식이 아니라 다만 국민의례일 뿐이라고 해석하는 바람에 많은 기독교인들이 맹목적으로 혹은 마음의 부담을 덜고 일제의 강요에 순응하였다. 그뿐 아니라 어떤 이들은 나중에 그들의 굴종을 신학적으로 정당화하려 하였다.[41] 다시 말하면, 신사참배로 인한 핍박 때문에 보수주의자와 자유주의자의 사상의 차이가 실제적으로 드러나게 된 것이다.[42]

정신여학교 최초의 입학생들
1887년 설립

39) Allen D. Clark, 앞의 책, 223

40) Lee Kun Sam, 앞의 책, 123 참고.

41) Yun Seong-Bum, *Der Protestantismus in Korea* 1930-1955 (박사 학위 논문의 일부), 45: "신사참배 문제는 국가적인 문제이지 기독교적인 문제로 보이지 않는다."

42) 참고: Harvie M. Conn, "Studies in the Theology of the Korean Presbyterian Church", in *The Westminter Theological Journal,* Philadelphia, Vol.29, No.2 (1967), 159f. 그러나 민경배는 이 견해에 동조하지 않는다. 참고: 민경배, 「한국 기독교회사」 (1972), 337 이하.

가톨릭의 교황청은 1919년과 1930년에만 해도 일본과 한국, 만주에 있는 감독들에게 국가신도(State-Shinto)는 종교라고 천명했으나 이제 와서는 "가톨릭 신자들은 국가의식에 참여해도 무방하니 이는 기독교에 욕 돌리는 것이 아니다."라는 교지(敎旨)를 내렸다.[43] 로마 가톨릭교회는 일제 당국의 신사참배에 대한 해석을 그대로 받아들임으로써 17세기에서부터 인도와 말레이시아 및 중국의 토착 종교와 그 제의(祭儀)에 대한 적응 문제를 두고 가톨릭교회 내에서 찬반양론으로 오랫동안 끌어오던 선교정책의 논쟁을 일단락 짓게 된 것이다. 이러한 결정은 프란시스코 교단이 오랫동안 교리 보수를 우선으로 내세워 온 정책에 반대하여 선교에서 토착 종교에의 적응을 부르짖던 예수회 교단의 승리를 의미하는 것이었다.[44]

1936년 11월에는 일본의 기독교연합회(National Christian Council)가 신사참배 문제를 두고 오랫동안 논란을 벌여오던 끝에 로마 가톨릭처럼 굴복하고 말았다. 즉, 기독교인들은 신사참배에 대한 정부의 해석을 그대로 받아들이며 신사의 국가적인 의의와 가치를 인식하며 경의를 표할 것이라고 하였다.[45] 한국에 와 있던 캐나다 연합교회의 선교회는 교회연합을 성취한 이후 캐나다 장로교 선교회를 합병하고서도 계속 조선 장로교회와 관계를 맺고 있었는데, 이 역시 신사참배를 하는 방향으로 결정을 내렸다.[46]

위에 든 교회와 선교회와는 달리 장로교 선교회들은 신사참배를 반대하는 결정을 내렸다. 북장로교 선교회는 회원들 간의 의견 차이와 본국 선교부의 모호한 태도 때문에 진통을 겪던 끝에 이미 1935년에 합의한 신사참배 반대 결정을 재확인하였다.[47]

---

43) Lee Kun Sam, 앞의 책, 140.

44) Heinrich Frick, *Christliche Verkundigung und Vorchristliches Erbgut (Ev. Missionsverlag Stuttgart u. Basel,* 1938), 10.

45) *The Statement of M. E. Church,* 앞의 문서, 179.

46) 같은 문서; cf. Son Myung-gul, *Korean Churches in Search of Self-Identy, 1930-1970,* (Southern Methodist University, U.S.A., 1974), *Dissertation,* 157.

47) 참고: 金良善, 앞의 책, 179.

한국 북장로교 선교회 회장 홀드크로프트(J. G. Holdcroft)는 신사참배에 대하여 단호히 반대하였다. 그는 회원들에게 이 문제에 대하여 올바른 결정을 내리도록 촉구하였다.

> 우리는 학교를 하나 또는 모두 다 잃을 수는 있습니다. 그러나 교회를 온통 다 저버릴 수는 없습니다.[48]

북장로교 선교회는 1937년의 연례회의에 참석한 백 명의 회원 가운데 3분의 2라는 다수의 찬성으로 학교를 폐교하기로 가결하였다.[49] 그러나 연희전문학교장 언더우드 목사와 나머지 회원들은 이러한 결정에 항의하였다.[50]

북장로교 선교회에 비하여 남장로교와 호주장로교 선교회는 신사참배를 반대하는 일에 더 단호하였다. 남장로교회 선교사들은 특히 남장로교 선교부의 총무 다비 풀톤(Darby Fulton)의 역할로 신사참배를 만장일치로 반대하기로 하였다. 풀톤은 일본에서 출생하여 신도(神道)가 어떤 것인지 익히 알고 있었다. 그는 이렇게 주장하였다.

> 신사참배는 사소한 문제가 아니라 기독교 신앙의 근본 문제와 관계가 되는 것입니다. 즉 유일신론이냐 다신론이냐를 결정하는 중요한 문제입니다.[51]

풀톤은 신도에 대한 일본 정부의 해석에 대해 다음과 같이 언급하였다.

> 일반 기독교 신자이거나 교파의 지도적인 인물을 막론하고 정부가 신도에 대하여

---

48) *The letter of Holdcroft,* dated March 15 (1937), which is addressed to the members of the Chosen Mission of the Presbyterian Church, U.S.A.

49) *The letter of Holdcroft and Soltau of the Board of Foreign Missions, Presbyterian Mission,* August 31 (1937).

50) Cf. *The Minutes of the Foreign Department of the Board of North Presbterian Mission,* August 31 (1937).

51) G. T. Brown, 앞의 책, 153.

말하는 것을 그대로 받아들일 수는 없습니다. 왜냐하면 신사참배 의식이 기도라든지 신령을 부르는 것(incantation) 등의 종교적 요소를 다분히 내포하고 있으며, 누가 보더라도 종교적인 성질을 띠고 있다는 인상을 씻을 수가 없기 때문입니다.[52]

미국 남장로교 선교부는 1937년 2월 24일에 한국에 있는 선교회에 학교 문제에 대한 최종적인 결정을 내려 전달하였다.

최근까지의 동향을 보아 기독교적 원리를 포기하지 않는 한 학교의 유지가 불가능하다는 것을 알기 때문에 한국에 있는 선교회에 점차 학교를 폐쇄하는 조치를 취하도록 이에 선교부의 뜻을 전하는 바입니다.[53]

신사참배 문제를 두고 자유주의자들은 타협을 통한 적응의 길을 찾았으며, 장로교 이외의 교회들과 선교회는 좀 더 현실적인 선교 사업과 기구적인 교회(institutional church)의 존립에 관심을 두었다. 반면에 장로교회와 그 선교회들은 개혁주의 신앙고백이 강조하는 대로 하나님의 말씀을 믿는 신앙을 고수하려고 하였다. 이들은 현실적이고 합리적인 사리를 따라 결정을 짓지 않고 성경에 있는 대로 하나님의 말씀을 좇아 하나님의 주권과 섭리를 믿는 신앙으로 결정했던 것이다. 그들은 신도(神道)의 의식이 종교냐 아니냐 하는 문제는 정부가 어떻게 정의를 내리느냐에 달린 것이

대구 개성학교

52) *A report: Summary of Actions taken by the Executive Committee of Foreign Missions in the United States with reference to the issue of Shrine Attendence in Korea and Japan* (1940).
53) 같은 문서, 2.

아니고 신도의 의식 자체가 스스로 그것을 밝히는 것이라고 생각하였다.

1937년 1월에 발간된 일본의 한 기독교 잡지(*Japan Christian Quarterly*)에 보면, 일본 기독교연합회는 신사참배 문제를 두고 양심과 논리에 맞지 않는 결정을 내렸음을 알 수 있다. 일본 기독교연합회의 지지를 받고 있던 지도적인 신자들은 신사참배에 대하여 하나같이 아래와 같은 견해를 가지고 있었다.

> 신사참배 의식은 분명히 종교적 요소를 내포하고 있다. 즉, 신사를 받드는 간누시(神主=司祭)가 참배자와 국가를 위하여 기도를 하며, 장례식과 결혼식을 종교적으로 집례한다. 그뿐 아니라 여러 학교 기관에서 학생들을 신사에 참배하게 함으로써 그들의 종교적인 감정을 표현하도록 한다. 여하튼 대중은 신사를 종교적인 전당으로 보며 거기에 예배하기 위하여 참여한다.[54]

신사참배와 천황에 대한 요배(遙拜)가 종교냐 하는 것과 그것이 기독교 신앙과 조화가 될 수 있느냐 하는 문제는 일본에서 이미 1880년대부터 논란이 되어 온 문제였다. 특히 메이지 유신 이후 신도의 이면에는 군국적인 팽창주의와 제국주의적 국가주의가 도사리고 있었다. 군국주의적 일본 정부는 일본 제국 내에 있는 모든 국민에게 천황을 신으로 내세워 예배하게 함으로써 절대적인 복종을 요구하였다.[55]

일제가 1930년 말엽에 이르러 한국의 기독교인들을 더욱 심하게 핍박하면서부터는 사실상 신사참배의 본질에 대하여 더 왈가왈부할 필요가 없어졌다. 신사참배가 종교가 아니라는 일본 정부의 해명은 기독교인들을 배교(背教)의 길로 유인하는 한갓 미끼에 지나지 않았다. 일제의 의도는 애초부터 교회를 무기력하게 만들고 비기독교화하자는 데 있었기 때문이다.[56]

1937년 9월에 이르러 미국 북장로교 선교회는 관할하에 있는 여덟 개의

---

54) 같은 문서, 12.
55) Lee Kun-Sam, 앞의 책, 52.
56) 閔庚培, 앞의 책, 329 이하.

학교를 폐쇄했으며, 남장로교 선교회는 열 개의 학교를 폐쇄하였다. 언더우드는 연희전문학교를 구해 보려고 일본 정부에 순응했으나, 결국 1941년까지밖에 지탱할 수가 없었다.[57] 일제는 모든 교육 기관에서 기독교적인 요소를 제거하려고 온갖 수단과 방법을 동원하였다. 일제에 굴종함으로써 명맥을 유지했던 기독교 학교가 없지는 않았으나 1945년 해방이 되어 신앙의 자유를 다시 찾았을 때 이 학교들은 이미 기독교 학교라고 칭할 수 없을 만큼 변질되어 있었다.[58]

신사참배에 대한 굴종과 반대 운동

일제는 1938년 2월에 신사참배를 거부하고 버티는 장로교회를 꺾기 위하여 총력을 기울였다. 일제 총독부는 모든 노회원들은 노회를 개최하기 전에 먼저 신사에 가서 참배부터 해야 한다고 명령을 내렸다. 이 해 2월부터 9월 총회가 열리기까지 전국의 23개 노회 가운데 17개 노회는 일제가 시키는 대로 굴복하고 말았다.[59]

일본 경찰은 나름대로 총회에서 일제 정부의 목적을 달성하기 위하여 갖은 수단을 다 동원하였다. 한편으로는 주기철(朱基徹), 채정민(蔡廷敏), 김선도(金善道), 이기선(李基善) 등 신사참배를 반대하는 지도적인 목사들을 경찰서로 연행하는가 하면, 또 한편으로는 일단의 목사들을 동경으로 보내었다. 신도를 견학하고 와서 한국의 신자들에게 가르치도록 하자는 계획에서였다. 그러나 이러한 허술한 세뇌 정책은 무위로 돌아갔다. 그러자 경찰은 총대들을 사전에 개인적으로 경찰서에 출두케 하여 총회가 열리면 신사참배를 지지하

주기철 목사

57) 같은 책, 327.
58) G. T. Brown, 앞의 책, 152에 인용된 the Notes of L. G. Paik 참고.
59) 金良善, 앞의 책, 186 이하.

든지 아니면 보류하든지 하라고 협박하였다. 만일 이에 응하지 못하겠으면 총대를 사임하라고 으름장을 놓았다. 그리고 선교사들에게는 신사참배를 반대하는 발언을 한마디도 하면 안 된다고 경고하였다.[60]

1938년 9월 9일 평양 서문밖교회에서 열린 제27회 총회는 일본 경찰의 삼엄한 감시와 통제하에서 개회되었다. 개회 이틀째 되는 날에는 경찰이 교회를 포위할 뿐 아니라 교회 안을 완전히 꽉 메우다시피 하였다. 약 백 명이나 되는 경관들이 193명의 총대들 틈에 앉아 꼼짝 못하도록 감시하였다.[61]

이러한 공포 분위기 가운데서 의사(議事)는 미리 짜 놓은 각본대로 진행되었다. 한 총대가 신사참배를 국민의례로 인정하자는 동의를 하였다. 동의에 재청이 들어오자 새로 선출된 총회장 홍택기는 즉시 가부를 물었다. 선교사 방위량(W. N. Blair)이 이의를 신청했으나 묵살되었다. 가부를 묻는 물음에 '예' 하고 대답하는 사람은 불과 몇 사람뿐이었다. 총회장은 반대 의견이 있는지 묻지도 않고 황급히 동의대로 가결되었음을 선포하였다. 총회 서기는 이어서 준비해 두었던 성명서를 낭독하였다.

> 아등(我等)은 신사는 종교가 아니고 기독교의 교리에 위반하지 않는 본의를 이해하고 신사참배가 애국적 국가의식임을 자각하여 이에 신사참배를 솔선 여행(勵行)하고 추(追)히 국민정신 총동원에 참가하여 비상 시국하에서 총후(銃後) 황국신민(皇國臣民)으로서 적성(赤誠)을 다하기로 기(期)함.[62]

선교사 한부선(Bruce F. Hunt)을 위시한 여러 선교사들이 일어서서 총회의 결의가 불법이라고 외쳤으나 소용이 없었다. 신사참배를 지지한다는 결의가 비록 경찰의 감시와 강요하에 불법으로 통과되기는 했으나, 그것은 대다수

60) Cf. William N. Blair & Bruce F. Hunt, *The Korean Pentecost and Sufferings which followed* (Carlisle, Pennsylvania: The Banner of Truth Trust, 1977), 92.
61) 「총회 60년사」 (1973), 28. 193명의 총대는 목사 86명, 장로 85명, 선교사 22명으로 구성되어 있었다.
62) 같은 책, 30.

신사 참배한 목사들의 기념사진 1943년

의 신사참배를 반대하던 총대들의 의기를 꺾기에 충분하였다. 회의가 끝나자 부총회장인 김길창을 비롯하여 23명의 총대들이 평양의 신사로 직행하여 참배하였다. 장로교와 감리교의 각 총회는 그 해 12월 12일에 전 조선 기독교 대표를 일본에 보내어 일본 이세신궁을 순례하고 거기에 참배케 하였다.[63)]

오래 버티던 장로교회가 일본의 신사참배 강요에 공적으로 굴복하고 말았으나 수많은 목사들과 지도적인 기독교인들이 개별적으로 또는 공동으로 신사참배를 반대하였다. 장로교회 선교사 총대들은 신사참배 지지 가결이 있은 바로 그 날 오후에 신사참배 가결이 부당하다는 항의서를 제출하였다.

일찍부터 타협의 길을 모색한 감리교회에서는 장로교회에서처럼 신사참배에 대한 조직적인 반대 운동은 없었으나 개별적인 신사참배 반대 운동이 있었다. 여러 목회자들이 연회에서 휴직하기도 하고, 제명되기도 했으며, 적극적으로 투쟁하기도 했다. 3 · 1 독립 운동 선언서에 서명한 33인 중 한 분인 신석구 목사는 천안교회에서 반대 투쟁을 하다가 옥고를 치렀고, 이진구 목사는 원산 지방 고성교회에서 반대 투쟁을 하다가 투옥되었으며, 이영한 목사는 해주 형무소에서 순교하였다. 강원도 삼척의 북평교회 평신도인 최인규 권사는 1942년 12월 16일 옥중에서 순교하였다. 1940년 6월에 감리교신학교 안에 신사참배 반대와 일제의 정책을 반대하는 전단이 뿌려진 사건으로 인하여 신학교는 무기 휴교를 당했으며, 마침내 폐교 당하였다.[64)]

1938년 9월 28일 남장로교 선교회는 신사참배 강요에 굴복한 조선 예수

63) 최덕성, 「한국교회 친일파 전통」(본문과 현장사이, 2000), 15, 17, 181에 있는 사진 참고.
64) 盧宗海, 「韓國監理教史의 새 視覺」 (서울: 도서출판 풍만, 1988), 236.

교장로회를 탈퇴하기로 결의했으며, 북장로교 선교회도 10월 5일 역시 탈퇴를 결의하였다. 남장로교와 북장로교 선교회는 호주 장로교 선교회와 더불어 신사참배를 반대한다는 이유로 각노회에서 제명당한 목사들을 지지하고 후원하였다.[65] 1939년 초에는 평안도와 경남 지방에, 그리고 만주에 거주하는 교포 신자들 사이에서 신사참배를 반대하는 조직적인 운동이 일어났다.

자진 폐쇄한 평양신학교
1922년 재건축 이후 모습

북에서는 평양 산정현교회가 이 운동의 중심이었다. 주기철(朱基徹, 1897~1944) 목사는 이 운동의 지도적 인물로서 1936년 산정현교회 담임목사로 부임하였다. 그는 1931년 마산 문창교회에 부임하기 이전 부산 초량교회를 시무할 때 이미 경남노회에 신사참배 반대 결의안을 제출하여 교계의 이목을 끌었다.[66] 주기철 목사는 1938년부터 세 번이나 검속되었다가 1940년 5월 네 번째로 검거되어 평양 감옥에서 혹독한 고문을 당하는 등 옥고를 치르다가 1944년 4월 21일 순교하였다.[67]

1939년 4월 주기철이 세 번째로 검속되었을 때 이기선 목사와 채정민(蔡廷敏) 목사는 서북 지방에서 신사참배에 반대하는 많은 목사와 평신도들을 규합하였다. 그리하여 1940년 3월 아래와 같은 결의를 하고 신사참배 반대 운동을 조직화하였다.[68]

· 신사참배 학교에 자녀를 입학시키지 말 것.
· 신사 불참배 운동을 일으켜서 현실 교회를 약체화 내지 해체시킬 것.

65) 金良善, 앞의 책, 191.
66) 김충남, 「진달래 필 때 가버린 사람」(서울: 기독교문사, 1970), 136.
67) 金良善, 앞의 책, 195.
68) 같은 책, 195.

· 신사 불참배 신도를 규합하여 가정 예배를 보며 그것을 육성하여 교회를 신설할 것.

남부 지방에서는 마산 문창교회에 주기철 목사의 후임으로 부임한 한상동 목사가 주남선(朱南善, 1888~1951) 목사와 당시 전도사인 황철도(黃哲道)와 이인재(李仁宰) 등과 더불어 신사참배 반대 운동을 주도하였다. 한상동(韓尙東, 1901~1976)은 마산 문창교회에 부임한 지 6개월 만에 경찰의 압력으로 노회에서 목사직을 사면 당하였다. 그로부터 그는 목회 처도 없이 경남 지방을 순회하고 여러 번 평양을 왕래하면서 신사참배 반대 운동을 벌였다. 1939년 11월 29일 남부에서는 신사참배 반대 운동을 좀 더 철저히 하기 위하여 그 방안을 정하였다.[69)]

평양 산정현교회

· 현 노회 해체 운동.
· 신사참배 목사의 세례를 거부할 것.
· 신사 불참배 성도들만의 새 노회를 조직할 것.
· 신사 불참배 동지는 상호 원조를 도모할 것.
· 그룹 예배의 여행(勵行)과 함께 동지 획득에 주력할 것.

1940년 4월 20일 주기철이 잠시 옥에서 풀려 나왔을 때 한상동과 이인재는 평양으로 가서 주기철과 북부 지방의 신사참배 반대 운동 지지자들과 회동하고서 신사참배 반대운동의 방안을 제의하였다. 그러나 그들은 그의 제의

69) 같은 책, 196. 참고: 1934년 10월 19, 20일에 Berlin-Dahlem에서 열린 독일 고백교회 노회(Bekenntnissynode der EKD)의 결정의 제3장이 비슷한 형식으로 교인들에게 고백교회를 지지하고 받들도록 촉구하고 있다.

에 따라 전국을 망라하는 새로운 교회를 조직하는 일을 두고는 의견의 일치를 보지 못했으나 반대하는 일에는 같은 의견이었다.[70] 그들은 박해하에서 '개혁주의 교회는 항상 개혁하는 교회'(Ecclesia, quia reformata, semper reformanda est)라는 말대로 개혁교회의 정신을 실현하고자 하였다. 당시 이와 같이 교회의 개혁을 위하여 노력한 목사들을 분리주의적인 경향을 가졌다고 말하는 것은 아주 부당한 평가이다.[71] 왜냐하면 그들은 대다수가 목회 처에서 신사참배를 반대한다는 죄명으로 축출 당하였고, 그들이 속한 노회에서 제명되었기 때문이며, 신사참배를 가결한 현실 교회는 교회의 정체성을 이미 상실하고 있었기 때문이다.

한상동 韓尙東 목사
1901-1976

그들은 주님의 몸 된 교회를 사랑하고 교회를 개혁할 수 있는 길을 신사참배에 굴복하고 그것을 수용한 기성교회 안에서 발견하기란 불가능했다. 새로운 교회를 조직하는 길밖에는 달리 도리가 없었다. 당시의 상황은 해방 이후의 회개운동 때와는 달랐다. 신사참배 반대자들이 새 교회를 조직하려고 한 것은 같은 시대에 독일에서 나치 정부의 지배하에 있으면서 정부를 맹종하는 '독일 그리스도인들'(Deutsche Christen)이 교권을 장악하고 있는 독일 교회의 개혁을 위하여 칼 바르트를 위시하여 교회의 자립을 주창하는 이들이 고백교회(Bekennende Kirche)라는 새 교회 운동을 벌인 경우와도 흡사하다.[72]

한상동 목사를 위시한 신사참배 반대 운동자들이 새로운 교회를 조직할 계획을 세웠으나 이를 계속 추진하지는 못했다. 일제 정부가 그럴 여유를 주지 않았기 때문이다. 1940년 7월 경찰은 신사참배 반대자들을 전국적으로 일제히 검거했다. 2,000여 명의 기독교인들이 검거되었는데, 70여 명의 지도적인 신

70) 김충남, 앞의 책, 217.
71) 비교: Son Myeong-Gul, 앞의 논문, 217.
72) 참고: 김영재, "독일 민족교회와 고백교회", 「되돌아보는 한국기독교」(수원: 합신대학원출판부, 2008), 387-418. 독일 고백교회를 가리켜 부적절한 운동이었다고 말하는 자는 세상에 없다.

자들이 장기 복역을 하였고, 그 중 일본 중의원에 가서 신사참배 철회를 호소했던 박관준 장로[73] 와 "예수 천당"을 외치며 전도하던 최봉석 목사 등 50여 명이 감옥에서 순교했으며, 나머지는 해방을 맞이하여 출옥하였다.[74] 평양감옥에서 8월 17일 저녁 출옥한 이들은 고흥봉, 김화준, 방계성, 서정환, 손명복, 오윤선, 이기선, 이인재, 조수옥, 주남선, 최덕지, 한상동, 그리고 김형락, 박신근, 안이숙, 양대록, 장두회, 채정민, 손양원이었다.[75]

태평양 전쟁이 발발하자 일본 정부는 교회를 무참히 짓밟고 탄압하여 굴종케 하였다. 한국인의 각 가정에는 '아마데라스 오미가미'(天照大神)의 위패가 든 신사 모형의 가미다나(神棚)를 안치하거나 종이로 만든 위패를 각 가정에 나누어 주어 벽에 걸게 하였다. 예배당에서는 하나님께 예배하기 전에 먼저 일본 천황이 있는 동방을 향하여 경례를 하고 전몰장병을 위한 묵도를 하며 '황국신민의 선서' 를 제창해야만 했다.[76] 굴종한 교회는 세상 권력이 시키는 대로 따를 뿐이었다.

마산 문창교회 예배당 1903년 설립

1942년 제31회 총회의 일정표는 교회 순서와는 거리가 아주 먼 것이었다. 평양의 신사를 먼저 참배하는 것으로 시작하여 국민의례에 시국 강연이니 국방헌금이니 하는 순서로 꽉 짜여 있었다. 일제에 굴복한 교회 지도자들은 일제 정부의 전쟁을 선전하는 연사로 부역해야만 했다.[77]

73) 참고: 안이숙, 「죽으면 죽으리라」 (기독교문사, 1968).
74) A. D. Clark, 앞의 책, 230. 이상규는 순교한 이들 가운데 밝혀진 이는 30여명이라고 한다. 참조: 이상규, 「한국교회 역사와 신학」(서울: 도서출판 생명의 양식, 2007), 28.
75) 이상규, 같은 책, 28.
76) 참고: *Outline for Guidance of the Presbyterian Church adopted by the Executive Committee of the General Assembly* (Nov. 1940).

일제는 이에 그치지 않고 기독교의 교리적인 면까지 하나하나 침범하며 잠식하였다. 여러 장의 찬송을 봉(封)하여 사용하지 못하도록 하고 찬송가 가운데 '왕'(王)이란 말은 '주'(主)로 대치하도록 하였다.[78] 1942년 3월에 일제 정부는, 독일 나치 정권이 독일 교회에 '독일 그리스도인들'(Deutsche Christen)을 조직하게 했듯이, 일본 교회에 강제로 혁신교단(革新教團)을 조직하도록 하고, 한국 교회에는 모세 5경과 다니엘서, 요한계시록 등 이스라엘 백성의 역사와 하나님의 왕적인 주권을 많이 언급한 책은 보지 못하게 하였다.[79] 그리고 후에는 설교 본문을 신약의 4복음서에서만 택하도록 하였다. 그뿐 아니라 개신교의 모든 교회는 각기 전통적인 교회라는 이름을 버리고 교단(教團)이라고 부르게 하였다. 성결교회와 제칠일안식교회는 1943년에 천년왕국을 믿는 신앙 때문에 교회가 폐쇄 당했으며, 침례교는 1944년에 폐쇄되었다. 이들 교회들은 장로교와 감리교에 비하여 교세가 작기 때문에 일본 식민 정부가 폐쇄 조치를 쉽게 내렸던 것 같다.

신사참배자들의 대열

1945년 해방 직전에 국내의 교파 교회들은, 즉 폐쇄 조치를 면한 장로교와 감리교는 일제 정부의 지시하에 '일본기독교조선교단'으로 통합되었다. 1945년 7월 20일 김관식이 이 통합 교단의 통리(統理)로 취임하였다. 이럴 즈음 50여 명의 한국 목사들은 서울의 한강과 부산의 송도 앞바다에서 일본의 '간누시'(神主), 즉 신도(神道)의 사제(司祭)들에게서 신도의 정결의식인 '미소기바라이', 즉 신도의 세례를 받았다.[80]

---

77) 참고: 閔庚培, 앞의 책, 331; *Reform Plan for the Korean Methodist Church* (1940). Son Myung-Gul, 앞의 논문, 408.

78) *Report of the Interim Committee of the Korean Mission of the United Church of Canada* (Aug. 1942), 8.

79) *Reform Plan for the Korean Methodist Church*, 앞의 문서.

80) Harvie M. Conn, 앞의 논문, 171; 神道의 儀式은 Lee Kun-Sam, 앞의 책, 8 참조.

일제 정부는 신사참배가 국민의례일 뿐 종교가 아니라며 이를 강행하여 기독교인들의 신앙 양심을 짓밟아 놓고는 기독교의 교리를 수정하게 만들고, 성경과 찬송까지 침범하여 이의 사용을 제한하여 예배의 순수성을 앗아갔으며, '교회' 의 개념마저 흐려 놓기 위하여 '교회' 라는 이름을 '교단' 으로 바꾸어 놓았다. 이러한 역사적인 현실을 외면한 채 새삼스럽게 신사참배가 종교냐 아니면 단순한 국민의례냐 하고 묻는 것은 어이없는 논리의 희롱이다.

1930년대에는 그러한 물음이 성립될 수도 있었다. 비록 양심의 소리에는 외면을 하더라도 아직 현실을 경험하기 이전이었기 때문에 '그렇다' '아니다' 라고 주장하거나 받아들일 수 있었다. 그런데 10년이란 세월에 신사참배의 참상을 위에 든 바와 같이 쓰라리게 경험하고서도 일제 정부가 하던 말 그대로 되풀이하여 신사참배는 종교가 아니고 국민의례일 뿐이라고 말하는 것은 역사를 외면하고 사실에 근거하지 않는 사변적인 논리의 희롱을 일삼는 일이요, 그러한 주장은 몽유병 환자의 잠꼬대와 같은 말일 뿐이다.

신사참배 반대자들의 신앙

위에서 이미 언급한 바와 같이 대부분의 신사참배 반대자들은 보수적이며 개혁주의 신앙을 소유한 장로교인들이었다. 그들은 성경을 하나님의 말씀으로 믿으며 신앙과 생활의 절대적인 표준으로 믿었다.[81] 신사참배는 그들에게는 의심할 여지없이 하나님의 십계명의 첫째와 둘째 계명에 위배되는 우상 숭배였다. 김재준(金在俊)과 정하은(鄭賀恩)은 신사참배 반대자들이 이렇게 믿는 것은 신학적인 무지에서 온 것이라고 말한다.[82] 하나님의 계명을 순종한다는 것이 신사참배 반대자들이 가진 신앙의 출발점이었다. 이근삼(李根三)은 신사참배 반대자들이 반대하는 동기를 다음과 같이 기술한다.[83]

81) 朴亨龍, 「敎義神學」 I권, 서론의 서문 참조.
82) 참고: 洪致模, "韓國 敎會와 神社參拜", 「新東亞」 (1973. 2), 193.
83) Lee Kun-Sam, 앞의 책, 183-194.

· 하나님의 계명에 대한 순종과 교회에 대한 사랑.
· 그리스도의 왕적인 다스리심에 대한 종말론적 기대와 개인적인 신뢰.
· 하나님의 진리에 대한 타협을 모르는 간증.
· 하나님의 영광을 위하여 순교하는 것을 높이 평가하는 일.

하나님께 대한 순종의 전제(前提)는 특히 주남선(朱南善) 목사의 경우 사랑이었다. 즉, 하나님의 사랑을 깊이 깨닫고 의식하는 데서 하는 순종이다. 주남선은 요한1서 4장을 본문으로 자주 설교하면서 신사참배를 반대해야 할 이유를 세 가지로 말하였다.[84]

· 하나님은 우리를 사랑하시므로 독생자를 주셨다.
· 하나님은 우리를 사랑하시므로 성령을 주셨다.
· 하나님께서 우리를 사랑하셨으므로 우리는 그에게 순종해야 마땅하다.

주남선 朱南善 목사
1888-1951

주남선 목사는 또한 '불사이군'(不事二君)이란 '충'(忠)에 대한 유교의 가르침과 상통하는 마태복음 6장 24절의 "한 사람이 두 주인을 섬기지 못한다."는 말씀을 자주 강조하였다. 신사참배 반대자들은 또한 "죽도록 충성하라. 그리하면 내가 생명의 면류관을 네게 주리라."(계 2:10)는 말씀으로 고난을 불사(不辭)할 용기를 얻었다. 주기철 목사는 그의 일기에 아래와 같은 말을 썼다.[85]

내가 예수님을 위하여 마땅히 겪어야 할 핍박을 피한다면 장차 주님 앞에 설 때 내가 어떻게 주님의 낯을 대할 수 있을까. 주님께서 나에게 물으시면 무엇이라고 대답할까? "너는 나의 이름으로 기쁨과 즐거움을 맛보았는데 나의 고난의 잔을 어디

84) 심군식, 「해와 같이 빛나리」 (서울: 성광문화사, 1976), 125.
85) 김충남, 앞의 책, 204.

다 두었느냐? 그 고난의 잔을 마시지 않고 어떻게 내게 왔느냐? 내가 너에게 물려 준 십자가는 어디에 벗어 두었느냐? 하고 물으시면 난 무엇이라 대답할까."

어떤 이들은 신사참배 반대자들의 신앙을 "피안적인 신앙에서 이 세상을 완전히 무시하고 사회 참여의 책임을 다하지 못한 신앙"이라고 말하는 사람이 있다.

> 2차 대전 당시 독일의 나치 정권 치하에서 죽임을 당한 본회퍼(D. Bonhoeffer)와는 달리 주기철의 죽음은 기독교적 선교(宣教)와 사회에 대한 책임을 다하기 위하여 죽은 죽음으로는 간주할 수 없다. 그것은 어떤 의미에서는 사상을 위하여 희생당한 것으로 볼 수 있다. 그러나 그것은 근본주의적 신학과 교리 때문에 있게 된 자기소외(自己疏外)에 지나지 않는다. [86]

신사참배 반대자를 현실을 도피하는 광신자로 취급하는 것은 매우 부당한 처사다. 기독교가 박해를 당할 때 예수를 따르는 제자라면 죽을 각오를 하는 것이 마땅하다. 이러한 각오는 예수 그리스도께서 그를 따르는 제자들에게 요구하신 것이다. 십자가의 고난을 당하신 예수 그리스도를 머리로 한 그리스도의 몸인 교회는 역사적으로 주를 위하여 죽음을 각오하고 봉사하는 그리스도인들의 희생을 통하여 성장해 왔고 보전되어 왔다. 신사참배를 강요하고 이를 통하여 기독교를 말살하려는 일제의 박해 아래에서 기독교인으로서 진실하게 임무를 다하는 길은 고난 받을 것을 각오하고 일제의 비기독교화 정책에 저항하는 것밖에는 없었다.

이러한 시점에서 교회가 해야 할 과업은 진리와 신앙의 자유를 위하여

---

86) Chung Ha-Eun, "Eighty Years History of Korean Christian Social Ethics" in *Korea Struggles for Christ* (1965), 45; 박봉배 역시 비슷한 말을 한다. "다른 말로 하자면 그들의 초월 개념에는 영적인 천당을 생각하는 것만이 있을 뿐이고 어떤 사회적인 의미 인식은 없다. 그들의 태도나 저항에는 기독교적 사회 윤리에 대한 책임의식은 반영되어 있지 않다. 그런 뜻에서 그들의 초월 개념은 무속적-불교적 도피주의와 흡사하다" (Park Pong Bae, 앞의 책, 197).

싸우며 고난을 감수하는 것이다. 이러한 위기에서는 교회가 사회 참여의 방향도 정할 수 없고 또한 그런 기회를 얻을 수도 없다. 현실과 타협하여 적그리스도적 권력의 노예가 된 교회와 신자는 사회 참여를 위시한 교회의 본래적인 과업을 수행할 수 있는 능력과 자유를 완전히 빼앗긴 불구에 지나지 않는다.

또한 신사참배 반대자들에게 오늘날의 신학적인 관점에서 사회 윤리 의식이 결여되어 있다고 말하는 것은 역사적인 상황을 완전히 망각한 데서 하는 부당한 요구이다. 본회퍼는 '기독교 시대의 종말'을 의식할 정도로 오랜 교회의 역사와 신학의 전통을 가진 사회 상황 속에서 산 사람으로서 새로운 측면에서 사회 윤리 의식과 사회 참여를 강조하였다.

주기철과 본회퍼는 연대적으로는 동시대에 살았으나 사상적인 전통이나 역사적 상황으로 보아서는 전혀 다른 시대에 살았다. 그런데 본회퍼의 사회 윤리 의식을 신사참배 반대자들에게서 기대한다는 것은 역사성을 도무지 고려하지 않는 몰지각에서 펴는 비논리적인 주장이다. 신사참배 반대자들은 사실상 그들의 종교적인 영역에서 충성함으로써 아울러 그들의 사회에 대한 임무를 다한 것이다. 굴복한 교회와 일제가 하나님의 진노와 심판 아래 있음을 확신하는 믿음에서 그들은 선지자의 사명을 다하였다. 그들은 재판정에서도 일본 제국이 우상 숭배 때문에 망할 것이라고 아무런 겁 없이 말했다.[87]

신사참배 반대자들은 대부분의 한국의 보수적인 신자들이 그랬듯이 천년왕국 신앙을 가졌다. 그들은 성결교회 신자들과 마찬가지로 천년왕국을 믿는 신앙으로 신사참배를 반대하며 그 정책에 항거하고 핍박을 견디어 낼 수 있는 힘을 얻었다. 그들은 예수의 임박한 재림을 믿었다. 주께서 재림하실 때 모든 세상의 나라와 권세가 심판의 주이신 왕적인 통치자 예수 그리스도 앞에 무릎을 꿇을 것이라고 믿었으며, 천년왕국이 시작되면 그리스도께서 그의 왕국을 세우시는데, 기독교인들은 그와 더불어 세상을 다스린다고 믿었다.[88]

---

87) Lee Kun-Sam, 앞의 책, 173f., 188f.
88) 같은 책.

그러나 천년왕국을 믿는 신사참배 반대자들의 종말에 대한 신앙은 광신적이거나 종파적인 메시아를 대망하는 신앙과는 구별해야 한다. 그들의 천년왕국 신앙은 어떤 집단을 형성하고 거기 속한 자기들만이 구원을 받는다고 주장하는 배타적인 종파적 메시아 신앙과는 전혀 다르다. 성경을 문자대로 믿는 성경 이해에서 얻은 천년왕국에 대한 종말론적 신앙은 개혁주의 신앙에 비추어 이해해야 한다. 말하자면 그들은 천년왕국 신앙의 중점을 예수 그리스도의 왕적인 통치에 두었다.

그들에게 핍박을 견디고 이기게 하는 가장 큰 원동력은 하나님의 절대주권(主權)에 대한 신앙이었다. 이 신앙으로 그들은 박해 아래에서 자신들과 그들의 가족과 교회를 주님께 맡기고 고난의 길을 갈 수 있었다. 한상동 목사의 경우를 예로 들어 보자. 그는 늘 예수 그리스도를 현존하시는 살아 계신 하나님으로 믿었으며, 언제든지, 특히 성도가 핍박을 당할 때 친근히 함께하시며 인도하시는 주님으로 믿었다. 그의 신앙을 간증하는 말씀은 선교를 명하시는 그리스도께서 약속하신 말씀이다. "내가 세상 끝 날까지 너희와 항상 함께 있으리라"(마 28:20). [89]

신사참배 반대자들은 정치에 대하여 정교분리(政教分離)라는 전통적인 개혁주의의 견해를 취하였다. 주기철 목사는 이것을 강조한 대표적인 인물이다. 그는 산정현교회 취임설교에서 교회에서는 일체의 정치 활동을 배격한다는 것을 강조하였다. 당시 산정현교회에는 한국의 정치적, 경제적 독립을 위하여 헌신하는 지도적인 인물들이 있었는데도 그는 뜻을 굽히지 않았다.

한국의 간디로 알려져 있던 조만식 장로와 다른 애국적인 인사들도 예수 그리스도에 대한 철저한 신앙의 소유자 주기철 목사의 말을 옳게 이해하였다.[90] 신사참배 반대자들은 신사참배가 국민의례라는 정부의 설명을 배격하고

89) 심군식, 「세상 끝날까지」, 159.
90) 참고: 심포지움, "한국 민족사 속의 교회사", 「神學思想」 16호 (1977), 141 이하. "주기철 목사를 어떻게 볼 것인가?"

신앙을 고수함으로써 '교회의 정치로부터의 독립' (libertas ecclesiae)을 말하는 개혁주의의 원리를 따랐다. 그래서 그들은 일제 정부의 종교에 대한 간섭과 시책에 반대하고 또한 그것을 정죄할 수 있었다.[91]

신사참배 반대자들은 모두 조국에 대한 애국심이 있는 이들이었다. 조국의 독립은 가장 중요한 기도 제목이었다. 그러나 그들이 일제에 항거한 동기는 순전히 종교적인 것이었다. 그들이 일제의 신사참배 시책에 반대한 것이 종교적인 동기에서였는지 또는 정치적인 동기에서였는지 밝히려는 것도 이상할 뿐 아니라 그것을 밝힌다고 해도 일제 당국이 그들을 어떻게 보았느냐 하는 것은 문제의 규명을 위한 하등의 관건이 될 수가 없다. 왜냐하면 일제 정부는 신사참배를 시종일관 국가의식이란 전제하에서 반대자들을 재판했기 때문이다.

어떤 이들은 신사참배 반대자들의 항거를 애국적으로 보려는 마음에서 현상학적으로 보려고 한다. 그러나 문제는 입장과 관점이다. 예를 들면, 1938년 9월 30일 독일 고백교회가 전국적으로 기도회를 갖도록 광고했을 때, 히틀러의 친위대(SS)는 이를 비평하여 "이런 기도는 종교와는 아무 상관이 없다. 이런 신학은 참 신학이 아니다. 그것은 반역자들의 정치적인 통지문이며, 일종의 파업 행위이다."라고 하였다.[92]

1945년 8월 15일 해방이 되자 모든 순교자와 옥중에서 풀려 나온 신자들을 한국 정부와 국민들은 애국지사로 인정하고 대우하였다. 예를 들면, 국립묘지에 안치된 주기철의 묘비에 '애국지사 주기철 목사' 로 새겨진 비명이 그것을 말해 준다. 말하자면 교회 내에서의 정치 운동을 금한 순교자 본인의 의사와는 상관없이 일제에 대한 그의 항거에 정치적인 의미를 부여한 셈이다.

하나님의 나라를 이해하지 못하는 세상의 나라가 신사참배를 반대하여 수난을 당하고 순교한 이들의 종교적인 동기를 이해하지 못하는 것은 알 만한

91) 참고: Sidney Z. Ehler, *20 Jahrhunderte Kirche und Staat* (Hans Dieter Verlag Essen, 1962) 206f., 72f.

92) Wilhelm Niemöller, *"Ein Gebet für den Frieden"*, in *Evangelischer Theologie* 10. (1950/51), 177.

일이다. 그러므로 일제 정부는 신사참배 반대자들을 '국가 반역'이라는 죄목으로 다스렸고, 광복을 되찾은 조국의 정부는 그들에게 '애국지사'라는 이름으로 포상(褒賞)하였다. 교회사에서 보면 기독교를 박해한 정권은 언제나 정치적인 동기와 정치적인 명분으로 박해를 가했음을 알 수 있다. 만일 조국의 정부가 일제의 정부처럼 신앙의 자유를 억압했다면 신사참배 반대자들은 조국의 정부에 대해서도 마찬가지로 항거했을 것은 자명한 사실이다.

신사참배와 장로교 신학의 양극화

1930년대 중엽부터 보수 측과 자유 측은 상호의 신학적인 견해 차이 때문에 충돌하기 시작하였다. 그런데 쌍방은 신사참배 문제로 인한 일제의 핍박 때문에 더 급속히 결렬되고 말았다. 그들은 서로 구체적인 실제 상황에 부딪혀 제가끔 신앙적으로 그리고 신학적으로 달리 반응하였다. 보수주의 신앙인들이 신사참배가 우상숭배라는 확신에서 이에 반대하여 싸우다가 핍박을 당할 때 자유주의자들은 신사참배 문제를 신학적으로 대수롭지 않은 것으로 취급하여 타협과 적응의 길을 택하였다.

지도적인 보수주의자들이 심한 핍박을 받고 있을 때 자유주의자들은 그들의 신학적인 입장과 거점을 공고히 하였다. 보수주의 신학자 박형룡과 남궁혁이 피신을 위하여 망명을 갔고, 신학교에서 교수하던 외국 선교사들은 본국으로 떠났다. 1940년 10월 한국에 주재하던 미국 영사관에서는 선교사들에게 귀국하라는 최종적인 통보를 하였다. 지도적인 보수주의자들이 모두 옥중에 갇혔거나 지하로 피신한 상황에서 서울과 평양 두 곳에서 각각 새로운 신학교가 문을 열었다.

1939년 3월 27일, 김영주(金英柱), 차재명(車載明)이 조선신학교의 설립 기성회를 조직하여 승동교회 장로 김대현(金大鉉)의 재정적 후원을 받아 그 해 가을에 서울 승동교회 하층에서 개강하였다.[93] 교수진으로는 주로 일본서 교육을 받은 채필근, 김영주, 함태영 목사들로, 1930년 중반에 장로교 총회에서 자유주의적인 신학 사상을 가졌거나 거기에 동조한 이유로 지탄을 받은 이들이었다.[94] 그들은 한편 총회 직영 신학교 설립을 청원했으나, 교권을 장악한 이들이 평양에 직영신학교를 설립하려던 차였으므로 총회는 조선신학교 측의 청원을 기각하고 승인만 하였다.

1940년 4월, 조선신학교는 장로교의 독립 신학교로 개교하였다. 일제 말엽에는 조선신학교의 교육 기능이 탄압 정책으로 말미암아 다른 일반 학교와 마찬가지로 마비되었다. 일제는 1939년부터 한국인을 강제 노동에 징용했으며, 1942년부터는 한국인에게도 징병 제도를 실시하여 청년들과 학생들을 무차별 징병해 가는 바람에 학교는 어려움을 겪었다. 제2차 세계 대전이 끝날 무렵 징용이나 징병을 당하여 노역하거나 군복무를 하는 한국인들이 국내에 2,616,900명, 국외에 723,000명에 달하였다.[95]

한편 장로교 총회는 총회 직영 신학교를 평양에 세우기로 가결하고 1939년 11월 김석창(金錫昌), 윤하영(尹河英), 고려위(高麗偉), 김관식(金觀植) 목사들을 교수진으로 하여 평양 선교리(船橋里) 동덕학교 교사를 빌려 개교하였다. 이듬해 2월 채필근 목사가 교장으로 부임하여 일제 당국의 학교 인가를 받았다. 이 신학교는 옛날의 평양신학교의 전통과는 신학적으로 거리가 멀 뿐 아니라 일제 말엽에도 일본화가 되었으며, 해방 직후 공산당이 이북에서 집권하자 폐교되었다.[96]

서울의 조선신학교를 창설하고 오랫동안 교장으로서 학사(學事) 면에서와 신학적으로 학교를 성장시켜 온 김재준은 조선신학교의 설립 의의를 "서양 선교사들의 지배와 보수 신학으로부터의 해방"이라고 말했다. 보수적인 신앙인들과 신학자들이 감옥에 갇혔거나 망명의 길에 있었으며, 선교사들은 일제에게 강제 출국을 당하다시피한 시기에, 그리고 한국 교회는 일제의 신도(神道)

93) 「승동교회 110년사」, 240.
94) Harvie M. Conn, 앞의 논문, Vol.29, No.2 (1967), 174f.
95) Han Woo-Keun, *The History of Korea* (1970), 496.
96) 金良善, 앞의 책, 196.

와의 혼합 정책 때문에 위기에 처해 있을 때 일제의 호의를 입어 신학교를 설립하면서 이러한 발언을 한 것을 생각하면 '신학의 자유'가 무엇을 의미하는지 의아함을 금하지 않을 수 없다. 말하자면 '신앙의 자유'를 희생한 대가로 '신학의 자유'를 구가(謳歌)한 것이다.

한편 신사참배 반대자들은 신앙의 자유를 위하여 감옥에 갇혀 있으면서 앞으로 신앙의 자유를 얻는 날에 평양신학교의 전통을 잇는 신학교를 재건할 것을 다짐하며 기도하였다.

기독교인에게는 신사참배가 신사(神社) 앞에 가서 절 한 번 하는 국가 의식만은 결코 아니었다. 그것은 기독인의 신앙 양심을 앗아가는 우상 숭배였다. 그리고 그것은 교회의 순수성을 짓밟고 기독교를 혼합 종교로 만드는 무서운 적그리스도적 세력으로 점점 그 정체를 드러내었다. 한국 교회는 그로 인해 입은 타격과 상처가 너무나 컸다. 선교가 시작된 지 50년, 장로교회의 독노회가 조직된 지 겨우 30년도 채 못 된 어린 교회였기에 시련과 상처는 그만큼 더 컸던 것이다. 이때 교회가 받은 상처로 인한 균열이 심화되어 해방 이후 분열로 표면화되었다.

교회가 공적으로 굴복했으나 그 가운데서도 개인적으로 신앙의 자유를 위하여 싸운 신실한 성도들이 있었다는 것은 다행한 일이다. 그러나 더 다행스럽고 대견한 일은 신사참배를 반대하는 조직적인 운동이 있었고, 굴종하여 신도(神道)의 포로가 된 교회를 쇄신하려는 신앙의 지도자들이 있었다는 사실이다. 다만 아쉬운 점은 히틀러의 국수주의적 군국주의를 받들던 '독일 그리스도인들'(Deutsche Christen)과 그들을 앞세워 교회를 정치적 도구로 삼으려는 나치 정권을 대항하여 신앙고백 운동을 벌인 독일 교회의 뜻있는 지도자들이 그랬듯이 우리의 신사참배 반대자들이 그들의 신앙 운동을 좀 더 문서화하지 못했다는 점이다. 그러나 그것은 연륜이 짧은 교회의 지도자들에게 너무 많은 것을 바라는 것인 줄 안다. 그나마도 표어를 내걸고 고백 운동을 한 것만도 대견한 것으로 생각해야 할 것이다.

한편 신사참배로 인하여 쓰라린 경험을 하고, 일제 말엽에 이르러 기독교를 말살하려는 일제의 정책을 체험했으면서도 신사참배는 한갓 국민의례에 지나지 않는다고 고집하는 사람이 있는 것은 참으로 딱한 일이다. 그들이 주로 신학자라는 점이 더욱 그러하다. 이 신학자들이 대부분 독일 사정에 상당히 정통하다고 알려져 있을 뿐 아니라, 그 중 어떤이들이 '바르티안'(Barthian)이라고 자처하는 것은 이상한 현상이다. 히틀러 치하에서 종교 개혁의 신앙고백을 재확인하고 교회의 순수성을 보전하기 위하여 투쟁한 사람들이 주로 바르티안들이었는데, 한국에서는 바르티안이라는 신학자들이 교회의 순수성이 침범당하고 기독교 교리가 혼합되어도 무감각하니 이상한 노릇이다.

마르틴 니묄러와 칼 바르트가 주도한 고백교회의 가장 큰 관심사는 민족사회주의(나치 사상)를 종교화하고 히틀러를 우상화하는 데 대항하여 하나님의 첫 계명을 범하지 않고 지키는 일이었다. 바르트는 고백교회 운동에 루터교 측도 얼마든지 참여할 수 있다는 설명을 덧붙이면서 신앙적인 동의를 위하여 논의할 것은 성만찬 문제가 아니라, 교회 내에서 오늘날 문제가 되고 있는 첫째 계명이므로, 이를 함께 고백해야 할 것이라고 했다. 독일 교회가 당면한 현안의 문제가 첫째 계명이라는 점은 1935년 3월 5일에 모인 베를린-달렘의 두 번째 고백노회에서도 밝혔다.[97] 바르트의 신학이 신학적 자유주의로 만연한 독일에서는 '반자유주의'라는 기치 아래 정통으로 향하는 소위 신-정통 신학 운동이었으나, 그것이 자유주의가 없고 보수정통 일색인 한국에서는 '반정통주의'를 표방하며 좌로 향하는, 즉 자유주의로 향하는 운동이 되고 만 것이다. 신사참배 문제와 그에 대한 대응이 그것을 입증하며, 그들의 신학이 급진적인 신학으로 발전해 온 사실이 그 사실을 대변한다.

신사참배 문제로 신학의 양극화가 가속하고 실제화한 것은 유감스러운

97) Karl Kupisch, *Kirchengeschichte V,* 1815-1945 (Urban-Taschenbucher, Verlag W. Kohlhammer GmbH, 1973), 103.; 김영재, "독일 민족교회와 고백교회", 「되돌아보는 한국기독교」, 408, 414-417 바르멘 선언 (1934년) 참조.

일이다. 보수와 자유가 양극으로 치닫는 과정에 있고 신학적인 대화의 단절 속에 있게 된다면 한국 교회에 유익이 없기 때문이다. 한국 교회는 많이 성장했으나 신사참배 문제가 남긴 상흔과 재난의 퇴적을 말끔히 씻고 정리를 하지 못했기 때문에 사뭇 문제점을 내포하고 있는 줄로 안다. 마치 수술하여 끄집어내야 할 파편을 그냥 몸속에 지니고 사는 사람처럼, 한국 교회는 과거의 수치스런 상흔을 망각한 채로 의젓함을 가장해 왔다. 이러한 것이 한국 교회의 죄의식이나 윤리의식을 무디게 만든 요인 가운데 하나라고 생각한다.

1945년 광복을 맞이한 한국 교회

서울 남대문밖예배당

1

해방 후 정치에 대한 교회의 대응과 교회 재건

일본이 연합군에 무조건 항복함으로 인하여 1945년 8월 15일 제2차 세계 대전이 끝나고 한반도에는 36년간의 일제 통치가 종언을 고하였다. 나라의 온 백성이 해방의 기쁨에 넘쳐 만세를 부르는 환호는 온 거리와 마을에 메아리쳤다. 그러나 그 기쁨에 벅찬 감격이 채 가라앉기도 전에 겨레는 국토의 양단이란 민족적 비운을 맞이하게 되었다.

1945년 8월 22일 소련군이 평양에 입성하였다. 이어서 9월 2일에는 북위 38도선을 따라 국토가 남북으로 양단되었다. 그리고 연합국은 일본군의 항복을 받고 질서를 회복할 때까지 한반도를 미국과 소련의 군정하에 둔다는 공식 발표를 하였다. 미군은 뒤늦게 9월 8일에 인천으로 상륙하여 38선 이남의 남반부를 점령하였다. 처음에는 일시적이라던 군사적 분단이 정치적으로 이용되어 장기화되고 만 것이다. 수차례에 걸친 미소공동회담(美蘇共同會談)이나 남북협상을 통하여 나라의 통일을 모색했으나 무위로 끝나고, 남북이 각각 독자 정부를 세우게 되었다.

북한에서는 1945년 8월 26일 평남인민정치원회의 조직을 비롯하여 각 지방 인민위원회를 조직함으로써 공산 정권을 수립할 계획을 진행하였다. 1946년 11월에는 북한 전역에 걸쳐 인민위원회 선거를 실시했으며, 1947년 2월에 북조선인민위원회가 공식 출범함으로써 공산 정권이 들어서게 되었다.

서대문 형무소에서 출감하여 해방을 환호하는 독립운동가들

남한에서는 1947년의 국제연합 총회의 결정으로 1948년 5월 10일에 단독으로 총선거를 실시하여 대한민국 정부를 수립하고 민주주의 국가의 기틀을 마련하였다. 1950년 북한군의 남침으로 인한 6 · 25 전쟁을 겪은 남과 북은 서로 가장 삼엄하게 대치한 가장 먼 나라로 살아오고 있다.

일제로부터의 해방과 독립은 기독교인에게 신앙의 자유를 보장해 주는 것을 의미하였다. 그러나 그것은 남한에 있는 교회에게만 적용되는 것임은 말할 나위도 없다. 북한의 교회는 일제 치하보다는 공산 정권하에서 더 큰 어려움을 겪게 되었기 때문이다.

정치에 대한 교회의 대응

해방과 더불어 한국 개신교 교회 내에는 두 가지 주목할 만한 운동이 전개되었다. 그것은 한국 교회의 두 가지 사상적 흐름이라고 할 수도 있다. 그리고 그것은 기독교 교회가 세상에 존속하면서 언제나 안고 온 과제이기도 하다. 그 하나는 기독교인들의 정치 활동이고, 또 하나는 교회를 개혁하자는 회개 운동, 즉 교회 내의 영적 쇄신 운동이다.

기독교인의 정치 활동은 남한에서보다 북한에서 더 현저하게 활발하였다. 남한 교회는 미군정과 우리의 민주 정부 하에서 신앙의 자유를 누릴 수 있었다. 그러나 남한의 교회는 정치 문제나 사회, 윤리적인 문제에 별로 관심을 두지 않았다. 보수적인 신앙인들은 이러한 문제에 관심이 없었고, 신학적으로 으레 그런 문제에 관심을 가졌을 법한 자유주의자들은 아직 그들의 신학이 그 정도로 성숙하지 못했을 뿐 아니라, 그런 문제에 개입할 처지에 있지 않았기 때문이다. 신학적 자유주의자들은 일제에 굴종했기 때문에 해방을 맞이한 한국 사회에서 추앙을 받을 만한 애국적인 지도자로 인정을 받지 못했다. 반면에 옥고를 치르고 해방과 더불어 자유의 몸이 된 보수적인 신앙을 가진 신사참배 반대자들은 애국자로 존경을 받았으나, 그들은 다만 교회의 재건과 쇄신에만 관심을 두었다.[1]

그뿐 아니라 남한에서는 북한에서와는 달리 교회 지도자들이 적극적으로 정치에 관여할 여지가 비교적 적었다. 왜냐하면 조국의 광복을 위하여 해외에서 활동하던 애국지사들이 주로 남한으로 돌아왔기 때문이었다. 몇몇 교회 지도자들은 해외에서 돌아온 기독교 정치인들을 현존하는 교회 조직으로 맞이하여 정치에 가담할 수 있는 기회를 만들어 보려고 하였다. 그들은 주로 이러한 이유에서 일제의 강권 발동으로 일본 교단 조선지부로 규합, 조직된 교단을 그냥 유지하려고 하였다.[2]

그러나 이러한 기도는 새문안교회에서 1945년 9월 8일 해방 후 열린 첫 교단 총회에서 좌절되고 말았다. 각 교파에서 각기 교파 교회를 회복할 것을 주장함으로써 교단은 해체되었다. 교단의 지도적인 인물들은 신앙의 자유를 보장받는 남한 사회에서 그런 대로 교회 정치에 종사하였다. 남한의 교회는 새로 수립된 정부의 수반이 된 이승만과 그의 많은 측근들이 기독교인이라고 무조건 신뢰하고 지지하였다.[3]

북한의 기독교인들은 이와는 정반대로 소련군의 군정하에서 장차 공산당이 집권하는 세상이 되면 교회가 말할 수 없는 어려움을 겪게 되리라고 내다보았다. 사실 기독교인들이야말로 공산당이 정권을 장악하는 것을 정치적으로 막아 보려는 용의와 용기를 가진 유일한 그룹이었다. 기독교인들은 공산 정권에 대항하여 인권과 신앙의 자유를 포함한 생의 자유를 보장하는 민주 정권을

1) 예를 들면 주남선 목사는 주민들이 국회의원으로 출마할 것을 간청했으나 끝내 사절하였다. 심군식, 「해와 같이 빛나리」 (서울: 성광문화사, 1976), 275 이하.

2) 李永獻, 「韓國基督敎會史」, 250.

3) 閔庚培, 앞의 책, 366.

그들의 힘으로 이룩해 보려고 노력하였다.[4]

기독교 지도자들은 기독교 정당들을 조직하였다. 목사 윤하영과 한경직은 1945년 9월에 평안북도에서 기독교를 기반으로 '기독교사회민주당'(基督教社會民主黨)을 조직하였다. 얼마 후 그들은 비기독교인들도 전적으로 포섭하기 위하여 당의 명칭을 '사회민주당'으로 개칭하였다.[5]

1945년 11월에는 또 하나의 기독교 정당 '조선민주당'(朝鮮民主黨)이 조만식(曺晩植) 장로와 이윤영(李潤英) 목사의 주도로 결성되었다. 그러나 이 당 역시 사회민주당과 마찬가지로 공산당의 탄압으로 몇 개월 못 되어 해체되고 말았다. 조만식은 1946년 1월 5일 체포되었으며, 사회민주당을 지도하던 한경직과 그 밖에 여러 기독교 지도자들은 남한으로 피신하였다.

1947년 11월에는 목사 김화식(金化湜)이 다수의 동지들과 함께 2년 전부터 세운 계획을 실천에 옮겨 '기독교자유당'(基督教自由黨)을 조직하기로 하고 동월 19일에 결당식을 거행하기로 하였다. 그러나 이북의 내무서(경찰)에서는 이를 미리 탐지하고 김화식과 40명의 교회 지도자들을 검거하여 투옥하였다.[6]

이와 같이 북한에서 기독교 정당이 결성될 수 있었던 것은 공산당을 막아 보자는 극한 상황에서 나온 것이지만, 평양이나 정주 등지에서는 일요일이면 상점 문을 닫고 철시(撤市)를 할 정도로 북한 주민의 상당수가 기독교인이었으며, 일제 때부터 기독교인들이 주도하고 지지했던 애국적인 조직이 주로 서북 지방을 중심으로 활동했기 때문이다.[7]

위와 같은 정치 활동을 떠나서도 기독교인들은 신앙의 자유를 위하여 공산 정권에게 소극적으로 저항하였다. 1946년 3월 1일, 개신교 교회는 단독으로 3 · 1절을 기념하여 예배를 드림으로써 공산당과 정면으로 대결하게 되었

4) 손명걸(앞의 논문, 198f.)은 한경직 목사의 견해를 들어 민주 정치 체제가 기독교에서 보는 가장 이상적인 정치 체제라고 한다.
5) 金良善, 「韓國基督教解放十年史」, 62.
6) 같은 책, 64.
7) 閔庚培, 「民族 教會 形成史論」, 193 이하.

다. 교회가 3 · 1 운동기념 행사를 거행하려 하자, 북측의 임시인민위원회는 이를 금한다는 명령을 내렸다. 그러나 교회는 이러한 금령은 신앙의 자유를 박탈하는 것이라고 간주하고 예정대로 3 · 1절 기념 예배를 드렸다. 이러한 충돌로 인하여 교회는 더 공산당의 핍박을 받게 되었다.

1946년 11월 3일 정부 구성을 위한 선거를 계기로, 교회는 공산당과 다시 충돌하였다. 공산 정권이 고의로 선거일을 주일로 정하여 교회의 예배를 방해하고 강제로 교회당을 선거 장소로 사용하려고 하자, 교회는 이에 따를 수 없다고 항의하였다. 공산당이 교회의 집회를 그들의 선전 장소로 이용하려던 일은 이것이 처음은 아니었다.

북한의 오도연합노회(五道聯合老會)는 1946년 1월 20일 다음과 같은 5개 조항의 교회 행정 원칙과 신앙생활의 규범을 정하는 결의문을 채택하고, 이를 공산 정권에 통고하였다.[8)]

· 성수주일을 생명으로 하는 교회는 주일에는 예배 이외의 여하한 행사에도 참가하지 않는다.
· 정치와 종교는 이를 엄격히 구분한다.
· 교회당의 신성을 확보하는 것은 당연한 의무요 권리다. 예배당은 예배 이외에는 여하한 경우에도 사용을 금지한다.
· 현직 교역자로서 정계(政界)에 종사할 경우에는 교직을 사면해야 한다.
· 교회는 신앙과 집회의 자유를 확보한다.

공산 정권은 이러한 교회를 상대로 가장 효과적이면서 역사에서 정권들이 흔히 해 오던 방법으로 교회를 탄압하였다. 즉, 공산 정권은 1946년 11월 28일에 '기독교연맹'을 조직하여 정치적인 괴뢰 기관으로 삼고 오도연합노회에 대항케 하여 기독교의 내분을 꾀하였다. 김일성의 비서요, 인민위원회의 중요 간부로 있던 전직 목사 강양욱(姜良煜)이 이 연맹의 산파 역할을 하였다. 중

8) 金良善, 앞의 책, 68.

국 산동성(山東省) 선교사로 있던 목사 박상순(朴尙純)을 회유하여 위원장으로 삼았으며, 총선거를 앞두고 오도연합노회의 결정을 번복하는 결의문을 발표하게 하였다. 교회는 김일성 정부를 지지하고, 남한 정권을 인정하지 않으며, 민중의 지도자로서 선거에도 솔선수범하여 참가한다는 내용이었다.

1949년에는 한국 교회의 부흥에 크게 기여한 김익두(金益斗) 목사가 자신도 모르는 사이에 이 연맹의 위원장이 되어 있었다. 또한 오도연합노회의 많은 지도자들은 검거, 투옥되는 등 핍박을 당하였다.

북한의 오도연합노회가 '정치와 종교의 분리' 라는 표어 아래 공산 정권과 충돌하는 가운데 신앙의 자유를 갈구한 것은 주목할 만한 일이다. 그것은 교회가 국가의 간섭이나 박해에 대항하여 교회의 교리와 신앙의 자유를 지키기 위하여 전통적으로 초대교회 때부터 필요할 때마다 외친 구호였으며, 종교개혁 당시에 로마 가톨릭교회가 군주들과 야합하여 신교를 탄압하려던 때에, 특히 개혁주의 교회들이 이에 대항하여 신앙의 자유를 위하여 싸우면서 부르짖은 구호였다.

그러한 예는 20세기의 독일 교회에서도 볼 수 있다. 즉 '독일 그리스도인들' (Deutsche Christen)을 내세워 교회를 정치적으로 이용하고 지배하려던 히틀러의 나치 정권에 대항하여 종교 개혁 때부터 지켜온 신앙고백에 충실하며 교회의 순수성을 보존하고자 하는 의도에서 칼 바르트가 작성하였고 바르멘의 고백교회 노회가 채택한 1934년의 '바르멘 선언서' (Die Barmer Theologische Erklärung)에서도 볼 수 있다. 이 선언서는 '정치와 종교의 분리' 를 뚜렷이 명시하면서 교회의 정치에서의 자유를 주장하고 있다.

> 우리는 국가가 그 맡은 특별한 임무를 넘어서 인간 생활의 유일한 질서이며 질서의 전부가 되어야 하고, 또한 교회의 목적까지 성취해야 하고, 할 수 있다는 잘못된 가르침을 배격한다. 우리는 또한 교회가 그 맡은 임무를 넘어서 국가가 하는 식으로 국가적인 과업을 수행하며 국가적인 권위를 소유할 수 있어서 결과적으로 국가의 한 기관이 되어야 하며 될 수 있다는 잘못된 가르침을 배격한다.[9]

북한의 오도연합노회의 지도자들이 신앙의 자유를 위하여 활동을 종교적인 영역으로 국한했으나 수많은 기독교인들이 소극적이든 적극적이든 공산 정권에 반대하는 입장을 취하였다. 그와 반면에 남한의 개신교 교회는 신앙의 자유가 보장되었으므로 정치에는 무관심했을 뿐 아니라, 1960년 학생들의 의거(義擧)로 자유당 정부가 붕괴될 때까지 여당과 정부에 맹목적인 지지를 보냈으며 그 밖에 정치적인 부패에 대해서도 무감각하였다.

교단의 해체, 성결교회와 침례교회의 재건

해방과 더불어 일제하에서 일본 기독교조선교단의 이름으로 통합되었던 장로교회와 감리교회는 각기 본래의 교파 교회로 환원하고, 폐쇄되었던 성결교회, 침례교회, 안식교회 등은 교회를 재건하였다.

1945년 9월 8일, 새문안교회에서 교단 남부대회가 열려 장로교와 감리교 대표들이 참석하였다. 해방 직전에 일본 기독교조선교단 통리로 임명을 받은 김관식 등 교단의 지도적인 목사들은 통합된 교단을 그대로 유지하려고 했으나 그들을 불신하는 감리교와 장로교의 지도적인 목사들은 각기 교파 교회로 환원하기로 하여 교단은 해체되었다.

일제가 폐쇄시켰던 성결교회는 1945년 9월 10일 재건총회에서 명칭을 '기독교대한성결교회'로 개칭하고 박현명 목사를 총회장으로 추대하였다. 그리고 성서학원으로부터 시작된 경성신학교를 서울신학교로 개칭하였다.

침례교회는 만주, 시베리아, 몽고, 북한 지역에 대부분의 교회와 사업의

9) Wir verwerfen die falsche Lehre, als solle und konne der Staat uber seinen besonderen Auftrag hinaus die einzige und totale Ordnung menschlichen Lebens werden und also auch die Bestimmung der Kirche erfullen. Wir verwerfen die falsche Lehre, als solche und konne sich die Kirche uber ihren besonderen Auftrag hinaus staatliche Art, staatliche Aufgaben und staatliche Wurde aneignen und damit selbst zu einem Organ des Staates werden." *Bekenntnisse der Kirche,* herausgegeben von Hans Steubing in Zusammenarbeit mit J. F. Gerhard Goeters, Heinrich Karpp und Erwin Mulhaupt (1970, 1977), 289.

터전을 가지고 있었으므로 해방과 더불어 있게 된 남북의 분단으로 북녘에 있는 모든 교회들을 일시에 상실하였다.

1946년 남한에 남아 있던 침례교 지도자들은 충남 칠산에서 모임을 갖고 노재천 목사를 대회 감목으로 추대하고, 9월에 제36회 대회를 강경에서 개최하였다. 이 대회에서 '동아기독교'의 체제를 총회제로 바꾸고 임직원의 명칭도 대폭 변경했다. 감목제도(監牧制度)는 회중제도(會衆制度)로, 감목은 총회장으로, 안사는 목사로, 감노는 장로로, 통장은 권사로, 총장과 반장은 집사로 각각 명칭을 변경했다. 교역자도 종전의 파송제에서 청빙제로 하고, 총회 회비는 각 구역에서 조달하기로 하였다.[10)]

1952년 42회 총회에서는 전국여전도회(W. M. U.)를 조직했으며, 1953년에는 미국 남침례교회의 여러 기관을 도입하여 소년회(B. A.), 소녀회(G. A.), 신훈회(B. T. U.)를 조직하였다. 그리고 대전 성경학원을 개설하여, 1954년 문교부의 인가를 받아 침례회신학교로 승격시켰다. 1950년 중반기부터 미국 남침례교는 미국에서 제일 큰 교파 교회답게 참신한 침례교회의 신앙과 정신에 투철한 남침례교 선교사들을 대거 파송했으므로, 한국 총회 내에서는 침례교의 신앙 원리와 정신을 지향하는 전도 프로그램이 활발하게 전개되었다.

한국 장로교회의 쇄신 운동

감옥에서 살아남은 약 20명의 신사참배 반대자들은 해방을 맞이하여 자유의 몸이 되자, 일단 주기철 목사가 시무하던 평양의 산정현교회로 모여서 한국 교회의 쇄신을 위하여 함께 의논하였다. 이것은 바로 그들이 옥중에 있을 때 소원하고 기도하던 문제였다. 1945년 9월 20일, 그들은 이 문제를 두고 아래와 같이 그 기본 원칙을 정하였다.[11)]

10) 「교회사대사전」, 1. (기독교지혜사, 1994), 986; 허긴「한국침례교회사」 (서울: 침례신학대학출판부, 2000).

· 교회의 지도자(목사 및 장로)들은 모두 신사에 참배하였으니 권징(勸懲)의 길을 취하여 통회 정화한 후 교역에 나아갈 것.

· 권징은 자책 혹은 자숙의 방법으로 하되 목사는 최소한 2개월 간 휴직하고 통회 자복할 것.

· 목사와 장로의 휴직중에는 집사나 평신도가 예배를 인도할 것.

· 교회 재건의 기본 원칙을 전국 각 노회 또는 지교회에 전달하여 일제히 실행케 할 것.

· 교역자 양성을 위한 신학교를 복구 재건할 것.

그러나 이러한 교회 재건의 원칙을 모두 환영한 것은 아니었다. 1945년 11월 14일, 평북노회 주최로 선천(宣川)의 월곡교회에서 200여 명의 목사들이 참석하여 한 주간 교역자 퇴수회(退修會)가 열렸다. 신사참배를 피하여 만주의 동북신학교(東北神學校)에서 신학 교육을 해 온 박형룡이 교회의 재건 원칙을 발표하였다. 그러자 1938년 장로교 총회에서 신사참배를 가결하는 데 주도적인 역할을 한 당시의 총회장 홍택기(洪澤麒)는 이러한 원칙에 대하여 반대 발언을 하였다. 즉, 옥중에서 고생한 사람이나 교회를 지키기 위하여 고생한 사람이나 그 고생은 마찬가지였고, 교회를 버리고 해외로 도피생활을 했거나 은퇴생활을 한 사람의 수고보다는 교회를 등에 지고 일제의 강제에 할 수 없이 굴한 사람의 수고가 더 높이 평가되어야 한다고 하면서 신사참배에 대한 회개와 책벌은 하나님과의 직접 관계에서 해결될 성질의 것이라고 주장하

산정현 교회에서 휴식한 출옥 성도들
뒷줄 : 조수옥 주남선 한상동 이인재 고홍봉 손명복
앞줄 : 최덕지 이기선 방계성 김화준 오윤선 서정환

11) 金良善, 앞의 책, 45.

였다.[12)]

홍택기의 발언은 교회의 재건 운동을 비판하는 이들의 공통적인 견해였다. 어떤 이는 홍택기의 발언이 논리적이고 신학적으로 일리가 있다고 하지만 그렇지 않다.[13)] 왜냐하면 그 말은 누가 하느냐에 따라 의미 있는 말이 될 수도 있고 무의미한 어불성설이 될 수도 있기 때문이다. 신사참배를 어떻게 해석하든지 간에, 또 교회가 일제의 포수(捕囚)가 된 상태에서 일제에 굴종하는 길밖에 달리 도리가 없었다는 등 어쩔 수 없었던 상황을 들어 말하든지 간에, 한국 교회가 신앙 양심을 버리고 일본의 강압에 굴종한 잘못을 범한 것은 달리 변명할 여지가 없다. 교회의 지도자들은 일제에 부역했고, 일본의 침략전을 성전(聖戰)이라고 선전했으며, 또 교회의 이름으로 헌금하여 전쟁을 위하여 헌납하였다.[14)]

그러므로 한국 교회의 지도자들은 공개적인 회개와 고백을 했어야만 한다. 모든 면에서 새로 시작되는 한국 교회를 위하여, 교회의 영적이며 건전한 발전을 위하여 공적인 회개는 불가결한 것이다. 그러나 특히 남한의 많은 교회 지도자들은 공개적으로 회개할 용의가 없었다. 이 문제에 대하여 찬반으로 나누인 상반된 의견으로 말미암아 옛날 주후 3세기 아프리카의 초대교회에서와 같이 교회의 내분을 맞게 되었다.[15)] 위에 말한 재건의 원칙은 무슨 법 조항처럼 짧게 쓰였으며, 신학적으로 내용의 충실성이 부족했던 점은 유감스러운 일이다.

어떤 면에서 한국 교회와 비슷한 어려움을 겪었던 독일 교회가 전후에 교회의 쇄신 문제를 두고 경험한 예를 보면 더욱 그런 느낌이 든다. 독일 교회 지도자들은 제2차 세계대전 후, 1945년 8월 21일에서 24일 사이에 프랑크푸

---

12) 같은 책, 46.
13) 민경배, 「한국 기독교회사」, 341.
14) 같은 책, 331 이하.
15) 참고: Hans Lietzmann, *Geschichte der Alten Kirche II* (Berlin, New York: Walter de Gruyter, 1975), 231.

르트(Frankfurt)에, 그리고 그해 10월 19일에는 슈투트가르트(Stuttgart)에 모여 지난날의 잘못을 확인하는 고백서를 내어놓았다. 거기에 보면 히틀러의 치하에서 옥고를 치른 마틴 니묄러(Martin Niemöller)는 1945년 8월 트라이자(Treysa)의 교회 집회에서 한 말을 인용하고 있다.

> 그러나 우리는, 우리 교회는, 가슴을 치며 회개할 수밖에 없습니다. 나의 죄, 나의 죄, 너무나 큰 나의 죄를 회개합니다.[16)]

빌헬름 니묄러(Wilhelm Niemöller)는 1962년에 행한 "개신교의 저항"(Evangelischer Widerstand)이라는 제목의 강연을 다음과 같이 끝맺고 있다.

> 우리가 무슨 말을 할 수 있겠습니까? 그저 침묵할 뿐인 줄 압니다. 그러나 말을 한다면 다니엘서(9:5-6)를 펼쳐 거기 쓰인 말씀을 한마디 한마디씩 읽으며 다니엘 선지자가 기도한 말씀을 따라 기도할 뿐인 줄 압니다.
>
> 우리는 이미 범죄하여 패역하며……
> 이는 우리의 죄와 우리의 열조의 죄악을 인하여
> 예루살렘과 주의 백성이 사면에 있는 자에게 치욕을
> 받음이니이다.……
> 우리가 주의 앞에 간구하옵는 것은 우리의 의를
> 의지하는 것이 아니요
> 주의 큰 긍휼을 의지하여 함이오니
> 주여 들으소서, 용서하소서.[17)]

이에 비하면 우리의 옥중 성도들이 작성한 교회 재건의 원칙은 무슨 법

---

16) Karl Kupisch, *Quellen zur Geschichte des deutschen Protestantismus von 1945 bis zur Gegenwart 1.* Teil (Hamburg: Siebenstern Taschenbuch Verlag, 1971), 41.
17) Wilhelm Niemöller, *Wort und Tat im Kirchenkampf* (München: Chr. Kaiser Verlag, 1969), 268.

조항처럼 명령문조로 짧게 쓰였으며, 신학적으로 내용의 깊이가 결여되어 있다. “우리는……” 하는 표현과 그냥 제3인칭으로 “……한 자”라고 칭하는 것과는 우선 듣기에도 큰 차이가 있다. 우리의 출옥 성도들은 자신들의 신앙을 체계 있게 문장으로 표현할 줄 몰랐다. 그것이 우리의 일반적인 표현 형식이기도 하지만 좀 더 고백문 형식이었으면 하는 아쉬움이 있다. 이 재건 원칙을 보아서는 회개해야 할 사람이 ‘우리가’ 아니라 제3자를 가리키는 듯한 어감이다. 이런 것이 아마도 출옥 성도와 피신한 성도들을 제외한 교회 지도자들, 즉 신사에 굴복한 사람들만이 회개할 대상자로 언급한 것이라고 오해하게 만들었는지도 모른다. 개중에는 그렇게 생각한 사람이 있었는지도 모를 일이다.

그러나 ‘출옥 성도’들은 사람들이 더러 비판하듯이 교만해서가 아니라 신학적인 사고와 표현의 미숙함으로 인하여 교회 재건 원칙을 그렇게밖에 표현하지 못했던 것이다. 연륜이 얕은 교회에 신학적으로 완숙하게 표현하기를 바랄 수는 없는 일이다. 출옥 성도들 가운데는 실제로는 훨씬 열린 마음으로 생각했던 이들이 있었다.[18] 예를 들면, 1945년 12월에 열린 경남노회에서 주남선(朱南善) 목사는 노회장으로 당선이 되자 노회원들에게 이런 말로 인사하였다.

> 사랑하는 동역자 여러분, 얼마나 수고가 많았습니까? 이 사람은 형무소 안에서 바깥 세상을 모르고 주님만 생각하고 살아왔기 때문에 어떻게 세월이 지나가는 줄도 모르게 살아왔습니다만, 여러분은 직접 일본 사람들의 통치를 받으면서 살아가자니 참으로 수고가 많았습니다.[19]

주남선은 승리자로 자처하지 않고 모든 것에 대하여 함께 책임을 지는 형제로서 동료 노회원들을 대하였다. 그의 겸손함은 많은 사람에게 감동을 주

18) 김양선은 앞의 책, 53, 149 이하에서 출옥 성도들에게 많은 동정과 이해를 표시하고 있다. 손명걸 역시 민경배의 비판에 대하여 옥중 성도들을 변호한다(앞의 논문, 226f.).
19) 심군식, 「해와 같이 빛나리」, 260.

었다. 그가 한 말은 바로 선천 월곡교회에서 열렸던 교역자 퇴수회에서 재건 원칙에 반발한 홍택기의 발언과 같은 것이었다. 비록 같은 내용의 말이지만 누가 그 말을 하느냐에 따라 의미가 달라진다. 홍택기가 한 '그 말'은 지각없는 말(nonsense)일 뿐이었으나, 주남선이 한 '그 말'은 회개를 불러일으킨 감동적인 말이 된 것이다.

"당신들은 나를 해하려 했으나 하나님은 그것을 선으로 바꾸사 오늘과 같이 만민의 생명을 구원하게 하시려 하셨나니……"(창 50:20)라며 요셉은 모든 일을 겸손히 하나님의 주권적인 섭리에 돌렸다. 그런데 이 말을 만일 그 형제들이 했다면 그것은 당치도 않는 말이 되는 것과 같은 이치다.

출옥 성도들이 평양에 모여서 교회 재건을 위하여 의논할 즈음에 경남에서는 장로교 교역자와 장로들이 모여서 도내의 장로교 재건에 대하여 논의하였다. 1945년 9월 2일 경남노회의 노회원 20명이 모여 신앙 부흥 운동 준비위원회를 조직하고 아래와 같은 선언문을 작성하였다.

> 과거 장구한 시일에 가혹한 위력하에 교회는 정로를 잃고, 복음은 악마의 유린을 당하고, 신도는 가련한 곤경에 들어 있었다. 이를 저항, 구호하기 위하여 일선에 선 우리 하나님의 성군들은 순교의 제물이 되기도 하고, 혹은 옥중에서 최후까지 결사적 충의를 다하였던 것이다. 어시호 세계대전은 종국을 고하고, 하나님의 성지(聖旨)가 우주에 나타나며, 암흑의 위력은 물러가고, 정의의 은광이 오인(吾人)을 맞이하자, 어찌 이 기쁨을 말할 수 있으랴. 오늘까지 노예의 속박하에 끌려오던 모든 제도 일체는 자연 해소의 운명에 이르고 말았다. 우리는 과거의 모든 불순한 요소를 청산 배제하고 순복음적 입장에서 교회의 근본 사명을 봉행하려는 의도에서 좌기에 의하여 조선 예수교장로회 경남노회를 재건하려는 것이다. 백만 신도는 이에 순응하심을 바란다.[20]

20) 심군식, 「세상 끝날까지」, 268.

많은 이들이 위의 선언문이 과거사 청산을 언급하는 고백으로 간주하나 그것은 잘못된 이해이다. 이 성명에는 과거의 죄책에 대한 언급이나 참회하는 말을 일체 찾아볼 수가 없다. 1945년 9월 18일 경남 노회원들은 재건노회를 조직하고 현 교직자들의 자숙안을 내세웠다.[21)]

· 목사, 전도사, 장로는 일제히 자숙에 들어가며, 현재 시무하는 교회를 일단 사면할 것.
· 자숙 기간이 지나면 교회는 교직자에 대하여 시무 투표를 시행하여 그 진퇴를 결정한다.

경남노회가 '출옥 성도' 들의 교회 재건 원칙과는 무관하게 교회를 재건하는 데 목사, 전도사, 장로의 자숙을 필요한 전제 조건으로 내세운 것은 주목할 만한 일이다. 그러나 이러한 자숙 원칙을 스스로 제안하고 찬동한 많은 목사들이 그 원칙을 제대로 지키지 못했다. 일시적이나마 교회에 사표를 내었다가는 영영 자리를 잃게 될까 봐 겁이 나서도 실천을 못했다. 결국 노회는 재건이라는 명분은 내세웠으나 영적인 쇄신을 추진하지는 못했다. 여기 참여한 많은 목사들은 일제에 부역한 사람들이었으나 해방과 더불어 재빨리 새 시대에 적응하였다. 신사참배를 지지한 사람들 가운데 지금도 신사참배 반대 운동을 우습게 보는 사람들이 대외적으로는 한국 교회가 일본의 압제와 종교적인 핍박을 견디고 이긴 교회라고 말하는 것은 자가 당착이다.

교회의 재건이나 쇄신이란, 한국의 대부분의 교파 교회에게는 조직 면에서의 재건을 의미하는 것이다. 다시 말하면, 일제의 강압으로 통합되었던 '교단' 을 해체하고 각자 본래의 교파 교회로 환원하는 것을 의미한다. 그러나 이에 덧붙여, 아니 이에 선행해야 할 영적인 재건에 관해서는 별로 언급하지 않았다.

21) 金良善, 앞의 책, 149.

1945년 11월 14일, 북한에서는 5도(道)의 16개 노회의 대표들이 모여 오도연합회를 조직하여 남북통일이 될 때까지 총회의 구실을 다하도록 하였다. 오도연합노회는 '출옥 성도' 들의 교회 재건 원칙을 받아들였다.[22] 그러나 남한의 장로교 지도자들은 대체로 이 재건 원칙을 외면하였다. 북한의 지도적인 교회 인사들이 남한의 교회 지도자보다도 더 보수적이어서 교회 재건 원칙을 받아들인 것만은 아니다. 국토의 분단 이후 각기 다른 정치적, 사회적 환경에 처하게 되었기 때문에 각기 달리 반응을 보인 것이라고 할 수도 있다.

북한에서는 공산 치하에서 사회의 급격한 구조 변화가 있었다. 주로 친일파에 속하는 중산층이 공산주의자들에게 완전히 거세를 당하였다. 남한에서도 북한에서와 마찬가지로 소위 '친일파' 는 한때 '민족 반역자' 로 간주되었다. 그러나 남한에서는 사회적인 변혁이 없었기 때문에 친일적인 부유층이 이웃 시민들의 비난에도 불구하고 사회적 위치를 계속 보전할 수가 있었다. 그뿐 아니라 그들은 민주주의적 기독교 정치가인 이승만의 보호 아래 보수적인 정치 세력을 형성하게 되었다.[23]

그래서 남한에서는 이렇다 할 사회적인 큰 변혁이 없었다. 이러한 사회적 상황에서 일본에 굴종했던 '교단'(教團)의 지도적인 인물들이 계속 교회에서 지도자로 행세하였다. 이러한 현상은 교회 밖의 사회에서 이미 볼 수 있는 것이므로 별로 이상하게 보지 않게 된 것이다. 다시 말하면, 남한에서는 교회의 재건이나 쇄신을 심각하게 고려하게 할 만한 사회의 자극이 없었다. 스스로 개혁하지 못한 교회는 새로 이룩되는 사회를 향하여 제사장이요, 선지자적 사명을 다하거나, 아니면 적어도 그것을 위하여 노력하는 입장에도 서지 못했다.

독일 교회의 지도자들이 프랑크푸르트와 슈투트가르트에 모였을 때, 히틀러에게 추종했던 교회 지도자들이 나치에 굴복하지 않고 정치로부터의 교회의 독립을 위하여 투쟁한 사람들에게 교회를 이끌어 가도록 주도권을 맡긴 사

22) 金良善, 앞의 책, 45.
23) 참고: 송건호, '친일파와 반공', 「기독교 사상」 (1978. 11), 52~58.

실을 우리 한국 교회가 겪었던 상황과 단적으로 비교할 수는 없다. 독일 교회의 지도자들은 나치 정권에 굴종한 사람이나 대항하여 싸운 사람이 다 같이 '우리' 라는 말로 시작하는 고백문에서 보여 주었듯이 전범국이 되고 만 조국에 대한 연대 책임과 죄의식을 느꼈던 것이다. 온 민족이 전쟁의 재난을 당한데다가 패전의 쓰라림 속에서 회오와 수치감을 갖게 되어 침울함에 빠졌던 사회 분위기에서 교회 지도자들은 마땅히 할 일을 못한 것에 대하여 죄책감을 느끼고 회개함으로써 으레 해야 할 일을 한 것이었으나 그것은 장한 일이었다. 같은 처지였던 일본의 교회 지도자들이 종전 이후에 아무런 고백문도 내어 놓지 못한 것은 하나도 이상할 것이 없다. 독일 교회의 지도자들이 보여준 그러한 연대의식을 선교 교회에서 갖기를 기대하기는 아직 이르다고 본다. 그리고 일본 교회는 처음부터 투쟁의식을 잃었었다.

그런 면에서 독일 교회 지도자들의 책임의식을 동반한 죄의식은 한국 교회 지도자들의 죄의식과는 차원이 다르다. 한국 교회의 많은 지도자들은 해방을 맞이하여 희열과 새 희망으로 들뜬 사회 환경 속에서 차분히 회개하기보다는 조국을 잃은 백성이 이민족의 압제 때문에 어쩔 수 없이 굴종했던 일제 시대의 사건을 악몽으로 생각하고 얼른 잊어버리려고 했던 것이라고 해석할 수 있다.

남한에서는 1946년 6월 12일에서 15일까지 장로교 총회가 '남부총회' 라는 이름하에 서울 승동교회에서 모였다. 이 총회는 신사참배 건에 대해서는 1938년의 제27회 총회가 신사참배를 하기로 한 결정은 합법적으로 가결된 것이 아니므로 무효로 한다는 결의를 하였다. 총회는 이 결의를 1947년과 1954년에 거듭 반복하였다. 즉, 총회는 과거의 과오를 형식상의, 다시 말하면 회의 절차상의 과오로 인정할 뿐이지 하나의 실제적인 역사적인 과오로 인정하지 않는다는 것이었다. 문화민족으로서 그리고 반세기 이상을 한국 교회의 대표들이 엄연한 역사적 사실에 대한 연대성(聯帶性)과 역사적인 사실을 낳는 교회의 주체성과 계속성을 인식하지 못했거나 혹은 인식하지 않으려 한 것은 참으로 슬픈 일이다. 이것 역시 아직 역사와 전통의 연륜이 얕은 교회의 신학적인 미숙함에서 온 것이라고 자위하거나 너그럽게 볼 수 있을지 의문이다. 교회 재건 운동은 부분적으로 '고려파' 교회에서 추진되었다. 그러나 그것은 한국 교회에 분열의 아픔을 안겨 주게 된 시발이었다.

한국 교회 분열

해방 이후에 남한의 교회는 역사상 한 번도 가져 보지 못한 신앙의 자유를 마음껏 누리면서 다시 급속히 성장하였다. 그런가 하면 교회는 유감스러운 교회사적인 현실에 처하게 되었다. 장로교와 감리교를 막론하고 교회는 분열이라는 비극을 겪게 되었다.[24)]

감리교회 분열

1945년 9월 8일 새문안교회에서 열린 일본 기독교조선교단 대회에서 일제에 부역한 교권주의자들에게 거세되었던 이규갑(李奎甲), 변홍규(卞鴻圭) 등 재야 교직자(在野敎職者)들은 교단대회의 불법성을 지적하고 퇴장하였다. 그들은 같은 날 동대문교회에서 모여 감리교 재건중앙위원회를 조직하고 이규갑을 위원장으로 추대하며 감리교의 재건을 선포하였다. 재건중앙위원회는 이어서 동부, 서부, 중부의 3부 연회를 조직한 후, 동부연회에는 변홍규, 중부연회에는 이규갑, 서부 연회에는 이윤영(李允榮)을 각각 회장으로 추대하였다.[25)]

재건중앙위원회는 1946년 1월 14일 동대문교회에 연합연회를 소집하여

24) 양낙흥, 「한국장로교회사」 (서울: 생명의 말씀사, 2008)는 분립한 고려파 교회의 정체성을 의문하면서 한국교회의 형성과 분열과정 · 화해와 일치의 모색을 추적하고 추구한다.
25) 金良善, 「韓國基督敎解放十年史」, 54.

전국 감리교회를 포섭하려고 하였다. 연합연회는 신학교의 설립을 결정하고 교회의 재건을 추진하였다. 그러나 재건연합연회에 가입한 교회 수가 불과 70밖에 되지 않았으며, 서울 시내의 대교회들이 가입하지 않았으므로 재건 운동의 진행은 여의치 못했다. 1947년에 다시 두 파가 한 자리에서 연회를 열었으나 여전히 주도권은 재건연합회가 장악하고 있었다. 그러나 큰 교회의 강단은 주로 일제 때 일제에 부역했던 목사들이 점하고 있었다.

그 해 11월 6일 연합연회에서는 교단 명칭을 남부총회라고 했는데, 재건파가 아닌 과거 친일파의 인물들이 감리사 등 요직을 차지한 것을 보고, 이듬해 1948년 2월 3일 홍현설, 변홍규 등 40명의 목사와 문창모, 박현숙 등의 평신도들은 공동 명의로 성명서를 발표하였다. 교권을 잡은 다수파가 교회 헌장을 유린하고 비합법적인 방법으로 연합을 가로막으며 친일분자들을 두둔해 주고 있다고 하면서 일제 때 부역한 교권주의자들의 비리를 폭로하는 성명서였다.

즉, 일제에 부역한 교권주의자들은 일제하에서 복음서 이외의 성경을 거부했을 뿐 아니라, 기독교와 신도(神道)를 결합시키려고 했으며, 모든 교회와 신자들의 가정에 '가미다나'를 설치케 했다고 하였다. 그리고 신사(神社)의 제관을 신학교에 끌어들여 목사들을 강요하여 신도지(神道誌)를 구독케 했으며, 상동교회를 신사로 만들고 목사들을 신도의 세례의식인 미소기바라이에 참예케 했을 뿐 아니라, 기독교 지도자들을 학살하려는 일제의 비밀 계획에 협조하였다고 했다. 그리고 많은 교회 건물과 목사관, 땅을 불법으로 매각 처분했다는 등의 내용이었다.[26] 그러나 이런 식으로 분립한 양측 교회는 1949년 4월 20일 평신도 등 뜻을 같이하는 사람들의 노력으로 하나의 감리교회로 연합하고 5월에 통합총회를 열어 김유순을 감독으로 선출하였다.[27] 감리교회는 그 후 1954년 류형기 감독이 재선되었을 때 이를 불법이라 단정하는 호헌파가 분립

---

26) 李永獻, 「韓國基督教史」, 237.
27) 윤춘병, 「한국감리교의 부흥 운동사」 (서울: 신앙과 지성사, 2001), 326.

했으며, 1974년에 또 감독 선출 문제로 분열했다가 1978년 5월에 다시 하나가 되었다.

장로교회 분열

감리교의 분열이 주로 교회의 주도권을 누가 쥐느냐 하는 교권 싸움에 기인한 반면에, 장로교의 분열은 더 경건과 신학을 명분으로 내세워 일어난 분열이었다는 점에서 차이가 있다는 견해가 있다.[28] 그러나 감리교의 분쟁 역시 일제의 탄압으로 말미암아 얻게 된 상흔(傷痕)에서 비롯된 것이며, 교회의 쇄신과 재건이라는 명분 때문에 일어났다. 그리고 장로교의 분열의 이면에도 교권 싸움이 작용했다는 점에서 감리교의 분열과 대동소이하다. 특히 1960년대 이후의 장로교의 분열에는 교권 싸움이 더 크게 작용하였다.

그러나 교회가 분열할 때면, 언제나 신학적인 명분을 붙여 분열을 불가피한 것으로 합리화한다. 보수적인 장로교회가 잇따라 분열한 사실을 보면, 비록 신학적인 명분을 내세우지만, 교회 지도자들이 교회 분열을 별로 대수롭지 않은 일로 생각하기 때문에 쉽게 분열하게 된 것으로 보인다. 한국 교회가 교파 교회의 선교를 받았으며, 특히 해방 이후 미국의 수많은 교파에서 온 선교사들의 선교 활동을 통하여 한국에는 많은 교파 교회가 난립하게 되었다.

이러한 영향으로 교회의 분리나 분립을 예사롭게 보는 교회관이 형성된 것이다. 교회의 하나임을 크게 중요시하는 국가교회 혹은 국민교회 전통 속에 사는 유럽의 교회 제도가 한국 교회에는 생소한 것이 사실이다. 1960년대 이후 에큐메니칼 운동을 이념으로 하는 통합측 장로교회보다는 개혁주의를 더 강조하고 표방하는 보수적인 장로교 교회가 많은 갈래로 분열한 것을 보면 '보이는 교회' 와 '보이지 않는 교회' 를 강조하는 장로교의 교회관에 문제가 있거나 아니면 교회관의 이해나 적용에 문제가 있다는 생각을 하게 된다. '보이는

---

28) 閔景培, 「韓國 基督敎會史」, 352.

교회'를 지나치게 강조하면 교권주의에 빠지고 '보이지 않는 교회'를 추구하면 분리주의에 빠진다.

또 하나 간과하지 못할 요인은 통합측 장로교단은 지역교회의 재산권을 본래 장로교회가 해 왔던 대로 총회가 관장하고 있는 데 반하여, 다른 장로교단에서는 지역교회의 재산권을 개교회가 관장하고 있다는 사실이다. 아마도 이것이 통합측이 통일성을 유지하는 데 반하여, 다른 교단에서는 그렇지 못하고 쉽게 분열하게 된 실제적인 이유라고 볼 수 있다.

한국 장로교회는 1950년도 초기에 고려파, 기장파, 총회파라는 세 분파로 분립되었다. 그 중에서 가장 큰 총회파는 1950년대 말에 이르러 다시금 통합과 합동 두 교단으로 분립하였다.

고려파 교단의 분립

조선신학교가 1946년 6월 장로교 총회에서 총회 직영 신학교로 승인되자 출옥 성도 한상동과 주남선은 보수적인 장로교 신학으로 교육하는 신학교를 설립하기로 하고 신학교 설립 기성회를 조직하였다. 그들이 신사참배 반대운동 때문에 옥중에 있을 때부터, 특히 1940년 조선신학교가 설립된 이후 바람직한 신학교 설립을 위하여 내내 기도해 온 것을 이제 결행하여 결실을 보게 되었던 것이다.

신학교 설립 기성회는 그 해 6월부터 3개월 동안 진해(鎭海)에서 박윤선(朴允善, 1906~1988)을 주 강사로 하여 하기 신학 강좌를 개설하는 한편, 조국이 해방을 맞이했는데도 그냥 만주 봉천에 머물고 있는 박형룡을 교장으로 청빙하기로 하였다. 고려신학교가 평양신학교의 전통을 잇는 학교가 되도록 하기 위해서였다.[29] 경남노회는 1946년 7월 9일에 임시노회를 열어 고려신학교 설립을 환영하며 노회가 학생들을 추천할 것과 교사 2동(棟)을 대여할 것을 약속하였다.

신학교 설립 기성회는 경남노회의 후원을 얻어 1946년 9월 20일 부산에 고려신학교를 개설하고 우선 박윤선을 교장 서리로 세웠다. 신사참배 문제로 평양신학교가 폐교된 이후, 박형룡은 만주 봉천에 있는 동북신학교(東北神學校)에서 목사후보생을 교육하였다. 박윤선은 그곳 학교에 먼저 가서 교수했으므로 거기서 한동안 박형룡과 함께 교수하였다.

그러나 고려신학교의 출발은 순탄치 않았다. 경남노회원 가운데 교회의 재건 운동에 반대하는 이들은 고려신학교에 대하여 반대 운동을 폈다. 1946년 12월 3일 경남노회는 이들의 영향을 받아 고려신학교를 인정치 않기로 결정할 뿐 아니라 고려신학교에 학생을 추천하지 않기로 결의하였다. 한상동과 박윤선이 분리주의자라는 지탄을 받는 미국 정통장로교회의 선교사들과 친근한 관계를 맺고 있다는 이유에서였다. 만주노회에 속해 있던 정통장로교의 선교사 한부선(Bruce F. Hunt)은 1941년 선교사들이 한국에 더 머물지 못하게 된 이후에도 거기서 일제의 신사참배 강요를 반대하다가 한때 옥고를 치르기도 한 이로 옥중 성도들과는 교분이 두터웠을 뿐 아니라, 박윤선과는 웨스트민스터 신학교 동기 동창이었다.[30)]

박윤선 朴允善 목사
1906-1988

한상동 목사는 경남노회의 이러한 조처에 항의하며 노회가 바로 설 때까지 탈퇴한다고 선언하였다. 그러자 노회 산하의 67교회가 한상동 목사를 지지하여 행동을 같이할 용의가 있음을 천명하였다. 이러한 항의를 접한 노회는 1947년 3월 10일에 임시노회를 열어 재건 운동의 반대자인 김길창(金吉昌)과 그의 측근자들을 노회 임원진에서 물러나게 하고 교회의 재건 원칙을 재삼 확

29) 박윤선 연구서: 박윤선, 「성경과 나의 생애」(서울: 영음사, 1992); 「박윤선의 생애와 사상」(수원: 합동신학교 출판부, 1995); 서영일, 「박윤선의 개혁신학 연구」 장동민 옮김 (서울: 한국기독교역사연구소, 2000); 김영재, 「박윤선」(파주: 살림출판사, 2007); 영음사가 출판한 「요한계시록 주석」(1949)을 시작으로 「히브리서 · 공동서신주석」(1987)에서 끝을 맺은 신, 구약 성경의 주석과 기타의 단행본.

30) 박응규는 그의 「한부선 평전」(서울: 그리심, 2004)에서 한부선을 가장 한국적인 미국 사람이라고 지칭한다.

인하였다.

박형룡 목사는 1947년 9월 20일 송상석(宋相錫) 목사의 안내를 받아 무사히 귀국하여 10월에 고려신학교 교장으로 취임하였다. 박형룡은 교회의 재건운동은 노회와 총회를 기반으로 추진되어야 한다고 생각하였다. 경남노회도 많은 교회의 이탈을 염려하여 태도를 바꾸자 한상동은 동년 12월 9일의 노회가 열리기 전에 탈퇴 선언을 취소하였다. 노회와 고려신학교의 관계는 다시 호전되었으며 전국 교회의 주목을 끌게 되었다.

그러나 고려신학교의 진로에 대한 의견 차이 때문에 1948년 4월 박형룡은 교장직을 사임하고 서울로 떠났다. 박형룡은 교회의 하나 됨을 위하여 지금까지 한국 장로교회를 지지하던 모든 선교회와 계속 관계를 유지해야 한다고 생각했으며, 고려신학교만 하더라도 전국적인 지지를 받는 총회신학교가 되어야 한다고 주장한 데 반하여, 한상동은 미국 정통장로교 선교회와 독립장로교 선교회와의 관계를 계속 유지하려고 했으며, 장로교 총회의 지도자들을 신뢰할 수 없다는 이유에서 고려신학교를 할 수 있는 대로 잠정적이나마 총회와는 관계없이 독립적으로 운영하려고 하였다.

박형룡은 1951년 12월 25일에 고신측 지도자들에게 다음과 같이 호소하였다.

> 출옥한 지도자들이여, 우리 교회 전체의 회개의 지연함에 불만하여 당파를 이루어 교회 밖으로 나아가는 것이 바른 일이겠습니까? 교회 전체의 회복 갱신이란 원래 힘 드는 일이요, 일조일석에 되지 않는다는 것을 기억하고 참는 편이 낫지 않겠습니까? 그보다도 그들 속에 남아 있어 그들을 잘 권면하여 회개시키는 것이 출옥 성도 여러분들의 하실 일이 아니겠습니까?[31]

박형룡이 떠나자 한국 장로교 내에서 고려신학교의 의미와 위상은 그만

31) 金良善, 앞의 책, 159.

고려신학교를 섬기는 이들 1948년 4월 이전
한상동 박윤선 한부선 박형룡

큼 절감되고 말았다. 1948년 5월에 열린 제34회 총회에서 전남노회로부터 고려신학교에 학생을 추천해도 좋으냐는 질문에 전(前) 조선교단(朝鮮教團)의 통리(統理)였던 정치부장 김관식은 "고려신학교는 우리 총회와 아무 관계가 없으니 노회가 천서를 줄 필요가 없다."는 법적인 유권 해석을 내렸다. 그러자 1948년 9월 21일 경남노회는 다시 고려신학교의 승인을 취소한다는 결의를 하였다. 그래서 경남노회는 실질적으로 두 분파로 분열하게 되었다.

1951년 5월 21일, 6 · 25 전쟁 중 부산 중앙교회에서 열린 장로교 총회는 고려파 대표를 총대로 받아들이는 것을 거부하였다. 이에 고려파는 따로 노회를 조직하여 경남법통노회(慶南法統老會)라고 하고, 이듬해 1952년 9월에 고신측 제1회 총노회를 진주 성남교회(城南教會)에서 개최하고 독립 총노회를 조직하였다. 1953년 고려파 총노회에 속한 교회 수는 363이었고, 목사 수는 50명이었다. 1956년에는 568교회로 불어났으며, 목사 수는 102명이 되었다. 이때의 교회 수는 한국 장로교회의 전체 수의 약 10%에 해당하는 것이었다.

고려파의 분열은 신사참배한 일을 회개하자는 쇄신 운동으로 야기된 것이지만, 해방 이후 신사참배와 동방요배를 한 일을 철저히 회개해야 한다고 주장하고 대화를 단절한 가운데 소위 현실 교회를 전적으로 부정하고 스스로 분립한 재건파(再建派) 교회의 분립과는 같지 않다. 교회 전통을 존중하고 하나가 되려고 노력했음에도 다수의 결정에 따돌림을 당하여 일어난 일이기 때문이다. 고려파는 다수파의 비판과 오해 가운데서도 교회 개혁을 내세우며 자파 교회 내에서의 회개 운동을 추진하였다. 고려파의 모든 목사, 장로와 설교자들은 새 노회를 구성하기 이전에 3주 동안 자진하여 근신하였다.

고려파 교회에서 처음에는 영적 회개 운동이 활발히 전개되었다. 그러나 교회 분열과 교회 건물의 쟁탈전을 겪으면서 처음에 표방했던 순수성을 점차 상실하게 되었다. 교회 분열의 비극은 특히·지역교회에서 절감할 수 있었다. 지역교회의 당회가 일치되지 않으면, 교회는 두 파로 분열되어 결국 교회 건물과 재산을 서로 차지하려고 분쟁을 하게 되었으니 말이다.

그리스도의 몸인 교회의 지체인 교인들은 진리를 위한다면서 사랑과 화평과 하나 됨을 저버렸다. 교회 분쟁의 최악의 예로는 마산 문창교회를 들 수 있다. 고려파의 분립으로 인하여 교회가 이를 지지하는 파와 반대하는 파로 나뉘어 수개월 동안 한 예배당 안에서 서로 찬송과 기도로, 때로는 완력을 사용하여 피차의 예배를 방해하였다. 예를 들면, 마산 문창교회의 경우 재산 문제를 놓고 쌍방이 고소를 하여 15년 이상의 긴 세월을 두고 법정 투쟁을 하였다.

이러는 과정에 고신측 교회 자체가 다시 분열하는 비극을 겪었다. 고려파 경기노회에 속한 김창인(金昌仁), 이학인(李學仁) 등 다수의 목사들이 분쟁에서 오는 부작용을 지적하며 고린도전서 1장 6절 말씀을 근거로 교회의 분쟁과 법정 투쟁을 지양하도록 고려파 총회에 헌의하였다. 그러나 그들의 제의가 받아들여지지 않자 1958년 1월 7일 행정 보류를 선언하였다.[32] 고려신학교를 설립하고 육성하는 일에 큰 역할을 했던 박윤선도 이런 연유에서 교장직을 물러나게 되었다. 그리하여 학교와 고려파 교회를 떠나 보류 노회에 합류하였다. 1963년 고신파 교회의 환원과 동시에 보류 노회가 합동측에 가입함과 동시에 박윤선은 총회신학교에 교수로 영입되었다.

기장파 교단의 분립

고려파가 분립한 그 이듬해 1953년 장로교는 기장파의 분립으로 또다시 분열의 진통을 겪어야 했다. 김재준을 중심으로 신학의 자유를 구가하는 신학자들이 일제하에서 설립한 조선신학교(朝鮮神學校)는 해방 이후 유일한 신학교

---

32) 「韓國基督教年鑑」, 1967년, 159.

였기 때문에 총회 직영 신학교로 인준을 얻었으나 반대하는 보수주의 목사들이 많고 그 세력이 커서 어려움을 겪었다. 더욱이 한국으로 복귀한 외국의 선교회들 가운데 캐나다 선교회를 제외하고는 조선신학교에 대하여 냉담하였다. 남장로교 선교회는 학교 이사회가 교수진의 교체를 단행한다는 조건하에서만 학교를 지지할 수 있다고 밝혔다.

1947년 4월 18일, 51명의 '정통을 사랑하는 학생 일동'이 대구에서 열린 총회에다 학교에 대한 불만을 호소하는 진정서를 제출하였다. 교수들이 성경에 대한 고등비평을 가르친다고 지적하고 '신앙은 보수적이나 신학은 자유'라는 조선신학교의 교육 이념을 수긍할 수 없으니 선처해 달라는 내용이었다. 실상은 고려신학교의 설립도 조선신학교의 자유주의적 경향에 대한 일부 보수적인 장로교 지도자들의 반발로 설립하게 된 것이다. 이에 총회는 심사위원회를 구성하고 사건의 진상을 조사하여 보고하도록 하였다.[33)]

1934년과 35년에 아빙돈 주석 번역 사건과 교회에서의 여자의 지위에 관한 논의가 총회적인 문제가 된 적이 있었다. 그 이후 일제의 신사참배 강요와 핍박으로 인하여 잠잠했던 신학적인 논의가 이제 다시 관심의 대상이 된 것이다. 해방 후의 신학적인 논의의 초점은 성경관에 대한 것이었다. 즉, 여태껏 한국 장로교회가 보수해 오던 성경무오설과 축자적 영감설(逐字的 靈感說, verbal inspiration)에 자유주의적인 진보 측에서 고등비평을 성경 연구의 방법으로 수용함으로써 도전하였다. 자유주의적인 신학자들은 1930년대와는 태도를 전혀 달리하여 그들의 신학적인 견해를 솔직하게 표명하여 보수주의자들에게 공격적인 자세를 취하였다.

박형룡이 만주에서 귀국하여 부산 고려신학교 교장으로 부임할 당시는 조선신학교의 신학 노선이 학생들로 인하여 교계에서 문제화되고 있던 시점이었다. 박형룡이 귀국하자 서울에 있는 보수적인 목사들은 수도 서울에 보수적

33) 金良善, 앞의 책, 227 이하.

인 신학교를 설립해야 한다는 의견을 모우고서는 박형룡이 이 일을 맡아 주도하도록 간청하였다. 박형룡이 고려신학교의 교장직을 사임하고 서울로 오자 보수적인 목사들은 그들의 소신을 실현하기 위하여 일을 추진하였다.[34] 1948년 6월 20일, 그들은 서울 창동교회에서 장로회신학교를 시작하였다. 제35회 총회는 이 신학교 역시 총회 직영 신학교로 인준함과 동시에 기존의 조선신학교와 병합하도록 결의하고, 특별위원회를 구성하여 추진하였다. 그러나 학교를 병합하려는 의도는 결실을 보지 못했다.

1951년 5월 25일에 열린 총회는 신학교에 대한 새로운 결정을 내렸다. 양 신학교를 모두 폐쇄하고 새로운 하나의 총회 직영 신학교를 설립하자는 것이었다. 그리하여 새로 설립된 총회 직영 신학교는 동년 9월 18일 개교하여 수업을 진행하였다. 그러나 조선신학교 측은 이에 동조하지 않았다. 조선신학교 측에서 볼 때 총회의 결의는 조선신학교가 총회 직영 신학교임을 취소한 것이나 다름없었다.

1952년 4월 29일, 대구 서문밖교회에서 열린 제37회 총회는 성경은 비록 오류가 있지만 인간을 구원하는 하나님의 말씀이라고 말하는 김재준을 성경무오설을 부인한다면서 교회에서 제명처분하기로 가결했으며, 조선신학교 졸업생은 교역자로 받아들이지 않기로 결의하였다.[35]

1952년 9월 17일, 조선신학교를 옹호하는 35명의 목사와 12명의 장로가 모여 호헌대회(護憲大會)를 열고 총회의 결의에 대하여 불법이라고 항의하였다. 이를 계기로 각 지방교회와 노회는 분열의 진통을 겪게 되었다. 교회의 재산권 때문에 곳곳에서 치열한 싸움이 벌어졌다. 이듬해 1953년 제38회 총회는 김재준의 목사 파면을 결의하였다. 기장측의 목사 26명과 장로 26명은 총회에서 물러나 6월 10일 한국신학교 강당에서 총회를 열어 또 하나의 총회를 조직하였다. 그리고 1954년에 분립한 교단의 이름을 '한국기독교장로회' 라고 칭하였

34) 같은 책.
35) 같은 책, 259.

다. 1954년 기독교장로회의 교세는 교회가 568개, 목사가 291명에 세례 교인 20,937명이었다.[36)]

통합파와 합동파의 분열

세계기독교연합회(World Christian Council, 약칭으로 WCC)에 대한 의견 대립으로 말미암아 1959년 대한예수교장로회는 세 번째로 큰 분열을 겪게 되었다. 한국 장로교회가 신학적인 견해 차이로 세 파로 나뉘어 신학적으로 점점 더 격차가 생겼는데, '세계기독교연합' 운동은 소위 좌파(左派)와 우파(右派)가 떨어져 나가고 남은 큰 몸체의 장로교회를 다시 갈라놓는 쐐기가 되었다.

한국기독교협의회(KNCC)는 1948년 암스테르담에서 열리는 세계기독교연합회 창립 총회에 장로교 대표 김관식과 엄요섭, 감리교 대표 변홍규를 파견하여 참석케 하였다.[37)] 그 이후 진보적인 기장측은 기독교 연합 운동에 적극 참여하여 한국기독교협의회(KNCC)에서 주도적인 역할을 담당하였다. 그런데 보수적인 고려파 교회는 일찍부터 기독교 연합 운동에 대하여 반대하는 입장을 분명히 하였다. 고려신학교 교장으로 있던 박윤선은 1950년 4월에 발간한 소책자에서 기독교 연합 운동에 대하여 다음과 같은 의견을 피력하였다.

> 우리 장로회는 세계기독교연합회(World Council of Churches)에 참가하고 있습니다. 그런데 이 회에 참가하고 있는 것이 우리 장로교 교리에 위반인 것입니다. 그 이유는 위의 세계기독교연합회의 움직임이 전통적인 정통주의 그대로가 아니기 때문입니다. 그것이 정통주의가 아닌 사실은 누구나 다 인정합니다. 우리의 장로교회더러 그 옳지 않은 회(세계기독교연합회)와 보조를 같이 하며 합류하라고 가르치는 분들도 그것을 자증하고 있습니다.[38)]
>
> 세계기독교연합회에는 신신학자(新神學者), 위기신학자, 사회복음주의자 등이 그 주동 인물이 되어 있습니다. 그 회의 주요한 목적은 세계 교회의 사교를 위한 것이

36) Harvie M. Conn, 앞의 논문, No.2 (May. 1968), 182.
37) 「韓國基督教年鑑」 (1967), 22.
38) 朴允善, 「大韓예수教長老會는 어디로 가나?」 (1950), 18.

라기보다, 세계 교회의 진로(進路)를 교도(教導)하려는 것입니다. 그것은 그들이 이미 암스테르담 회의에서 결정한 것입니다. 그들은 급속히 처음부터 각 교파의 교리를 그들의 그릇된 주장대로 통일하려는 행동은 취하지 않습니다. 그러나 그들은 세계적으로 먼저 교회 실권 (교회 정치력, 다대한 사람 수 내지 국가의 권력) 잡기를 노력하는 듯이 보입니다. 그들은 이런 실권을 잡은 후에 그것으로 세계 교회를 장악하려 합니다. 사태가 결국 그렇게 되는 때에는 세계 교회의 각 교파는 성경과 교리에 의거하여 행동을 취하지 못하고 그런 세계 교회 운동의 실권에게 포로되어 버리고 말 것입니다.[39]

그 후 세계기독교연합회는 더 심한 비판을 받게 되었다. 1951년에 22명의 기독교인 국회의원들이 '세계기독교연합회는 용공적인 기관' 이라고 성명을 발표하였다. 그리하여 총회의 많은 보수적인 기독교인들은 시간이 흐름에 따라 세계기독교연합회에 반대하는 견지를 취하였다.

총회파 장로교회는 1954년 미국 에반스톤(Evanston)에서 열리는 세계기독교연합회 회의에 3명의 대표를 파송하였다. 단지 WCC의 신학적인 입장이 용납할 만한 것이 못된다면 한국 장로교회가 WCC에서 탈퇴한다는 조건하에서 파송하였다. 파송을 받은 대표 중 한 사람인 김현정 목사는 WCC 회의에 참석한 뒤 1955년의 제40회 총회에서 경과를 보고하였다.

WCC 회의에는 160개의 교파를 달리하는 교회를 대표하는 회원들이 참석했으므로 이 모든 사람들이 칼빈주의로 돌아오기를 기대하기는 어려운 일이며, WCC는 여러 교회의 교제와 협력을 위한 기관이지 교회를 하나로 통합하려는 운동이 아니라고 하였다. 총회는 에큐메니칼 운동에 대한 연구위원회를 구성하고 WCC에 참석한 대표의 보고와 같이 다만 교회의 교제와 협력을 도모하는 기관으로 존속한다면 계속 회원으로 있기로 결의하였다.

그러나 미국의 '복음주의자협의회' (National Association of Evangelicals: NAE) 나 세계복음주의자협회(World Evangelical Fellowship)와 관계를 맺고 있

39) 같은 책, 20.

는 보수적 목사들은 WCC를 신뢰하지 않았다. 보수주의자들이 그와 같이 WCC를 신뢰하지 않게 된 데에는 국제기독교연합회(ICCC)의 회장인 근본주의자 맥킨타이어(Carl McIntire)의 영향이 컸다. 박윤선은 위에서 언급한 1950년의 소책자에서 국제기독교연합회에 관하여 이렇게 말한다.

> 위의 세계기독교연합회의 비(非)를 아는 선진 국가의 교회(미국 교계)에서는 벌써 거기에 항의하는 의미에서 한 세계적 단체를 조직하고 명랑한 진리의 깃발을 날리고 있습니다. 이 귀한 단체의 명칭은 국제기독교연합회(The International Council of Christian Churches)라고 합니다. 이 단체의 주장은 순연(純然)한 재래 복음주의 신학을 보수하자는 데 있습니다. 이 주장에 공명하는 교파들이 많이 일어나 벌써 29개국에서 온 61교파 대표가 결합되어 있습니다.[40]

고려파 교회와 총회파 교회의 일부 보수적인 지도자들은 한때 맥킨타이어와 가까운 관계를 가졌으나, 국제기독교연합회가 지나치게 근본주의적인 경향으로 치달으므로 재정적인 원조 제의도 거부하고 공식적인 관계는 가지지 않았다. 그러나 승동측의 일부 목사들은 1960년과 1962년에 분립하여 대한예수교성경장로회와 대한예수교호헌장로회를 각기 조직하여 근본주의적 신앙을 표방하면서 국제기독교연합회에 가입하였다.[41]

1958년 박형룡은 「신학지남」에 WCC에 반대하는 견해를 발표하였다.

> 이 운동은 어떤 교리를 포지(抱持)한 인이든지 다 좋게 여겨 수납하니 방만(放漫)한 자유주의에 입각한 자 아닌가? 또 이것은 운동의 현 단계에 있어서 세계 교회의 친선 교우와 사업 협동을 목적으로 한다 하나 지도자들의 언론과 행동은 이것의 구경목적(究竟目的)이 세계 교회의 조직적 통일에 있음을 표시하지 않는가.[42] 우리 교

40) 같은 책.
41) 「韓國基督新教年鑑」 (1964), 292 이하 참조.
42) 「神學指南」 25권 1집 (1958), 11.

회는 결코 이 에큐메니칼 운동의 자유주의 지도에 순응할 수 없으며 교회합동 단일 교회를 바라보는 목적에 찬동할 수 없다. 1957년 제42회 총회는 에큐메니칼 연구위원회의 보고로 우리 교회는 이 운동의 교회 친선과 사업 협동에만 참여하고 교파 합동에는 반대한다는 결의를 지었다. 이것은 상술(上述)의 대책에 적응하는 결의라 할 수 있으니 우리 교회는 세계적 교회 친선의 중요함을 생각하여 이 운동에 참여하나 교리상 경계와 비타협의 태도를 취할 것이며, 장차 어떤 날 교파 합동의 계획이 구체화할 때는 이 운동으로부터 단연 탈퇴할 것이다.[43]

그러자 총회파 교회는 WCC에 찬성하는 측과 반대하는 측의 그룹 형성 운동이 생겼으며, 양 그룹은 서로 총회의 주도권을 장악하는 문제를 두고 대치하게 되었다. 1959년 9월 28일에 대전에서 열린 제44회 총회는 개회 벽두부터 두 파의 치열한 싸움으로 중단되고 말았다. 이 날의 회의에서 경기노회의 총대를 받아들이는 문제를 두고 의견이 나뉘어 회의를 진행할 수 없게 되자, 총회장 노진현(盧鎭鉉)은 증경 총회장들에게 대책을 제의해 주기를 청원하였다. 총회는 11월 23일에 서울 승동교회에서 속개하기로 하고 정회하자는 증경 총회장들의 제안을 채택하였다.

이러한 결정에 불만을 품은 회원들은 이튿날 9월 29일 서울의 연동교회에서 전필순(全弼淳)의 사회로 단독 속회를 열었다. 통합측에서 볼 때는 그럴만한 충분한 명분이 있었겠으나, 그것은 분명 쿠데타와 같은 것이었다. 이날 연동교회로 모인 연동측 총대들은 대전서 아침 일찍이 특별 열차로 서울로 왔다고 한다. 그렇다면 그것은 사전에 계획에 따른 것이다. 수적으로 열세인 고려파와 기장파의 경우는 다수결의 법적 절차에 따라 총회에서 축출하는 절차를 통하여 분립하게 되었으나, 주류와 비주류를 분간할 수 없을 정도로 백중지세의 두 분파가 분열할 때는 법적 절차를 밟을 수 없었기에 탈법적인 분열을 감행한 것이다.

11월 23일 승동교회에서 총회가 총회장 노진현의 사회로 속회를 개회했

43) 같은 책, 22.

을 때는 소위 합동측만 참석하였다. 연동교회에서 먼저 단독으로 속회를 했던 통합측은 새문안교회에서 한경직(韓景職)의 사회로 통합 총회를 열었다.[44)]

기타 장로교단의 분립

대한예수교성경장로교는 대한신학교(大韓神學校)의 교장 김치선(金致善)의 주도로 합동측에서 1960년 9월 창립 조직을 하고 1961년 6월에 총회를 열어 분립하였다. 미국의 성경장로회 독립장로교 선교회의 원조를 받으며 국제기독교협의회(ICCC)에 가입하였다. 분립 당시 8개 노회가 구성되었으며, 60여 교회가 가입하고 있었으나, 1963년에는 160여 교회로 불어났다. 그들은 근본주의 신앙을 가지고 성경대로만 믿고 그대로 실행한다고 했다.

통합측 첫 총회 1960년 새문안예배당에서

대한예수교호헌장로회는 1962년 9월 제47회 합동 총회에서 분립하여 11월 19일에 호헌총회를 창립하였다. 이 역시 국제기독교회연합회에 가입하였다.

1976년의 「한국 기독교 연감」이 말하는 1975년 12월부의 통계에 따르면 장로교회의 교세는 다음과 같다.

교단	교회 수	교인 수
통합	2,685	639,587
합동	2,484	668,678
고려	606	127,000
기장	738	290,545
기타 4교단	200	30,000

44) 노진현, 「眞實과 證言」 (서울: 도서출판 하나, 1995), 62-67.

성결교회와 침례교회의 분열

성결교회 역시 분열을 겪었다. 첫 번째 분열은 대구신학교 사건으로 발생했는데, 분리해 나간 그룹이 장로교로 흡수됨으로 말미암아 일단락되었으나 1961년의 두 번째 분열은 더 심각하였다. 장로교의 통합측과 합동측의 분열과 마찬가지로 한국기독교협의회(ICCC)와 한국복음주의자협의회(NAE)의 가입과 탈퇴 문제로 분열된 것인데 두 차례에 걸쳐 합동하려고 피차 노력했으나 성과를 거두지 못했다. ICCC 측은 스스로 '기독교대한성결교회'(기성)라고 칭하고 ICCC에 가입한 측은 '예수교대한성결교회'(예성)라고 칭한다. 1972년에 예성은 다시 내부의 신학 노선의 문제로 분열되어, 1973년에 예수교대한성결교회(혁신) 총회가 조직되었다.

침례교는 1959년에 총회의 기존 지도자들과 선교부 간의 마찰로 총회가 양분되었다. 1959년 3월 17일에 대전 대흥침례교회에서 개최된 실행원회는 총회 장소 결정 문제로 총회 지도부와 선교부 간의 대립이 격화되어 두 곳에서 총회가 개최되었다.

1959년 4월 28일에 대전 대흥침례교회에서는 선교부의 지원을 받는 장일수 목사를 비롯한 몇몇 지도자와 다른 교파에서 전입한 교역자들이 주축이 되어 기독교대한침례회연맹이란 이름으로 대전 총회가 열렸으며, 1959년 5월 25일에 경북 포항 침례교회에서는 기존의 교단 지도자들의 주도하에 대한기독교침례회연맹이란 이름으로 포항 총회가 열렸다. 대전 총회 측은 선교부의 지원을 받아 미국 남침례교회를 모본으로 한 여러 기관을 두고 원활히 교단 사업을 수행한 반면에, 선교부의 재정 지원을 받지 못한 포항 총회 측은 교단 발전과 침례교의 정체성을 유지하는 데 많은 어려움을 겪었다.

1960년대에 시작된 성령과 은사 운동으로 교회가 영적인 면과 재정적인 면에서 윤택해지면서 양 교단의 갈등과 반목은 점차 해소되었다. 1964년부터 선교회는 총회와 협동하여 사업을 추진하던 종전의 방법을 지양하고 지방 전도부를 조직하여 지방 선교사를 통하여 개 교회에 필요한 재정적 보조와 전도 프로그램을 실행하였다. 그럼으로써 교회로 하여금 개 교회 중심적인 침례교의 정체성을 회복케 하였다. 이러한 선교 정책은 양 교단의 마찰을 극소화하는데 크게 도움이 되었다. 그리하여 1968년 4월 16일 양 교단은 합동 총회를 열고 화해 단결을 다짐하며 새 출발을 하게 되었고, 교회 분열로 얼룩진 한국 교회에 참신한 모본이 되었다. 그 후 총회는 1976년 11월 4일에 한국침례회연맹이라는 교단 명칭을 기독교한국침례회로 변경하였다.[45]

45) 허긴, "침례교회사, 한국", 「기독교대백과사전」, 967; 金容海, 「大韓基督教浸禮教會史」 (서울: 浸禮教總會, 1964). 김용국, 「한국 침례교 사상사: 1889-1997」 (서울: 침례교신학대학출판부, 2005).

6 · 25 전쟁과 한국 교회

6 · 25 전쟁과 교회의 피해 복구

한반도를 점령한 미국과 소련이 미소공동위원회(美蘇共同委員會)를 구성하여 한국의 독립을 위하여 수차 회담을 열었으나 성과를 거두지 못했다. 그러자 1947년 9월에 미국은 한국 독립 문제를 국제연합에 제출하였다. 유엔 감시하에 총선거를 실시하고, 그 결과 정부가 수립되면 미 · 소 양군은 철수할 것을 제안한 것이다. 이 결의안은 약간의 수정을 거쳐 절대 다수로 유엔 총회를 통과하였다. 그리하여 유엔 한국위원단은 1948년 1월에 활동을 개시하였다. 그러나 소련의 반대로 북한에서의 활동은 좌절되었다. 1948년 2월 유엔 소총회는 가능한 지역에서만이라도 선거를 하여 독립 정부를 수립하도록 결의하였다.[46)]

1948년 5월 10일 유사 이래 처음으로 총선거가 실시되었다. 100석이 배정된 북한을 제외한 남한만의 총선이었다. 198명이 국민의 대표로 선출되었고, 5월 31일 역사적인 최초의 국회가 열렸다. 제헌국회는 헌법을 제정하여 7월 17일 공포했으며, 7월 20일에는 이승만(李承晩)을 대통령으로 선출하였다.

46) 李基白, 「韓國史新論」, 개정판, 440

이어서 행정부를 조직하고, 8월 15일에 대한민국 정부의 수립이 국내외에 선포되었다. 그 해 12월에 대한민국은 유엔 총회의 승인을 얻어 한국을 대표하는 유일한 합법 정부가 되었다.[47]

북한에는 1946년 2월에 공산당이 소위 북조선임시인민위원회를 조직하여 토지 개혁을 위시한 여러 가지 정책으로 공산주의 정치 체제를 굳혔다. 그러다가 2월에 북한에서의 단독 정권이나 다름없는 북조선인민위원회를 조직하였다. 1948년 9월, 조선민주주의인민공화국을 세워 군사력을 키운 공산 정권은, 1950년 6월 25일 새벽, 한반도를 무력으로 공산화하려고 남침을 감행하였다. 사흘 만인 6월 28일에 서울이 북의 공산군에게 함락되었다. 병력과 무기가 모자라는 국군은 계속 후퇴하여 낙동강을 최후의 전선으로 하여 저항하였다. 유엔은 대한민국을 군사적으로 원조할 것을 즉시 결정하였고, 미국을 위시한 16개국의 군대가 내한하여 유엔의 깃발 아래 국군과 합동 작전을 개시하였다.

유엔군은 인천 상륙 작전의 성공으로 9월 28일 서울을 탈환하였다. 9월 30일에는 38선을 돌파하고 북진을 계속하여 동해안으로는 청진(淸津)까지, 중부로는 혜산진(惠山鎭)이 있는 압록강까지, 서부로는 선천(宣川)까지 도달하였다. 한반도 전체를 수복할 수 있는 가능성을 목전에 둔 시점에서 인해전술로 밀어붙이는 중공군의 개입으로 전세는 역전되어 국군과 유엔군은 후퇴할 수밖에 없었다. 1951년 1월 4일 추운 겨울이었다. 한강 이남까지 후퇴하는 바람에 서울은 다시 공산군의 수중에 들어갔다. 얼마 후 유엔군의 반격으로 공산군은 38선 이북으로 물러났으나, 그때부터 전선은 교착상태에 빠졌다. 그러다가 마침내 1953년 7월 27일 유엔군이 공산군과 휴전협정을 맺어 치열한 전투는 종식되었다.[48]

6·25 전쟁으로 말미암아 온 나라가 입은 피해는 말로 다할 수 없이 참

47) 같은 책, 442.
48) 같은 책, 444 이하.

혹하였다. 전투로 인한 인명 피해가 15만, 행방불명이 20만, 부상자가 25만에 달하였고, 공산군에 납치된 사람이 10만 이상이었으며, 전재민(戰災民)은 수백만에 달하였다. 북측이 입은 피해는 이보다 몇 배나 더 컸다.

6 · 25 전쟁으로 교회가 입은 피해 역시 엄청나게 컸다. 인천 상륙 작전으로 9월 28일 서울이 수복될 때까지 낙동강을 중심으로 영남 동부 지역을 제외한 전 지역이 공산군에 점령을 당하는 바람에 그 지역에 남아 있던 많은 기독교인들이 고난을 당하고 죽임을 당하였다. 특히 공산군이 철수할 때 많은 사람들이 죽임을 당하거나 납치를 당하였다. 그것은 38선 이북에서 공산군이 후퇴할 때도 역시 마찬가지였다. 전쟁을 통하여 남한에서 파손, 손실된 교회는 장로교가 152, 감리교가 84, 성결교가 27, 구세군이 4개 교회였고, 기타 교파에서 입은 손해도 막심하였다. 순교와 납치를 당한 이는 장로교회 177명, 감리교회 44명, 성결교회 11명이었다. 천주교회에서는 남북한에서 외국인과 내국인 성직자를 비롯하여 수녀와 신학생들 가운데 공산군에게 잡혀간 이들이 150명이었다.[49]

북한에서는 6 · 25전쟁이 일어나자 공산 정권이 많은 교회 지도자들을 잡아 가두거나 처형하고, 교회를 철저히 탄압하는 바람에 그리스도의 교회가 지상에서 자취를 감추게 되었다. 그리고 살아남은 사람들은 1 · 4 후퇴 때 대거 남한으로 피난하였고, 그 바람에 북한의 교회는 사실상 공동화 상태에 놓이게 되었다. 남한에서는 수많은 교회 지도자들이 희생을 당하는 쓰라린 상황이었지만, 교회는 여러 면으로 재건 활동을 벌였다.

1952년 1월 14일, 한국기독교협의회는 선교부의 협조를 얻어 교육과 문화, 사회의 후생, 농촌, 경제, 산업 등 여러 부문에 걸친 광범한 재건 사업을 추진하였다. 그럼으로써 세계 교회가 기독교세계봉사회, 국제선교협의회, 기독교국제연합위원회 등의 기관을 통하여 한국을 원조할 수 있는 기틀을 마련하

49) 李永獻,「韓國基督教史」, 262-276 참조.

였다. 많은 구호물자가 교회를 통하여 들어와 전쟁으로 인하여 황폐한 나라의 빈민들과 전재민들에게 분배되었다.[50]

이러한 일들은 교회가 난민들과 사회를 위하여 봉사한 공헌이었다고 평가할 수 있다. 그러나 한편 구호물자로 인하여 교회가 불미스러운 점과 약점을 노출하게 된 것은 큰 손실이었다. 교회 안의 많은 사람들이 구호물자를 탐내고 기독교적인 자선을 빙자하여 자기의 유익을 구하는 일이 있었던 것은 유감스런 일이다. 그러나 어떤 이들은 자기의 사재를 털어 구제 사업에 헌신한 사람들도 많이 있었음을 간과해서는 안 된다.

기독교 이름을 내건 고아원과 자선기관이 많이 설립되어 전쟁 이후에도 오랜 세월 동안 봉사를 한 것은 높이 평가할 만하다. 1953년 7월 휴전 당시 전재 아동들을 위한 시설이 440개에 달했으며, 수용된 어린이가 53,964명에 이르렀다. 1968년도의 통계에 의하면 사회사업을 위한 총 시설 수가 615개인데, 그 가운데 537개가 아동복지를 위한 시설이었다. 극히 일부를 제외하고는 절대 다수의 고아원과 자선기관들이 기독교적 기관으로서 세계기독교아동복지회, 한국세계기독교선명회, 컴패션, 홀트아동복지회 등 외국의 구제기관의 원조를 받아 운영되고 유지되었다.[51] 한국 교회를 재건하는 데 가장 큰 힘이 된 것은 역시 선교회의 재정적인 지원이었다.

전쟁 직후 선교회의 사업은 구호에 치중하는 것이었으나, 1953년 이후로는 사업의 방향을 다시 교회 재건으로 돌렸다. 북장로회 선교회는 1953년 이후 35만 불을 지급하였고, 1955년에는 다시 백만 불로 높여 지급하였다. 교육, 의료 등 특수사업을 위한 원조 자금도 수백만 불에 달하였다. 1953년에 교회 재건비는 감리교 선교회에서 15만 불, 성결교회 선교회에서 30만 불이었다.

한국 교회는 선교 이후 자립하는 교회를 지향해 왔는데, 6 · 25 전쟁 이후 외국의 선교기관과 사회사업 기관에서 교회 재건을 위한 재정 지원과 많은

50) 같은 책, 275 참조.
51) 「기독교연감」 1976, 15-16.

구호물자를 받아들이면서 여러 가지 약점을 드러내게 되었다. 한국 교회는 복음 전도와 교회의 부흥에만 힘을 기울일 뿐, 극히 일부의 교회를 제외하고는 계속 구제하는 일을 외국의 기관과 외국 신자들의 손에 맡겨 둠으로써 구제, 봉사가 선교와 함께 교회가 마땅히 해야 할 사업이라는 것을 배우지 못했다. 일찍부터 사회사업은 세상 일이요 교회가 할 일이 아닌 줄 알았으니, 그러한 경향은 한국 교회의 체질이 되었다.

신흥 종교와 이단들의 활동

6 · 25 전쟁 이후 신흥 종교가 우후죽순처럼 생겨난 것은 혼란스럽고 불안한 사회 환경을 반영하는 현상이다. 그 가운데서 큰 세력을 이룬 것이 박태선(朴泰善)의 전도관, 문선명(文宣明)의 통일교, 나운몽(羅雲夢)의 용문산 기도원 등이었다. 이들은 미혹하는 큰 세력을 이루어 한국 교회에 큰 혼란과 손해를 안겨 주었다.

박태선은 1955년 1월부터 전국 각지를 돌아다니면서 부흥집회를 인도하여 교계에 큰 파문을 일으켰다. 처음에는 교계의 유력한 목사들이 조직을 만들어 그를 20세기의 대부흥사로 떠받들었고, 스완선 박사가 그의 신학적인 후견인 역할을 했으며, 또 백여 명의 목사들이 그에게 안수 기도를 받는 등 신학 부재의 무분별한 처신으로 더 많은 사람들이 부흥회에 모여들어 미혹을 받았다.[52] 또한 병을 고치는 기적을 행한다느니, 성령이 이슬같이 내린다느니, 향취가 난다느니, 죄가 타는 악취가 난다느니 하면서 성령의 역사를 물질화하여 설명했으며, 손뼉을 치면서 찬송을 부르게 해서 사람들을 흥분의 도가니에 빠져들게 만들었다.

박태선은 전도관의 전신인 '한국예수교신앙부흥협회'를 조직하여 자기 집단을 형성하면서부터는 완전히 교주로 변신하였다.[53] 자칭 '동방의 의인',

52) 李永獻, 앞의 책, 299-317.
53) 박영관, 「이단 종파 비판」, 129

'감람나무' 라고 하여 적그리스도적인 미혹하는 자의 본색을 드러내었다. '동방의 의인' 은 이사야서 41장 2절의 말씀을, '감람나무' 는 요한계시록 11장 4절의 말씀을 해석한 것이다. 그는 자기의 발 씻은 물을 생명수라고 하는 불경죄를 범하였으며, 결국에는 신앙촌을 건립하여 추종하는 신자들의 재산과 노동을 착취하여 기업을 형성하였다.

문선명은 1951년 1 · 4 후퇴 때 남하하여 부산에서부터 집회를 시작하였다. 1954년 5월, 문선명은 서울에서 '세계기독교통일신령협회' (약칭: 통일교)를 창설하여 교주가 되었고, 그의 '원리강론' 을 체계화한 유효원은 협회장이 되었다. 성경이 말하는 진리, 특히 창조와 타락에 관한 교리를 동양의 음양설을 적용하여 풍유적인 유치한 해석을 한 것이었으나 성경이 언급하지 않는 것을 분석하고 설명하는 것을 심오한 이론으로 생각해서인지 지성인들도 많이 따랐다.

문선명은 자칭 '재림주' 라며 '문예수' 로 활동하였고, 신구약 성경을 미완성의 경전이라며 자신의 '원리강론' (原理講論)을 신구약을 완성하는 '성약(成約)' 이라고 하였다. 문선명의 '원리강론' 에서는 타락한 인간이 복귀하기 위해서는 필수적으로 재림주와 육적인 접촉을 통하여 피 가름의 과정을 거쳐야 한다고 주장한다. 추종자들의 헌신을 통하여 막대한 부를 축적한 통일교는 수많은 단체를 조직하고, 그들의 조직망을 교묘하게 이용하여 많은 목사들과 교수들을 유인하여 자파의 지지자로 흡수하는 등 유럽과 미국의 교회마저 경계할 정도로 역사상 보기 드물게 괴력을 발휘하는 적그리스도의 신흥 종교로 발전하였다.

교계에서는 박태선과 나운몽에 대해서는 일찍부터 비판하고 이단으로 규정하였다. 그러나 문선명에 대해서는 서울대 신사훈(申四勳) 교수가 통일교의 출현 직후부터 그 이단성을 지적하면서 외롭게 투쟁하였고, 교계에서는 유감스럽게도 1970년대에서야 비로소 이단적인 교리의 심각성을 인식하고 논의하기 시작하였다.[54)]

박태선과 문선명은 적그리스도로서 공통성이 있다. 1920년대와 30년대에 활동한 광신적인 신비주의 운동을 일으키고, 신비극과 혼음의 형태를 지닌 강신극을 연출한 한준명(韓俊明), 신학산 수도원에서 비성경적인 신비주의 운동을 벌인 백남주(白南柱), '예수의 화신'으로 자처하면서 혼음을 자행한 황국주(黃國柱), 그 후에 경기도 파주군의 이스라엘 수도원을 중심으로 신인합일의 접신주의를 제창한 김백문(金百文) 등의 영향을 받았다. 두 사람 다 피가름의 혼음 교리를 실천하는 등 그들의 맥락을 이은 것이다. 그리고 절대권을 행사하는 교주로서 '맘몬' 운동을 전개하여 신봉자들의 희생을 통하여 막대한 재산을 갖게 되었다는 점 역시 비슷하다. 이런 것은 모두 적그리스도의 속성이요 쓴 열매이다.

나운몽(羅雲夢)은 1940년에 용문산을 사들여 '애향숙'을 세우고 계몽 운동을 하다가 일제의 심한 감시로 문을 닫았다. 그 후 1947년에 기도원으로 다시 재건하였다. 그는 6 · 25 전쟁 시에 "입신, 방언, 예언, 환상, 진동, 신유, 신비 체험을 했다."며 전도 운동을 시작하였다. 나운몽은 주역(周易)으로 성경을 해석하는 '동양적 특수 신령신학'을 제창하여 혼합종교적인 교리를 가르쳤다. 즉 공자, 석가도 신이 보내신 동방의 선지자로서 신의 뜻을 나타내었고, 복음이 전파되기 이전 시대의 사람들은 유교와 불교를 통하여 구원받은 사람이 있으며, 유교와 불교가 기독교 복음 안에서 조화되는 것이 천국이며, 진리는 형에 있지 아니하고 질에 있으므로 유교나 불교나 기독교가 하나가 된다고 하였다.[55)]

1954년 3월 경북노회는 교인들을 용문산 집회에 참석하지 못하도록 금하고, 용문산파의 정체를 알기 위하여 조사단을 파견하였다. 1960년대에는 기장, 고신, 예장의 장로교회들과 성결교회와 감리교회가 모두 나운몽을 이단으

54) 참고: 申四勳, 「異端과 現代의 批判과 우리의 生路」(서울, 1957); 신사훈, 「통일교의 정체와 그 대책」(19781 19884); 이영헌, 앞의 책, 289-299; 탁명환, 「기독교 이단 연구」(서울: 국제종교문제연구소, 1986).
55) 김찬국, "용문산 기도원 운동의 진단", 「현대와 신학」 제6집, 189; 이영헌, 앞의 책, 286-288.

로 규정하거나 전도 활동을 용인하지 않도록 결정하였다. 나운몽은 여러 교파의 교회로부터 이단으로 낙인이 찍혔으나, 특유의 부흥 전도, 문서 전도, 기도 전도를 통하여 한국 교계에 많은 영향을 미쳤고, 그로 인하여 기도원을 중심으로 한 입신, 방언, 신유, 진동 등 신비주의 운동과 은사 운동 등 유사한 이단적인 많은 운동들이 일어나게 되었다. 또한 이러한 운동은 방언과 신유의 은사를 강조하는 오순절파의 순복음교회가 탄생되어 대형교회로 성장함으로 말미암아 더욱 널리 확산되었다.

교구 교회 제도의 와해

6 · 25 전쟁을 겪으면서 한국 교회는 역사의식의 부재를 노출하게 되었다. 교회 분열이 전쟁 중에 일어났기 때문이다. 장로교회에서 1952년에 고신파 교회가, 1953년에 기장파가 분립했으며, 감리교는 해방 이후 부흥파와 재건파의 대립과 분열로 혼미한 중에 있다가 1949년에 가까스로 연합하여 합동 총회를 이루었다. 그리고 1954년 3월에는 호헌파와 총리원파의 내분으로 역시 분열의 길을 걸었다.[56] 이러한 교회 분열에 6 · 25 전쟁이 무슨 직접적인 동기로 작용한 것은 아니지만, 그것이 민족의 분단을 심화시키고 고착케 만든 비극적인 동란 중에 일어났다는 사실은 서글픈 일이다. 교회가 하나로 화합하지 못하고 분열하게 되었다는 사실은 민족의 분단이 교회에 그대로 투영된 것으로 생각할 수 있기 때문이다.

한국의 장로교회와 감리교회는 선교 초기부터 선교지 분담 정책을 성실하게 이행하였다. 감독 정치를 시행하는 감리교회는 교구 제도를 운영해 왔고, 장로교회 역시 교구 제도적인 질서가 있었다. 장로교회의 노회 산하에는 시찰회가 있고, 개척교회를 설립할 경우에는 시찰회 관할 지역 내에 있는 지역교회가 적당하고 필요한 장소를 선정하여 전도소를 설치하고, 장로나 집사를 포함

56) 金良善, 「韓國基督教解放十年史」, 165-72.

하여 그 지역에 사는 교인들에게 전도소에서 예배하게 함으로써 자립하는 교회로 성장해 가도록 하였다.

모교회는 전도소가 자립 교회가 될 때까지 재정적으로 도와주고, 교인들을 분가하도록 해 주는 후원을 하였다. 필요에 따라서는 시찰회나 노회가 그 일을 돕기도 하였다. 한국의 장로교회는 원론적으로는 교구 교회 제도를 시행하지 않았지만 교구 교회 제도와 같은 질서를 지켰던 것이다. 그래서 개교회의 이름도 대부분 지역의 이름을 따랐다. 그러나 유감스럽게도 이러한 질서는 6 · 25 전쟁으로 인하여 무너지게 되었다.

그 요인의 하나는 장로교의 분립으로 인한 교단간의 교회 쟁탈과 지역교회의 경쟁적인 난립이다. 옛날 장로교회와 감리교회가 협정을 하고 지키던 선교지 분담 원칙은 아예 무시되고 만 것이다. 또 하나의 요인은 북한에서 많은 기독교인들이 남한으로 피난을 오는 바람에 남한의 교회가 갑자기 왕성하게 활기를 띠게 된 사실을 들 수 있다. 기존의 지역교회에서는 피난 온 많은 목사와 전도사들을 수용할 수가 없었다. 그리하여 대도시에 주로 피난민이 모이는 교회가 서게 되었다. 그뿐 아니라 북한에 있던 노회를 대표하는 무지역(無地域) 노회가 생기면서부터 기존의 교구 교회 제도의 질서는 완전히 무너지게 되었다. 관서지방은 본래 미국 북장로교의 선교 지역으로 장로교회가 왕성하던 곳이어서 피난 온 기독교인들이 주로 장로교회 교인이었으므로, 이러한 현상은 장로교회에서 더 두드러지게 볼 수 있었다.

캐나다 선교부의 선교지였던 함경도 출신의 장로교 지도자들은 '기독교 장로교회'라는 이름의 독자적인 교단으로 분립하였다. 그리하여 장로교회는 장로교회다움을 상실하고 회중교회와 같이 개교회주의적인 교회로 발전하게 되었다. 이와 같이 교구 교회 제도적인 질서가 무너지면서 영락교회를 위시하여 많은 대형교회가 생기게 되었다. 처음에는 기존의 지역교회에 속하지 않았던 피난민이 중심이 되어 회중교회 형태의 교회를 이루었다. 그러나 교회가 더 많은 분파로 분열하였고, 또 주로 미국에서 여러 유형의 교파 교회들이 유입되었으며. 그리고 한국 사회의 산업화 과정에서 인구의 도시 집중화 현상이 일어나면서 많은 교회들이 회중교회 형태의 대형 교회로 성장하였다. 1955년이 저물어 갈 무렵 〈기독교신문〉에 실린 글에는 위에서 말한 교회의 문제점을 생생하고도 간명하게 표현하고 있다.

> 예배당 사태가 났다. 한 동리 안에도 예배당이 열 개씩은 될 것이다. 장로교회도 고신파, 한신파, 복구파, 재건파 교회가 있고, 장신파에서도 서울 경기노회 소속 이북노회 소속 교회가 아무런 제약이 없이 자리 잡고 세우면 그만이다. 게다가 성결교회, 감리교회까지 끼우면 한 동리에 열 개는 보통 될 수 있다.… 신학 졸업생이 해마다 많이 나오니 이들이 다 한 교회씩을 가져야 하며, 서울로 교역자가 진출되니 교회당이 늘밖에 없다. 그러므로 아무리 행정 구역을 잠정적으로 통용하지 않는다고 하여 이북 노회 소속 교회는 서울 지구에는 집결하지 말고 무교회 면으로 뻗도록 어떤 협정이 있어야 하겠다.[57]

57) 「기독공보」, 1955년 12월 26일.

1960년대 이후의 한국 교회

안주읍 중앙교회 예배당

1

정치 및 사회 상황과 한국 교회

6 · 25 전쟁으로 많은 순교자를 내며 민족과 함께 시련을 겪은 한국 교회는 1960년 4 · 19 학생의거와 1961년 5 · 16 군사혁명 등 역사적인 큰 정변을 겪고, 또 오래 지속된 군사 정권하에서 새로운 양상으로 발전하게 되었다. 여기서 말하는 교회의 발전은 반드시 교회의 긍정적인 성장만 의미하는 것이 아니고 현실의 교회가 바람직한 교회를 지향하는 길에서 오히려 이탈하거나 후퇴하는 부정적인 퇴보를 모두 포함해서 하는 말이다.

6 · 25 전쟁 중에 교회에는 외국에서 많은 구호품과 교회 재건을 위한 후원금이 들어왔으며, 그와 동시에 여러 새로운 교파의 선교사들도 속속 입국하여 전도하는 바람에 교회는 교파 교회로 더욱 다원화되었다.

개혁주의 교회와 버금가는 개신교의 전통적인 교회인 루터교가 우리나라에 들어온 것도 이 무렵이다. 루터교의 입국은 1953년부터 진행되었다. 1958년 1월에 미국 루터교의 '미조리' 교단 선교사 컨트 E. 보스가 내한함으로써 선교가 시작되었다.[1] 1959년 2월에 임마누엘 루터 교회를 설립하고, 4월에 한국루터교선교부를 설치함과 동시에 루터란 아우어 방송 사무실을 개설하고 11월에 방송을 시작했으며, 1962년 3월부터 신학 교육을 시작하였다.

1) 「기독공보」, 1958년 1월 27일

장로교회의 경우, 분열된 교회들 가운데 고신측과 승동측 두 교단이 합동하는 예외적인 사건이 일어나기도 했으나, 얼마 가지 못하여 재분열하여 결실을 맺지 못했다. 보수적인 장로교회는 분열을 거듭하는 가운데 제각기 담을 높이며 교세 확장에 힘을 기울였고, 교단에 가입할 경우 가입하려는 교단 신학교에서 1~2년 동안 공부해야 한다는 규정을 고수하였다.

1930년대 이후 한국 교회, 특히 장로교회는 신학적인 관심을 주로 성경관의 문제에 두고 있었다. 1953년에 자유주의 노선을 취하는 기장측이 분립함으로써 성경관을 가지고 논의하는 일은 일단락을 짓게 되었다.[2] 보수적인 교회는 복음화 운동에 적극적이어서 교세 확장과 더불어 양적으로 성장하게 되었다. 그러나 교회 지도자들이 교회 정치에 관심을 두고 교회 분열과 수습 문제로 정력을 소모하느라 신학적인 활동에는 소극적이었다.

그 반면에 교회 내의 안정을 얻게 된 기장측 교회와 자유주의적인 감리교회의 지도자들과 신학자들은 서양 교회 전통에서의 신학적인 자립을 주창하면서도 서양 교회의 재정적인 지원을 받아 새로운 신학을 소개하는 등 신학 활동을 전개하였다. 특히 4 · 19 이후 정치와 사회 문제를 두고 보수주의 교회와 자유주의 교회는 제각기 대조적인 반응을 보였다. 정치와 사회 문제를 보는 시각과 그에 대응하는 행동의 차이는 신학의 차이에 근거하지만, 신사참배 때와 마찬가지로 교회가 직면하게 된 실제 문제를 통하여 신학은 한층 더 뚜렷한 양극화의 방향으로 발전하였다.

1960년 3월 15일에 실시된 대통령 선거에서 이승만이 이끄는 자유당 정부가 부정을 자행하자 전국의 중고생들과 대학생들이 궐기하여 이에 항의하는 시위를 벌였다. 4월 19일 대대적으로 시위가 벌어졌을 때, 경찰이 이를 진압하려고 발포하는 바람에 수많은 학생들이 희생을 당하였다. 그리하여 정국은 걷잡을 수 없이 진전되어 부통령 이기붕의 일가족이 자살했으며, 4월 26일 이승

2) 朴容奎, 「한국 장로교회 사상사」 (1992), 40 이하 참조.

만은 대통령직에서 물러난다는 성명을 발표하고 하야하기에 이르렀다. 자유당 정권은 무너지고 허정(許政)을 수반으로 하는 임시 과도 정부가 수립되어 총선을 통하여 내각책임제인 제2공화국이 시작될 때까지 정국을 이끌었다. 4 · 19 학생의거를 계기로 한국의 지식인들과 일부 그리스도인들의 정치와 사회에 대한 의식에는 상당한 변화가 일어났다.

1948년 정부 수립 이후 4 · 19 학생의거가 있기 이전까지 남한의 교회는 이승만과 그의 정부를 전적으로 지지하였다. 자유당 정부는 어떤 의미에서는 기독교 정부라고 할 정도로 기독교인들이 많이 참여하고 있었다. 남한의 교회는 이론적으로는 정치와 교회의 분리를 명분으로 내세웠으나 실제로는 정부에 무조건 순응하고 협조하는 자세를 취하였다.

교회의 지도적인 인물들은 조국의 독립을 위하여 해외에서 투쟁하다가 해방과 더불어 귀국한 여러 지도적인 인물들 가운데 처음에는 김구(金九)와 김규식(金奎植)에게 관심을 가졌으나 미국에서 뒤늦게 귀국한 이승만이 미군정의 후원을 얻어 세력을 얻게 되자, 그를 환영하며 그에게 관심을 기울였다. 이승만이 제헌국회의 의장이 되어 기도로 국회를 개회했으며, 또한 국회에서의 간접 선거를 통하여 대통령으로 당선되어 취임할 때 기도하는 순서를 가지게 했던 만큼 교회는 이승만을 열광적으로 지지하였다.

1952년 8월의 정부통령 선거를 앞두고 기독교계는 '혼연일체'가 되어 이승만을 대통령으로 추대하기로 결의하고 권연호(權蓮鎬) 목사를 위원장으로 하는 기독교 선거대책위원회를 결성하였다. 그리고 부통령 선거를 위해서는 각 교파 단체의 이름으로 목사인 이윤영(李允榮)을 추대하는 선거후원회가 조직되었다.[3] 선거 결과 대통령에는 이승만이 재선되고 부통령에는 목사인 함태영이 당선되었다.

1956년 2월, 정동교회는 이승만을 장로로 장립하였다. 그 해 5월에 치른

3) 「기독공보」, 1952년 8월 4일.

정부통령 선거에 임해서는 교회의 지도자들이 정부통령 선거추진 기독교중앙위원회를 결성하여 전필순(全弼淳) 목사를 위원장으로 하고 대통령에 이승만을, 부통령에는 권사 이기붕을 추대하였다.[4] 3선 대통령에는 이승만이 되었으나 부통령에는 천주교인인 장면이 당선되었다. 자유당은 제4대 정부통령에 다시 이승만과 이기붕을 추대하였다. 이 무렵 자유당 정권은 여러 면으로 부패를 드러내게 되었으며, 국민의 비판을 받는데도 교회의 지도자들은 여전히 이승만과 자유당을 지지하였다. 그들은 기독교의 이름으로 일간신문의 광고란에 지지성명을 발표하는가 하면, 선거의 부정을 규탄하는 소리가 드높은데도 일부 교회에서는 이승만이 '하나님의 섭리로' 4선 대통령이 된 것을 감사하는 예배를 드리기까지 하였다.

1960년 4 · 19 학생의거 이후 한국 교회의 많은 지식인들과 지도자들은 정치와 사회에 대한 의식을 새롭게 하게 되었다. 교회가 무분별하게 정부를 맹목적으로 지지한 사실에 대하여 반성하며 공개적으로 사과하는 이들 가운데는 기독교 윤리에 관심 있는 자유주의적이며 진보적인 신학의 배경을 가진 교회 지도자들이 많았다.[5]

> 4 · 19를 겪고 난 우리 낡은 세대에 속하는 사람들은 다만 부끄러움과 자책하는 마음에서 학생 제군들 앞에서 머리를 들 수 없는 비통한 심경에 사로잡혀 있음을 솔직히 고백하지 않을 수 없습니다. …… 지금까지의 우리의 무관심과 방관주의적인 태도를 버리고 우리의 눈을 크게 뜨고 우리의 귀를 열어서 어디에 부정이 있고, 불법이 있으며, 민의가 묵살되고 있는가를 끊임없이 살펴서 여론을 일으키고 자유로운 비판을 내려서 그러한 병폐가 축적되어 후일에 또 큰 불행을 가져오지 않도록 국민 하나하나가 민주주의의 감시병이 되어야 할 것입니다.[6]

4) 「기독공보」, 1956년 5월 14일.
5) 참조: "한국 정변과 교회의 반성" (교계 인사 20인의 좌담), 「기독교 사상」 (1960. 6), 48-57.
6) 洪顯卨, "4 · 19에서 얻은 教訓", 「기독교 사상」 (1960), 6-23.

그러나 보수적인 교회 지도자들은 여전히 정치와 교회의 분리를 명분으로 내세우면서 정치에 관여하지 않는다고 하였다. 1961년 5·16 군사혁명이 일어난 이후에는 더욱 그러한 경향이었다. 그러나 정치에 대한 무관심과 불관여는 도리어 정부에 무조건 순응하며 동조하는 결과로 나타났다. 이를테면, 대통령 조찬기도회는 교회 지도자들의 성원과 충성의 다짐을 과시하는 집회였다. 따라서 자유주의적인 신학의 배경을 가진 교회 지도자들과 보수주의 신학을 배경으로 한 교회 지도자들이 정치 문제를 두고 서로 대립하는 길을 걷게 됨으로써 피차의 입장은 더욱 양극화되었다.

1969년 박정희가 대통령의 임기를 단임으로 하겠다던 약속을 어기고 삼선개헌을 실시했을 때, KNCC에서는 "오늘 우리가 처한 정치 상황은 결코 신앙과 무관할 수 없다."고 하여 "국론의 분열과 약화를 초래하는 삼선개헌 발의(發議)에 대하여 깊은 우려와 심심한 유감의 뜻"을 표하였다.[7] 그에 반하여 보수측에서는 '개헌 문제와 양심 자유 선언' 이란 제목하에 삼선 개헌 지지 성명을 공포하였다.[8]

1972년 10월 17일 박정희는 비상계엄을 선포하여 국회를 해산하고 국무회의로 국회를 대신하게 했으며, 11월 21일 장기 집권을 위한 유신헌법을 통과시켜 12월에 통일주체국민회의에서 간접선거로 재선되어 제8대 대통령에 취임함으로써 유신 체제라는 제4공화국을 출범시켰다. 1978년 박정희는 다시 제9대 대통령에 당선되었으나 반정부 운동이 격렬해지자 1979년 10월 반정부 운동을 주도하던 신민당의 김영삼을 제명하고 정치 활동을 금지하였다. 그러자 대학가의 민주화 시위가 가속화되어 정국은 혼란에 빠졌으며, 마침내 박정희는 중앙정보부장 김재규의 저격으로 암살당하고 유신 체제 또한 와해되었다.

정부는 계엄령을 선포하고 통일주체국민회의를 열어 국무총리 최규하를 제10대 대통령으로 선출하였다. 국민은 이제 군부의 독재 정치가 종식되려나

7) NCC 會報, 1969년 9월 24일.
8) 朝鮮日報, 1969년 9월 4일.

하고 기대했으나 그것은 아직 때 이른 기대였다. 1980년 5월 17일 전두환이 주도하는 신군부가 쿠데타를 일으켜 계엄령을 선포하고, 국회를 해산하고, 정치인들의 정치 활동을 금지하는 등 1961년 5·16 군사혁명 당시의 정치적 상황이 재연되었다. 이에 항의하여 1980년 5월 18일에 광주에서 학생들이 집회를 열고 시민들이 봉기했으나 경찰과 군부가 이를 무력으로 진압하여 많은 인명이 희생되었다. 신군부는 1980년 8월 16일 최규하를 퇴진시키고 정권 장악을 위한 모든 조치를 취하였다. 1981년 3월 전두환이 대통령으로 취임하여 제5공화국이 출범함으로써 군부의 통치는 연장되었다.

자유주의 신학자들은 1962년부터 '기독교의 토착화'에 대한 논의를 제기하였다. 한국 교회와 신학의 정체성을 모색한다는 것이었으나 대부분의 보수주의 교회 지도자들은 이를 이질적인 신학 이론으로 여겨 거부하였다. 자유주의 신학자들은 1960년대 후반에는 세속화신학을 소개함으로써 사회에 대한 교회의 관심이나 관여를 종래의 신학과는 전혀 다른 관점에서 접근하였다. 세속화 신학을 통하여 교회는 사회 현실에 적극 참여해야 한다며, 사회정의의 실현이 곧 선교의 목적이라고 하였다. 그것은 하나님의 주권을 강조함으로써 기독교인의 적극적인 정치와 사회 참여를 말하는 전통적인 개혁주의의 기독교 윤리 개념과는 접근을 달리하는 이론이다.

전통적인 개혁주의 기독교 윤리학이 한국에서는 힘을 발휘할 정도로 발전되거나 정립되지 못한 상황이었기 때문에, 세속화신학 혹은 민중신학이 기독교 사회 윤리에 대한 독점권을 주장하게 된 것도 무리가 아니다. 교회는 결코 정부 편에 서는 것이 아니고, 언제나 예언자적인 견지에서 정부가 독재를 하거나 부패할 경우 이를 비판하고 경고해야 한다며, 그것이 교회의 사명이요, 임무라고 하였다. 그리하여 세속화 신학과 새로운 정치 신학을 주창하는 지도자들과 신학생들은 거리에 직접 나서는 시위를 통하여 정부의 잘못을 폭로하고 독재에 항거하였다.

한국기독교협의회(KNCC)가 주도하는 산업 선교는 사회 문제에 깊이 참여하는 운동이었다. 산업 사회에 대하여 하나님의 구속적 사랑과 해방의 은총을 선포하는 것을 목적으로 노사 문제에 대한 능동적인 참여, 노사분쟁 시 근로자들과의 일체감, 경제 이익의 균등 분배, 인권 유린에 대한 시정을 촉구하는 노력을 구체적인 사업 목표로 하는 사회 운동으로 발전하였다. 도시 산업 선교는 노동 운동을 억제하는 공화당 정부로부터 "산업 선교를 빙자, 근로자들에게 현행 국내 법규를 어기도록 선동하며, 계급의식과 계급투쟁을 조장하는 정치 활동"이라는 경고를 받고, 실무자들이 구속당하는 등 고난을 감수해야 했다.

한국기독교협의회에서는 이런 길이 복음 선교임은 물론, 반공을 하며 민주주의 국가를 건설하는 유일한 길이라고 천명하고, 산업 선교는 사회 운동이나 정치 운동이 아니라 복음 선교라고 주장하였다. 그러나 여기에는 사회 운동에 관심 있는 일부 기독교 인사들이 관여했을 뿐이다. 한국기독교협의회에 속한 교회들 가운데서도 보수적인 성향이 강한 장로교 통합측의 교회적인 지지나 호응은 미약했다.[9]

1970년 이후 박정희(朴正熙)의 장기집권을 위한 유신 정책에 반대하는 야당 세력이 거세되고 언론이 통제당하는 정치적, 사회적인 상황에서 진보적인 자유주의 신학자들은 정치신학 혹은 해방신학을 도입하여 한국적인 상황에 부응하는 민중신학(民衆神學)을 출범시켰다.

1962년 이후 한국 사회의 산업화 과정은 이농으로 인한 농촌의 공동화와 인구의 도시 집중화를 야기하여 사회 구조에 큰 변동을 초래했을 뿐 아니라, 사람들의 의식과 가치관에도 큰 변화를 안겨 주었다. 이러한 사회적인 변화는 교회에도 그대로 영향을 미쳤다. 농촌 교회들은 농촌 인구의 감소로 자립하기 어려운 교회로 퇴보한 반면에, 도시의 교회들은 농촌에서 이주해 온 사람들을

9) 1979년도 장로교 통합측 전도부 예산 집행액이 160,682,064원이었는데, 그 중에서 산업 선교를 위하여 활당된 금액은 전체의 0.5%에 해당하는 920,666원에 불과하였다.「大韓예수教長老會百年史」, 572.

맞아들여 급속히 성장하였다. 수많은 개척 교회들이 서고, 동시에 대도시 곳곳에 대형 교회들이 섰다. 경제적인 성장으로 국민의 생활수준은 전반적으로 향상되었으나, 물질적인 부에 대한 욕구불만은 더 강렬해졌으며, 빈부의 격차로 인한 상대적인 빈곤감은 더욱 증대되었다.

전쟁의 참화를 경험한 국민들은 남한과 북한이 대치한 상황에서 혹시라도 전쟁이 재발할 수 있다는 불안의식이 있었으며, 게다가 도시에 모여든 사람들은 도시 생활에서 오는 불안감, 긴장감을 갖게 되었다.[10] 이러한 사회적인 여건은 한국 교회 역사에서 늘 그랬던 바와 같이 교회의 급속한 성장을 가능하게 한 간접적인 요인으로 작용하였다. 사람들은 여러 가지 불안감이나 긴장감에서 벗어나 소속감을 가지고, 마음의 위안을 얻으며, 복을 구하는 마음에서 종교를 찾게 되었다. 이 시기에는 기독교 인구만이 아니라 불교, 유교 등 여러 다른 종교의 인구도 함께 증가했는데, 신흥 종교들도 범람하게 되었다는 사실이 그 점을 말해 준다.[11]

초대형 교회로 성장한 오순절파의 대표적인 교회인 여의도순복음교회는 이러한 사회 상황에서 가난 속에 사는 서민들의 욕구에 부응하는 담임 목사 조용기의 카리스마적인 목회를 통하여 천막교회에서 시작하여 급속히 성장한 교회이다. 오순절 교회는 1928년에 한국으로 들어왔는데, 1952년 12월에 미국의 하나님의성회의 선교사 체스넛(Arther B. Chesnut)이 와서 오순절 교회들을 규합하여 1953년 4월 하나님의성회 창립 총회를 열면서 활기를 띠기 시작하였다.[12]

조용기는 오순절 교회가 가르치는 이론적인 오중(五重) 복음에 그 실천적 내용이 된다는 '3중(三重) 구원의 축복' 을 설교하는 한편, 방언과 병 고치는 은사를 내세웠다. 5중 복음이란 중생의 복음, 성령 충만의 복음, 신유의 복음, 가

10) 참조: 金炳瑞, "한국 사회 변동과 기독교 백년", 「기독교 사상」 (1984. 12), 20-34.
11) 부록의 도표 참고.
12) 「하나님의성회 교회사」(순복음교회연구소편, 1987), 97-108.

난과 저주에서 놓여나서 풍성한 생활을 누리는 축복, 천국 재림의 축복인데, 이것은 성결교회에서 말하는 중심 교리 중생, 성결, 신유, 재림의 4중 복음에다 풍요한 생활을 누리는 축복을 하나 더 첨가한 것이다. '삼중 구원의 축복'에서는 현세적인 축복을 더 강조한다. 즉, 영혼이 잘되는 축복, 범사에 잘 되는 축복, 강건하게 되는 축복을 말한다.[13)]

만물과 함께 우리를 지으신 창조주 하나님을 그리스도 안에서 아버지로 아는 신자는 병들고 가난하고 고난을 당하는 가운데서도 창조주 하나님께 예배하고 그를 찬양해야 하는 것이 당연한 일이다(욥 1:21). 그런데 믿는 자에게는 영적으로나 육적으로 만사형통하게 된다는 설교가 성경의 진리를 균형 있게 가르치는 설교가 아닌데도, 삼박자 축복은 기복 신앙을 가진 대중의 종교심과 욕구에 부응하는 가르침으로 환영을 받게 되었다.

사실 순복음교회뿐만 아니라 한국의 많은 교회들도 비슷한 내용의 설교로 교인들을 가르치고 있다. 그렇기 때문에 더 구체적이고 색깔이 뚜렷한 삼박자 축복의 설교가 많은 사람들에게 호소력 있게 다가간 것이다. 예수 그리스도를 믿는 사람도 성령 세례를 다시 받아야 한다는 의미에서 성령의 역사를 강조하고, 방언을 필수적인 은사로 말하며, 병 고치는 일을 과시하고, 사람들을 열광하게 하는 등 불건전한 은사 운동과 분별하기 어려운 교리와 실천을 말하고 행함으로 말미암아 기성 교회, 특히 장로교로부터 경계와 비판을 받았다. 한국 교회에 은사 운동이 만연하게 된 배경에는 오순절 교회의 교리와 교회 운동의 영향이 적지 않게 작용하였다.

또 한편 오순절 교회는 일부 기성 교회들의 예배 형식과 설교에도 영향을 주었으며, 신학적으로는 교회 성장론과 성령론에 많은 관심을 갖게 만들었다. 초대형 교회로 발전한 장로교의 영락교회와 함께 순복음중앙교회는 한국 교회의 대교회주의 추세에 견인차 역할을 하였다.

---

13) 조용기, 「오중복음과 삼박자 축복」 (서울: 영산출판사, 1983) 참조.

영락교회는 담임 목사 한경직의 카리스마적인 설교와 목회를 통하여 성장한 교회인데, 6 · 25 전쟁 이후 월남한 성도들이 모여 더욱 급속히 성장하였다. 한국 최초의 대형교회로 발전하면서 교회가 해야 할 선교, 구제, 교육 등 많은 사업을 균형 있게 한 점은 높이 평가할 만하다. 그러나 많은 일을 노회를 중심으로 하지 않고 개교회적으로 추진하는 등 장로교의 특색을 상실하고 회중교회처럼 변하게 된 것은 유감스러운 일이다. 영락교회는 한국 교회가 안게 된 심각한 문제인 대교회주의와 개교회주의로 발전하는 데 선도적인 역할을 하였다.

2

한국 장로교의 분파와 신학적 입장

큰 둥치로 남아 있던 장로교 총회파 교회가 '합동'과 '통합'으로 분리된 이후 '합동파'와 '고려파'는 서로 접근하기 시작하였다. 그리하여 양 측은 1960년 10월부터 회동을 하여 아래와 같은 사항에 먼저 합의하였다.

신학교는 총회 직영의 단일 신학교로 하고 양 측 동 수의 이사를 선출하여 이사회를 구성, 경영하기로 하였다. 그리고 대한예수교장로회 제44회 총회는 1912년 9월 1일 평양에서 제1회 총회로 창립한 총회로부터 일본 교단과 신사참배를 제외한 동일성을 유지하고 전통을 계승한 유일한 대한예수교장로회 법통 총회임을 선언하고, 10회의 총회를 연 고신측 총회의 역사는 대한예수교장로회 이원적(二元的)인 사실로 수록한다고 하였다.

또한 고신측 총회는 1949년 이래 경건생활에 치중하여 정통신학 교육에 힘쓴 것, 예장측 총회가 자유주의 신학과 세속주의를 배격하기 위해 WCC를 탈퇴하고 WCC 노선의 에큐메니칼 운동을 반대한 결의 등을 재확인하며, 1951년 5월 23일 제36회 총회가 경남 법통노회 제51회 노회에 대하여 결의한 것과 총회장이 포고한 내용을 취소하기로 하는 한편, 합동 총회 기념사업으로 새 찬송가를 편찬하기로 결의하였다.[14]

14) 참조: 明信弘, "예長側과 高神側과의 合同總會", 「神學指南」 120호 (1960), 9 이하. 朴亨龍, "권두언: 하나 되는 서약", 「神學指南」 121호 (1961).

승동측과 고려측의 합동총회
1960년 승동교회에서

1960년 12월 13일, 두 보수적인 교단은 서울 승동교회에서 합동 총회를 열어 고신측의 한상동 목사를 총회장으로 선출하고 교회를 합동하였다. 그런데 두 교단이 연합하기는 했으나 완전한 통합은 이루지 못했다. 총회는 총회 임원회를 구성함에 있어서 임원을 교인 수에 비례하여 선출하지 않고 양측에서 동수로 안배하여 선출하였다. 마치 연립 내각을 구성하듯 정치적인 배려를 했던 것이다.[15]

그러나 이러한 교권의 안배는 오래 갈 수 없었다. 본래 그룹으로서 가졌던 정체성은 속히 망각해야 하지만, 그것은 쉬운 일이 아니다. 고신측 지도자들은 수적으로 월등히 우세한 승동측이 점차 교권을 장악하려고 하고, 신학교의 이사회를 편파적으로 운영하려 한다는 판단에서 재분립을 고려하게 되었다. 그리하여 1963년 9월, 드디어 고신측 지도자들은 고신측 교회의 환원을 선언하였다. 그러나 상당수의 전 고신측 교회와 지도자들은 재분립을 해야 할 명분이 없다고 하며 환원을 반대하고 합동한 교회에 머물렀다.[16]

고신측 교회의 신학적인 입장은 합동측 교회와 다를 바가 없었다. 1963년 재분열 이후에도 전 고려신학교의 조직신학 교수 이상근(李相根)과 오랫동안 고려신학교의 총무요, 교수로 봉직한 안용준(安容濬)은 계속 총회신학교에 남아 있었고, 전 고려신학교의 교장 박윤선은 고려파의 재분립이 있은 지 얼마 후 총회신학교에서 교수하게 되었다. 고려신학교 출신인 홍반식(洪磻植)과 오병세(吳秉世)는 합동한 총회신학교에서 교수하다가 재분립 이후 이근삼(李

15) 「韓國基督新教年鑑」(1964), 521 이하.
16) 같은 책, 528-531. 구 고려파의 50명의 목사들이 환원을 반대하고 합동교단에 그대로 머물렀으므로, 고려측은 교세 면으로 크게 손해를 보았다.

根三)과 함께 고려신학교에서 교수하기 시작하였다.

장로교회 전체를 염두에 두고 우리나라에서 일해 온 여러 선교부와의 관계를 계속 유지하기를 희망했던 박형룡은 WCC를 반대하는 입장을 밝히면서부터 여러 장로교회 선교사들과 폭넓은 관계를 유지하는 일을 체념할 수밖에 없었다. 그리하여 마침내 고신측 교회와 관계를 맺어 온 미국 정통장로교회와 주로 관계를 유지하였다. 정통장로교회의 선교사들은 고신측이 재분립한 이후에도 고신측과 합동측 양 교단 신학교에서 일하였다. 하도례(T. Hard)는 고려신학교에, 간하배(Harvie M. Conn)는 총회신학교에 전임 교수로 있으면서 양 학교에서 강의하였다.

고신측이나 합동측은 모두 개혁주의 신앙과 신학을 지향한다는 것을 표방하고 강조하였다. 고신측 교회는 일찍이 1950년에 교회의 신앙 노선에 대하여 밝히 말하였다.

> 우리는 개혁주의 신앙의 전통적인 체계, 즉 웨스트민스터 신앙고백과 그 대 소요리문답을 지지한다. 우리는 개혁주의가 기독교 신앙의 가장 확고한 체계임을 믿으며, 바빙크, 카이퍼, 워필드, 하지, 메이천, 벌코프 등 신학자들이 연구한 것을 성취하려고 노력한다. 우리는 자유주의 신학을 배격하고 소위 신정통 신학, 즉 바르트와 브루너와 니버와 기타의 변증법적 신학자들의 신학을 반대한다.[17]

이 신앙백서를 쓴 박윤선은 고신측이 환원한 1963년 이후에는 합동측 총회신학교에서 교수하였다. 박형룡의 신앙과 신학적인 입장도 그와 다를 바가 없었다. 차이가 있다면, 박형룡은 미국 청교도의 개혁주의 전통으로 족하기 때문에 유럽의 개혁주의 전통을 구태여 고려하지 않아도 된다는 견해인데 반하여, 박윤선은 50년대 초에 고려신학교 재직 당시 네덜란드에서 연구했으며, 네덜란드 신학자들을 많이 인용함으로써 네덜란드 신학에 대한 관심

17) Harvie M. Conn, 앞의 논문, 173f.

을 불러일으킨 점이다.

그 후 고려신학교 출신으로 이근삼이 네덜란드에서 공부했으며, 그로 말미암아 고려신학교와 고신측 교회는 네덜란드 개혁교회(Gereformeerde Kerk)와 관계를 맺게 되었다. 그리하여 고려신학교 출신들은 주로 네덜란드로 유학을 가서 그곳 교회와 신학의 영향을 받게 되었다. 합동측의 총회신학교 출신들은 주로 미국 웨스트민스터 신학교에서, 통합측 출신들은 프린스턴 신학교에서 유학하였다.

대다수의 통합측 목회자들의 신학적인 입장은 역시 보수적이었다. 따라서 통합측과 합동측은 1960년대에 양 교회가 통합할 수 있는 가능성을 두어 차례 진지하게 모색하였다. 1962년 통합측 교회는 합동과 연합할 수 있는 여건을 갖추기 위하여 WCC에서 탈퇴까지 했으며, 합동측 역시 같은 이유에서 NAE와의 관계를 단절하였다. 1967년 9월부터 1968년 초까지 양 교회의 대표들은 통합을 위하여 진지하게 토의하였다.

1967년 미국 북장로교회(PCUSA)가 새로운 신앙고백서를 내어놓았을 때, 한국 장로교회의 신학자들은 이 새로운 신앙고백서를 두고 논의하였다. 기장측 신학자들은 이를 긍정적으로 받아들인 데 반하여, 합동측과 고신측 신학자들은 반대했으며, 통합측의 일부 신학자들도 반대를 표명하였다. 당시 장로회 신학교의 교수로 있던 한철하(韓哲河)는 새 신앙고백을 부정적으로 비판하였다.

한철하에 따르면, 1967년 고백서의 배경을 이루는 신학의 형식은 칼 바르트(Karl Barth)의 신학이지만 그 내용은 예수를 단지 인간으로 보고 기독교를 도덕 종교로 생각하는 19세기의 자유주의 신학이라고 하였다. 그리고 이 새 신앙고백은 네스토리우스주의(Nestorianism)의 재현으로 보일 뿐 아니라, 바르트의 성경 이해를 통하여 성경을 하나님의 말씀으로 이해하는 전통적인 성경 이해와 역사적인 기독교를 거부하고 있으며, 현대인을 위하여 비신화화(非神話化)된 도덕종교를 제시한다고 비판하였다.[18]

새 신앙고백을 부정적으로 보는 공통적인 견해 때문에 합동측과 통합측의 양 교회는 교회연합에 대한 대화에 기꺼이 임하게 되었다.[19] 그렇지만 양 교회의 통합을 위한 시도는 좌초하고 말았다. WCC에 대한 견해 차이가 통합의 길에 또 다시 걸림돌이 된 것이다. 교회의 통합을 위하여 WCC를 탈퇴한 통합측은 합동측이 WCC에 대한 선입견을 버리도록 촉구하였다. 그러나 합동측은 그러한 요구에 대하여 아무런 답을 하지 않았다. 통합을 추구하는 가운데서도 그 배후에 교권에 대한 투쟁이 있으면 조그마한 견해 차이도 큰 장애가 되는 것이다.

그러나 WCC에 대한 견해 차이는 우연히 초래된 사소한 것이 아니었다. 사소한 것으로 생각할 수도 있지만, 결국 신학적인 태도와 견해 차이에서 비롯된 것이다. 그리고 그러한 차이는 세월이 감에 따라 누구나 쉽게 인정할 수 있을 정도로 두드러진 신학적인 견해 차이로 발전하였다. 합동측의 총신대학은 전통적이며 보수적인 장로교 신학을 보수하는 반면에, 통합측의 장로회신학대학은 보수와 진보 사이의 긴장 속에서 자신들의 신학은 양쪽 신학의 장점을 계승하는 포괄적인 신학이라고 규정한다. 편협한 신학을 거부하고 포괄적인 신학을 지향한다는 것이다.

합동측과 통합측의 신학자들 간에는 신학적인 태도에 다소 차이가 있다. 고려측과 합동측의 신학자들은 정통적이며 보수적인 칼빈주의 입장에 선다고 자처하며, 개중에는 근본주의적인 사상과 태도를 가지는 이도 있는 데 비하여, 통합측의 신학자들은 이 점에서 더 자유로우며 교회 전통을 더 넓게 이해하고 있다.

이를테면 오랜 기간 장신대 학장으로 종사한 이종성(李鍾聲)은 비교적 보수적인 신학적 견해를 가졌으면서도 고려측과 합동측의 신학자와는 교회 전통에 대하여 이해를 달리한다. 그는 "한국 장로교는 신학적인 보수주의와

18) 韓哲河, "1967년 신앙고백에 관한 연구", 「敎會와 神學」 제1권 (1965), 206.
19) 李永獻, 앞의 책, 348.

정통신학을 기독교의 전체적인 전통과 교리에 비추어 이해하지 않고, 그 가운데 일부분을 전통으로 알고 있기 때문에 그들의 신학적인 이해가 편협하다. 따라서 그들은 메이천(J. Gresham Machen)을 맹목적으로 따르고, 그 결과 맹목적이며 근본주의적인 신앙에 빠지게 된 것이다"라고 말한다. 이종성은 "한국의 장로교회 안에 메이천의 신학 사상을 맹종하는 사람들이 상당수가 있음을 매우 불행한 일"로 생각한다.[20] 그리고 한국의 보수주의와 정통주의는 교리 절대주의에 빠진 나머지 신학의 발전을 불가능케 했다고 말하며, 성경 무오설에 대한 신앙은 '문자 절대주의'에 빠진 것이라고 비판한다.

박형룡은 신학적 자유주의를 기독교의 파괴적인 사상의 흐름으로 이해하는 데 반하여, 이종성은 그것을 신학의 발전을 위하여 필요하고 유익한 반명제라고 생각한다. 그는 또한 한국 교회에는 여태껏 올바른 의미에서의 자유주의가 없었으며, 일반적으로 칭하고 있는 자유주의는 한국 교회를 위하여 아무런 긍정적인 공헌도 하지 못했다고 말한다.[21]

한철하는 한국의 기독교인들이 초대 선교사들의 보수적인 신앙을 잘 견지해야 한다고 강조한다. 그는 그밖에도 한국 장로교회의 12신조와 웨스트민스터 신앙고백서를 기독교 신앙을 위하여 불가결한 것이라고 높이 평가한다. 그러면서도 한국의 보수주의적인 신앙이 왜곡되었음을 지적한다. 즉, 1930년 이후 자유주의가 대두되면서부터 한국의 신학적 보수주의는 신앙의 내용에 강조점을 두는 보수주의에서 태도를 중요하게 여기는 보수주의로 왜곡되었다고 한다. 그래서 한국의 보수주의는 그 사람이 무엇을 믿고 그 신앙의 태도가 어떤지는 문제시하지 않고, 주로 그가 어느 편인가를 문제로 삼는다고 한다.[22] 한철하의 신학 사상이 보수적이라는 면에서는 합동측과 고신측 신학자들과 다를 바가 없으나 보수주의를 반성하고 비판하는 점에서 보수 신

20) 李鐘聲, "韓國 神學界의 左와 右", 「韓國의 基督教 思想」(서울: 기독교사상사, 1975), 74 이하.
21) 같은 논문.
22) 韓哲河, "保守主義 神學의 어제와 오늘", 「韓國의 基督教 思想」, 88 이하.

학과 신앙에 대한 자가 비판에 인색한 다른 보수 신학자들과는 구별된다고 할 수 있다.

장로교 내의 분열된 교파 교회들은 교회의 그룹을 처음에는 '파'(派)라고 하다가 얼마 후부터는 피차간에 '교단'(敎團)이라 지칭하고 있다. '파'는 더 정직하고 정확한 말로서 그룹들이 하나의 장로교회의 역사적 전통에서 분립되었음을 인식하게 하기 때문에 앞으로 하나 됨을 지향한다는 고백이 담긴 말이지만, '교단'이란 현 상태로 자족한다는 뜻을 함축하는 말이다. 그런 의식이 투영되어서인지 교단들이 세월이 흐름에 따라 나름대로 교회와 신학교를 제도적으로 공고히 함으로 말미암아 교단간의 벽은 더 높아지고 두터워지게 되었다.

한국 장로교회 독노회가 탄생할 당시에는 12신조를 교회의 신앙고백으로 채택하고 웨스트민스터 신앙고백은 참고할 것으로 남겨 두었다. 그런데 이것을 합동 교단은 1965년에, 고려 교단은 1973년에 각자 교단 교회의 신앙고백으로 받아들였다. 이것은 한국 신학 수립을 위한 기독교 신학의 토착화에 대한 논의와는 역행하는 길을 택한 것이다.

이에 반하여 기장 교단은 1972년 새로운 신앙고백 선언서를 내어놓았다. 이 신앙고백서를 내놓도록 자극을 준 것은 1967년의 미국 장로교회의 신앙고백서이다. 그런데 후자의 신앙고백은 전자의 신앙고백의 하나의 본보기로서만이 아니라 내용 면에서도 많은 영향을 준 것이라고 볼 수 있다. 다시 말하면, 그것은 1960년대 초반에 있었던 토착화 신학과 1960년대 후반에 있었던 세속화 신학의 논의에서 얻은 그 나름의 열매이다.

한국 교회 자체가 작성한 신앙고백서를 가짐으로써 한국 교회의 주체성을 확립한다는 점에서는 토착화 신학을 현실화한 것이고, 교회의 적극적인 정치 참여와 사회 참여를 중요한 내용으로 하고 있다는 점에서는 세속화 신학을 신조화한 것이다.[23] 그것은 다음과 같은 서론에서도 발견할 수 있다.

23) 김영재, 「교회와 신앙고백」, 195.

…… 성서의 진리는 언제나 같은 능력으로 성령을 통하여 우리에게 임한다. 그러나 우리는 언어의 변화, 새로 개발된 지식, 급변하는 사회 정황, 재래 종교의 도전, 신흥 종교의 발호, 새로운 형태로 군림하는 악의 위협 가운데서 복음의 진리를 다시 밝히고 그리스도에게 순종하는 길을 새롭게 찾아야 한다. 우리 고유의 문화도 그리스도와 만남으로 변화되어야 하며 새로운 형태로 나타나는 반그리스도적 세력도 극복되며, 교회의 신앙 형태와 직제 및 교파 간의 관계도 새롭게 되어야 한다.……

이 신앙고백 선언서는 기장 교단이 현대신학을 수용하고, 신학적 자유주의로 발전해 왔음을 잘 대변하고 있다.

제1장 제1절에 삼위일체 하나님에 관한 서술에서 사벨리우스의 양태론적 단일신론의 표현을 볼 수 있다. 제1장 3절과 4절에서 말하는 '성서의 영감' 도 문제가 있다. 개혁교회 전통에서는 그 말을 성서가 성령의 감동하심으로 기록되었음을 강조하는 말로 이해하는 데 반하여, 기장의 신앙고백 선언서는 독자가 성경을 읽을 때 영감을 받게 된다는 뜻으로 말하고 있다.

제2장의 하나님의 창조와 세계에 관한 고백에서는 하나님께서 창조하심으로 존재하게 되었다는 뜻에서의 '피조물' (creature) 혹은 '피조 세계' 대신 '자연' (自然)이란 말을 쓰고 있다. '자연' 은 오늘날에는 일상 사용되는 말이지만, 계몽 사조 이후 합리주의자들이 반드시 창조를 전제하는 것은 아니라는 뜻에서 사용한 말이다.

제5장에서 정치생활과 사회생활에 대한 신앙고백을 전통적인 신앙고백에서는 윤리생활의 조항에서 말하고 있는 데 반하여, 이 고백에서는 선교의 조항에서 말하는 것으로 보아 정치신학과 해방신학의 사상적인 경향이 다분히 드러나고 있다. 또한 하나님의 의를 사회 정의와 거의 동일시하고, 회개하는 죄인을 그리스도 안에서 의롭게 여기시며, 죄인을 구원하시는 하나님의 의로 말하지 않고 있다.

제6장에서 선교를 언급하면서 전통적인 선교 개념과는 다른 '하나님의

선교' 의 개념으로 말하고 있다. 그리고 '성례' 에 관한 조항이 결여되어 있음을 발견할 수 있는데, 그것은 세속화 신학의 영향을 받아서 주로 교회의 사회참여에 관심을 두다 보니 교회를 세상과는 구별하는 뜻을 함축하는 성례를 소홀히 하게 된 것이며, 예수 그리스도께서 하나님의 아들임을 믿는 신앙과 그리스도께서 우리를 죄와 사망에서 구원하시는 구원자라는 믿음의 결여에서 온 것이다.[24]

기장 교단의 신학자들은 신학의 자유를 만끽하는 가운데 개혁신학적인 전통에서 해방되어 교파를 초월하여 새로운 신학을 추구하며 천주교의 신학자들과도 협력을 하기 시작하였다. 1966년 초동교회에서 로마 가톨릭과 공동으로 예배를 드렸으며, 그 이후 때때로 강단 교류도 하였다. 1971년에는 신약의 공동번역을, 1976년에는 신구약 성경의 공동번역을 내어놓았다. 가톨릭교회를 위한 공동번역판에는 외경이 포함되어 있다.

한국신학대학은 연세대학교 신학대학과 감신대학과 함께 자유주의 신학을 표방하는 대표적인 신학 교육 기관이다. 기장 교단에 속한 교회와 신자가 비교적 적은 편이지만 문서 운동을 통한 신학적인 활동은 대단히 활발하게 추진해 왔다. 그것은 캐나다 선교부와 WCC의 신학교육기금(Theological Education Fund=TEF)의 재정적인 뒷받침도 있지만, 그보다는 김재준의 교육이념의 결실에서 온 것이라고 할 수 있다. 신학교육기금의 혜택을 받는 신학교들은 신학 연구를 증진하고, 각 신학대학 상호간의 사업을 협조하며, 신학교육의 수준 향상을 목적으로 1965년에 전국신학대협의회를 결성하였다. 김재준은 신학생을 교육함에 있어서 자립할 수 있는 '기성품 목사' 보다는 설익었으나 앞으로 공부하면서 사역할 사람으로 길러내는 것을 목적으로 한다고 하였다.[25] 아마도 그래서 글을 쓰는 목사들이 많이 배출된 것이다.

24) 같은 책, 209-216.
25) 「韓國神學大學 學報」 창간호 (1955), 서언.

보수적인 신학교 학생들은 학교 시절부터 교회에서 전도사로 일하거나 교회를 개척하여 단독 목회를 하는 일에 힘을 쏟는 반면에, 자유주의 신학으로 교육을 받은 한국신학대학 출신들은 목회를 하고 개척 전도를 하는 일에 어려움을 느낀다고 말한다. 1957년 8월부터 출간된 「기독교 사상」 지는 비교적 넓은 독자층에게 평이하게 새로운 신학 사상을 소개하고, 자유로운 신학적인 토론에 참여하도록 해 온 기독교 잡지인데, 한국신학대학 출신들의 기고자들이 많은 편이다. 안병무(安炳茂)가 설립한 한국 신학연구소에서 1973년 8월부터 출간한 계간지 「신학 사상」은 「기독교 사상」과 비슷한 성향을 지녔지만 그보다 더 전문지에 속한다.

보수적인 신학자들, 특히 고신 교단과 합동 교단의 신학자들 가운데 박형룡이 7권에 달하는 「조직신학」을 저술하였고, 박윤선이 신구약 전질의 성경 주석을 내놓은 업적은 높이 평가해야 한다. 그러나 대체로 보수적인 신학자들의 신학적인 활동이나 저술 활동은 비교적 덜 활발한 편이었다. 그것은 세계적인 기구의 재정적 뒷받침도 없었지만, 반지성주의적인 교단의 분위기 때문에도 그러하였다. 교회 성장과 선교에는 관심이 많으나 신학 연구 기관의 설치와 운영, 신학자 양성을 위한 투자에는 인식이 미치지 못하여 인색한 편이었다. 안병무가 비판한 바와 같이, 자유주의자들이 현대신학을 소개할 때 보수 측에서도 칼빈 연구 등 종교개혁자들의 고전을 번역하고 소개했어야 하는데, 1970년대 초만 하더라도 그러한 활동은 아주 미미하였다.[26] 그러나 1970년대 후반부터는 상황이 달라진다. 그러한 변화는 보수적인 장로교회와 복음주의 교회들이 나라의 경제 성장과 함께 급속히 자라면서부터 자력으로 책을 낼 수 있게 된 것과도 무관하지 않다.

26) 安炳茂, "韓國 神學의 現況과 課題", 「神學思想」 제1권 (1973), 17.

3

토착화 신학과 한국 기독교의 토착화

1960년대 기독교 토착화 논의

새로운 민족주의(Neo-Nationalism)가 제3세계에 만연하고 있는 것과 때를 같이하여 1961년 군사혁명으로 정권을 장악하게 된 한국의 군사 정부는 경제 부흥에 힘을 기울이는 한편 민족문화의 중흥을 문화 정책으로 내세웠다. 현대신학의 영향을 받은 자유주의적이며 진보적인 신학자들은 정부가 민족주의 문화 정책을 내세움과 때를 같이하여 기독교의 토착화에 대한 논의를 하게 되었다. 그리하여 1960년대 초반에 기독교의 '토착화'는 열띤 논쟁의 주제가 되었으며, 그 이후 많은 신학자들은 '토착화'를 중요한 신학적인 과제로 생각하게 되었다.

1960년대에 기독교의 '토착화'를 긍정적으로 보는 입장에서 논의한 신학자들은 두 그룹으로 나누어 볼 수 있다. 하나는 복음의 토착화, 즉 복음을 한국적으로 새롭게 해석하는 것으로 보는 이들과, 또 하나는 기독교의 문화적인 영역에 국한하여 있을 수 있는 것으로 보는 이들이 있다. 윤성범(尹聖範), 유동식(柳東植), 김광식(金光植)이 전자에 속하고, 김정준(金正俊), 이종성(李鐘聲), 한철하(韓哲河), 홍현설(洪顯卨) 등이 후자에 속한다.

'토착화'라는 용어를 제일 먼저 사용한 것은 「기독교 사상」 1961년 12

월호에 실린 장병일(張炳日)의 "단군 신화에 대한 신학적 이해—창조 설화의 토착화 소고"라는 글에서였다. 소위 '창조 설화'를 단군 신화에 비추어 토착화하는 방안을 모색한다는 것이었다. 그의 스승인 감리교신학교의 교수 유동식은 토착화의 개념을 "복음의 토착화와 한국에 있어서의 선교적 과제"라는 논문에서 학문적으로 정리하기 시작하였다. 그리고 이 논문이 토착화신학 논쟁의 발단이 되었다.[27]

유동식은 복음과 역사적 기독교를 두 다른 실재로 보고 복음을 기독교의 씨요 본질이라고 하는 한편, 역사적인 기독교는 서양 문화라는 토양에서 자라서 꽃을 피운 식물과 같다고 하며, 한국의 기독교는 바로 이것이 한국에 이식된 것이라고 한다.[28] 유동식은 불트만(Rudolf Bultmann)의 비신화화(非神話化) 사상을 토착화 이론에 적용하여 '토착화'를 위해서는 먼저 복음의 성질을 규명함으로써 기독교로부터 서양의 요소를 제거해야 한다고 한다. 그러기 위해서는 복음의 씨를 이식할 한국의 역사와 문화에 대한 이해가 있어야 한다는 것이다. 그런데 그는 한국의 역사와 문화에 대해 이해하기 위해서는 한국의 문화와 전통을 이룩하는 데 공헌한 한국의 재래 종교들, 즉 무속 종교(Shamanism), 유교, 불교, 천도교를 분석하고 참고해야 한다고 주장한다.[29]

그리고 로고스의 성육(成肉)에서 토착화의 전형적인 원리를 발견한다면서, 토착화는 구체적인 역사적 실제를 구현하기 위하여 초월적인 진리가 특정한 역사적인 상황에 적응하는 것이며, 그러기 위해서는 진리가 문화를 변화시키기 이전에 자체를 변화시켜야 하는 것이라고 확언하며, 바로 이러한 원리에 한국 신학의 필연성과 가능성이 있다고 주장한다.[30]

그는 복음은 한국적으로 이해되어야 한다면서, 복음의 내용, 즉 특히 한

27) 監神 學報」(1962. 10). 金光植, "1960년대 土着化論爭에 대한 小論", 「韓國 教會와 神學의 課題」, 한국 기독교 문화연구소편 (연세대학교 출판부, 1985), 29.
28) 柳東植, "福音의 土着化와 韓國에 있어서의 宣教", 「監神學報」 (1962), 43-58.
29) 柳東植, 「韓國 宗教와 基督教」 (1965), 15-146.
30) 같은 책, 248 이하.

국인을 위한 케리그마(Kerygma)로는 자유, 관용성(공동체를 파괴하는 배타적 당파심을 지양한다는 의미에서), 윤리적인 주체성의 회복, 그리고 교회생활의 한국적 표현을 들고 있다.[31]

유동식은 재래 종교 연구가 한국인의 심성과 종교심을 분석하기 위해서 필요할 뿐 아니라 재래 종교 속에서 '복음의 의미'를 발견하고 다른 종교의 신앙을 가진 사람들과 복음의 대화를 가능하게 하기 위하여 필요한 과제라고 한다. 그는 주체성을 잃은 의타성, 정체적 보수성, 이기적 현실성, 가족주의적 당파성, 관존민비의 관료성, 향락적인 오락성 등이 한국인의 일반 심성을 형성하는 '샤머니즘-유교적 성격'이라고 한다.[32] 또한 불교와 천도교를 복음의 요소를 반영하고 있는 종교로 평가한다. 그리고 한국 불교, 특히 신라의 대승불교에서 높은 복음적 의미를 발견한다며, 신라 불교를 대표하는 원효를 '그리스도 이전의 크리스천'이라고 주장한다.[33]

또한 천도교의 창시자 최수운(崔水雲)이 기독교의 하나님을 만나고 그의 음성을 들었다고 해서 안 될 것이 없으며, 이러한 하나님의 영이 최수운에게 가까이 강림하셨다고 한다.[34] 그러므로 다른 종교와의 대화의 목적은 사람들을 기독교로 개종시키는 데 있는 것이 아니고, 그들에게 '복음의 의미'를 발견하게 하여 그대로 살도록 하는 데 있다고 한다.[35]

바르티안(Barthian)으로 알려진 감리교신학교 교수 윤성범은 기독교의 토착화의 가능성을 모색하면서 단군 신화에서 한국인의 의식 속에 있는 '복음의 전이해'(前理解, Vorverstandnis)를 발견하려고 한다.[36] 윤성범이 「사상계」에 "환인(桓因), 환웅(桓雄), 환검(桓儉)은 '하나님'이다"라는 제목으로 단군 신화에 대한 글을 발표하자, 토착화에 대한 논의는 새로운 관심을 불러일으

31) 같은 책, 258-267.
32) 같은 책, 196.
33) 같은 책, 182 이하.
34) 같은 책, 104.
35) 같은 책, 202 이하, 211.
36) 尹聖範, 「基督敎와 韓國 思想」, 41-70.

켰다.

윤성범은 '하나님' 이란 개신교의 선교사들과 최초의 한국 기독교인들이 '신' (神)을 지칭하는 말로 채택한 '신' 에 대한 훌륭한 칭호라고 한다. 윤성범은 '하나님' 은 '주님' (Adonai, kyrios, Lord)과 동일시할 수 있는데, 왜냐하면 '님' 이란 존경사는 인격에 붙이는 말이기 때문이라고 한다. 따라서 한국인들은 놀랍게도 일찍이 하나님을 인격적인 존재로 인식하였고, 또한 '하나님' 은 유일신을 그대로 표현한 말로서 다른 종교나 철학 사상에서는 물론 기독교적 하나님을 지칭하는 다른 나라의 말에서도 유례를 볼 수 없다고 주장한다.[37]

윤성범은 환인, 환웅, 환검의 삼신을 기독교의 삼위일체 신으로 유추한다. 환인은 하나님 아버지시요, 환웅은 성령이시고 환검은 하나님의 아들을 뜻한다는 것이다. 그뿐 아니라 그는 단군 신화를 구구절절이 성경에 비추어 풍유적으로 해석한다. 이러한 경우에 그는 바르티안임에도 불구하고 신령파적인 성경주의자들처럼 논리를 비약하여 풍유적으로 해석하는 원시적인 성경 해석법을 사용하고 있는데, 그것은 합리적인 사고를 하는 현대 신학자에게서는 볼 수 없는 기대 밖의 일이다.

윤성범은 단군 신화를 누가복음에 기록된 예수의 탄생에 관한 말씀에 따라 고찰한다. 단군 신화에서 나오는 암곰을 마리아에 비유하면서 오래 참고 순종하는 일에서 양자의 유사성을 서술한다.[38]

단군 신화에서 환웅은 자기 부친에게서 세 가지 인봉한 것을 받는데, 최남선(崔南善)은 이를 거울과 칼과 곡물로 해석하였다. 윤성범은 놀랍게도 이 해석을 그대로 받아들여 성경 말씀에 비추어 해석하는 논리적인 비약을 위한 근거로 사용한다. 그리하여 이 세 가지 물건을 사랑과 믿음과 희망이라고 해석한다.

37) 같은 책, 50 이하.
38) 같은 책, 60 이하.

그래서 윤성범은 단군 신화가 4세기에서 8세기 어간에 기독교의 영향으로 생겨난 것이라는 가설을 내세운다. 그는 7세기경 중국으로 전래된 경교(景敎)가 몽고와 만주의 주민들에게 영향을 미쳤던 것이라고 추측하여, 단군 신화의 해석은 한국인의 상실된 종교적 유산을 새롭게 발견하는 것이라고 설명한다.[39] 윤성범은 이와 같은 방법으로 한국인의 종교적 신앙이 특이하고 유일한 것으로 진술하려고 한다. 그러나 그는 단군 신화와 일본의 건국 신화의 중심 주제들 간에 유사성이 있다는 점과[40] 한국의 사학자들 가운데는 이 신화가 곰의 토테미즘(Totemism)에서 나온 것이라고 말하는 사실도 간과하고 있다.[41]

그런데 도대체 단군 신화가 한국인의 의식 속에 민속 신앙으로 깊이 뿌리박힌 것이라면 몰라도 그렇지 않은 형편이므로 이러한 해석을 시도하는 것 자체가 별 의미가 없다. 윤성범이 단군 신화를 이런 식으로 해석하여 가설을 세우는 일을 두고 그가 한국 신학을 위하여 그만큼 노력을 경주하였다는 점을 들어 긍정적으로 평가하는 사람들도 더러 있으나, 대부분의 사람들은 받아들이기를 거부하였다.[42]

또 다른 바르티안으로 알려져 있는 한국신학대학의 교수 전경연(全景淵)은 기독교의 신관과 단군 신화에는 전혀 유사성이 없다고 윤성범의 가설을 일축한다. 인격적인 하나님 인식은 인간이 하나님을 세계를 지으신 창조주이시며, 인류의 역사를 주관하시고 다스리시며 심판하시는 하나님으로 인식하며, 예수 그리스도 안에서 사죄를 베푸시는 하나님으로 인식할 때 비로소 가능하다고 옳게 말한다. 한국인 고유의 '하나님'은 단지 샤머니즘적 다신(多神)에 대한 지칭일 뿐이라고 한다. 한철하가 지적하듯이 윤성범과 유동식은

39) 尹聖範, "檀君神話는 'Vestigium Trinitatis' 이다", 「기독교 사상」 (1963. 10), 14 이하. 尹聖範, 앞의 책, 64 이하.
40) Fritz Vos, *Die Religionen Koreas,* 27f.
41) 全景淵, "所謂 前理解와 檀君神話", 「기독교 사상」 (1963. 8), 22-29.
42) 金正俊도 尹聖範의 노력을 긍정적으로 평가한다(尹聖範, 앞의 책, 서문 참조).

기독교와 다른 종교 간에 차이가 있음을 고려하지 않고 있다.[43]

한국신학대학의 구약신학 교수 김정준(金正俊)은 토착화를 긍정적인 면과 부정적인 면에서 본다. 복음 그 자체는 초월적인 것이므로 토착화가 될 수 없다고 한다. 그리고 복음의 핵심, 즉 케리그마는 유동식의 견해와는 달리 예수 그리스도의 죽음과 부활과 속죄라고 말한다. 따라서 기독교의 토착화는 문화적인 영역에서만 가능하다고 한다. 이러한 근거에서 그는 교회의 토착화에는 의견을 같이하지 않는다.[44]

따라서 토착화는 교회의 기능과 신앙의 표현이라는 시각에서 보아 수행되어야 한다고 그는 말한다. 즉, 한편으로는 교회의 정치, 행정, 조직, 사회적 책임과 다른 한편으로는 선교, 예배, 성경 번역, 찬송, 교회 음악, 예술과 건축, 교회의 신학은 창조적이어야 하고 한국적인 현실에 맞도록 고려되어야 한다는 것이다. 이러한 과제를 위해서 먼저는 선교사들이 전해 준 복음이 서양의 옷을 입은 것인지를 규명해야 하고, 토착적인 요소들이 기독교의 복음을 왜곡하게 된 것은 아닌지를 검토해야 한다고 말한다. 그리고 이러한 원리를 명심하고 한국인들이 이해할 수 있는 신학을 형성해야 한다고 말한다.[45]

이종성은 김정준과 비슷하게 문화적인 영역의 토착화를 말한다. 우리나라에 들어온 기독교를 서양적인 요소에서 정화하는 것을 토착화라고 하고 기독교를 '오직 믿음으로'(sola fide) 혹은 '오직 성경으로'(sola scriptura)를 내세우는 종교개혁의 원리에 비추어 부정적인 토착적인 요소에서 정화하는 작업을 '토착화'라고 한다. 이러한 것이 선교지 기독교의 토착화를 위해 우선되어야 할 필연적인 과정이라는 것이다.[46]

복음을 한국의 문화에 비추어 새롭게 해석하는 것이 기독교의 토착화

43) 韓哲河, "韓國 神學界의 動向", 「韓國基督新教年鑑」(1970), 58 이하.
44) Kim Cheong-Chun, "The Church and the Problem of Indigenization", in *Korea Struggles for Christ,* 101-112.
45) 같은 책, 111.
46) 李鍾聲, "基督教 土着化에 對한 神學的 考察", 「基督教 思想」(1963), 28 이하.

라고 보는 신학자들은 한국의 역사와 문화, 종교의 발전에 관심이 많은 것이 사실이다.[47] 그러나 그들은 선교 이후부터 형성되어 온 한국 교회 전통을 부정적으로 평가한다. 그들은 많은 문제점과 약점이 있는데도 생동성 있게 성장하며 토착화하는 교회에 대해서는 거의 관심을 두지 않는다. 그리고 한국 교회의 신앙이 서양식으로 채색되어 있다는 전제에서 출발하면서, 전통적인 교회의 신앙고백에서 벗어나 자유롭게 하나의 전형적인 한국 신학을 추구한다.

토착화 신학자들은 특이한 한국적인 신학을 추구한 나머지 이단적 종파 운동에 대해서는 신학적인 비판을 피력하지 못하는 약점을 드러낼 뿐 아니라 이단 종파의 잘못된 가르침에 대하여 기독교를 변증하려고 하지도 않는다. 왜냐하면 그들은 기독교 진리를 보수하고 변증하려는 동기에서 형성된 전통적인 교회의 신앙고백을 존중하지 않는 까닭에 이단적인 종파 운동을 비판할 수 있는 규범을 상실했기 때문이다.

불트만 학파(Bultmannian)로 알려진 서남동(徐南同)은 "통일교의 원리강론의 비판적 연구"라는 글에서 자신의 비판은 정통을 전제로 한 이단 사냥을 하는 태도를 지양하고 현대신학의 성취를 위한다는 견지에서 자유롭게 토론하는 것이라고 말하면서, 통일교의 「원리강론」이 "한국의 신학계가 산출한 신학서 중에서 그 양이나 그 조직에 있어서, 그 상상력과 독창성에서 최고의 것으로 인정됨직한 것"이라고 극찬하면서, 그것이 "한국적인 신학을 지향하는 점에서도 특이하여 여타의 시도들과 제안들에 도전하고 있다."고 평가한다.[48]

서남동은 「원리강론」의 기독론을 평하면서, 그것이 "전통적인 교리적 신학보다 여러 모로 과감한 타당한 새 해석을 내리고 있는 것을 발견하게 되

47) 참조: 沈一燮, "韓國 神學 形成史 序說", 「基督教 思想」 (1972. 11), 89-101; (1972. 12), 106-115; (1973. 5), 94-104.
48) 徐南同, 「轉換 時代의 神學」, 435.

는데, 현대신학과의 대화가 결여되어 있다는 아쉬움이 있다."[49] 고 긍정적으로 평가한다. 그리고 다시금 「원리강론」은 성 프란시스가 산기슭에 서 있는 허물어져 가는 절간 옆을 지날 때 받은 계시의 말씀, "이 교회를 새롭게 하라."는 말씀이 메아리치고 있다면서 이 책의 민족적 소명의식을 중요한 공헌으로 본다.[50]

토착화 신학자들은 1930년대에 한국의 장로교회와 감리교회에서 이단으로 정죄 받은 이용도를 재평가하여, 그가 전통적인 교회에 반대하여 한국적인 독특한 신학을 주창하였다는 점에서 귀감으로 삼는다고 한다.[51] 감리교신학교의 신학지 「신학과 세계」 제4권(1978)에서는 '이용도와 신비주의' 라는 주제를 다루고 있는데, 윤성범은 이용도의 신비주의를 바울의 신비주의와 비교하고, 변선환(邊鮮煥)은 이용도를 종교적 천재로 평가하면서 그에게서 13세기 독일의 신비주의자 에크하르트(Eckhard)를 발견한다고 한다. 그리고 변선환은 이용도를 연구하는 동기를 종교를 반대하는 독일 신학, 다시 말하면 칼 바르트의 신학과 몰트만이 주역을 담당하고 있는 바르트 학파의 좌파가 지배하는 신학에서 자유롭게 될 수 있는 전환점을 얻기 위해서라고 말한다. 그런가 하면 송길섭은 이용도를 당시 한국 교회를 쇄신하려고 한 개혁자로 본다.[52]

1960년대에 이르러 기독교 문화적인 면의 토착화가 아니고 복음의 토착화를 논하던 신학자들은 1990년대에 이르러서는 토착화 신학의 종착점이 종교다원주의임을 실토한다.[53] 종교다원주의는 예수 그리스도와 그의 복음

49) 같은 책, 455.
50) 같은 책, 463.
51) 1975년 변천호는 6권에 달하는 「李龍道 全集」을 출간하였다.
52) 「神學과 世界」 (1978. 제4권), 121. 송길섭, "제4장 한국 교회의 개혁자 이용도", 「일제하 감리교회 삼대 성좌」 (성광문화사, 1982), 215-249.
53) "한국 토착화신학 논쟁의 평가와 전망", 「基督教 思想」 (1991. 6), 78-100; (1991. 7), 75-94. 참가자는 유동식, 안병무, 변선환, 서광선, 김경재, 박종천이다.

의 역사성을 부정하는 자유주의 신학의 종착점이다.[54)]

기독교 토착화의 실제

한국에 온 대다수의 초대 서양 선교사들은 문화적인 영역에서의 기독교의 토착화를 중요한 과제로 생각하였다. 그들은 복음을 전하는 일과 함께 고의로 그랬든지 아니었든지 간에 문화 전파자의 역할을 하였다. 처음 선교가 시작될 때, 그들은 한국에 선교사의 명의로서가 아니고 단지 문화와 기타 사업에 종사하는 사람으로서 입국할 수 있었으며, 상당한 기간 동안 문화를 전수하는 자로서 거주하였다.

그들은 서양의 문명을 대표하는 사람으로서 한국을 위하여 상당한 공헌을 했으며, 그럼으로써 조선 정부의 기대를 충족시켜 주었다. 그렇지만 선교사들은 일반적으로 한국의 문화나 풍습이 서양의 영향으로 손상되지 않기를 바랐다. 그들은 조상에 대한 제사와는 달리 복음에 위배되지 않는 한국인의 생활 풍습을 존중하였다.

신학자들 가운데서도 진보적인 사상을 가진 많은 이들은, 조상에게 제사하는 것은 부모를 공경하는 윤리적인 형식에 지나지 않는 것이므로 이를 금한 교회의 결정이 잘못이었다고 주장하면서, 특히 선교사들에게 그 책임이 있다고 비판한다. 그러나 조상 숭배가 무속 종교와 미신과 얽혀 있음을 우리는 부인할 수 없다. 더욱이 개화되고 비종교화된 현대 이전에 살던 사람들에게 조상 숭배는 엄연한 종교였다. 초기의 개종자들이 조상 숭배를 포기하는 것은 무속적인 미신의 세계를 벗어나는 중요한 결행이었다. 기독교인이 된다는 것은 이념적, 정신적, 문화적인 개과천선이 아니고 빌립보서 3장 1절 이하의 말씀과 같이 마음과 뜻을 다하여 목숨을 걸고 삶의 방향을 전향하는 영적인 회개를 말하는 것이다.

---

54) 김영재, "한국 기독교와 사이비 이단 운동: 종교다원주의와 만인구원론 사상", 「한국 기독교 연구 논총」 14 (1995), 31-56 참조

찬송가 | 초대 선교사들은 한국에 하나의 그리스도의 교회를 세우는 일을 두고 그 가능성을 모색하였다. 그러나 그러한 생각은 실현을 보지 못했다. 교파 교회로부터 보냄을 받은 선교사로서는 자신의 결정으로 교파주의의 현실을 초월할 수 없었기 때문이다. 그런데 기독교의 문화적인 영역에서는 선교사들보다는 한국인들이 더 '서양화'를 원했다. 예를 들면, 게일(J. S. Gale) 선교사 같은 이는, 그의 생각이 선교사들의 생각을 대변하는 것은 아니지만,[55] 한국인 기독교인들이 찬송을 부를 때 서양 가락에 맞추지 않고 한국 고유의 가락으로 불러야 한다고 생각하였다. 그래서 그는 찬송가 가사에 한국의 가락을 붙이려고 노력했으나, 이러한 제안을 거부한 것은 한국인들이었다. 한국의 기독교인들은 찬송가에 수록된 성가로 알고 부르는 노래 가운데 얼마나 많은 것들이 세속적인 노래에서 온 것인지 알지 못한다.[56] 예를 들면, 1960년에 출간된 찬송가에 수록된 600장의 찬송 가운데 각국의 민요곡이 24개나 된다. 본국의 전통적인 가락에 가사를 붙여 찬송가를 만드는 것을 본토인들이 거부하는 경향은 다른 선교지에서도 볼 수 있는 보편적인 현상이나, 한국에서는 더 오래 지속되어 왔다.

1892년에 언더우드 목사는 악보가 없는 찬송가를 장로교회를 위하여 편찬, 출판하였다. 1894년에 그는 다시 찬송가를 편찬했는데, 이번에는 악보가 달린 것을 내놓았다. 아펜젤러 역시 1892년 감리교회를 위하여 첫 찬송가를 내놓고, 1895년에는 '찬미가'라는 이름으로 곡조가 붙은 찬송가를 내어놓았다. 장로교회와 감리교회는 1908년 공동으로 「합동 찬송가」를 출판하였다. 선교사들의 음악 교육과 잇따른 찬송가들의 출판은 한국에 새로운 음악, 다시 말하면 서양 음악을 보급하는 일에 크게 기여하였다.[57]

1895년의 「찬미가」는 54편의 찬송가를 수록하였는데, 그 가운데 한국

55) 李浩雲, 앞의 책, 252.
56) 김홍규, 「한국 교회 음악에 대한 역사적 고찰」, 계명대학 석사 학위 논문 (1972), 46.
57) 최희준, 「한국 교회 음악에 관한 연구」, 연세대학교 석사 논문 (1975), 5 이하.

인이 지은 찬송가는 2편이었다. 개신교 신자로서는 만주에서 최초로 세례를 받고 새문안교회의 최초의 장로가 된 백홍준(白鴻俊)과 신음악의 개척자로 알려진 김인식(金仁湜)이 가사를 쓴 찬송가였다.[58] 한국의 신자들은 가사를 번역한 서양의 찬송가를 즐겨 불렀다. 그 중에서도 민요조와 비슷하며 감상적인 3박자 혹은 6박자의 노래를 더 즐겨 불렀다.[59]

몇몇 한국인 기독교인들과 선교사들은 한국 고유의 가락으로 된 찬송을 원했다. 그래서 게일은 1917년에 '조선음악연구회'를 조직하여 두어 곡을 작곡하는 등 한국 고유의 가락으로 된 찬송가를 지으려고 시도했으나 실패하고 말았다. 장로교회의 초대 목사이며 부흥사인 길선주도 같은 생각으로 노력했다고 하니 놀라운 일이다.[60]

1945년 해방 이후 교회 음악가 곽상수(郭尙洙), 나운영(羅雲永), 장수철, 이동훈 등은 한국적인 가락의 찬송가를 작곡하는 일에 힘을 기울였다. 그러나 초기의 작품들은 서양 것과 비슷하였다. 한국적인 찬송가 곡을 쓴다는 것은 쉬운 작업이 아니었다. 왜냐하면 교회 음악이나 세속 음악을 막론하고 신음악이 서양 음악의 영향을 아주 강하게 받았으므로 한국 고유의 가락을 거의 상실한 상태에 있었기 때문이다. 작곡가들 자신들부터 초등학교에서부터 서양 음악 일변도의 음악 교육을 받아 왔으므로 서양 음악에 익숙한 음악 감정이 금방 바뀔 수 있는 것이 아니었다.

서양 찬송을 가사만 번역하여 불러오던 한국인 기독교인들은 세속 음악에서 유래된 찬송가 곡도 그냥 성가곡인 줄 알고 부를 뿐이다. "하늘 가는 밝은 길이" 혹은 "천부여 의지 없어서" 등의 찬송가는 가사는 물론 곡까지도 가장 은혜로운 찬송가로 알고 있다. 잘못 토착화된 것이기는 하지만 그것을 거룩한 것으로 알고 믿음 안에서 우리의 것으로 받아들인 대중의 음악 감정

58) 같은 논문, 30.
59) 羅運永, "韓國 敎會 音樂의 現代化 過程", 「基督敎 思想」 (1967. 6), 63-67.
60) 같은 논문.

이 쉽게 바뀌기는 어렵다. 음악 감정이 바뀌려면 오랜 세월이 지나야 한다.

1892년 이후 현재까지 많은 종류의 '찬송가'가 발간되었는데, 수록된 찬송가들은 거의 다 번역된 서양 찬송가들이다. 1949년에 나온 「합동 찬송가」에 수록된 586장의 찬송가 가운데 한국인이 작사한 찬송가는 겨우 6장뿐이다. 그 후 1962년에 장로교의 합동측과 고려측이 합동한 이후 펴낸 「새찬송가」는 671장의 찬송가를 수록하고 있는데, 그 가운데 한국인이 작사한 것은 남궁억이 작사한 '삼천리 반도 금수강산' 하나밖에 발견할 수가 없다.

1967년에 「합동 찬송가」를 개편한 「개편 찬송가」에는 한국인이 작사 작곡한 찬송가가 30여 개 수록되어 있는데, 1983년 11월에 출간한 「통일 찬송가」에는 한국인이 작사, 작곡한 찬송가가 17개에 지나지 않는다. 그간에 많은 교회 음악가들이 성가를 쓰고 작곡하였으므로 더 많이 수록할 수 있을 터인데 오히려 줄어든 것이다. 「새찬송가」를 출간했던 장로교회의 보수적인 교단에서 내놓은 의견이 많이 반영되다 보니 그렇게 된 것이라고 이해할 수 있다.

1907년에 남궁억이 작사한 것으로 알고 있는 "삼천리 반도 금수강산"은 1937년에 일제 정부가 부르지 못하도록 금한 것인데, 1931년 「신정 찬송가」에 수록되면서부터 도니제티(G. Donizetti)의 오페라에서 편곡한 곡을 붙여 불렀다. 1967년의 「개편 찬송가」에는 이동훈이 종전 곡의 리듬은 그대로 살리면서도 한국적인 가락으로 부르도록 새로운 곡을 붙인 것이 수록되어 있다. 그런데 통일 찬송가에서는 이동훈의 이 새 곡을 빼고 다시 종전의 세속적인 오페라 곡으로 부르도록 한 것은 방향성을 상실한 편집이다. 우리의 정서와 감정을 도로 찾고 우리의 정서와 감정에 맞는 찬송가를 가지고자 하는 욕구와 노력을 무시한 것이다.

우리 한국인이 작곡한 찬송가 가운데 한국적인 향취가 물씬 풍기는 민요조의 것이 더러 있다. 그러나 민요조의 곡을 찬송가로 도입하는 데는 한계가 있다. 찬송가는 주제에 따라 곡의 형식이나 정감이 다양하기 마련이기 때문이다. 한국 기독교인들의 신앙이 성숙하게 되면 좋은 찬송가 가사도 많이 나오고 훌륭한 곡도 더 많이 나올 것이라고 생각하며 기대한다. 기독교인들은, 특히 교회의 지도자들은 이러한 분야에 대하여 더 많이 숙고하고 이해를 가져, 그러한 여건이 조성되도록 길을 트고, 그런 일에 종사하는 이들을 격려해야 할 것이다.

교회당 건축 | 교회당 건축에서도 유사한 경향을 볼 수 있다. 교회의 건물은 지역 사회와 문화에 가시적으로 접촉하고 참여하며 함께 문화를 형성한다. 그러므로 교회당을 세울 때는 이웃 건물과의 조화라든지 사회 공동체 전체의 환경과 분위기도 고려해야 한다. 1900년 이전의 교회 건물 양식은 대부분 기존의 한옥을 개조한 것이므로 토착적이었다. 한국에서 가장 먼저 설립된 개신교 교회로 알려져 있는 황해도의 소래교회가 1896년에 지은 새 예배당 건물은 전통적인 한옥 그대로였다. 1896년에 설립된 서울의 남대문밖교회는 1910년에 서양식의 새 교회당 건물을 짓기 이전까지는 왕실의 별궁을 교회당으로 사용하였다.

선교 50년을 기념하여 출판한 장로교 화보에 실린 사진들을 보면, 1900년에 설립된 평북의 강계읍교회당과 안주읍중앙교회당은 모두 한옥식 예배당으로 멋이 있어 보인다. 그런데 1900년 이후 교회들이 새로 교회당 건물을 세우면서부터는 서양식으로 짓고 있다. 소박하고 실용적인 교회 건물들은 주로 19세기 미국의 작은 교회당들과 비슷한 양식으로 지은 것이다. 그밖에도 여러 형태의 서양식 예배당 건물이 선 것을 볼 수 있는데, 서양에서 볼 수 있는 대표적인 예배당 건물의 건축 양식들은 유럽의 문화적인 전통 속에서 발전되어 온 고대의 바실리카식에서부터 중세의 로마네스크식, 고딕식, 르네상스식, 바로크식 등이 각기 그 시대정신을 대변하고 있다.

그런데 우리나라의 교회 건물은 이러한 사실을 고려하지 않고 좋아 보이는 양식이면 그대로 무분별하게 모방하여 건축한 것을 볼 수 있다. 이제는 교회당 건축에 대한 의식을 가질 만한 때가 되었는데도 별 의식 없이 중세 시대의 고딕 식 모조 건물을 자랑스럽게 세우는 경우가 많다. 토착화에 대한 이해는 고사하고 문화 일반에 대한 조예나 인식이 빈약함을 드러내는 것이어서 아쉬운 일이다. 건실하게 지은 예배당 건물은 벌써 시각적으로 두드러지게 드러나 지역 문화에 참여하게 마련이다. 그것은 또한 오랜 세월 문화적인 유산으로 남는 것이므로 지역의 건축 문화에 기여하는 것이어야 한다.

예배당 건축의 토착화를 시도한다고 예배당을 반드시 옛날 고전적 한옥 양식으로 지어야 한다는 것은 아니다. 한옥을 기념물로 보관할 정도로 고유한 옛 건축 양식이 사라져 가는 상황에서는 더욱 그러하다. 독립기념관이나 경주의 박물관 건물들에서 볼 수 있듯이 한국적인 양식의 교회당 건물을 짓는 일은 시도해 볼 만한 일이다. 그러나 반드시 그렇게 지어야 토착적인 교회당 건물이라고 할 수는 없다. 20세기의 새로운 건축 양식들은 서양의 전통에서 나온 것이라 해도 국제화되었기 때문이다. 기독교와 문화의 세계성과 시대성을 고려하면서 기독교적인 특색을 나타내는 동시에 고장의 문화에 기여할 수 있는 양식을 모색하면 되는 것이다.

교회 건축을 토착화와 관련해서는 아래에서 더 고찰하겠지만, 교회당의 내부 구조가 문제다. 문화적인 영역에서의 한국 기독교의 토착화는 과거의 한국적인 전통에 비추어서만 생각할 것이 아니고 현재의 한국 사회와 교회와 기독교의 세계성을 고려하면서 추구해야 한다. 다시 말하면, 교회의 찬송과 건축, 기타의 문화적인 표현과 행사에 고유성을 함유함과 동시에 세계성에 기여하는 것이어야 한다.

예배와 교회당의 내부 | 교회의 역사를 보면 기독교의 토착화는 민족과 문화를 따라 늘 있었음을 발견할 수 있다. 그리스 문화권에 속한 동방의 기독교와 라틴 문화권에 속한 서방의 기독교 간에 차이가 있고, 또 서방의 기독교 가운데서도 독일과 영국의 기독교 간에 차이가 있다. 중세의 기독교는 잘못 토착화된 부분이 많아서 기독교의 중요한 교리마저 왜곡되었을 정도였다. 그

래서 잘못 토착화된 부분을 본래 복음이 의도한 대로 바로잡고자 한 것이 종교 개혁이다.

한국 교회의 모습과 생활을 옳게 분별하기 위해서는 우리 재래 문화와 역사에 대한 이해, 교회 전통에 대한 이해가 있어야 한다. 기독교의 전통에 대한 이해 없이 성경과 재래 문화에 대한 이해만으로는 교회의 모습을 잘 보지 못한다. 교회 내에 있는 토착화된 요소들, 다시 말하면 한국 교회 특유의 요소는 그것이 긍정적인 것이든 부정적인 것이든 간에, 우리에게 복음을 선교해 준 '모교회'를 포함하는 다른 교회들의 모습을 모르고는 옳게 인식할 수가 없다.

박봉배는 한국 기독교인의 신앙의 성격을 재래 문화와 종교에 비추어 두 가지 유형으로, 즉 유교를 배경으로 하는 신앙과 불교와 샤머니즘을 배경으로 하는 신앙으로 구분한다. 전자는 정치와 사회에 관심을 가지고 적극 참여하는 반면에, 후자는 피안적인 것을 바라며 현실 도피적이라는 것이다. 유교와 불교, 샤머니즘이 반드시 그러한 성향을 갖게 하는 것인지는 따져 보아야 할 일이지만, 구체적인 실제의 신앙 인물들의 신앙 유형과 종교적인 배경은 박봉배가 내세우는 이론에 맞지 않다. 그는 그러한 신앙의 유형들을 교회의 역사와 여러 다른 기독교 세계에서도 발견하게 되는 것을 간과하고 있다.

한국 교회는 연륜을 거듭하면서 기독교 신앙과 실천을 의식하지 못하는 가운데 한국적으로 토착화되고 있음을 발견할 수 있다. 그러한 현상들은 신학적인 이해 부족과 한국인의 심성과 관습과 문화, 종교심 등 여러 요소들이 작용한 가운데 생겨난 한국에서만 볼 수 있는 특이한 것이면서도 교회의 역사에서 비슷한 유형을 발견할 수 있는 현상들이다.

대부분의 한국 교회가 개혁주의, 복음주의를 표방하는데도 목사를 제사장으로 이해하는 것은 구약적이며 중세적이다. 목사를 평신도와 구별되는 제사장으로 보는 사제주의(clericalism)가 중세 교회를 부패하게 만드는 가장 큰 요인이었으므로, 종교개혁자들은 그리스도만이 우리의 제사장임을 역설하면서 이를 개혁하려고 했는데, 그러한 사실이 한국 교회에는 잘 알려져 있지 않다. 종교적인 지도자를 중보적인 존재로 인식하는 것은 일반 종교에서 보이는 보편적인 현상이다.

한국 신자들은 구약을 신약과 동일하게 보는 문자적이며 세대주의적인 성경 이해를 가진 데다, 샤먼이 신과 인간의 중개자 역할을 하는 무속 종교의 배경에서 자라 왔기 때문에 목사를 자연스럽게 제사장으로 알게 된 것이다. 그리고 수식어를 붙이기 좋아하는 언어 습관 때문에 더욱 그러한 개념을 갖게 되었다. 강단을 '제단'으로, 새벽기도회를 '새벽 제단'이라고 하고, 안수를 받은 목사와 장로를 '기름 부음 받은 종'이라고 부르는 것이 구약적인 개념을 형성한다. 게다가 레위기의 제사의 규례를 풍유적으로 해석하는 성경 이해가 제사 종교적인 개념을 형성하는 일을 돕는다.

이러한 비개혁주의적인 목사 이해로 말미암아 개신교회에는 어울리지 않는 사제주의가 형성되었고, 그에 따라 교계주의(hierarchy)가 형성되며, 교계주의는 필연적으로 교권주의를 동반한다. 교권주의는 목회자나 노회의 직분자들이 성경 말씀을 따라 정당하게 세워가야 할 교권, 즉 교회의 권세를 남용하는 처사가 곧 교권주의이다.[61] 집사와 장로 등은 평신도의 직분을 기능에 따라 세운 것이다. 그런데 한국 교회는 직분보다는 지위로 알고, 장로를 사회적인 신분으로 여기며, 집사를 장로가 되기 위한 중간 단계의 직분으로 인식하는 풍토가 조성되었다. 본래 장로 제도가 없는 감리교회에서도 그것을 도입하여 장로를 세우는 것 역시 한국에서만 볼 수 있는 특이한 현상이다.

선교 교회에서는 서리집사 제도가 불가피한 면도 있다. 그러나 집사를 안수집사와 서리집사로 구분하는 일, 여성들의 경우 집사가 되기 전에 권찰이란 직분을 맡기는 일, 여자 집사 가운데서 연만한 이들을 권사 혹은 명예권사로 세우는 일 등등이 교계주의 제도 형성의 한 단면이다. 또한 장로교회에

61) 김영재, 「기독교 교리사」 (수원: 합신대학원출판부, 2009, 재판), 382.

해방 이전까지는 같은 자격으로 시무하는 동사목사(同事牧師) 제도가 있었는데, 1950년대부터 그것이 없어지고 부목사 제도가 생겼다. 부목사는 당회원도 될 수 없을 뿐 아니라 해마다 담임 목사의 조사(助事)처럼 담임 목사의 제청으로 임시 직원으로 시무할 수 있게 제도화되었다. 1970년대 이후의 교회의 대형화가 이러한 경향을 더 가속한 것이지만, 그것은 사제주의화로 인한 토착화 현상의 하나다. 또한 이러한 위계질서는 유교적인 세계관에서 관료주의에 익숙한 채로 살아온 백성에게는 별로 이상하게 생각될 것이 없는 것이다.

위에서 논한 바와 같이 예배당의 모양은 선교를 받은 초기에는 아주 토착적이었으나 점차 서양화가 되고 있으며, 건물의 내부 구조는 한국 특유의 유형으로 발전하였다. 문화와 관련을 갖는 건물의 외형은 서양 것을 모방하면서도 신학을 대변하는 건물의 내부 구조는 한국에서만 볼 수 있는 특이한 유형으로 발전한 것이다. 외래의 것이 한국 특유의 것이 되었다는 의미에서 토착화된 것이라고 할 수 있는데, 그것은 왜곡된 신학을 무의식중에 대변하는 것이지 문화를 대변하는 것은 아니다. 예컨대 예배의 경우, 우리는 기독교적 예배의식을 지닌 적이 없기 때문에, 한국 고유의 것을 닮게 되었다는 의미에서 '한국적' 이라거나 '토착적' 이라고 할 수는 없다.

미국의 교회들은 나지막한 강단 뒤에 성가대가 앉도록 되어 있다. 그런데 한국에서는 성가대석을 강단으로 만드는 바람에 미국 교회에서 목사가 서던 본래의 강단이 아래 강단으로 격하되어 결국 이중 강단을 만들게 된 것이다. 한국 교회의 강단은 강단을 제단으로 신성시하여 자연히 2중 강단으로 발전하게 된 것이다. 이 이중 강단은 교권과 교회 직분의 계층화를 상징하게 되었을 뿐 아니라 실제로 신분을 구분하는 기능을 하게 되었다. 가령 교회에서 여자가 예배를 인도하거나 설교할 경우 아래 강단에서 하도록 하는 경우가 바로 그러한 실례이다.

서구의 대부분의 전통적인 교회에는 강도상이 전면 왼쪽에 있다. 주로 일부 개혁주의 교회와 복음주의 교회에서 고교회적(高敎會的)인 의식을 배제하고 설교 말씀을 존중히 여기면서 예배를 드린다는 뜻에서 강도상을 가운데 두고 모든 치장을 단순화한 것인데, 목사를 제사장으로 알고 강단을 성역화하는 한국 교회에서는 강도상이 더 넓고 커졌으며 동양풍의 형태와 지주(支柱)를 갖춘 특이한 강도상으로 발전하게 되었다.

1960년대 이후부터 볼 수 있는 강단 뒤에 처 놓은 자줏빛 휘장 역시 한국 교회에서만 볼 수 있는 특이한 것으로 극장의 휘장을 닮기도 했지만, 성전의 휘장을 연상케 함으로써 강단을 성별화하는 분위기 조성에 도움을 준다. 또한 강단에 놓인 우뚝 솟은 등받이가 있는 의자는 교권을 상징한다. 예배당에는 신을 신고 드나들면서도 강단에는 여전히 신을 벗고 올라가는 것 역시 특이한 관행으로, 강단을 신성시하는 일에 일조하고 있다.

강단의 구성과 치장이 예배 인도자와 설교자의 권위를 지나치게 높이는 분위기가 조성되었지만, 신비스럽고 엄숙한 분위기는 조성되지 못하고 있다. 설교는 강단에서 신을 벗고 하면서 성례를 행할 때는 아래로 내려와 신을 신고 하는 것도 이치에 맞지 않는다. 성례를 행할 때마다 신을 신었다 벗었다 해야 하는 것 역시 한국 교회에서만 볼 수 있는 기이한 풍속이다.

믿음과 성례는 대치되는 개념이거나 취사선택할 수 있는 개념이 아니다. 그런데 한국 교회는 구원이 믿음으로 말미암는 것이지 성례를 행함으로써가 아니라고 주장하는 복음주의의 영향으로 인하여 일반적으로 성례를 소홀히 여긴다. 구원에 이르는 믿음은 복음 전파에 있음을 강조하는 경향에서 복음을 전파하는 강단만이 두드러지게 강조되고 있는 반면에 성례를 집행하는 기물들, 즉 성찬상은 눈에 띄게 보이지 않고 있으며, 세례를 위하여 물을 담는 세례대 또한 전혀 보이지 않아 신비스럽고 엄숙한 분위기는 조성되지 못하고 있다.

성찬은 예수 그리스도께서 제정하신 성례다. 성찬을 나누는 것은 주님께서 우리를 위하여 고난을 받으시고 죽으심으로 우리의 구속을 완성하셨음을 기념하는 것이며, 주님께서는 성령을 통하여 계셔서 우리가 주님의 몸을 먹고 마실 때 주님과 연합하게 해 주시는 것이다.

세례 역시 그리스도께서 제정하신 성례로서, 사람이 그리스도교로 입교할 때 행하는 의식이다. 그리스도께서 성령을 통하여 우리의 죄를 사하시고 정결하게 하시는 은혜를 주시는 방편임을 믿고 순종함으로 받는 의식이다. 그러므로 그리스도의 교회의 표지는 곧 말씀과 성례라고 한 것이 종교개혁자들의 공통된 주장이고 가르침이며, 전통적인 개신교의 공통된 신학이다. 그런데 대부분의 한국 교회의 예배당의 내부 구조는 이러한 신학이 별로 반영되지 않는 방향으로 토착화되었다.

신학의 수용과 여과

예배당의 외형은 서양 것을 이식하다시피 모방하여 짓지만 예배당의 내부 구조는 특이하게 발전하게 된 바와 같이 신학을 수용하는 부분에서도 비슷한 현상이 일어나는 것을 발견할 수 있다. 이를테면, 교회 전통을 존중하고 개혁주의를 표방하는 장로교회는 청교도적 개혁주의의 신앙과 신학을 전수받았다고 하는데, 영미의 청교도의 금욕적인 신앙의 태도를 배워 모범으로 삼으면서도 신앙의 내용에 대한 지식은 충분히 갖추지 못하고 있다. 개혁주의를 표방한다고 하고 개혁주의 신학의 중심 사상이 하나님의 주권 사상이라고 말하면서도 주로 그 교리를 구원론을 중심으로 한 하나님의 섭리와 예정 교리 면으로 이해하고, 하나님의 주권 사상에서 추론할 수 있는 개혁주의의 사회와 문화에 대한 관심은 결여되어 있어서 균형을 잃고 있다. 하긴 그것은 교회가 더 성장하고 성숙해질 때 지니게 되는 것이다.

또한 종말론을 두고 말하자면, 종교개혁자들을 포함한 대다수의 개혁주의 신학자들이 천년설을 택하지 않는 데 반하여, 한국의 보수적인 장로교회에서는 1960년대만 해도 무천년설을 자유주의적이라고 백안시하고 역사적 전천년설을 마치 종말론의 정설인 것처럼 이해하였다. 한국 장로교회에서도 역사적 전천년설을 선호하게 된 것은 성경을 문자적으로 해석하는 이해 때문에 세대주의의 영향을 입었고, 또 교회가 고난 가운데서 자라왔기 때문이다.

이러한 경향은 더러 세대주의와 근본주의의 영향 때문이라고도 말하고 있으나, 한국 교회는 신학을 수용함에 있어서 구미의 신학을 상당한 정도로 이해하고 있는 그대로 받아들인 것이 아니라, 선호에 따라 의식하지 못하는 가운데 여과하여 받아들인 것임을 알 수 있다. 다시 말하면 서구 신학이 원형대로 이식되지 않았을 뿐더러, 그것은 거의 불가능한 일이다. 왜냐하면 피선교지의 교회가 선교하는 교회마다 다른 다양한 신학과 사상의 영향을 받기 때문이다. 그리고 선교지 교회가 개혁주의를 표방하여 취사선택을 하더라도 개혁주의의 신학적 전통이 포괄적인 데다가, 서양의 교회와 선교지 교회가 처한 세계의 역사적인 상황이 다르고, 정신적이며 문화적인 유산이 다르며, 또한 관심사가 다르기 때문이다. 가령 국가와 교회에 대한 칼빈의 가르침을 소개하는 글에서 국가가 교회를 보호할 의무가 있음을 강조한 사실을 소개하고 있다. 그러나 이러한 칼빈의 국가론이 다원적인 종교를 가진 비기독교국에서도 그대로 적용될 수 있을 것인지에 대한 검토는 발견할 수 없다.

웨스트민스터 신앙고백에 대한 이해만 하더라도 주로 그 신앙고백서의 조문이 담고 있는 내용과 의미를 설명하는 데 그칠 뿐, 그것이 작성된 역사적 배경이나 정치적, 교회적인 배경에는 별로 관심을 두지 않는다. 예를 들어 신앙고백서의 문화적인 생활에 관한 조항 가운데 '맹세'에 관한 조항 같은 것은 시대와 문화적인 배경이 다르기 때문에 우리의 생활과는 별로 관련이 없는 내용이다.

그리고 기독교의 기본적인 교리에 관한 조항 역시 당시의 신학적인 배경을 반영하고 있다. 웨스트민스터 신앙고백의 경우, 예정론을 반대하는 아르미니우스주의에 대한 신학적인 변증이 강하게 투영되고 있다. 왜냐하면 그것이 당시의 가장 큰 신학적인 관심이었기 때문이다. 그러므로 경건주의적인 부흥 운동을 경험하고, 한국 교회의 특유한 상황에서 성장해 온 보수적인 장로교회에서 새삼스럽게 웨스트민스터 신앙고백서를 교회의 신앙고백으로 채택하더라도 많은 부분을 여과하고 참고하지 않은 채 그냥 묵혀 두게 된다. 실제로는 우리의 신앙고백으로 충분히 받아들이지 않는다는 말이다.[62] 그런데 문제는 이러한 여과 과정에서 신학과 신앙의 체계가 흐트러진다는 점이다. 그러므로 '한국 신학' 이 필요하다.

'한국 신학' 은 그리스도의 복음을 유교 사상이나 무속 종교의 언어로 재해석한다는 것이 아니다. 복음의 핵심은 그리스도의 십자가의 죽으심과 부활이요, 하나님께서 그리스도를 믿는 믿음을 보시고 사람을 의롭다고 여기시고 구원하신다는 사실이다. 예수 그리스도의 십자가와 부활의 복음은 인간의 이해를 초월하는 것이므로 인간의 이성적인 언어로 이해하거나 설명할 수 있는 것이 아니다. 다시 말하면 어느 특정한 민족이나 문화권의 언어로 달리 특이하게 이해하거나 해석될 수 있는 것이 아니다. 만일 '한국 신학' 이라는 이름으로 특이한 이해나 설명을 시도한다면, 그것은 이미 기독교가 아니다. 그러면 그것은 교회 사상에서 많은 유례를 볼 수 있듯이 종파적이며 이단적인 변질된 가르침일 뿐이다.

그러므로 건전한 한국 신학을 수립하기 위해서는 성경을 하나님의 말씀으로 믿는 신앙을 가져야 함은 물론이고 복음을 전수해 온 교회의 신학적인 전통에 대한 존중과 더 깊은 연구와 이해가 있어야 한다. 그래야만 비로소 우리의 문화와 역사적인 배경에서 기독교를 믿고 이해하며 실천하는 우리 자신의 신앙과 실천의 모습을 제대로 보고 평가할 수 있다. 무의식중에 한국 특유의 것으로 토착화되고 있는 신앙과 실천의 장점과 단점을 가려냄으로써 항상 개혁하는 교회로 살고 성장할 수 있는 것이다.

62) 김영재, 「교회와 신앙고백」, 157-176 참고.

세속화신학

새로운 신학을 추구하는 신학자들은 토착화신학에 이어 1960년대 후반에 기독교의 세속화(世俗化)란 주제로 논의하였다. 「기독교 사상」 지 1965년 2월호에 강문규, 서남동, 유동식, 최신덕 등 제씨가 세속화 신학의 주제에 대한 논의를 시작하였다.[63] 민족의 주체성을 찾는다는 뜻에서 한국의 신학과 교회의 토착화를 논하는 신학자들은, 한국의 재래 문화와 역사를 기독교 신앙으로 소화하며 서양의 기독교 전통과는 관계없이 '한국 신학' 을 추구한다고 하면서, 실제로는 서양의 새로운 신학적인 논의에 늘 민감하게 대응하기 때문에 서양의 신학적 영향에서 벗어나지 못하고 있다. '세속화신학' 의 논의는 역시 본회퍼와 존 로빈슨(John Robinson), 하비 콕스(Harvie Cox) 등의 '세속화신학' 의 자극을 받은 것이다.

서남동은 고가르텐(Friedrich Gogarten)이 긍정적으로 인식한 '세속화' (Säkularisierung)를 기독교 신앙의 합법적인 결과로 받아들이고,[64] 역사를 3단계의 법칙에 따라 실증적인 단계를 이행하는 것이라고 파악하는 꽁트

63) 참고: 「基督教 思想」 (1965. 2): 姜文奎, "世俗主義와 世俗化"; 徐南同, "福音 傳達과 그 世俗的 解釋"; 柳東植, "韓國 教會가 지닌 非宗教化의 課題"; 최신덕, "社會的 偏見과 傳達."

64) Thielicke-Schrey, *Glaube und Handeln*, 222-230; ausgewöhlte Texte aus: Fr. Gogarten, *Der Mensch zwischen Gott und Welt* (1952), 117f; *Verhängnis und Hoffnung der Neuzeit* (1953), 99-103.

(Auguste Conte)의 역사관을 받아들인다. 그래서 현재의 우리는 종교를 상실해 가는 제3단계에 해당하는 시대에 살고 있으며, 실증주의의 과학에 의하여 규정되는 세계에 살고 있다고 말한다. 꽁트는 학문과 민족들의 역사에서 실증적 지식에 이르는 데는 세 단계를 거쳐 이행된다고 한다. 즉, 일련의 지식은 신학적-가공적이며 형이상학적-추상적 단계를 거쳐 마지막 단계인 실증적인 지식에 이른다고 한다.[65] 또 종교를 상실하고 있는 세계에서 '세속화' 와 종교의 상실로 이행해 가는 것은 운명적인 것이며 기독교의 과제라고 한다.[66]

유동식은 본회퍼의 '종교 없는 기독교' (religionsloses Christentum)를 출발점으로 하여 우리나라 전체 인구의 87%에 해당하는 사람들이 종교 없이 사는 것이라고 보고 그들에게 복음을 믿게 한다는 것이다. 그리고 한국 교회는, 본회퍼가 현대 교회를 두고 말하듯이, 복음의 본질에서 멀리 떠나 하나의 종교로 타락하게 되었다고 전제한다. 따라서 한국 교회는 종교의 겉옷을 벗고 종교 없는 상태가 되어야 한다고 주장한다. 말하자면 교회는 개인적인 구원 개념과 피안에 대한 신앙과 영혼의 미래적인 구원과 비인간적인 율법주의로부터 벗어나야 한다는 것이다.

유동식은 우리나라에서 종교 없이 사는 사람들이 1964년의 통계에 근거하여 87%에 달한다고 하나, 그 수치는 그 이후 10년 만에 크게 달라져서 70%의 인구가 종교를 가지게 되었으며, 1980년대에 와서는 90% 이상의 인구가 종교를 가지고 있는 것으로 나타났음을 유의해야 한다. 그리고 '종교 없이 사는 사람들' 로 분류되는 대부분의 한국인은 무속 신앙을 가지고 있으므로 엄격한 의미에서 종교 없이 사는 사람들은 아니라는 것을 유의해야 한다.[67]

---

65) RGG^3 I, Sp. 858.
66) 徐南同, "世俗化의 過程과 그리스도教", 「基督教 思想」 (1966. 2), 15-26.
67) 柳東植, 앞의 책, 37 이하.

그런데 KNCC에 속한 신학자라고 모두 이 '세속화' 를 받아들인 것은 아니다. 신학자들은 신학적인 토론을 통하여 본회퍼의 '세속화' 와 '종교 없는 기독교' 에 관하여 제각기 다른 견해를 피력하였다.

이종성은 '세속화' 의 주제를 두고 토론하게 된 것을 환영하면서, '세속화' 를 부정적으로 보지 않을 뿐 아니라, 허혁과 마찬가지로 본회퍼가 '세속화' 와 '종교 없는 기독교' 란 말로 표현하고자 한 본래의 의도를 곡해하여 잘못된 방향으로 인도하였음을 유감스럽게 생각한다고 하였다. 허혁은 대부분의 사람들이 본회퍼의 '아르칸디씨플린' (Arkandisziplin)의 사상을 전혀 간과하고 '세속화' 와 '종교 없는 기독교' 를 일방적으로 잘못 이해했다고 한다. 그들은 '종교 없는 기독교' 를 성년이 된 세계에 있어서 교회의 해체로 파악했다고 한다.[68] '아르칸디씨플린' 은 본래 희랍 신화에서 제의적(祭儀的)인 행위나 생각을 비밀로 하는 것을 가리키는 말인데, 17세기부터 신학에서 기독교의 예배, 성례, 감사, 기도 등을 가리키는 말로 사용되었다.[69] 본회퍼는 '아르칸디씨플린' 이라는 말을 사용함으로써 기독교의 비밀이 세속적인 것(Profanierung)이 되지 않도록 보호하기를 원하였다. 본회퍼는 기독교 신앙에 '아르칸디씨플린' 이 있어야 하는 반면에 세상과의 관계성이 무시되어서도 안 된다고 말한다.[70]

이종성은 그 밖에도 'Säkularisierung' 의 번역어인 '세속화' (世俗化)는 부정적인 의미를 지니고 있어서 본래의 의미를 왜곡한다고 하는데, 우리말의 '세속화' 는 '가치 있는 것을 평범한 것으로 만든다.' 혹은 '저급하게 만들며 가치를 떨어뜨린다.' 는 뜻을 지닌 반면에, '세속화' 는 '시대' , '세대' (世代)라는 중립적인 의미를 지닌 라틴어 'saeculum' 에서 유래한 것이므로 동양적인 개념의 '세속화된 사회' 는 서양적인 개념과는 다르다고 한다.[71]

---

68) 허혁, "福音化냐 世俗化냐", 「基督教 思想」(1965. 10), 34. 참고: Eberhard Bethge, *Dietrich Bonhoeffer* (Chr. Kaiser Verlag München, 1967) 969f., 988f.
69) RGG³ Bd.I, Sp. 606.
70) 참고: Eberhard Bethge, 앞의 책 988-996.

이종성의 이러한 단어의 개념 설명은 사실 정확한 것이 아니다. '세속화'를 부정적인 뜻으로 이해하기는 서양에서도 마찬가지다.[72] 여하튼 그는 이러한 근거에서 '세속화' 대신에 '복음의 사회화' 혹은 '복음의 생활화'를 제언하였다. 또한 장로회신학교의 도량술(都良述)은 '세속화'를 전면적으로 거부하면서 '세속화'는 오늘날 선교의 동기로나 선교의 방법으로서 의미를 상실했으며, '무신론'과 동의어가 되어 버렸다고 주장한다.[73]

1960년대 초에 미국에서 시작된 사신신학(死神神學, God-is-dead-theology)이 알타이저(Thomas J. J. Altizer), 반 뷰렌(Paul van Buren), 해밀턴(William H. Hamilton), 하비 콕스와 함께 한국에 소개된 것은 1960년대 후반으로, 세속화신학이 논의되기 시작하던 때였다.[74]

'세속화'는 신학적인 논의의 주제로 혹은 서양 신학의 경향을 소개하는 정도에서 멈추지 않았다. 그것은 한국의 신학과 실천에 상당한 변화를 초래하였다. 1970년대에 한국신학대학과 감신대학의 학생들과 상당수의 목회자들이 인권의 존중과 사회 정의와 민주화를 외치며, 정치와 사회 문제에 직접 행동으로 관여한 것은 세속화신학의 영향이다. 그들은 틸리히나 본회퍼 또는 몰트만의 신학의 영향을 받은 것이다.[75] 몰트만(Jürgen Moltmann)의 신학이 한국에 소개된 것은 1960년대 말이었다. 몰트만은 '정치신학'으로 로마 가톨릭을 대표하는 메츠(J. B. Metz)와 함께 개신교를 대표하는 신학자로서,[76] 한

71) 李種聲, "基督教 世俗化와 福音의 主體性", 「基督教 思想」 (1966. 3), 10-19.

72) 참고: S. Reicke, Art. 'Säkularisation' in RGG^3, Bd. 5, Sp.1280: "Dieses Wort wird nur durch die theologsche Definition neutralisiert oder positiv begriffen." (이 단어는 다만 신학적인 정의를 통해서만 중성화가 되거나 긍정적인 의미로 이해될 수 있다); E. Bethge, 앞의 책, 975: 'Säkularisierung ist nicht mehr böser Abfall, sondern freie Verantwortung der Christenheit" (세속화는 이젠 더 이상 형편없는 쓰레기가 아니고 온 그리스도인이 자의로 져야 할 임무이다).

73) 都良述, "世俗化 批判", 「基督教 思想」 (1966. 1), 72 이하.

74) "死神 神學의 意味", 「基督教 思想」 (1967. 1), 88-97. 徐南同, "死神 神學", 「基督教 思想」 (1966. 7), 38-46.

75) 참조: "Documents on the sturggle for democracy in Korea", ed. by the Emergency Christian Conference on Korean Problems, Shinkyo-sha (Tokyo, 1975).

국의 진보적인 자유주의 신학자들에게 열렬한 환영을 받았다.

'세속화' 와 '종교 없는 기독교' 는 한편으로는 한국 기독교인들 간의 의사소통을 어렵게 만들었다. 기독교인들의 '복음' 이라든지 '구원', '교회' 또는 '선교' 와 같은 그들의 신앙과 관계되는 기본적인 주제에 대한 개념이 세속화 신학으로 말미암아 현저히 달라졌기 때문이다.[77] "

신약 성경에 나타난 대로 선교와 구제봉사는 교회의 2대 과업인데도 한국 교회는 주로 선교만을 강조하고 힘쓰면서 구제봉사를 소홀히 해 왔다. 그런데 '세속화' 를 주창하며 사회 참여를 말하는 신학자들은 '구제봉사' (Diakonie)를 소극적인 사회 참여로 이해하므로 '세속화' 등 새 신학을 추구하거나 추종하는 그리스도인들에게서 이데올로기적 사회 참여와 그것에 대한 관심은 볼 수 있으나 구체적인 '구제봉사' 는 결여되어 있다.[78] 그들은 '세속화' 혹은 '종교 없는 기독교' 는 기독교인과 비기독교인 간의 대화를 가능하게 해 주고 쉽게 해 줄 수 있다고 한다.

그러나 비기독교인을 기독교인으로 개종시킨다는 전통적인 의미에서의 선교에 초점을 맞추어 볼 때, 그러한 대화는 별로 실효를 거두지 못한다. 성숙하게 되었고 또한 되어 가고 있는 기독교 세계에서 말하는 '세속화' 가 선교도상에 있는 그리스도의 교회에는 별로 의미가 없다. 선교 교회는 주변의 사람들을 기독교인으로 만들거나 혹은 적어도 교회가 다른 종교들 가운데서 다른 종교와 혼합되지 않고 공존하거나 확고부동하게 자신을 확장해 가는 과업을 위하여 투쟁해야 하기 때문이다.

기독교가 확고한 기반을 갖지 못한 곳에서는 '세속화' 를 기독교의 필연적인 결과라고 말할 수 없다. 본회퍼는 '비종교화' 의 과정을 통하여 기독교 본래의 정신으로 되돌아가는 것을 목적으로 한다고 하지만, 그것은 온 국민

76) Siegfried Wiedenhofer, *Politische Theologie* (1976), 14.
77) 敎會의 社會 參與에 대한 神學的 討論", 「神學思想」 제10권 (1975), 577-598.
78) 같은 책의 토론에서 金義煥이 지적한다.

이 기독교인으로 등록하고 있는 오랜 기독교 전통을 가진 나라에서 할 수 있는 이야기다. 아직 선교지인 한국과 같은 곳에서의 기독교의 '비종교화'는 기독교 본래적 정신으로 되돌아가는 것이 아니라 무속 종교로 환원함을 의미할 뿐이다.

1973/74년에 개신교의 여러 교단들은 제각기 선교 백주년을 맞이하기까지 교단의 확장을 위한 선교 계획을 수립하였다.[79] 선교를 위하여 '토착화'와 '세속화'를 논하고 받아들이는 기장 교단은 지역교회의 수적인 성장이 부진함을 자인하고 반성한다.

> 우리 교단의 교회는 양적으로 성장하지 않아 고심하고 있다. 효과적인 봉사를 하려 할 때 어느 정도의 양적인 성장이란 필요하다.[80] …… 교단 창설 이래 교회의 수량적인 약세를 계속해서 보이고 있다는 교회의 현황을 중시하고, 수와 질의 대립을 선교의 본질인 양 하는 혼란을 빚어내기도 했다. 교회 수나 신도 수의 증가를 강조하는 나머지 우리 교단이 새롭게 만들어 온 신앙과 신학 전통을 의심하기도 하고 전면적으로 거부하는 극단론까지 한편에 있는가 하면, 또한 질의 문제를 지나치게 강조하여 교회로서 사회, 역사, 세계 등에 대한 책임이 개체 교회 발전을 기반으로 해야 함을 절감하지 못한 결과로 수적인 약세를 실감하게 되는 구체적 선교 현장의 고민을 부당하게만 보아 버린 경향도 있어서 우리 교단 자체의 선교 이념의 혼란을 초래한 약점도 있었다. 그러나 이러한 약점들은 우리의 미래 선교에 도움을 주는 길잡이가 된다.……

1964년에서 1975년까지의 각 중요 교단 교회의 성장률은 아래와 같다.[81]

79) 沈一燮, "韓國 改新敎의 宣敎 政策 評價", 「基督敎 思想」 (1978. 1), 140-150.
80) 「한국기독교장로회」 (1978), 83.
81) 앞의 책, 51 이하 참조; 이정근, "한국 문화 세계에서의 기독교 교육 연구", 「神學思想」 제17권 (1977), 363.

	장로교(합동)	성결교회	장로교(통합)	감리교	장로교(기장)
1964	1,496	507	2,130	1,200	679
1975	2,484	761	2,685	1,538	738
성장율(%)	66.8	50.0	26.0	29.0	8.6

기장 교단은 교회 성장 부진이라는 실제적인 문제에 부딪혀서 그들의 신학을 재점검하며 다른 교단과 마찬가지로 교세 확장의 필요성을 강조하는 한편, 한때 김재준이 완전히 무가치한 것으로 평가했던 부분을 다소 한국 교회의 장점으로 인정하는 듯이 말한다.[82)]

> 우리 교단이 신학 연구의 자유를 주장한 것이 개혁교회의 신학적 전통을 거부한 듯한 인상을 주었고, 무속적 열광주의와 현실도피의 타계주의를 경계한 것이 신령한 은혜 사모와 경건생활의 훈련을 등한히 한 듯한 인상을 주었고, 사회 정의의 실현을 위한 기독자의 사회적 책임 수행을 강조한 것이 교회의 청지기 직분을 등한시함과 내세에 대한 신앙을 약화시킨 듯한 인상을 주어 신앙 노선에 혼란을 스스로 보여 주기도 하였다.[83)]

그러면서도 기장 교회는 여전히 '세속화'의 정신을 소홀히 하지 않고 에큐메니칼 운동에서 내세우는 '하나님의 선교'(Missio Dei) 이념에 따라 선교를 추진하려고 하였다. 통합 교단은 전통적인 선교 개념에 따라 선교 계획을 세우면서도 '하나님의 선교'를 지향할 것이라고 천명하였다.

> 우리는 종래의 교회 선교를 지양(止揚)하고 오늘날의 '하나님의 선교'에 참여함

82) 閔庚培, 「韓國 基督敎會史」, 336. 金在俊, "韓國 神學大學의 課題", 「韓國神學大學報」 제3권 (1957), 5.
83) 「한국기독교장로회」, 51

으로써 인권과 자유와, 사회 정의의 실현과 사회의 발전을 위하여 기여하려고 한다.[84]

통합 교단과 기장 교단의 선교 계획에 반영된 양 교단의 신학적 입장은 에큐메니칼 운동과 개방적인 신학적 토론을 통하여 다소 근접하고 있음을 보여 준다. 비교적 큰 폭의 교회 성장률을 보게 된 합동 교단은 선교 계획에 교회의 사회 참여에 대한 언급은 하지 않고, 협의의 전도 혹은 소위 '복음화' 라는 종래의 선교 개념으로 일관하고 있다. 그러나 대부분의 보수적인 신학자들은 1974년의 로잔 협약(Lausanne Covenant)에 표현되어 있듯이 선교에서 개인의 구원을 일차적인 것으로 생각하면서도 사회에 대한 책임을 강조한다.

> 전도의 결과는 사람이 예수 그리스도께 순종하게 되는 것이다. 그리고 그리스도의 교회의 지체가 됨과 동시에 세상에서 적절한 봉사를 하여 그리스도인의 책임을 다하는 것이다.[85]

한국의 기독교인들은 교회와 선교에 대하여 폴 틸리히가 의식하듯이 후기 기독교 시대(post Christian era)에 있는 것이 아니고 아직도 '사도적인 시대' 에 살고 있음을 인식하고 있다. 그리고 사회봉사를 게을리 하지 않으면서 복음 전도를 통한 교회의 성장을 도모하는 것이 한국 신자들이 수행해야 할 선교 과업으로 생각하게 되었다.[86] 1965년에는 로마 가톨릭을 포함하는 한국 개신교의 많은 교파의 대표들이 모여 민족의 복음화를 위하여 논의하고 실천할 것을 다짐하였다.[87] 1973년의 '빌리 그레이엄의 전도집회' 나, 1974년

84) 沈一燮, 앞의 책, 143.

85) 김영재, 「교회와 신앙고백」, 236

86) 참조: Masao Takenak, "Mission in der Großstadt, dargestellt an zwei Beispielen aus neuerer Zeit in Korea" in *Evangelische Theologie,* Sept./Okt. (1974), 441-462: "우리는 전도를 위주로 할 것인지, 아니면 사회사업을 위주로 할 것인지 하는 문제를 두고 성급하게 어느 하나를 결정해서는 안 된다. 넓은 의미에서 두 가지 모두 교회가 해야 할 선교이기 때문이다."

의 '엑스플로 74' 등의 대형 집회에 대해서는 일부 비판도 있었으나 복음 전도를 중심으로 많은 교회들이 교파를 초월하여 협력하고 함께 참여하는 계기를 제공하였다.

세속화신학은 자유주의 신학자들을 반대하는 입장에 선 보수적인 그리스도인들에게 사회 참여나 사회봉사가 그리스도인이 해야 할 중요한 과업임을 새삼 깨닫게 해주었다. 그러나 가령 동남아로 파송된 한국인 선교사들은 '하나님의 선교' 의 이념에 따라 선교 활동을 하는 것이 아니라, 한 사람의 생명을 온 천하보다 귀하게 여기는 경건주의적이며 복음주의적인 신앙과 열정으로 그 한 생명을 그리스도께로, 영생으로 인도하기 위하여 일한다. 모든 종교가 기독교적인 진리를 내포하고 있으므로 대화를 통하여 기독교적인 진리에 대한 이해를 일깨운다는 '하나님의 선교' 이해로는 선교에서 당면하게 되는 고난과 핍박을 감수하며 그것을 견딜 힘이나 용기를 얻지 못한다. '모든 종교에서 발견되는 기독교적 진리' 는 종교가 가진 보편적인 진리이지 기독교 특유의 것이 아니므로, 그것을 기독교적이라고 칭하기보다는 '기독교 안에 있는 보편적인 종교적 진리' 라고 해야 한다.

19세기와 20세기 초에 물질문명이 앞선 나라에서 살아온 백인 선교사들은 문화적인 우월감을 가졌으며, 복음 전파에 곁들여 문화 전수자로서의 역할을 했던 것이 사실이다. 그러나 한국 교회에서 파송된 한국인 선교사의 경우는 사정이 다르다. 만일 한국에서 보낸 선교사가 제3국에서 문화적인 우월의식을 지닌 사람으로 사회 문제에 관여한다면, 그것은 자기 나라의 문제도 해결하지 못한 주제에 남의 나라에서 월권을 자행하는 것이 될 뿐이다. 다시 말하면 선교지에 선교사로 나가는 사람은 민주주의나 사회 참여를 가르치거나 이데올로기나 문화를 심는 '문화선전원' (Kulturpropagandisten)으로서가 아니라 무엇보다도 복음의 사자(使者)로서 일해야 하며, 사회적인 것이나

87) 李永獻, 앞의 책, 376-381.

문화적인 변혁은 복음의 능력을 통해서 가능하며, 그것을 통하여 실현될 수 있음을 믿는 신앙을 가진 전도자로서 사명을 다해야 한다.

5

복음주의 운동과 복음주의 신학

복음주의 신앙과 신학 운동

한국 교회가 미국의 '복음주의자협의회'(NAE)와 접촉을 하게 된 것은 1950년 초이다. 그 후 한국 NAE가 1952년에 조직되었다. 1947년 조선신학교의 자유주의 신학에 반기를 들고 장로교 총회에 개혁을 호소한 51명의 신학생들과 10명의 한국 교회 지도자들이 하기수양회에서 조직하였다. 총회에서는 회장에 정규오, 부회장에 손치호, 총무에 조동진, 고문에 박형룡이 추대되었다.[88] NAE는 반(反) WCC 운동을 벌이며, 1955년 8월에 '세계복음주의협의회' (WEF)에 가입하였다.

1972년 서울신학대학의 조종남, 장로회신학대학의 한철하, 고신대학의 오병세, 총신대학의 김의환이 한국 내의 신학 정립과 해외 학자들과의 신학 운동을 시작할 수 있는 터를 닦기 위하여 한국복음주의신학회를 결성하였다. 그러나 개혁주의를 표방하는 장로교회의 목사들과 다수의 신학자들이 거부하거나 참여하기를 주저하는 바람에 별 진전을 보지 못하다가 1973년 '빌리 그레이엄의 전도집회' 와 '엑스플로 74' 이후 복음주의 운동이 서서히 확산

88) 박용규, 「한국 교회를 깨운 복음주의 운동」 (서울: 두란노, 1998), 115 이하 참조.

되었다.

한철하는 1974년에 복음주의 운동과 선교를 위하여 아세아연합신학원(ACTS)을 설립하여 신학생과 사역자들을 양성하는 한편, 동남아시아에서 현지인들을 오게 하여 훈련하는 프로그램을 운영하기 시작하였다. 또한 1986년에 ACTS 신학의 과제를 제안하고, 1993년에는 ACTS 신학 건설의 과제와 그 방법론을 제안하였다. 서양 신학이 중심 진리보다는 지엽적인 교리를 따지는 일에 노력을 집중해 왔음을 비판적으로 보면서 기독교의 중심 진리를 이해하는 가운데 세계 교회의 각 교파나 진리 주장에 대하여 종합적이고 비판적인 접근을 시도할 것을 제의하면서, 나아가서는 칼빈과 웨슬리 간의 신학적인 공관을 추구한다. 말하자면 개혁주의와 복음주의가 상치하는 것이 아니고 상통하는 것임을 규명하려고 한다.

1978년 박조준, 한철하 등 몇몇 복음주의 신앙을 가진 목사들이 한국복음주의협의회(WEF) 조직을 위한 준비 모임을 가진 후, 1981년 5월 7일 아세아연합신학대학에서 창립총회를 열었다. 총회에서는 회장에 박조준, 부회장에 김준곤, 한철하, 정진경, 나원용, 총무에 이종윤, 협동총무에 최훈, 서기에 림인식 등 임원진을 선임하였다.

이와 같이 교회의 목회자들이 복음주의협의회를 결성하여 복음주의 운동을 가동함에 따라 복음주의 신학자들도 그간에 묵혀 두었던 한국복음주의신학회를 새롭게 조직하였다. 1981년 11월 4일, 교파를 초월한 14명의 현직 교수들이 서울 서대문 소재 아세아연합신학대학원에 모여 김명혁, 손봉호, 이종윤이 초안한 회칙을 수정, 통과함으로써 한국복음주의신학회를 결성하였다.

1982년 8월 18~22일에 영락교회에서 열린 '교회 갱신을 위한 아세아 대회'를 주관하고, 8월 23일~9월 5일 아세아연합신학원에서 열린 '제3세계 신학자 대회', '제6차 아세아 신학자 대회'를 지원하고 협조하였다. 그 후 1984년 6월 11일 아세아연합신학대학에서 제1회 신학 강좌를 열고 피터 바이

어하우스(Peter Beyerhaus)를 초빙하여 "현대 선교 신학의 동향과 복음주의 신학의 방향"이라는 강의를 듣고 토의하였다.

합동측 총신대 신학부와 고신대의 다수의 교수들이 초기에는 소극적으로 참여했으나 점차 적극성을 띠고 참여하는 신학교와 교수들이 늘어나면서 복음주의신학회는 WCC의 신학교육기금(TEF) 회원 학교로 구성된 전국신학대학협의회와는 대칭을 이루는 학회로 활동하며 발전하였다. 복음주의신학회는 1982년에 학회지「성경과 신학」창간호를 내놓았으며, 2004년 현재 400여 명의 회원을 둔 학회로 성장하였다. 1999년에는 복음주의신학회 내에 역사신학회를 필두로 각 전공별 신학회가 조직되어 분야별로 학회지를 내는 등 연구 활동을 활발히 하고 있다.

숭실대학교 기독교문화연구소는 1967년에 설립되어 초대 소장으로 김양선 교수가 선임되었다. 현대신학을 연구하면서도 복음주의 신앙과 신학의 입장에 있는 김영한 교수가 1986부터 1990년까지와 1993년부터 2003년까지 소장으로 있는 동안 기독교문화연구소는 숭실 기독 문화 포럼을 6차례 열고, 5차례의 국제학술 심포지엄을 포함하는 기독교 문화 세미나를 13차례 열었을 뿐 아니라, 목회자를 위한 세미나를 12차례나 개최함으로써 한국 복음주의 신학과 교회에 기여하였다.

기독교 문화 세미나에서는 한국의 근대화와 기독교를 위시하여 한국 사회와 기독교, 한국 기독교와 예술, 기독교와 문화, 기독교와 마르크스주의, 한국 기독교와 윤리, 생태계의 위기와 한국 기독교, 한국 기독교와 사이비 이단 운동 등의 주제를 다루었으며, 국제 심포지엄에서는 21세기를 앞두고 창조와 미래, 포스트모더니즘과 기독교, 기독교와 타종교 등 필요한 주제들을 폭넓게 논의하였다.

복음주의협의회는 1984년 10월 22일 신촌성결교회에서 제2차 총회를 갖고 회칙을 개정한 후 중앙위원과 임원을 선임하여 임원진을 보강하였다. 임원진은 고문에 박윤선, 김창인, 회장에 정진경, 부회장에 김준곤, 림인식,

최훈, 한해일, 회계에 이승하, 중앙위원으로 박종렬, 이만신, 이창식, 임옥, 전재옥, 정영관, 조종남 등이 선임되었다.

복음주의협의회는 매월 장소를 옮겨 가며 조찬기도회를 열고 교역자들의 친목을 도모하는 한편, 교회와 신학, 사회 문제 등 여러가지 주제들과 현안들을 두고 토의하며, 때때로 케직 사경회를 비롯한 공개 신앙 강좌도 개최하여, 아세아 신학자 대회를 개최하거나 지원하고 협조할 뿐 아니라, 주일성수를 위하여 정부에 건의하는 일을 비롯하여 북한 돕기 운동, 탈북 동포 돕기 결연 운동, 아프리카 난민 돕기 운동 등을 벌이며 WEF에 재정적으로 협조하는 등 선교와 봉사에 적극적으로 참여하였다.

1974년 WEF가 로잔 협약에서 영혼 구원을 위한 선교를 우선적인 과제로 알되 정치와 사회 문제에 소홀히 했던 것을 뉘우치며 앞으로 더 적극적으로 참여할 것을 다짐했는데, 한국복음주의협의회는 이를 적극적으로 실천하며 노력했다. 합동신학교의 교수이며 강변교회 목사인 김명혁은 1992년까지 총무직을 맡았으며, 이후 화평교회 목사 안만수가 2001년까지 총무직을 수행하면서 각기 모임에서 발표한 여러 지도적인 인사들의 성명서와 글들의 모음집을 내놓았다.[89]

1970년대 중반을 지나면서 복음주의 문서 운동이 활발해지기 시작하였다. 정기간행물로는 1985년 4월에 두란노서원(대표: 하용조)에서 평신도를 위한 신앙지 「빛과 소금」 창간호가 나왔으며, 1989년 7월에는 「목회와 신학」이 출간되어 복음주의 신학을 독려하고, 신학과 목회 실제와의 가교 역할을 시도해 왔다. 「목회와 신학」에 버금가는 「월간 목회」가 1976년 9월에 창간되었으며, 신흥 종교와 이단적인 종파의 실상을 밝히고 고발하는 일을 사명으로 알았던 탁명환은 1982년 8월에 「현대 종교」 창간호를 내어놓았다.

89) 김명혁 편저, 「한국복음주의협의회 성명서 모음집」 (서울: 기독교문서선교회, 1998), 184; 안만수 편저, 「1993-2001 한국복음주의협의회 발표문 모음집」 (서울: 기독교문서선교회, 2001), 707.

1962년부터 시작한 생명의 말씀사(대표: 김재권), 1975년의 성광문화사(대표: 이성하), 1975년의 기독교문서선교회(CLC, 대표: 박영호), 1977년의 도서출판 엠마오(대표: 김성호), 1983년의 크리스챤다이제스트(대표: 박명곤) 등의 출판사들이 복음주의 서적 출판에 많은 기여를 하였다.

복음주의와 개혁주의

장로교회 목회자들과 신학교들의 교수들 가운데 복음주의 운동이나 신학회에 참여하는 데 주저하는 이유는 복음주의를 협의의 개념에서 이해하여 개혁주의 전통에 충실하고자 하는 생각 때문이다. 개혁주의 교회와 신학은 루터교회와 신학과 함께 개신교 신학과 교회의 두 주요한 전통이다. 루터는 칭의론을 말하면서 구원론에 더 많은 관심을 기울였고, 칼빈은 하나님의 주권 사상과 함께 통전적(統全的)인 신학을 말했다. 장로교회는 개혁주의 신앙을 가진 청교도들에게서 생성한 교회 가운데 하나이다. 청교도들의 경건생활은 경건주의에 영향을 주었으며, 더욱이 루터교적 경건주의는 18세기 부흥운동에 많은 영향을 주었다. 부흥 운동은 경건주의와 마찬가지로 회개, 중생, 새 사람이 되고 새 사람으로 사는 것을 강조했으며, 부흥을 강조하고 갈구하는 이런 운동을 복음주의 운동이라고 칭하였다.

그런데 오늘날 '복음주의'는 성경을 비평하는 자유주의에 대항하여 성경을 하나님의 말씀으로 믿는 보수적인 신앙을 통틀어 칭하는 말로도 통용되고 있다. 그러나 복음주의가 가졌던 본래의 함축성은 여전히 상존한다. 즉, 복음주의는 교파를 초월하여 선교하며 영혼을 구원하는 일에 힘쓰므로 더 신령주의적이며, 구원을 베푸시는 하나님의 특별은총에 주로 관심을 둔다. 반면에 개혁주의는 통전적인 신학을 말하고, 교회 전통을 중시하며, 구원을 베푸시는 하나님의 주권을 강조하고, 특별은총과 함께 모든 사람과 만물의 생존을 위해 베푸시는 하나님의 일반은총을 강조한다. 그리고 복음주의는 구원을 위한 인간의 자의적인 결단을 촉구하는 아르미니우스주의적인 견해도 모두 수용하는데 반하여, 개혁주의 신학은 하나님의 주권 교리와 예정 교리에 큰 무게를 둠으로 개혁주의 신학적 전통에 충실하려는 이들은 복음주의 신앙 운동에 참여하기를 주저한 것이다.

그러나 한국 교회에 온 장로교회 선교사들은 대다수가 미국의 각성 운동을 경험하고 온 이들이며, 한국 교회 역시 1906~7년에 대부흥을 경험했을 뿐 아니라, 아직도 한국 교회는 믿지 않는 대다수의 국민들에게 복음을 전해야 하는 상황에 있으므로, 영혼 구원에 초점을 두는 복음주의적 설교가 주효함을 인식해야 한다. 그리고 이제 한국 교회는 소수의 종교 집단이 아니고 사회의 주도적인 세력을 형성하는 상당수의 신자가 있는 종교 기관이 되었으므로 교회의 지체가 된 하나님의 백성이 사회 구성원의 한 사람으로 하나님의 백성답게 살도록 가르치는 통전적인 신학을 가진 개혁주의 전통을 존중해야 할 것이다.[90]

'복음화' 운동과 대형 부흥집회

1960년대의 급변하는 사회 상황이 '허탈 상태'에 빠져 있는 민족에게 복음을 전하기에 알맞은 시기로 알고 교회의 지도자들은 한국 교회 선교 80주년이 되는 1965년을 복음화 운동의 해로 정하여 초교파적인 조직을 갖추어 전도 운동을 추진하였다. 보수적인 교회의 일부 지도자들은 복음화 운동이 WCC 운동과 관련이 있는 것이 아닌가 하는 의구심에서 주저하기도 했으나 차츰 적극적으로 참여했을 뿐 아니라 천주교회까지도 이에 참여하였다.

1964년 10월 16일, 이화대학교에서 75인의 인사들이 모여 남미에서 성공적으로 진행되고 있는 복음화 운동에 관한 보고를 듣고 그와 같은 복음화 운동을 한국에서도 추진하기로 결의하였다. "3천만을 그리스도에게로!"라는 표어를 내걸고 전국 주요 도시와 4만개의 부락에 복음을 골고루 전파하여 온

90) 김영재, "개혁주의 목회 방향", 「신학정론」 제16권 1호 (1998. 5), 87-112; "청교도 운동과 한국 교회", 「기독교 학술원 포럼」, 제5호, (2003. 8), 16-49.

한경직 목사
1960년 승동교회에서

겨레가 모두 복음을 듣게 하자는 것이었다. 준비위원들은 수차례의 회합을 거쳐 각 교단 대표 300명을 회원으로 하는 복음화 운동 전국위원회를 구성하기로 하였다. 천주교회에서 35명, 장로교 통합측에서 30명, 합동측에서 30명, 고신측에서 10명, 성경장로교 5명, 감리교 32명, 기장 30명, 구세군 15명, 기독교 성결교 5명, 성공회 8명, 정교회 5명, 침례회 5명, 침례회 총회 5명, 오순절 교회 5명, 그리스도교회 5명, 루터교회 5명, 나사렛교회 5명, 복음교회 15명, 기타 기관에서 20명으로 정하였다.

위원회는 중앙위원으로 명예회장에 한경직, 김활란, 위원장에 홍현설, 부위원장에 강신명, 김창석, 김창근, 김윤찬, 이혜영, 장운용, 조광원, 차광석, 황철도 등 12명으로 하고, 분과위원장 13명, 평신도위원 15명, 기관대표 12명이 조직되었다. 그리하여 1965년 한 해 동안 농촌 전도, 도시 전도, 학원 전도와 군 전도, 개인별 혹은 그룹별 전도 등 가능한 모든 방법을 동원하여 다방면으로 전도 활동을 교단별로 혹은 연합적으로 전개하도록 추진하였다. 1965년 5월에는 복음화위원회가 중국인 부흥사 조세광 박사를 초청하여 전국 각지를 순회하면서 부흥집회를 열었다. 조세광 이외에도 한경직을 위시한 400명의 지도자들이 전국 각 도시와 지방에서 부흥집회를 인도하였다.

한국 교회가 여러 교파와 교단으로 나뉘었음에도 불구하고 복음화 운동을 범교단적으로 연합하여 추진한 것은 참으로 뜻있는 일이다. 그것은 여러 교회들이 모두 교회의 목적과 시대적인 사명을 인식하고 공감하는 가운데 이루어졌다. 그것은 또한 여러 교회가 하나가 되어 전통적인 경건주의적 전도 정신과 열정으로 복음을 전파하는 것임을 과시한 것이다. 교회들은 복음주의 입장에서 볼 때 부정적인 토착화 신학과 같은 이론에 구애받지 않고 과감하게 전도 운동을 추진하였다. 그것은 1909년의 '백만인 구령운동', 1915

년의 박람회의 기회를 포착하여 추진한 전도 운동, 1920년의 전도 운동, 1930년에 시작한 3년간의 전도 운동 등 한국 교회가 수시로 시도한 전도 운동의 전통을 이어받은 '복음화' 운동이다.

'복음화' 운동 추진위원회는 다시 대형 집회를 통한 전도 운동을 기획하였다. 먼저 빌리 그레이엄을 초청하여 전국의 주요 도시에서 전도집회를 열었다. 전도집회는 대전 전도대회를 필두로 1973년 5월 16일에 개회되었다. 대구, 춘천, 전주, 광주, 부산 등 5개 도시의 대회를 거쳐 5월 30일부터 6월 3일까지 열린 서울 전도대회를 끝으로 폐회되었다. 5월 30일 여의도 광장에 51만여 명이 모였으며, 지방 5개 도시에 참석한 연인원수가 약 120만명, 서울에 약 320만명으로 총 440만 명에 달하였다. 연합성가대만도 연 4만여 명이 참가한 데다 10만여 명의 결신자를 얻은 기록적인 대 집회였다.[91)]

연합집회 1965년

1974년 8월 13일부터 나흘 간 여의도광장에서 '엑스플로 74'(Explo 74)라는 이름으로 국제대학생선교회의 후원 아래 한국대학생선교회의 주도로 대전도집회가 열렸다. '예수 혁명', '성령의 제3폭발'이라는 주제와 "민족의 가슴마다 그리스도를 심어 이 땅에 성령의 계절이 임하게 하자"라는 구호 아래 개최되었다. 국제대학생선교회 총재 빌브라이트(William Billbright)를 위시하여 한경직, 김준곤 등이 주 강사로 설교와 강연을 담당하였다. 5월 13일 첫 집회에 70만의 사람들이 모여들었다. 1977년에는 한국부흥사협회 주최로 비슷한 대형 전도집회가 열렸다. 첫날 집회에 모인 사람이 80만이었다. 그러나 이번에는 장로교회에서는 교회적으로 관계가 없음을 천명하는 등 교회적인 지지를 받지 못했다.

대학생선교회(Campus Crusade for Christ)는 빌브라이트가 1951년에 창설한 선교 단체로 167개국에 지부가 조직되어 있으며, 한국에서는 1958년부터 김준곤 목사가 이끌어 왔다.

1980년에 다시 위의 모든 종전의 기록을 대폭 갱신하는 대형 집회가 '80 세계 복음화 대회' 라는 이름으로 열렸다. 김준곤을 위원장으로 하는 추진위원회는 교단의 공적인 대표들로 구성되지 않고 초교파적인 교회의 지도적인 인물들로 구성되었다. 한경직, 김준곤, 빌브라이트 등 14명의 강사들이 집회의 주 강사로 설교하였다. 집회는 8월 11일 전야기도회를 시작으로 15일까지 열렸다. 세계선교의 중추 역할을 담당할 것을 강조하는 한편, 한국 민족이 '복음화' 될 때 정의로운 사회가 건설되고, 나아가서 민족의 숙원인 통일이 달성될 것임을 역설하였다. 주최 측의 추산에 의하면 전야기도회에 100만, 12일 개막일에 250만, 13일에는 200만, 14일에는 270만, 15일에는 230만이 참석한 데다 매일 밤 철야기도회에 100만 명씩 참석하였으므로, 이를 모두 합한 연인원이 1천 700만이었으며 70만의 결신자를 얻었다고 한다.

참석 연인원을 산출하여 수를 과시하는 것은 교회의 주보에서도 흔히 볼 수 있는 문제점이지만, 여하튼 '80 세계 복음화 대회' 는 기독교 역사상 미증유의 대집회였으며, 한국 기독교의 교세를 과시한 집회였다. 나라의 민주정치 실현을 염원하는 국민들의 꿈이 무산되고, 민주화를 부르짖는 사람들이 정치적으로 핍박을 당하는 시점에서, 이러한 큰 집회를 여는 것에 대한 비판도 없지 않았다. 기독교인들을 사회 현실을 외면하고 도피하게 만든다는 비판이 있었다. 또한 이렇게 큰 집회를 열려면 막대한 경비가 소요되는 것도 사실이다. 그러나 이 집회를 통하여 70만의 결신자를 얻은 것이 사실이라면,

91) 조선출, 「복음의 대향연」 (서울: 대한기독교서회, 1973), 47.

그 사실 하나가 여러 문제점들을 상쇄하고도 남음이 있다고 보아야 한다.

한국에서 대형 집회가 가능하게 된 것은 교인들의 영적인 갈급 때문만은 아니었다. 대형 교회들이 많이 서게 됨으로 말미암아 교회들이 사람들을 동원할 수 있는 능력을 평소부터 갖추고 있었기 때문이며, 교인들은 대형 교회로 말미암아 대형 집회에 익숙해 있었기 때문이다.

한국에서 대형 교회가 많이 서게 된 것은 여러 가지 이유가 있다. 그 가운데 중요한 이유를 하나 들면, 그리스도인은 예배의 참뜻을 이해하고 교회의 지체로서, 즉 사랑의 공동체를 구성하는 일원으로서 살아야 함에도 불구하고, 예배와 교회생활에서 설교를 듣는 일에 가치를 두고 좋은 설교자를 찾아 교회를 마음대로 옮기는 교인들이 늘어났기 때문이다.

교파를 초월하는 대형 집회가 너무 빈번히 열림으로 말미암아 교회에 미친 부정적인 영향도 있었음을 간과할 수 없다. 아마도 빈번한 대형 집회의 영향으로 한국 교회에는 부흥회 붐이 일어났다. 무분별한 강단 교류를 통하여 교파 교회 신학의 특이성이 무시당하게 된 것도 문제였다. 삼위일체 하나님의 한 위(位)이신 성령에 '폭발'이란 말을 갖다 붙이는 것은 있을 수 없는 비신학적인 불경이다. 그것은 상업적인 광고 효과를 노려 자극적인 말을 마구 만들어 대는 세속화된 세태의 산물이지 건전한 신학적인 용어일 수는 없다. 지역교회에서 여는 부흥집회를 '기드온 작전'이니 '홍해 작전'이니 하는 전쟁 문화에서 나온 용어를 분별없이 사용하는 풍토가 조성된 것은 유감스러운 일이다. 그리고 부흥사협회라는 이름이 말하듯이 직업적인 부흥사들이 출현하여 활동을 하게 된 것도 하나의 시대적인 산물로 보아야 할 것이다.

복음화 운동은 이러한 대규모 전도대회를 통해서 뿐만 아니라 교회와 직접 혹은 간접으로 관계를 가졌거나 아니면 아주 독립적인 여러 선교 단체들을 통하여 추진되었다. 월드비전선교회, 성경반포회, 성서공회, 나병선교회, 항공선교회, 한국대학생선교회(CCC), 한국기독학생회(IVF), SFC, CBA, 성서유니온(Scripture Union), 네비게이터선교회(Navigators), 조이선교회(Joy

Mission) 등 여러 선교 단체들을 통하여 추진되었다. 주로 대학생과 특수한 위치에 있는 사람들을 대상으로 한 선교 단체들인데, 그 중에는 지역교회와 갈등 관계에 있는 단체도 있으나 넓은 의미에서는 한국 교회의 성장에 보탬이 되는 운동을 하는 것으로 보아야 한다. 이 단체들은 대부분 복음주의적인 신학적 배경을 가진 것으로, 개인 전도 혹은 그룹 성경 공부 등 부흥집회와는 대조적인 전도 방법을 사용함으로써 지역교회의 성경 공부 형태에도 영향을 미치게 되었다.[92]

92) 참고: 김영철, "교회에서 바라보는 선교 단체", 「목회와 신학」 (1990. 6), 66-71. 백인숙, "선교기관 순례—예수님과 이웃과 나", 「빛과 소금」 (1985. 11), 169-175. 조영상, "오늘의 학원 복음화, 내일의 세계 복음화", 「빛과 소금」 (1985. 12), 173-179.

6

분열된 한국 교회의 연합 운동

교회 분열과 교회관

개혁주의를 표방하는 한국 장로교는 어느 다른 교파보다 교회 분열이 심하다. 1952년의 고신측의 분립을 필두로 1953년에 기장측이 분립하고, 이어서 1959년에는 남은 주류의 교단이 WCC 가입 문제를 두고 이를 찬성하는 통합측과 반대하는 합동측으로 분열하였다. 교회 연합을 위하는 일을 두고 분열한다는 것은 모순된 일 같지만, 그것이 교회 분열의 현실이었다.

1970년대 중반부터 제3단계의 장로교 분열이 일어났다. 합동측에 속한 많은 지도자들이 개혁을 외치면서 분립하는 바람에, 한국의 보수적인 장로교회는 걷잡을 수 없는 연쇄적인 분열이라는 진통을 겪게 되었다. 고신측과 기장의 최초의 분립을 제외한 대부분의 중소 교단들의 분립은 제가끔 자의로, 그리고 능동적으로 이루어졌다. 그것은 교회 지도자들이 교회 분열을 별로 어렵게 생각하지 않고 감행한 것이라는 사실을 뜻한다. 교회의 분립을 두고 교단 지도자들은 교회의 개혁을 위하여 어쩔 수 없었다는 명분을 내세우거나 교세 확장의 경쟁으로 교회가 급성장하는 데 기여했다고도 말한다. 그러나 분열로 인하여 초래된 손실과 부정적인 결과는 부분적으로도 상쇄될 수 없는 것이다.

세 자리 수로 분열한 많은 교단들이 거의 예외 없이 한국 장로교 독노회의 역사를 이어받은 것으로 자처하며, 총회의 회기도 1907년부터 기산(起算)한다. 그러나 교단들 가운데는 분립의 역사적 계보를 추적할 수 없는 자생적인 교단들도 있다. 불건전한 신학을 가진 종교 집단도 버젓이 장로교단이라는 간판을 걸고 수많은 교단들 틈새에서 안전하게 서식하고 있다. 교회 분열로 인하여 많은 신학교들이 세워졌으며, 신학 교육이 부실해졌다. 교단간의 경쟁으로 장로교회의 교구 교회적인 제도는 와해되었으며, 교권주의 팽배로 교회는 교권을, 즉 교회의 권위를 상실하게 되었다. 교회는 권징을 잃은 교회로 실추되었으며, 교회들이 적자생존의 원리에 따라 서로 경쟁하게 되어 구조적으로 윤리를 상실한 교회가 되었다.

서로 경쟁 관계에 있는 교회는 대교회를 지향하게 되었으므로 개교회주의가 팽배하게 되었다. 교구 교회적인 장로교회가 회중교회화 함으로 말미암아 대도시의 교회들뿐만 아니라 중소도시의 교회들도 '지역 사회 교회'(community church)의 성격을 상실하고 지역 사회와는 무관한 교인들이 예배와 그들의 종교적인 목적을 위하여 회집하는 교회가 되었다. 예배 후에 교인들은 각자의 가정에 돌아와서는 가정이 속한 지역 사회에서 은닉한 채 개별적인 신자로 산다.

많은 사람들은 한국 교회 분열, 특히 장로교회 분열에는 지방 패권주의 또는 교권주의가 그 요인으로 작용했음을 언급한다. 그러나 교회 분열을 초래한 가장 큰 요인은 잘못된 '교회관'이다. 조금이라도 교회 분열을 정당화해 주는 교회관이 가장 큰 요인이다.

교회를 문자적으로 그리스도의 신비체로 이해하며, 자신들의 교회를 그리스도의 신비체와 동일시하고, 따라서 신성불가침의 유일한 교회로 자처하는 가톨릭 교회에는 분열이 거의 없다. 그런데 한국의 여러 교파 교회 가운데서도 개혁주의를 표방하는 장로교회가 가장 많은 분열을 겪었다. 그 가운데서도 교회의 통합을 이념으로 세계기독교연합회의 회원이 되고 있는 기독교장로교와 예수교장로회 통합측에서는 분열이 거의 없는 반면에, 개혁주의와 개혁을 더 많이 강조하는 합동을 비롯한 보수측 장로교회가 주로 분열한 사실을 보면, 교회관이 역시 교회 분열의 가장 큰 요인임을 알 수 있다. 그것은 보수적인 교단들이 개혁주의를 표방하기는 하지만, 세대주의나 경건주의 혹은 부흥주의 등의 영향을 받아 개혁주의적이기보다는 신령주의적인 교회관, 다시 말하여 분리주의적인 교회관을 갖게 되었기 때문이다. 그리고 개혁주의 교회관도 이해하기에 따라 교회 분열을 정당화한다고 오해할 수도 있다.

웨스트민스터 신앙고백은 교회에 대한 조항에서 교회를 '보이는 교회'(可視的 教會)와 '보이지 않는 교회'(不可視的 教會)로 구분하여 설명하는 것으로 그치고 있다. 17세기의 사변적인 정통주의 신학자들은 종교개혁자들이 말한 교회론 가운데, 특히 교회에 대한 사변적인 교리를 부연하는 일에 관심을 기울이고, 또 그것을 단순화하였음을 알 수 있다.

16세기의 종교개혁자들은 교회의 쇄신을 주창하면서 교회의 이분된 개념을 말하였다. 로마 가톨릭교회를 예수 그리스도의 신비적인 몸의 성장과 동일시함으로써 보이는 하나의 교회만 있을 뿐이라는 로마 가톨릭의 교회관에 반하여, 루터는 '내적인 교회'와 '외적인 교회'로 나누어 말하고, 칼빈은 '보이는 교회'와 '보이지 않는 교회'로 구분하여 말한다. 루터는 교회가 양면성을 가진 대상으로 인식된다는 의미에서, 교회의 외적인 면은 가시적이지만 교회의 내적인 면은 믿음으로만 볼 수 있으므로 불가지적이라고 한다. 교회는 하나이며 보편적으로 온 세상에서 발견될 수 있으나 교회는 어느 누구도 알거나 볼 수 없도록, 그리고 세례와 성찬, 말씀으로써 파악하고 믿어야 하도록 높고 깊게 그리고 숨겨져 있으며, 내적인 교회를 볼 수 있는 이는 오직 그리스도라고 말한다. 이에 반하여 칼빈은 예정과 선택의 교리와 연관하여 말한다. '보이는 교회'는 부르심을 받은 모든 백성의 교회이고 '보이지 않는 교회'는 택함을 받은 참으로 믿는 자의 교회, 하나님만이 아시는 교회이다.

선택의 교리에 따라 추론하자면 당연히 이분화하여 말할 수 있다. "청함을 받은 자는 많되 택함을 입은 자는 적으니라."(마 22:14)라는 말씀도 선택의 교리를 가르치는 말씀으로 이해할 수 있다. 그러나 성경에서는 교회를 그런 이름으로 뚜렷하게 이분화해서 말하지 않았다. 바울은 문제가 많은 고린도 교회를 향해서 "너희는 그리스도의 몸"이라고 말하고, 흠이 많고 불완전한 현실의 교회가 지향해야 할 바람직한 교회상을 가르친다. 신약이 가르치는 바람직한 교회는 현실의 교회의 구성원 가운데서 선택된 사람들만으로 구성되는 '보이지 않는 교회'가 아니고, 현재의 '여러분', 즉 허물과 죄가 많은데다 믿고 바라고 사랑하는 일에 불완전한 '여러분', 즉 '우리'가 성령의 일하심을 통하여 날마다 성화되며 하나님의 성전으로 함께 지어져 가는 교회이다.

바울은 교회를 이분화하지 않고 하나로 말하지만, 그렇다고 로마 가톨릭이 현실의 교회를 그리스도의 신비적인 유기적 몸과 동일시함으로써 오류가 없이 자족한 교회라고 주장하는 교회를 지지하는 것은 전혀 아니다. 바울의 말에 따르면, 허물이 있는 현실의 교회는 바람직한 하나님의 성전으로 성화됨을 지향해야 하는 교회이다. 그러므로 현실의 교회는 성화의 과정에 있는 교회, 즉 항상 개혁되어야 하는 불완전한 교회이다. 그러나 이 불완전한 교회가 온전한 교회를 지향하여 성장해 가야 하는 교회이므로, 교회의 지체나 교회를 섬기는 사역자는 현실의 불완전한 교회에 충실하면서 함께 성화를 이루어가야 한다고 말한다.

칼빈은 교회를 '보이는 교회'와 '보이지 않는 교회'로 이분화해서 말하면서도 우리가 정작 논할 수 있는 교회는 '보이는 교회'라고 말했다. 바울이 말하는 교회관을 옳게 파악한 것이다. 그 말은 우리가 '보이지 않는 교회'를 염두에 두고 온전하고 거룩한 성도의 공동체를 지향하면서, 그리고 지향하기 때문에 제도적인 교회에 충실해야 한다는 말이다. 칼빈은 제네바의 대부분의 시민이 속한 국가교회를 목회하는 일에 혼신을 다하면서 신앙인들만의 별개의 교회를 주장하는 재세례파를 철저히 배격하였다. 그래서 그는 교회의 건덕을 위하여 목회 이념을 충분히 펴지 못하고 좌절을 맛보는 일을 개의치 않았다. 칼빈은 개신교의 하나 됨을 위하여 부단히 힘쓰는 한편, 교리적인 타협은 거부하면서도 가톨릭교회와의 재연합에 대한 희망을 평생토록 간직하였다.

17세기에 일어난 경건주의 운동은 중생과 회개, 새 사람으로서의 삶을 설교하여 교회 부흥에 기여했으나, 제도적인 교회에 대하여 소극적인 견해를 가지고 택함을 받은 자들만의 교회를 추구하는 신령주의적인 요소를 지녔다. 그러므로 이 운동은 분리주의적이다. 대부분의 경건주의자들이 독일의 개신교회 안에 머물면서 나름대로 모임을 갖고 운동을 전개한 반면에, 찐젠도르프가 이끄는 '헤른후터 게마이네'(Herrnhuter Gemeine), 즉 모라비안(Morabians)들은 전통적인 교회에서 완전히 분파를 이루는 방향으로 발전하였다. 영국에서는 일찍이 조지 폭스(George Fox, 1624~1691)로 인하여 발생한 퀘이커(Quaker)들은 교직 제도를 부정하는 교파를 형성했으며, 비슷한 경향의 플리머스 형제단(Plymouth Brethren)은 모라비안의 영향을 받은 것이다.

일본의 우찌무라(內村鑑三)가 시작한 무교회(無教會)는 퀘이커와 플리머스 형제단의 한 형태이며, 우리나라에는 일찍이 자유교회라는 이름으로 선교가 되어 김교신(金教臣)과 함석헌(咸錫憲) 등이 지도자로 활동하였다. 일본어로 된 책을 읽을 수 있는 연령층의 많은 한국 목사들이 우찌무라의 책과 구로자끼(黑崎)의 주석을 읽고, 그들의 글에 스며 있는 신령주의적이며 분리주의적인 교회관의 영향을 의식하지 못하고 받아들이게 된 것으로 생각한다. 그리고 한국 교회는 부흥 운동을 경험했으며, 세대주의, 근본주의, 복음주의의 등 신령주의의 영향을 받았으므로, 많은 교회 지도자들이 '보이는 교회' 보다는 '보이지 않는 교회' 에 역점을 두는 경향, 즉 분리주의적인 경향을 띠게 된 것이다.

이러한 분리주의적인 경향은 보수적이며 복음주의적인 교회 지도자들뿐만 아니라 신학의 자유를 구가하는 교단의 지도자들에게서도 발견된다. 우찌무라의 무교회주의는 국수주의적인 동기가 강했다는 점에서 김교신(金教臣)에게 지대한 영향을 미쳤다. 김재준이 일찍이 서양 교회 전통에서의 탈피와 한국 교회의 독자성을 주창했으며, 보수적인 신앙을 가진 이들을 '정통적

이단' 이라고 정죄하는 발언을 한 점을 볼 때 그의 교회관 역시 분리주의 교회관을 벗어나지 못하고 있다.

재세례파를 위시한 유럽의 분리주의적인 교회들이 미국에서는 전통적인 교회, 즉 교회의 역사와 전통을 존중하는 교회들과 대등한 교회로 인정을 받게 되었으며, 후자의 교회들도 인종별로 형성되다 보니 더 많은 수의 교파교회로 발전하게 되었다. 이민의 나라 미국은 50주로 되어 있고, 여러 인종이 살고 있는 광활한 대륙이므로 자연스럽게 이러한 교파 교회가 형성되었으며, 또 그것을 소화할 수 있는 잠재력이 있다. 그러나 이러한 미국의 교파 교회의 유형이 작은 땅덩이에 단일 민족이 사는 한국에 그대로 이식되어 나름대로 더 희한하게 발전된다는 점이 문제다. 한국 장로교회는 분리주의 교회관을 극복하고 개혁주의의 건전한 교회관을 회복해야 한다.

한국 교회의 지도자들은 1980년대에 이르면서부터 교회 분열의 폐해를 절감하고 교회의 연합을 모색하였다. 위에서 이미 언급한 복음주의협의회도 연합 운동의 한 기관으로 다분히 그런 기능을 하고 있으나, 그것은 어디까지나 복음주의 운동의 의미를 인식하는 지도자들이 성도의 교제를 위하여 개인적인 자격으로 모이는 모임이다.

KNCC와 한기총

1980년대 말에 넓은 의미의 복음주의 신앙을 가진 교회 지도자들과 교회들이 한국기독교총연합회를 결성하였다. 한국기독교총연합회(The Christian Council of Korea)는 오랜 역사를 가진 한국기독교협의회(The National Council of Churches in Korea), 즉 약칭으로 KNCC와 대칭되는 연합회이다.

KNCC는 1924년 9월에 결성되어 민족을 계몽하고 복음을 공동으로 증거하는 일에 힘썼다. 1930년대 이후 신사참배의 시련을 당하면서부터는 물론 기능을 다하지 못했으나, 해방을 맞이한 이듬해 1946년 10월 9일 제1회 한국기독교연합회총회를 열었으며, 1948년에는 암스테르담에서 열린 WCC

창립 총회에 한국 교회 대표를 파견하였다. 이후 KNCC는 WCC의 노선을 따라 사회, 문화, 정치에 관심 있게 참여하는 것을 지향하고 있다.

6 · 25 전쟁이 발발하자 KNCC는 그 이튿날 즉시 트루먼 대통령과 맥아더 원수에게 도움을 요청하는 호소문을 발송했으며, 전쟁중에는 정전안(停戰案) 반대 성명을 발표하고, 남북통일 기원 신도대회와 국난 극복을 위한 기도회를 열며 기독교연합회 전시대책원회를 결성하는 등 대책을 강구하였다. 1956년 8월에는 대한민국의 UN 가입 추진을 위한 기독 신도 대회를 개최하였다.

1959년 이후 장로교의 제3차 분열과 여러 교파의 분열로 말미암아 KNCC는 WCC의 노선을 따르는 교회들만의 연합 기관이 되었다. 1961년에는 연합신학대학원 설립에 합의하고, 에큐메니칼위원회와 신학교협의회를 조직하였다. 교회 일치 운동을 전개하면서 1966년 초동교회에서 로마 가톨릭과 공동으로 예배를 드렸으며, 그 이후 때때로 강단 교류도 하였다. 1969년 1월에는 가톨릭과의 일치를 위한 대담을 개최했으며, 12월 21일에는 신, 구교 합동성탄축하예배를 드렸다. 1971년에는 신약의 공동번역을, 1976년에는 신구약 성경의 공동번역을 내놓았다.

KNCC가 1970년대에는 민주화 인권 운동에 앞장섰다. 1972년 7월 18일 7 · 4 남북공동성명에 대한 성명을 발표했으며, 1974년 4월에는 인권위원회를 신설하고, 12월에는 인권주간을 시행하였다. 1978년 6월에는 제1회 여성문제협의회를 개최했으며, 9월에는 '산업선교신학 선언문' 을 제정하였다.

1980년 이후부터는 남북통일 문제에 더 많은 관심을 쏟았다. 1982년 10월에 통일문제연구원을 신설했으며, 1988년 2월 29일 민족의 통일과 평화에 대한 한국 기독교의 선언을 발표하였다. 1993년 7월에는 민족의 화해와 통일을 위한 종교인협의회 창립 총회를 열었으며, 1997년 4월 북한동포돕기 비상대책기구를 발족하였다. 그 밖에 1986년 9월에 장애자선교 세미나를 개최하여 개신교 장애자협의회를 조직하고, 1992년 11월에는 외국인노동자 대책위원회를 조직하는 등 사회에서 소외된 사람들을 돌보는 일에도 관심을 기울였다.

2004년 현재 KNCC 회원 교단은 대한예수교장로회(통합), 한국기독교장로회, 기독교대한복음교회, 기독교대한하나님의성회, 기독교대한감리회, 구세군대한본영, 대한성공회, 한국정교회이다. 1996년 2월에 한국정교회가 회원으로 가입함으로써 KNCC는 한국 개신교만의 연합 기관의 정도를 넘어섰다.

한국정교회는 1897년에 전래되어 1900년에 고종으로부터 서울 정동에 대지를 기증받아 성 니콜라스 교회를 세웠다. 처음에는 블라디보스토크 교구에 속한 한국 러시아정교회로 존속해 왔는데, 6 · 25 전쟁 시 유일한 신부가 납북된 이후 그리스계 미군 군목이 교회를 돌본 것이 계기가 되어 1956년부터 그리스정교로 바뀌어 뉴질랜드 교구에 속하게 되었다. 2004년 현재 독립된 대주교구로 승격하여 2,500명의 신자가 있는 한국정교회는 서울 성당을 비롯하여 부산, 인천, 전주, 양구, 춘천에 성당을 건립했으며, 성직자 8명, 수녀 1명이 소속되어 있다. 한국 러시아정교회는 1994년에 회복하여 약 100명의 교인을 돌보고 있다.

한국기독교총연합회(한기총)는 1989년 2월 유성에서 각 교단 원로 20여 명이 발기 준비위원회를 구성하고 초대 사무처장으로 김경래(金景來) 장로를 위촉하였다. 그리고 4월 28일 서울 영락교회 선교관에서 창립 준비위원회 총회를 개최하고, 한기총은 신구약 성경으로 신앙고백을 같이하는 한국의 기독교 여러 교단과 연합 기관, 건전한 교계 지도자들의 협력 기관임을 지향한다는 설립 취지를 밝혔다. 그리고 12월 28일 서울 강남중앙침례교회에서 교단 대표들이 모여 창립 총회를 열어 공식으로 출범한 이후, 2004년 현재 62개 교단과 18개 기관으로 구성된, 한국 기독교를 대표하는 연합 기관으로 성장하였다.

한기총의 회원 교단들로는 대한예수교장로교의 통합측, 합동측, 고신측, 분립된 여러 장로교단들과 기독교대한성결교회, 예수교대한성결교회, 기독교대한하나님의성회, 기독교하나님의성회(순복음), 대한기독교나사렛성결회, 예수교대한감리회, 기독교대한감리회, 기독교한국루터회, 그리스도의교회협의회, 그리스도의교회교역자협의회, 기독교한국하나님의교회 등이다.

이들 교단들 가운데는 KNCC의 회원인 교단도 있다.

한기총이 평화 통일과 북한 복음 사업, 국가 · 사회에 대한 대응과 봉사, 세계 선교와 국제 협력, 문화, 예술, 체육, 언론 출판을 위하여 힘쓰는 평신도와 여성 운동, 청소년 지도자 육성 등 다방면으로 관심을 가지고 실천하는 노력을 기울이는 점에서 KNCC와 별반 다르지 않다. 그러나 KNCC가 개신교 교단을 넘어서서 가톨릭과 정교회와의 일치를 도모하거나 WCC의 하나님의 선교 정책이나 종교다원주의 노선을 따르는 점에서 한기총과 KNCC의 신학적인 근거는 크게 다르다.

한기총의 분열

1980년 말에 결성된 한기총이 복음주의적이며 보수적인 교단들의 연합 운동을 추진해 왔으나, 2010년 이후 교단 대표들의 주도권 다툼으로 화합의 분위기에 먹구름이 일더니, 잘못 가르치거나 이단성이 있다고 알려져 온 교단을 영입하는 문제를 두고 찬반의 의견 대립이 되어 마침내 연합체가 분열하게 되었다. 한기총이 이단사이비대책 위원회의 결정을 따라 문제의 교단을 받아들이기로 결의하자, 이를 반대하는 교단들이 2012년에 탈퇴를 선언하고 한국교회연합(한교연)이라는 이름으로 별개의 연합체를 결성하였다. 한교연 회원 교단의 수는 2013년 말 현재 35개에 이르고 있다.

2009년 8월 현재로 KNCC에 속한 교단의 수가 8개이던 것이 2013년 말 현재로 10개이다. 한국루터회가 가입하고, 기독교대한하나님의 교회가 둘로 나뉘어 10개 교단이 된것이다. 반면에, 한기총 회원 교단의 수는 66개 교단이었으나 상당수의 교단이 한교연으로 이탈했음에도 불구하고 2013년 말 현재로 75개로 집계되고 있다. 이 중 6개 교단은 한교연 소속으로 되어 있다. 통계로 본 이러한 현상은 정통적이거나 보수적이며 복음적임을 표방하는 교단들은 분열을 거듭해 왔으며, 기존 교단과는 관계없는 그룹들이 새로 교단들을 형성하여 이에 가세해 온 것임을 반영한다.

한국 장로교회의 연합과 일치 운동

KNCC와 한기총은 기독교의 이름으로 선교와 사회봉사 사업을 협의하고 공동으로 추진하는 일 등을 함으로써 교회 연합에는 도움이 되지만, 분열된 교단들의 일치를 도모하는 기관은 되지 못한다. 수많은 교단으로 분열된 장로교가 교단의 연합을 넘어 일치를 도모하는 것은 당연한 일이다. 장로교 협의회는 한기총이 결성되기 훨씬 이전에 태동하였다.

1980년 12월 8일 통합, 합동, 고신, 기장의 4개 총회의 총회장과 총무가 장로교 협의체 구성에 관한 논의를 하고, 1981년 2월에 창립총회를 개최하고, 4월 5일 새문안교회에서 한국 장로교협의회 창립 감사 예배를 드렸다. 창립 총회 때 대신측이 가입하여 5개 교단이 회원이 되었다. 그 이후 해마다 협의회 총회를 개최하였다.

1986년 5월에는 한국 장로교 일치연구원회와 한국 장로교회 예배모범 위원회를 조직하고 합동회의를 개최했으며, 1993년 5월에는 장로교 일치와 연합예배를 매년 5월에 드리기로 하고, 5개 장로교단 총회장 공동선언문도 발표하였다. 1994년 6월에는 숭실대 사회봉사관에서 젊은 목회자협의회 모임을 가졌으며, 10월에는 신학협의회에서 한국 장로교회의 연합과 선교에 대한 강좌를 열었다. 1995년 10월에는 평신도용 성경 공부 교재 「형제가 연합하여」를 발간하고 기념 세미나를 열었으며, 1996년 6월에는 한국 장로교 일치와 연합을 위한 젊은 목회자협의회를 개최하였다.

1996년 대한예수교장로회(개혁, 광주측)가 탈퇴하고 개혁 서울측과 개혁 합신측이 가입하여 회원 교단이 9개 교단으로 늘어났다. 1997년 7월 31일에는 한국 장로교회협의회(한장협)와 대한예수교장로회협의회(예장협) 합동 총회를 개최하여 한국 장로교총연합회가 출범하였다.

교회의 연합과 일치 운동에 신학적인 연구와 노력이 병행되어야 한다는 뜻에서 대한예수교장로회 서울교회 목사 이종윤(李鍾潤)과 합동신학대학원의 오덕교(吳德教) 등이 발기하여 장로회신학회를 결성하고, 2002년 6월 첫 모임을 가졌다. 신학의 경향을 막론하고 모든 장로교 교단과 장로회신학교에 속한 목사들과 교수들이 자리를 같이하여 세미나와 공개강좌를 열어 장로교 신학을 공동으로 연구하는 가운데 신학적인 공통점을 확인하려고 시도하고 있다.

한장협의 회원 교단들은 해마다 연합예배를 드리고, 공동 사업도 기획하며, 장로교회 연합과 일치를 위하여 공동성명도 발표하는 등 많은 노력을 기울이는 것 같으나, 교단의 연합 운동에서 제자리걸음을 할 뿐 일치를 향한 전진은 못하는 것 같다. 교회 분열의 가장 큰 요인이요 상호간을 갈라놓는 높은 담은 그대로 두고 있기 때문이다.

초기에 한국 장로교가 채택한 12신조와 웨스트민스터 신앙고백을 교회의 신앙고백으로 존중하며 성경을 하나님의 말씀으로 고백하는 장로교단들이 각자가 분립으로 내세운 명분, 즉 경건은 상대적인 것이어서 시간의 경과에 따라 희석되거나 주객이 전도될 수도 있다. 그러므로 분립의 명분을 계속 주장하거나 분립의 상태를 계속 유지하는 것은 불합리한 일이다.

교회 분열의 중요한 원인으로 작용한 것이 신학교의 문제이며, 분리한 상태를 그대로 유지하게 만드는 방편이 또한 신학교이다. 한국 장로교회는 일찍이 1920년 이전부터 타 교파의 목사가 장로교에 전입할 경우 장로회신학교에서 장로교 신학과 교회 정치를 1년 동안 이수하게 하였다. 교단 교회들은 이러한 관례를 같은 장로교의 타 교단 신학교 졸업생에게도 적용하여 1년 혹은 2년을 해당 교단의 신학교에서 이수하게 하고 있다. 교단들이 각기 하나의 신학교만을 인정하는 한 교회의 명목상의 연합은 가능할지 몰라도 교회 일치는 바랄 수가 없다.

따라서 교단들이 하나가 되기를 바라고 그 길을 진정으로 모색한다면 먼저 신학교의 다원화를 인정해야 한다. 장로교회가 평양에 신학교 하나만 있었던 때와는 시대적인 상황이 달라졌음을 인식해야 한다. 하나의 신학교만으로는 교회가 요구하는 수많은 목사의 교육을 모두 감당할 수 없다. 하나의 통합된 거대한 신학교로는 인격적인 제자 교육을 시행해야 하는 바람직한 신학 교육을 할 수 없다. 신학교의 다원화는 피할 수 없는 현실이요, 이미 오래전부터 시대적 요청이 되고 있다는 사실을 받아들여야 한다. 장로교협의회나 신학교협의회에서 인정하는 신학교 출신이면 모두 강도사 고시에 응시할 수 있는 자격을 부여하든지, 아니면 공동 시험을 통하여 자격을 부여하면 될 것이다. 그러면 교단간의 실질적인 장벽은 소멸되는 셈이다.

이종윤은 한국 장로교회의 연합과 일치를 위한 실제적 방안을 구체적으로 제안한다.[93] 교단간 강단 교류, 인정된 신학교간에 교수와 학생 교류, 학점 인정, 즉 15~20학점 이상 이수한 학생에게는 자파 교단 목사고시 응시 자격 부여, 신학대학교를 창설하여 같은 캠퍼스 내에 각기 다른 건물을 가지되 연합도서관과 연합 채플 등을 시도, 지역별로 교회 또는 교인간의 상찬과 사업의 연합, 총회 시 개회 예배 공동 개최와 상호간 사절을 통한 중요 안건 설명, 교회 일치에 저해가 되는 국제기구와 관계 유보, 신학적 견해 차이를 인정하고 공통분모를 찾아 상호 신뢰하고 존중하는 자세로 임할 것, 목회자 재교육의 연합적인 시도, 선교사 파송을 위한 협력, 개척교회 난립을 지양하고 공동의 전도 전략 수립, 대 정부와 사회 문제에 공동 대처, 장로교 신학회 조직, 각 교단의 장로회 활동을 연합적으로 추진, 정체성 회복 운동을 지속적으로 추진할 것 등을 제언한다.[94]

교회의 연합과 일치는 분열된 한국 교회가 추구하고 성취해야 할 과제다. 그러나 거기에는 한계가 있다. 전통적인 기독교 신앙을 고백하는 교단들과 탈기독교적인 종교다원주의 사상을 받아들이거나 허용하는 교단이 있다면 그런 교단들과의 연합이나 일치는 기독교의 정체성의 와해를 개의치 않을 때 감행할 수 있는 일이다.

1950년 말과 1960년대 초에 WCC 가입 문제로 장로교뿐 아니라 여러

93) 이종윤, "장로교 정체성 회복을 위하여", 「장로교회와 신학」 창간호 (한국장로교신학회, 2004), 9-20. 본문에는 한국 교회의 일치라고 썼으나 한국 장로교회의 일치를 의미한 것으로 안다.
94) 같은 글, 19-20.

교파 교회들도 분열했는데, WCC 지도부의 신학적인 경향은 세월이 지나면서 처음 보수적인 교회가 염려했던 것보다 훨씬 더 급진적으로 발전하였다. 1960년대 후반부터 경건주의적 영혼 구원의 선교를 지양하고, 모든 종교에서 기독교적인 요소를 발견하게 한다는 하나님의 선교(missio Dei) 이념을 말하며, 교회의 사회 참여를 첨예화하였다. 1970년부터는 본격적으로 타종교와의 대화를 추진하면서 대화의 신학을 발전시켰으며, 1970년대 중반부터 종교다원주의 사상을 펼치기 시작하였다.

WCC는 본래 선교를 위하여 결속된 국제선교대회에서 발전된 기구다. 각 교파 교회들이 신앙고백과 교리를 내세우는 것으로는 교회 연합이 불가능하므로, 교리를 덮어 둔 채 공통적인 주제인 선교를 논함으로써 교회 연합의 이상을 실현하려고 했으며, 그러기 위하여 보편주의적인 선교신학을 추구하게 된 것이다. 선교를 위하여 교회가 연합적으로 일해야 할 필요에서 교회 연합, 즉 '에큐메니즘'을 말하던 것이, 결국 '에큐메니즘'을 위한, 그리고 그것에 봉사하는 선교를 논하게 되었다. 다시 말하면, 선교를 에큐메니즘 시각을 통하여 이해하고, 에큐메니즘을 선교로 환원하여 이해한다.

교리를 덮어 둔 채 교회의 일치를 지향하는 WCC의 초교파적 보편주의 선교신학은 '초종교적'(超宗教的)인 보편주의로, 즉 종교다원주의로 발전하게 되었다. 종교다원주의는 역사주의에 사로잡힌 자유주의 신학의 종착점이다. 기독교가 역사적인 종교임을 간과하고 예수 그리스도의 역사성을 부인하면, 기독교에 남는 것은 윤리적인 교훈과 종교성뿐이다. 그런 것은 다른 종교의 것과 대동소이하므로 자유주의 신학자들은 어렵지 않게 기독교를 타종교와 대등한 종교로 인식한다. 그러므로 탈기독교적인 종교다원주의를 불문에 붙이고 교회의 연합과 일치를 도모하는 것은 결국 WCC적인 교회 연합의 길을 따르는 것일 뿐임을 인식해야 한다. 교회의 연합과 일치에 기독교의 정체성을 허물어뜨리는 탈기독적인 종교다원주의 사상은 용납될 수 없다.

7

이단들의 준동

한기총은 1989년 11월 1일, 12월의 창립총회를 앞두고 서울 충현교회에서 문선명 집단 대책연합집회를 열었으며, KNCC도 1990년 5월 1일에 문선명집단 대책위원회를 구성하고 대책을 논의하였다.

1950년 6 · 25전쟁으로 인하여 혼란한 사회 상황에서 많은 신흥 종교들과 함께 기독교의 이름을 가진 이단과 사이비 종교 집단들이 생겨났다. 그 중 중요한 전도관의 박태선과 통일교의 문선명은 1920년대 후반부터 있었던 황국주와 김백문의 맥을 이은 이단으로, 양자 모두 '예수의 화신' 임을 자처하면서 피 가름의 혼음 교리를 가르치고 실천하며 절대권을 행사하는 교주로서 '맘몬' 운동을 전개하여 신봉자들의 희생을 강요하여 막대한 재산을 갖게 되었다. 이는 이미 위에서 기술한 대로이다.[95]

박태선의 전도관은 1980년대부터는 사양길에 들어서 교세가 줄어들고 있으며, 이탈한 간부들이 교주가 되어 만든 신흥 종교 단체들이 10여 개에 이른다. 그러나 나름대로 이단 교리를 체계화하고 치밀한 조직을 갖춘 문선명의 통일교 집단은 비윤리적이며 반사회적인 이단인데도 '토착화 신학의 모

95) 이 책 228쪽 이하 참조.

델' 이라는 등 망언을 하는 일부 자유주의 신학자들의 부추김과 군사 정권의 비호를 받으며 엄청난 재력과 국제적인 조직망을 가진 집단으로 성장하였다. 2003년 현재 추종자들이 전 세계적으로 약 200만 명에 이른다고 한다.[96]

재림주요 문예수로 자칭하는 문선명은 1990년 4월 30일 수안보 와이키키 호텔과 전국 12대 도시에서 자신이 참 부모 메시아 황제임을 선포하는 의식을 치렀다. 문선명의 포교 활동과 자신의 우상화 작업은 그 규모나 활동의 폭이 너무 커 반사회적인 사교 집단의 것으로 인식하기 어려울 정도가 되었다.

문선명은 북한의 평양에 자신의 우상화를 위한 궁전인 가정교회를 건축하는 것 말고도 북한에 있는 그의 고향 정주에 거액을 투자해서 '세계 평화공원' 을 조성하고, 남포에 평화자동차 공장을 완공하는 등 북한 정부가 환영할 만큼 경제에 도움을 주는 활동을 해 왔다. 2003년 2월에는 서울 롯데 호텔에서 '세계평화정상회의' 라는 이름으로 정치적으로 정상에 있던 국내외 인사들을 초청하여 자신의 생일 축하연을 베풀고, 2003년 7월 15~22일에는 자신의 우상화를 위하여 선문평화축구재단 주최로 '피스컵 코리아 축구 대회' 를 개최하였다. 그리고 한국의 정치, 경제, 종교를 지배할 때가 왔다면서 '천주평화통일가정당' 을 조직하여 정치를 장악할 환상을 실행에 옮기고 있으니 가공할 일이다.[97]

문 집단은 국내외에 상상을 초월할 만큼 많은 기관과 단체들, 언론사들과 학교, 기업체들을 운영하고 있다. 국제 크리스천교수협의회, 남북통일운동국민연합, 국제 학생연합회 등 25개의 기관과 단체들을 비롯하여 선문대학교, 선화예술중고등학교, 1992년에 인수한 미국 코네티컷 주의 브리지포트(Bridgeport) 대학교, 뉴욕의 가톨릭 수녀원과 신학교 등 27개의 교육 기관

96) 박준철, "자칭 재림주 문선명과 세계평화통일가정연합(통일교)", 「한국 주요 이단들의 최근 동향」, 크리스천시민공동연대 편 (도서출판 리폼드, 2003), 27; 「이단 사이비 연구」종합 자료 II (서울: 한국기독교총연합회 이단사이비문제상담소, 2007)는 43개의 이단들을 소개하고 평가한다.
97) 같은 책, 32-34 .

과 The Middleast Times, 한국, 일본, 유럽, 미국 등지에서 발간하는 〈세계일보〉, 「세계와 여성」, 월간 「초교파」 등 27개의 신문과 월간지, 그리고 40여개의 각종 기업체를 운영하고 있다.[98] 문어발식 경영을 하는 굴지의 재벌회사보다 더 다양한 조직과 사업체를 가지고 있는 문 집단의 거대한 조직과 세력에는 그저 아연할 뿐이다.

문선명 이외에도 자신을 재림주 혹은 메시아로 사칭하며 미혹하는 무리들이 매우 많아서 문제는 심각하다. 김명혁은 이단 사교 집단이 한국에서 크게 발호하게 된 원인으로 샤머니즘적 전통, 사회 · 정치 불안과 불만, 기독교의 타락과 신뢰성 상실, 카리스마적 지도자의 출현과 그 우상화, 정치 세력의 비호, 일부 교회 지도자들의 이단 사교 집단 관여, 비현실적이고 비논리적인 허황성 선호 등을 들고 있다.[99]

한국에 기독교적 이단이 발호하는 원인은 한국 교회의 신앙과 관련시켜 보면, 한국 교회 초기부터 종말론이 많이 강조되었던 점을 들 수 있다. 신흥 종교가 갖춘 첫째 요건이 임박한 말세에 대한 신앙이므로 기독교, 특히 한국 교회 주변에는 그런 요건이 잘 갖추어져 있는 셈이다. 한국 교회 초기에 부흥회를 인도한 길선주 목사를 비롯하여 6 · 25 전쟁 직후까지 많은 설교자들은 사경회나 부흥집회에서 요한계시록을 교재로 사용하였다. 많은 설교자들이 세대주의의 영향으로 길선주를 따라 무천년설과 후천년설을 강력하게 비판하고 전천년설을 주장하며 가르쳤다.

종말 신앙을 강조하는 메시지는 핍박하에 자라온 한국 교회에 필요한 것이며 유익한 것이었다. 그런데 요한계시록은 상징적인 언어로 가득하므로 요한계시록의 주관적인 강해에 익숙해 있으며 예수의 재림에 대한 신앙을 가진 성도들은 자기 나름대로 해석하는 이단들의 잘못된 가르침에 쉽게 미혹을 받는다.

---

98) 같은 책, 41.
99) 김명혁, 「한국 교회 쟁점 진단」 (서울: 규장문화사, 1998), 267.

위에서 이미 언급한 바와 같이 한국 교회 분열, 특히 한국 장로교회의 무분별한 분열이 이단들에게 분열된 교단들의 틈새에서 정통적인 교회 가운데 하나로 위장하고 서식할 수 있는 온상을 제공해 왔다. 한국 교회는 그 점을 반성하고 책임을 통감해야 한다. 한국의 이단들이 자신들을 위장하기 위하여 가장 선호하는 이름은 '대한예수교장로회'이며, 다음으로는 '침례회'라고 한다. 장로교의 이름을 가진 교단들이 세 자리 수에 이르므로, 일반 기독교인은 물론이고 목회자들도 일일이 알지 못한다는 점을 악용하여 정통적인 교회의 이름을 내걸고 성도들을 미혹한다.[100] 그들은 또한 선교회 혹은 신학교, 성경학교라는 이름으로 성경을 배우려는 이들을 미혹한다.

신흥 종교 연구가 이강오(李康五)에 따르면, 1960년대 이후 발생하는 한국의 신흥 종교들 가운데 기독교의 이름을 가진 집단들이 가장 많고, 1991~92년에 100여 개의 한국 기독교 교단들 가운데 신흥 기독교계 종단 성격의 교단이 40여 개이다.[101]

정통적인 장로교의 분열로 많은 교단들이 늘어나듯이, 이단 집단들도 분열과 분립을 통하여 더 늘어난다. 복음 사역자는 그리스도의 제자를 낳는 데 반하여, 이단은 이단을 낳고, 교주는 교주를 낳는다. 즉, 그리스도의 복음 전도를 통하여 그리스도를 주님으로 섬기는 교회들이 서고, 그리스도를 믿는 신자들의 수가 증가하는 데 반하여, 자신이 메시아임을 주장하는 이단의 경우에는 교주의 포교를 통하여 그를 메시아로 믿는 추종자들이 생길 뿐 아니라, 자신을 메시아라고 주장하는 교주들이 양산되는 현상을 볼 수 있다. 많은 이단 집단들이 문선명, 박태선, 나운몽 등의 집단에서 파생되었거나 그들의 영향을 받아 독자적인 교주가 되었다.[102]

100) 탁지원, "현 시대에 나타나는 이단과 기초적인 대처 방안", 「한국 주요 이단들의 최근 동향」, 13-16.

101) 李康五, 「韓國 新興 宗教 總攬」 (서울: 도서출판 대흥기획, 1992), 762.

102) 같은 책, 1599-1603에 76개의 기독교 이단의 이름과 창시한 교주의 이름, 본부 소재지의 도표를 수록하고 있다.

이단은 기독교의 전통적인 신앙고백과 교리를 벗어나거나 왜곡하는 자들이다. 하나님께서 삼위일체이심을 부인하는 자, 즉 예수께서 그리스도시요 하나님의 아들이심을 부인하는 자, 성경을 임의로 해석하여 오직 예수 그리스도로 말미암아 구원얻는 교리를 흐리는 자, 시한부 종말론을 말하여 사람들을 미혹하는 자, 자신이 재림주라고 하거나 보혜사 성령이라고 하는 자, 자신이 계시를 받은 자라고 하는 자, 자기의 집단에만 구원이 있다고 하는 자들이 모두 이단이다.

예수 그리스도가 하나님의 아들이심을 부인하며 자신을 재림주 예수이며 그리스도라고 하거나 성령이라고 자처하는 자들은 거의 예외 없이 비윤리적이며 반사회적인 이단이다. 이런 집단의 교주들은 재물을 탐하고 추종자들에게 절대권을 행사한다. 비록 자신을 재림주라고 하지 않더라도 목회를 한다면서 절대적인 교권을 행사하며 호화로운 생활을 하는 자는 그리스도의 종이 아니고 교주이다. 지역교회의 독립성을 존중하지 않고 사람들을 자기 교회로 불러 모으고 자신이 유일한 설교자인 양 처신하는 자는 이미 이단이거나 아니면 이단으로 발전할 수 있는 교주이다. 장로교의 노회에 속한 지교회이면서 지교회의 이름으로 교회를 개척하고 본부와 지부의 관계를 갖는 것은 지역노회의 권위와 질서를 존중하지 않는, 교회법에 위배되는 처사이다. 그러한 것은 교주나 이단 집단이 할 수 있는 발상이다.

잘못된 교리를 말하여 기독교 신앙을 흐리는 이단으로는 영지주의적인 세계관을 가진 베뢰아의 김기동, 삼위일체를 양태론적으로 설명하는 위트니스 리 등이 있다. 여러 가지로 이름을 바꾸어 가면서 무료 성서신학원을 운영하여 성경을 배우고자 하는 성도들을 미혹하며 자신을 신격화하는 신천지 예수교의 이만희, 자신의 이름 영문 머리글자 'JMS' 를 'Jesus Morning Star' 혹은 'Jesus Messiah Savior' 라고 하면서 자신이 재림 예수임을 자칭하는 기독교복음선교회의 정명석, 그리고 이만희 계열의 안상홍증인회 하나님교회의 안상홍, 국제청소년연합, 즉 IVF와 비슷한 두문자 IYF로 청소년들을 현혹하는 구원파의 박옥수 등은 자신들의 이단성을 은폐하기 위하여 선교 단체나 사회봉사 단체로 위장하여 대학의 캠퍼스로 침투하여 젊은이들을 미혹한다.[103]

1992년 시한부 종말론으로 사회에 물의를 일으킨 다미선교회의 이장림은 자신이 재림주라고 주장하지는 않았으나 사람들을 미혹하고 돈을 챙긴 점에서 저질의 교주이다. 비슷한 시기에 매스컴을 통하여 알려진 만민중앙교회의 이재록은 자신을 메시아로 주장하는 부류의 교주에 속한다. 살인 등 각종 범죄를 저질러 법의 심판을 받은 집단들도 있다. 자신을 하나님, 심판주, 재림주, 이래조부님(二來祖父任)이라는 노광공이 교주인 동방교(東方敎)가 그 가운데 하나이다. 집단에서 이탈하는 간부 신자를 살해하고, 신흥종교문제연구소 소장 탁명환을 제거하려는 '청부 살인 미수 사건' 으로 세습한 교주가 기소되었다.[104] 이러한 집단이 '기독교대한개혁장로교' 라는 이름을 가졌으니 기가 막힐 일이다.

그 밖에도 1987년 8월에 알려진 속칭 '오대양 사건' 집단 살인 사건과 관련이 있다고 알려진 권신찬, 유병언 등의 기독교복음침례회의 구원파 등 일일이 다 들어 말할 수 없을 정도이다. 구원파에서는 구원받은 자는 죄에서 자유롭다면서 신앙과 행위, 율법과 복음을 이분하는 반율법주의(antinomianism)적인 교리를 주장한다.

종교의 자유가 보장되어 있으며, 모든 신흥 종교를 사이비 종교로 볼 수 있는 법적 기준도 없는 데다 기독교의 전통적인 진리와 이단의 가르침을 세상의 법으로는 가릴 수가 없으므로 한국 교회가 이단의 발호에 직접 대처하거나 중세 교회와 같이 종교 재판으로 제재할 수 있는 길은 없다. 그러나 교회가 연합적으로 이단들의 정체를 밝힘으로써 교인들이 미혹되지 않도록 지

103) 한국 주요 이단들의 최근 동향」, 63. 장관섭, "가짜 메시아 정명석(JMS)과 기독교복음선교회", 「한국 주요 이단들의 최근 동향」, 67-115. 박형택 "자칭 하나님 안상홍 증인회 하나님의 교회의 정체", 같은 책, 149-165. 李康五, 앞의 책, 796.
104) 李康五, 앞의 책, 766.

침을 줄 수 있다. 그리고 이단들도 성경 해석으로 사람들을 미혹하므로 교회들은 성경 본문을 해석하는 성경 공부만 할 것이 아니고 각자의 신앙고백에 충실하도록 교리 교육을 강화해야 한다.

설교자들은 설교와 성경공부에서 영해라고 일컫는 풍유적인 성경 해석, 즉 주관적인 임의의 해석을 지양하고, 본문에서 말씀하시는 하나님의 말씀을 충실히 전달해야 할 것이다.

8

한국 교회의 세계 선교

초기 한국 교회는 1900년대 초에 간도와 연해주에 사는 교포들을 위하여 선교사를 파송했으며, 1910년대 후반에 중국인 선교를 위하여 중국 산동성과 상해에 선교사를 파송하였다. 그러나 일제의 탄압과 핍박이 심해지자 선교를 중단하였다. 교회 존립에 위협을 당하는 처지에서 선교를 계속한다는 것은 어려운 일이다. 그러나 해방을 맞이한 장로교 총회는 1947년 산동성 선교 사업을 계속하기로 결의했으며, 1949년에는 산동선교 추진위원회를 결성하였다.[105)]

그러나 그것은 중국이 공산화한 시점에서는 실현할 수 없는 계획이었다. 그 후 교회의 쇄신 문제와 신학적인 대립 문제로 인한 교회 분열, 그리고 6 · 25 전쟁으로 인한 수난과 혼란 속에서 교회는 선교에 관심을 기울일 여유가 없었으나, 이러한 긴 수난기를 가까스로 벗어나면서 다시 세계 선교에 관심을 가지기 시작하였다. 교회의 지도자들이 여러 국제적인 기독교 대회에 참가하면서 한국 교회의 신앙이 뜨거운 것임을 발견하게 되었다. 그리고 영국과 미국의 선교 실적과 포교(布敎) 경향을 볼 때 선교사로 지망하는 사람들이 줄어들어 심각한 인물난을 겪고 있다는 것을 알고는 한국 교회가 선교의

105) 「大韓예수敎長老會百年史」, 567.

사명을 다해야 함을 새삼 깨닫게 되었다.

1955년 이전에 선교의 열의와 관심이 고조되고 있었다. 장로교 총회 측 선교부는 1930년대에 중국에 선교사로 가서 아직 산동성 청도(靑島)에 머물러 있는 이대영(李大榮) 목사와 가족의 귀국을 기다리면서 동남아의 선교를 위하여 먼저 태국에 선교사를 파송할 계획을 세우고 7, 8명의 선교사들을 미리 내정해 두었다.[106] 1955년 1월 17일자의 〈기독공보〉에서 외지선교사 파송에 대한 한국 교회의 호응을 보도하고 이를 촉구하는 기사에서 이렇게 말하고 있다.

> 외지 선교를 함으로 얻게 되는 소득은 해외에 외교적 대공사(大公使)를 파견함에서 거두는 그것에 못지않은 결실을 하늘에서 받을 수 있을 것이며, 남에게 줌으로 해서 남에게 선한 빚을 지우는 일은 여러 가지 이익이 많은 것이다. 뿐만 아니라 국내 교회가 외지 선교 사업을 함으로 해서 내적으로 단결 강화될 수 있고, 민족의 수준도 향상되는 것으로 본다. …… 선교사를 보내자! 영미(英美)에서 받은 복음의 빚을 외국에 선교함으로 갚자! 이 일을 위해 기도하자! 십일조(十一條)를 잘라먹지 말고 바치자! 이런 것이 70주년을 맞은 한국 교회의 새로운 과제일 것이며, 자손만대 복 받는 첩경이 아니겠는가.

1955년 2월에 김성권(金聖權)과 최찬영(崔燦英)이 선교사로 선임되었다.[107] 그러나 정부의 관료주의적인 비협조 때문에 여권 수속이 1년이나 지연되다가 김성권의 출국은 보류되고 최찬영 부부는 여권을 받아 1956년 5월에서야 태국으로 향하게 되었다. 한국 교회의 세계 선교가 재개된 것이다.[108] 1956년 9월에는 김순일(金順逸)이 선교사로 파송을 받아 태국 선교에 합류하였다.

106) 〈기독공보〉, 1955년 1월 17일.
107) 〈기독공보〉, 1955년, 2월 28일.
108) 〈기독공보〉, 1956년 3월 12일.

1957년 3월에는 대만에 사는 교포들의 요청을 받고 장로회 총회는 계화삼(桂華三)을 전도 목사로 파송하였다. 계화삼은 봉천의 만주신학원을 졸업하고 연길에서 목회를 시작했으며, 중국어에 능통하였다. 장로교 고신측 총회는 1958년 5월에 김영진 선교사를 대만 본토인 선교를 위하여 파송하였다. 그 후 약 10년간은 선교사 파송이 거의 중단된 상태였다. 그동안 선교사로 나간 사람이 겨우 3명에 지나지 않았다. 교회 분열로 인한 교세 확장과 교회 정치에만 관심을 쓰다 보니 선교에는 자연히 소홀해진 것이다.

1967년부터는 선교사 파송 성적이 다시 회복되어 한 해에 두어 사람, 혹은 몇 사람씩 선교사로 나가게 되었다. 이렇게 소강상태를 유지하다가 1977년 후반부터 선교사 파송이 활기를 띠기 시작하였다. 나라의 경제 성장으로 인하여 도시의 유력한 교회들이 재정적으로 윤택함을 얻게 된 것도 선교에 큰 힘이 된 것이다. 그런데 선교의 열기는 교회들이 먼저 선교에 열정을 가진 데서 비롯되었기보다는 소수의 선교사 지망생들의 노력 때문이었다.[109] 그러한 사례는 선교 역사에서 흔히 볼 수 있는 것이므로 이상할 것이 없는 일이다.

19세기와 20세기 초에 많은 사람들이 선교의 소명을 받고 스스로 선교지를 물색하고 후원할 교회를 찾는 등 능동적으로 노력한 끝에 평생을 바쳐 일할 선교지로 향하였다. 예를 들면 기존의 선교회의 몰이해로 후원을 받지 못한 허드슨 테일러는 무작정 하나님만 의지하고 중국으로 갔다. 그를 돕게 된 중국내지선교회(CIM)는 그의 능동적인 결단과 결행의 결과로 생겨난 것이다. 구미의 선교사들이 교회를 세우지 못한 지역에 한국 선교사가 들어가 교회를 설립하는 기적을 이룩하는 사례들은 우리를 감격하게 만든다.

교회가 아직 설립되지 않은 곳에서 일하는 선교사는 출발에서부터 전 과정의 일, 즉 본국에서 후원을 얻는 일부터 선교지에서 복음을 전파하며 교

109) 김성한, "한국 선교사 파송 현황과 제언", 〈총신대보〉, 1988년 8월 29일.

회를 세우고 목회하기까지의 모든 일을 하나님의 능력을 믿는 믿음으로 창의적이고 능동적으로 지도력을 발휘하면서 수행한다. 선교에 뛰어드는 이러한 사람들은 거의 다 보수적이며 경건주의적인 신앙과 신학을 가진 이들이다.

한국에 있는 선교 단체들이 처음 선교사를 파송하여 해외 선교에 참여하기 시작한 것은 1976년부터였다. 1976년에 한국해외선교회와 충현세계선교회, 1977년에는 국제선교협력기구(KIM)[110], 1978년에는 오메가선교회, 1979년에는 한국외항선교회, 1980년에는 모슬렘지역선교회, 1981년에는 해외선교회(GMF)[111], 국제선교회와 C & MA, 1984년에는 월드 컨선(World Concern), 한국기독교선교회, 한국선교회, 아세아연합신학대학연구원선교회, 대학생선교회(CCC), 1985년에는 방화선교회, 그루터기, 대학생성경읽기선교회(UBF), 1986년에는 GBT, Joy 선교회, 파이디온선교회, 아시아선교회, 1987년에는 한국기독교의료선교협회, 방글라데시개발협회, 세계선교회, 1989년에는 모슬렘세계복음화선교회, 북한선교회가 선교에 참여하였다.

1979년 한국 선교사는 93명이었다. 그런데 약 10년이 지난 1988년 7월의 통계에 의하면 선교사의 총수는 368명이었다. 장로교의 합동측이 97명(26.4%), 통합측이 72명(19.6%), 고신측이 37명(10%)을 파송했으며, 기타의 교회들과 선교 단체에서 44%에 해당하는 162명을 파송하였다. 1990년 1월의 통계에 의하면, 687명으로 불어났다. 선교사의 수는 이렇게 기하급수적으로 늘어 1994년 6월 31일부의 통계에 의하면, 해외에서 활동하는 한국 선교사는 3,272명, 2002년 말 기준으로는 10,422명으로 집계되었다. 지난 23년 동안 약 112배의 성장을 한 것이다. 1990년대의 약 17%에 이르는 연평균 성장률이 21세기 초반에도 지속되고 있다.[112]

선교 단체의 규모도 꾸준히 커져서 1,000명 이상의 회원 선교사를 가진

110) Korean International Mission.
111) Global Mission Fellowship.
112) 문상철, “21세기 글로벌 선교의 리더”, 한국선교연구원(KRIM) 간 파발마 제108호, 1.

안 약 112배의 성장을 한 것이다. 1990년대의 약 17%에 이르는 연평균 성장률이 21세기 초반에도 지속되고 있다.[112]

선교 단체의 규모도 꾸준히 커져서 1,000명 이상의 회원 선교사를 가진 단체가 2개, 500명 이상 1,000명 미만이 2개, 100명 이상 500명 미만이 20개, 50명 이상 100명 미만이 15개, 50명 이하가 85개이다. 10대 단체로는 UBF(1,149명), GMS/예장합동(1,129명), 기독교감리회(715명), 예장통합(674명), 예장개혁(481명), GMF(393명), CCC(345명), 기독교침례회(340명), 예장대신(314명), 예수전도단(310명) 등이다.[113]

한국 선교사들의 활동 무대는 1979년 말 26개국에서 1990년 말 87개국, 그리고 2002년 말 164개국으로 늘어났다. 이 숫자는 한국 대사관이 설치되어 있는 136개국보다 훨씬 많다. 대륙별 분포 비율을 보면, 아시아 47.0% 북미 13.2%, 서유럽 9.9%, 아프리카 8.6% 구소련 유라시아 6.7%, 러시아 3.6%, 중남미 6.3%, 러시아 3.6%, 남태평양 3.4%, 중동 1.2% 등이다. 파송받는 선교사 수는 계속 증가해 2008년 통계에 따르면 남자 선교사 9,551명, 여자 10,952명으로 도합 20,503명이다. 그 가운데 부부 선교사는 17,258명이고 통계에 포함되지 않은 자녀들이 12,674명이다.[114] 한국 교회가 마이너스 성장을 보이기 시작한 지가 오래 되었고 선교지 상황 역시 어려워지고 있음에도 불구하고 선교사의 수는 계속 증가하고 있다. 2013년 말의 통계에 따르면 169개국에서 활동하는 전체 선교사는 25,745명으로 집계되고 있으며, 그들의 자녀들은 17,618명에 이른다.[115]

1970년대에는 외국에 거주하는 교포들을 돌볼 목회자들이 선교사로 나가는 경우가 많아서 선교사들의 평균 연령이 높은 편이었으나, 1980년대에는 선교지의 본토인을 위해서 나가는 선교사들이 늘어나면서 선교사들의 평균 연령도 낮아지고 있다. 초대 교회의 선교 거점이 유대인의 회당이었듯이

113) 문상철, 같은 글.

114) KWMA 선교기획국 제공, 2009년 8월 11일

115) KWMA 선교기획국 제공, 2013년 12월말 현재.

160여 개 나라에 퍼져 있는 한국인 디아스포라가 선교의 거점이 되고 있다. 한국의 세계 선교에는 문제점들이 없지 않다. 선교의 목적이 그리스도의 복음을 전하고 교회를 세우는 것이므로 한국 교회를 배경으로 한 선교사들을 통하여 한국 교회의 문제점들이, 즉 교회 분열 이후에 생긴 교세 확장을 위한 상호 경쟁과 개교회주의적인 문제점들이 선교에 그대로 투영되는 것은 매우 유감스러운 일이다. 많은 선교 단체들이 제각기 선교사들을 파송하고, 나름대로 선교 시책이 있기 때문에 선교 시책의 원리적인 통일성이 결여되어 있다. 교회를 배경으로 한 선교사들은 교단의 이름 아래 선교지로 나간다. 그러나 실제로는 대부분 개교회별로 선교사를 보내고, 또한 후원하고 있어서 선교상의 문제점으로 부각되고 있다.

초기 한국에서 일한 외국 선교사들이 네비우스의 방법을 따라 지킨 것 가운데 가장 배워야 할 점은 성경을 강조하는 사상과 '선교지 분담 정책'이라고 생각한다. 즉, 상호존중과 협력 선교이다. 선교 방법이나 그 적용이 시대와 지역에 따라 다를 수 있다. 그러나 성경을 강조하는 것과 선교사들이 서로 존중하고 협력함으로써 복음을 전하는 일은 불변의 원리다. 수없이 분열된 한국 교회 교단들이 일치와 연합을 지향하고 대화를 나누고 있는 단계지만, 파송을 받은 선교사들이 현지에서 하나의 협의체를 구성하고 협력하여 선교해야 할 것이다.

선교사들은 세계 각 지역에 분산되어 있기 때문에 고독하게 일하는 어려움을 겪는다. 그것은 효율적인 것이 아니다. 1945년 이전까지 우리나라에서 활동한 선교사가 1,529명에 달한다는 사실을 재고하고 거울로 삼아야 한다.[116] 다시 말하면, 한국의 복음 전파와 교회 성장을 위하여 선교국들은 많은 인력과 재력을 집중적으로 투여했다는 사실을 감안해야 한다. 한국 교회도 선교사들이 세계 각 곳에 흩어져서 고군분투하도록 하기보다는 선교지를 선

116) 김승태 · 박혜진 엮음, 「내한 선교사 총람 1884-1984」 (국제기독교역사연구소, 1994), 4.

택하여 여러 선교사들이 한 나라 혹은 한 지역에서 협력하면서 선교하도록 하는 것이 더 효과적일 것이다.

1990년대 중반부터 선교 협력 단체들이 생겼으며, 선교훈련원과 선교 연구 기관, 다수의 선교 연합체 등이 있어서 선교의 전문화가 이루어지고 있으며, 특히 여러 교파 교회들이 연합하여 선교를 추진해야 한다는 것을 공감하게 된 것은 고무적인 일이다.

위에서 언급한 바와 같이 한국 교회가 1970대 중반 이후부터 해외 선교에 박차를 가할 수 있게 된 것은 나라의 경제 성장과 국위 신장과 무관하지 않다. 한국인들이 온 세계로 진출하고 있으며 세계 각처에 교민들이 살고 있어서 여러 방면으로 교두보가 되고 있는 사실은 선교를 위한 고무적 요소이다. 한국인들이 해외로 진출하는 것 못지않게 이제는 많은 외국인들이 일자리를 위하여 혹은 유학하기 위하여 한국으로 들어와서 산다. 그러므로 교회는 선교사들을 내보내어 복음을 전하게 하는 것만을 선교로 생각할 것이 아니라 한국에 들어와 있는 외국인들에게 관심을 가지고 복음을 전하는 일 역시 교회가 반드시 해야 할 과업이요 선교임을 인식해야 한다. 1970년대부터 아세아연합신학대학교는 동남아 여러 나라에서 전도자로 일할 사람을 데려와서 신학교육을 받게 하여 본국에서 일하게 하려는 생각을 실천해 왔다. 그러나 이제는 여기 와 있는 외국인들 가운데서 선교 요원을 얻을 수 있다. 나라 밖으로 나가서 하는 선교와 안에서 하는 선교를 동시에 추진해야 할 때가 무르익었다. 고맙게도 그런 일이 이미 시도되고 있음은 다행한 일이다.

교회는 교회가 안고 있는 문제점 쇄신에 힘쓰며 존립하는 가운데 교회가 해야 할 과업을 다해야 한다. 한국 교회의 세계 선교 역시 여러 가지 문제점이 있더라도 계속 수행해야 한다. 문제점은 문제점대로 해결하기 위하여 최선을 다하면 된다. 한 사람의 생명을 온 천하보다 귀하게 보시고 독생자 예수 그리스도 안에서 구원하시기를 기뻐하시는 하나님의 구원의 복음은 계속 전파되어야 한다.

한국 교회의 현실과 전망

평양 최초 설립 교회 장대현예배당

1

한국 교회의 현실과 전망

한국 교회가 살아온 길

한국 교회는 개신교 선교 이후 선교 사상 유례가 없을 정도로 급속히 성장해 왔다. 선교사들은 복음을 전파하고 교회를 세우는 일에 병행하여 의료, 교육, 사회 사업, 한글의 발굴과 보급, 여성의 사회적 지위 향상, 신분 평등화 운동 등 여러 방면으로 구한말의 개화에 이바지하였다. 장로교와 감리교는 선교지 분담 협정을 통하여 교세 확장의 경쟁으로 인한 불필요한 소모를 피하고 교회가 건전하게 발전해 가도록 했으며, 장로교회 선교사들은 네비우스 선교 방법을 적용하여 한국 장로교회가 처음부터 재정적으로 자립하는 교회로 성장하도록 배려하였다. 감리교와 다른 교파에서도 대동소이한 선교 정책을 폈다. 성경 공부반을 통하여 성경 지식을 갖춘 교회로 성장하게 했으며, 또한 교회를 돌볼 전도자를 육성하였다.

감리교회에서는 1901년부터 한두 사람씩 목사로 먼저 장립부터 하다가 1907년에 신학교를 설립하였다. 장로교의 경우에는 1901년에 신학교를 설립했으며, 1907년에 한국인 목사를 안수함과 동시에 독노회(獨老會)를 조직하였다. 한국 교회는 이때 이미 큰 교세를 이루고 있었다. 한국 교회는 1903년경부터 성령의 각성 운동이 일어나 1907년을 전후로 부흥을 경험하였으며, 교인들은 진심으로 회개하고 변화를 받아 경건한 생활에 힘쓰는 그리스도인이 되었다.

한일합방 이후 교회는 일제의 핍박을 받으며 성장해 오다가 1919년의 3 · 1 운동 때에는 많은 기독교인들이 민족의 독립을 절규하는 만세 운동에 적극 참여함으로써 한국 교회가 한민족이 지체인 교회임을 과시하였다. 1920년대 중반 이후부터는 농촌 진흥을 위한 계몽과 교육에 힘을 기울임으로써, 교회는 영적인 삶에만 관심을 두지 않고, 이민족의 식민 통치하에서 신음하는 우리네 민족의 생활고를 해결하는 일에도 관심을 가지고 최선을 다하였다. 이 시점까지 교회는 영적이며 도덕적인 면뿐만 아니라 문화적인 면에서도 사회에 공헌하고 사회를 이끌어 가는 위치에 있었다.

1930년대에 이르러 한국 교회는 큰 시련을 겪게 되었다. 일제는 신사참배를 강요함으로써 기독교인들의 신앙의 자유를 박탈하였고 교회를 신도(神道)와 군국주의의 노예로 만들려고 하였다. 개별적인 저항 운동은 있었으나 공적으로 교회는 이에 굴종하였다. 그 결과 교회는 경건과 생기를 상실하였다.

또한 1920년대부터 자유주의 신학이 소개되어 1930년대 중반에 한국 교회에 신학적인 문제로 파문이 일었다. 그리고 그 당시 교회가 직면한 신사참배라는 실제적인 문제에 대응하는 입장의 차이로 보수주의와 자유주의는 첨예하게 대립하게 되었다. 일제의 탄압하에서 보수적인 지도자들이 옥살이를 하거나 망명을 간 사이에 자유주의 신학자들은 신학교를 세우고 신학의 자유를 구가할 수 있는 터전을 마련하였다.

1945년 해방 이후에 교회의 지도자들은 일본에 굴종한 치욕적인 과거를 회개함으로써 정리해야 했는데도, 쓰라린 과거를 들추지 않고 잊어버리려고만 하였다. 이런 것이 바로 일제하에서 겪은 충격적인 사건들이 한국 교회에 남긴 상흔이다.

1930년대에 교회 안에서 일어난 또 하나의 문제점은 성령을 빙자한 신비주의적인 이단 운동이었다. 그 운동들은 1950년대 이후에 생긴 이단 운동의 모체이다. 1930년대 중반을 지나면서 선교사들은 이제 한국 교회의 기틀이 충분히 잡혔다고 판단하여 스스로 퇴진할 시기를 논의하고 있을 즈음, 1940년대 초에 일제 정부에게 강제로 출국을 당하였다. 그리고 여러 교파 교회는 강제로 통합되어 일본 기독교 교단에 편입되었다.

1945년 해방과 더불어 강제로 통합된 교단은 본래의 교파 교회로 환원했으나 신사참배 문제의 후유증으로 장로교회와 감리교회가 다 같이 교회 분열의 아픔을 경험하였다. 장로교회는 교회의 쇄신을 주창하는 고신측이 1952년 분립한 데 이어서, 1953년 신학의 자유를 구가하는 기장측이 분립하였다. 이러한 최초의 분열이 유감스럽게도 민족상잔의 비극이 진행되는 6·25 전쟁 중에 일어났다. 그 후 장로교회는 1959년에 남은 큰 둥치가 다시 통합측과 합동측으로 분열하였다. 그 이후에도 장로교회 분열은 계속되어 제가끔 총회를 가진 수많은 장로교회 교단들이 생겼다.

교회 분열과 개교회주의

한국 교회가 급속한 성장을 이룬 사실은 하나님께 감사할 일이다. 그러나 그만큼 한국 교회는 많은 문제점을 안게 되었다. 그 가운데 가장 심각한 문제는 교회사에 유례없는 극심한 교회 분열이다. 누가 무어라고 변명하든지간에 먼저 지적되어야 하는 것은 빈번한 교회 분열 자체가 정당화될 수 없는 병폐라는 점이다. 어떤 이들은 교회 분열이 교단간의 교세 확장을 위한 경쟁을 유발하여 급속한 교회 성장을 이룩하는 데 긍정적인 역할을 했다고도 한다. 그것은 수긍할 수 있는 사실이기도 하지만, 교회 분열이 미친 부정적인 결과가 그보다 훨씬 크다는 점을 인식해야 한다.

더 심각한 문제는 교회 분열이 주로 개혁주의를 표방하는 보수주의 장로교회에서 일어났다는 사실이다. 그것은 신앙의 보수를 명분으로 내세우는 교회 지도자들의 독선적인 사고 때문이기도 하고, 교회를 '보이는 교회'와

'보이지 않는 교회'로 구분하는 종교개혁자들의 교회관을 역사적으로 충분히 이해하지 못한 데서 온 것이기도 하다. 즉 성경을 하나님의 말씀으로 믿지만 교회사적인 안목을 가지지 못하고 성경을 주관적으로 이해하는 신령주의적 교회사관 때문이다.

한국 교회에 만연한 심각한 문제점은 교회들이 개교회주의화하고 있다는 점이다. 개교회주의 경향은 교회 분열로 인한 교회 정치의 불신과 교단간의 경쟁적인 교세 확장에서 초래되었다. 감독교회인 감리교는 물론이고 장로교회도 교구 제도적인 교회로 발전해 왔는데, 그것이 교회 분열과 경쟁적인 교세 확장으로 인하여 와해되었다. 여기에는 이북에 적을 둔 교직자들의 무지역 노회의 형성과 1970년대 이후 한국 사회의 산업화로 인한 인구의 도시 집중화 현상도 그 중 한 요인이었다.

개교회주의 교회는 설립에서부터 자본주의 체제의 기업 생리를 닮게 마련이다. 1950년대까지만 하더라도 지역교회가 시찰회의 감독과 지원 하에 전도소를 설치하여 그것이 교회로 자립할 수 있도록 도왔다. 그러나 이제는 전도자가 독자적으로 투자하여 교회를 개척하는 경우가 많다. 네비우스의 선교 방법이 이러한 교회 자립을 의미하는 것은 전혀 아니다. 자본주의 사회의 기업의 생리를 가지게 된 교회는 생존을 위하여 치열한 경쟁을 치러야 한다. 경쟁에서 살아남은 교회는 비록 노회에 가입을 한다고 하더라도 노회의 의미를 인식하지 못하므로 노회의 통제를 받지 않으려고 한다. 한국 교회의 경우 지역교회가 교인 수에 비례하여 소위 상회에 바치는 헌금의 액수가 미국 교회에 비하여 현저히 적은데도 이를 바치기를 좋아하지 않는다. 이것 역시 개교회주의적인 의식 구조를 벗어나지 못해서이다.

한국 장로교회의 경우에는 오래 전부터 영세한 교회를 전전하며 목회한 목사를 위해서는 아무런 노후 보장이 없으나, 한 교회에서 20년 이상 목회한 목사는 원로목사로 추대하여 노후 보장을 받도록 하는 제도를 두고 있다. 개교회 단위의 노후 보장 제도나마 갖게 된 것은 그나마 다행으로 생각해야 할 일이지만, 이러한 제도 역시 개교회주의적인 발상에서 나온 것이고 교권주의와 개교회주의를 조장하는 비합리적인 제도이다.

개교회주의 교회는 대교회를 지향하며, 대교회는 개교회주의 성향을 띠게 된다. 일개의 개교회가 노회보다 더 비대해졌을 경우 그러한 교회들은 거의 다 개교회주의 교회가 된다. 노회가 할 수 있는 모든 사업을 개교회가 독자적으로 해낼 수 있기 때문이다. 반드시 대교회가 아니더라도 웬만한 교세를 갖추면 선교사 파송도 독자적으로 하며, 그것을 자랑스럽게 여기고 과시한다. 교회들이 독자적으로 선교사를 파송하기 때문에 통일된 선교 정책도 없고 선교사 지원책도 일정하지 않아서 혼란이 많다.

종교개혁 이후 개신교 교회들은 교황을 중심하는 교직제도의 치리 형태를 거부하면서 제각기 새로운 교회 정치 형태를 갖게 되었다. 중세교회의 제도를 약간 개선한 감독 정치 제도, 중세 교회의 제도와는 상반되는 개교회주의적인 독립교회 제도, 그리고 양자의 절충이라고 할 수 있는 장로교 제도 등이다. 개교회주의 교회는 중세적인 교회 제도를 가장 철저히 배제하는 교회 제도라고 하지만 가장 중세적인 교회로 전락할 수 있는 위험을 내포하고 있다.

개교회주의 교회는 아무런 상회의 제재를 받지 않고 그 자체가 최종 권위를 갖는다. 그리고 그 교회의 목회자는 대체로 카리스마적 지도자로 추앙을 받는데, 그럴 경우 그는 작은 교황이 될 수 있다. 조직을 갖춘 교황청의 교황과는 달리 얼마든지 독재할 수 있고, 부패할 수 있으며, 잘못된 길로 갈 수 있는 소지를 안게 된다. 개교회주의 교회들이 많으면 교계는 무정부 상태에 빠지게 된다. 노회는 지역교회에 분쟁이 있어도 조정하는 역할을 제대로 하지 못하게 된다.

교회의 치리 제도

우리는 교회를 감독하고 다스리는 일을 '교회 정치'라고 하여 세속의

'정치' 와 용어를 분별하지 않고 있어서 그렇게 의식화되는 위험을 늘 안고 있다. 영어로는 소위 '교회 정치' 를 세속의 정치(politics)와 구별하여 치리(polity)라고 한다. 교권을 맡은 사람들은 '정치' 의식을 탈피해야 한다.

장로교회는 목사직의 중요성을 강조하고, 또 감독 치리 제도와 회중교회 치리 제도의 중간적인 제도이기 때문에, 중세적인 교권주의나 회중교회적인 개교회주의로 기울어질 소지를 다분히 안고 있다. 특히 한국 교회의 경우에는 교인들이 샤먼이 신과 인간의 중개자 역할을 하는 무속 종교에 익숙하기 때문에 목사를 제사장으로 보는 경향이 농후하다. 이러한 종교적인 배경에서 온 교인들을 목회하는 목사는 카리스마적인 권위를 지향하거나 교권주의로 빠지기가 쉽다.

이미 지적한 대로 교회의 난립을 통하여 교구 제도적인 지역교회 제도가 와해됨으로 말미암아 장로교회는 실질적으로 회중교회 형태를 띠게 되었으며, 장로교인들의 의식이나 신학적인 이해 역시 회중교회적인 개교회주의의 교회관에 머물게 되었다. 장로교회 제도가 개교회주의 제도와 감독교회 제도의 절충이라고 하지만 개교회주의 제도보다는 감독교회에 더 가깝다고 보아야 한다. 목사와 지역교회를 돌아보는 역할을 다하는 것이 감독인데, 장로교회에서는 노회가 그것을 대신하는 것이다. 지역교회를 목회하는 목사들이 노회를 중심으로 서로 순복함으로써 치리하는 교권을 세우는 것이 장로교회의 원리다.

감독 치리를 표방하는 한국의 감리교회가 장로교화되는 일은 바람직하지 않은 일이다. 본래 감리교회에는 장로직이 없는데 장로직을 제정한 일 때문에만 그런 것이 아니고, 감독의 임기를 2년으로 단축함으로써 감독의 권위를 저하시키고 그 권한을 제한했기 때문이다. 감리교회가 감독교회의 특성을 잃고 장로교화됨으로써 장로교회의 개교회화 현상을 반성할 아무런 인식의 근거도 제공하지 못한다. 그뿐 아니라 감리교의 장로교화는 자체 교회 내의 개교회주의화를 촉진하는 결과를 낳는다. 개교회주의화가 보편적인 현상이 되었기 때문에 감리교회마저 그 특성을 잃고 전체의 한국 교회를 위하여 맡은 역할을 다하지 못하고 스스로 변형을 감행하게 된 것이다.

교회가 어떠한 치리 제도를 가지느냐 하는 것은 그 교회가 존재하는 국가와 사회 환경에 영향을 받은 사실을 교회 역사에서 관찰할 수 있다. 예를 들면, 강력한 왕국과 제후의 나라를 배경으로 한 앵글리칸 교회(성공회)와 루터파 교회는 감독 치리 제도를 선택했으나, 민주화된 자유시(自由市)를 배경으로 한 칼빈이 목회하던 제네바 교회는 장로교회 제도를 택하였다.

그러나 그것이 전부라고는 할 수 없다. 복음은 하나님께서 보내시고 세우시는 사도들과 선지자들과 전도자들을 통하여 전파되며, 목회자의 설교와 봉사를 통하여 교회가 서고 존속하게 된다. 그러므로 초대교회가 감독 치리 제도의 교회로 발전하게 된 데에는 교회 외적인 배경과 무관한 것은 아니었으나 교회 내적인 이유가 더 컸다. 그리스도의 교회가 반드시 사회의 정치 제도를 반영한 것은 아니었으며, 또 그래서도 안 된다.

스코틀랜드 교회는 왕정하에서도 장로교로 발전했으며, 유럽의 민주주의 나라의 교회에서도 감독 치리 제도를 잘 운영하고 있음을 볼 수 있다. 자본주의적 민주주의가 이상적인 정치가 아니고 어쩔 수 없이 모순을 안고 있는 것이라면, 교회는 의식적으로라도 세상의 정치 형태를 수용하거나 모방해서는 안 된다. 민주 정치에서는 백성이 정치의 주체지만, 교회에서 백성은 하나님을 믿는 신앙을 가지고 하나님의 말씀을 따라 사는 하나님의 백성이 되도록 교화되어야 할 대상이다. 따라서 세속의 정치 형태가 곧 교회의 치리 형태가 될 수는 없다.

교회는 교권주의로 인하여 부패했다면 마땅히 쇄신돼야 하고 개혁돼야 한다. 그러나 그러한 개혁이 교회의 본질과 교회의 직분에 대한 성경적이고 전통적인 이해마저 흐리게 만드는 극단적인 방향으로 이루어져서는 안 된다. 종교개혁 이후 개신교 교회는 위에서 말한 세 가지 형태의 교회 치리 제도를 택하여 오늘에 이르렀다. 종교 개혁은 국왕이나 제후 혹은 자유시의 세력을 배경으로 하면서, 유럽의 국가들을 초월하여 모든 지역교회를 통제하는 교황주의에 반대하여 일어난 것이기 때문에, 개신교 교회는 출발에서부터 민족이나 국가 혹은 지역을 단위로 하는 교회로 발전하였다.

종교개혁자들은 상호의 신학적인 견해 차이를 좁혀서 하나의 개신교회를 이루려고 노력했으나 실현하지 못했다. 통일된 개신교 정치를 하겠다는 의욕과 노력은 교회를 획일적으로 통제하는 교황주의를 반대한 개신교 교회들의 본래의 의도와 상치된다. 개신교회의 본래의 원리에 충실하면서 하나의 교회를 이룩하는 길은 획일적인 통합이 아니라 서로 존중하는 연합을 통하여 가능하다.

한국 교회 초기에 장로교와 감리교회 선교사들은 두 교회를 통합하여 하나의 교회를 이루려고 노력했으나 그들의 모국 교회들이 찬성하지 않는 바람에 그 일이 실현되지 못했다. 교회의 제도나 조직의 차이보다는 신학의 차이 때문에 어렵다고 본 것이다. 많은 사람들이 한국 교회가 하나의 교회로 성취되지 못한 것을 아쉽게 생각한다. 그러나 분열에 분열을 거듭해 온 오늘의 교회 현실을 보면 그러한 통합이 별로 의미를 주지 못했을 것이라는 생각을 하게 된다. 오히려 감독교회가 감독교회답고 장로교회가 장로교회다울 때 개교회주의 교회도 나름대로 전체의 교회를 위하여 공헌할 수 있으며, 한국 교회가 무정부적인 치리 부재의 교회가 되는 것을 면할 수 있다.

그것은 교파들의 신학을 두고 말할 때도 마찬가지다. 어느 교파 교회의 신학도 완전한 것은 없다. 인간의 논리로 체계화한 신학이 하나님의 말씀인 성경을 모두 포괄할 수 있는 것은 아니기 때문이다. 그러므로 교회는 성경 말씀을 더 옳게 이해하기 위하여, 즉 성경에서 이 시대에 주시는 하나님의 말씀을 옳게 파악하기 위하여 부단히 자신을 살피고 끊임없이 신학하며 개혁해야 한다. 교파 교회마다 각자가 특이하게 주장하고 강조하는 점이 있다. 교파 교회들은 그런 점들을 상호간에 수용하든 않든 결과적으로 서로 부족한 부분을 보완하게 되어, 그리스도의 교회는 더 온전함을 지향할 수 있는 것이다.

그러나 장로교가 세 자리 수의 교단으로 분열되고 있다는 사실은 결코 정당화될 수가 없다. 분립의 명분을 찾아야 하는, 다시 말하여 뚜렷한 명분 없이 분립하는 장로교회의 교단들은 개혁신학의 전통을 찾고, 신앙고백을 같이하는 가운데 통합을 모색해야 한다. 통합이 현실적으로 불가능하면 연합이라도 해야 하며 개혁신학을 공동으로 발전시켜야 한다.

은사 운동과 기복 신앙

1970년대부터 국가의 경제 성장과 함께 대교회를 지향하는 많은 교회들이 재정의 풍요를 누리면서부터 1950년대 이전과는 달리 한층 더 각종 헌금을 강조한다. 예수 그리스도와 사도들을 비롯하여 초대교회가 힘써 온 과업이 선교와 구제였다. 그런데 한국 교회는 선교만을 지상 과업으로 생각하고 거기에만 가치를 부여하는 바람에 교회의 확장을 위한 일은 모두 정당하게 여겨 왔다. 더 많은 사람을 인도하기 위해서 교회당을 크게 지어야 하고, 그러기 위해서는 더 많은 재정을 확보해야 한다는 것이다.

그럼으로써 구제에는 인색한 균형을 잃은 교회로 자라왔다. 그러므로 사회의 눈에는 교회가 막대한 예산을 집행하면서도 사회에 환원할 줄 모르고, 자기 비대화만을 추구하는 종교 집단으로 비칠 수밖에 없다. 예배에서 헌금을 바친 사람을 광고하거나 그를 위하여 복을 빌며 기도하는 일은 한국 교회에서만 볼 수 있는 기이한 광경이다. 1950년대 이전에는 볼 수 없던 풍습이다. 그것은 물질적인 복을 갈구하는 대중의 기복적인 종교심을 만족시켜 준다는 목회적인 배려에서 생긴 관행인데, 전능하신 창조주 하나님께 영광과 감사와 찬양을 돌리는 예배에는 전혀 맞지 않을뿐더러, 회중들이 하나님을 은밀한 가운데 보시는 거룩하신 하나님으로, 장차 영원한 나라에서 상급을 주시는 하나님으로 이해하는 것을 가로막고, 물질을 바치는 데 따라 복을 내리는 저급한 샤먼의 신 이해에 머물게 한다. 마땅히 쇄신되어야 할 풍조이다.

한국 교회 안에서 일어나는 성령의 은사 운동이 한국 교회와 사회에 많은 부정적인 영향을 미치고 있다. 초기 한국 교회가 경험한 대부흥은 성도들이 성경 말씀을 열심히 공부하고 기도에 힘쓰는 가운데 성령의 충만함을 부음 받아 일어난 불가항력적인 회개 운동이었다. 많은 사람들이 회개하고 예수 그리스도를 주님으로 영접하여 확신하는 믿음을 가지며, 도덕적으로 정결한 생활을 힘쓰게 만드는 운동이다.

다른 선교 교회에서도 그렇지만 한국 교회 사상 부흥사들 가운데 병 고치는 기적을 행하는 이들이 더러 있었다. 초기 한국 교회의 대부흥 때 활동한 길선주 목사, 1920년대와 30년대에 부흥사로 활동한 김익두 목사, 그리고 해방 후에 활약한 박재봉(朴在奉) 목사가 그러한 대표적인 인물이다. 그러나 그들은 사람들에게 병 고치는 일에 관심을 두기보다는 복음의 말씀을 듣고 영원한 생명으로 구원을 얻는 일에 관심을 기울이도록 강조하며 배려하였다. 병 고치는 일을 과시하는 일도 없었다.

그들은 집회의 목적을 항상 말씀 선포에 두었다. 그것은 신약성경에 나타난 사도들에게서도 볼 수 있는 일이다. 사도들은 이따금 사람들의 병 고치는 능력을 행했으나, 그들이 전념한 것은 주님의 명령에 따라 복음을 전파하고 가르치며 교회를 세우는 일이었다. 예수 그리스도께서 전도하시던 때와는 달리, 성경에 사람들이 사도들에게 병 고침을 받으려고 모여들었다는 기술은 거의 없다.

이에 반하여 은사 운동을 주도하는 대부분의 사람들은 회중들이 영원한 생명의 구원에 이르게 하는 복음의 말씀보다는 방언과 병의 치유 등 감각적인 경험과 현세적인 안녕과 복에 더 관심을 갖게 한다. 동조자를 얻어 조직을 형성하고, 많은 사람을 동원하기 위하여 광고 매체를 통하여 선전하며, 대형 집회를 열어 병 고치는 일을 주요 행사로 삼고 이를 과시한다. 교회의 유익을 위하여 성령께서 각기 다른 은사를 부어 주셨으므로 각기 받은 은사로 교회에 덕을 세우기를 힘쓰고, 각기 남의 은사를 존중하라는 말씀(고전 12장)을 무시하고 방언이나 병 고치는 은사가 곧 성령의 은사를 대표하는 것인 양

주장한다. 그 가운데 방언하는 것이나 혹은 치유의 기적을 행하는 것을 가르치거나 전수한다는 경우가 있는데, 성경에는 그렇게 가르치는 예가 없으며, 신학적으로도 전혀 이치에 맞지 않는 일이다.

여하튼 이러한 은사 운동은 초자연적인 세계와 기적에 대한 대중의 호기심을 유발하거나 자기중심적이고 이기적인 기복 신앙을 부추긴다. 그와 반면에, 하나님께서 우리에게 요구하시는 올바른 예배와 윤리적인 삶에는 무관심하게 만든다. 은사 운동을 하는 이들이 참으로 능력을 행하더라도 배타적으로 자기가 받은 은사만을 내세우며, 스스로 교만해져서 능력을 행하는 지도자로 군림하면서 성경을 제멋대로 해석하고 가르치는 이단의 길로 가기가 쉽다. 결국 많은 사람을 미혹하며 부를 축적하는 적그리스도적인 교주가 되는 것이 통례임을 관찰할 수 있다.

기복 신앙은 종교적인 신앙의 첫걸음이라고 할 수 있다. 그래서 예수께서도 이를 용인하셨다. 그러나 그것을 조장하시지는 않으셨다. 인간 중심의 이기적인 동기에서 하나님을 찾는 신앙이 천지를 지으신 거룩하신 하나님을 믿는 참 신앙일 수는 없기 때문이다. 교회의 지도자들이 이러한 기복 신앙을 참 신앙으로 승화되도록 순화시키기는커녕 이를 방치하거나 오히려 조장하는 경향 때문에, 많은 사람들이 은사를 좇으며, 그것이 곧 종교적인 신앙 체험의 전부이거나 중요한 부분이라고 생각하는가 하면, 윤리적이며 거룩한 성화의 삶을 힘쓰는 것이 하나님께서 바라시는 가치 있는 신앙생활임을 알지 못한다.

그리고 선교만 강조하고 구제 봉사를 소홀히 하는 경향이, 다시 말해서, 영혼 구원만을 강조하고 육적인 생명과 실제적인 이웃을 사랑하는 일을 소홀히 하는 경향은 신자들을 윤리의식이 결여된 사람이 되게 한다. 위에서 언급한 바와 같이 감리교와 장로교가 교구 교회적인 제도가 무너져 회중교회적인 개교회주의 교회로 변형되면서 교인들은 취향에 맞는 설교자를 찾아 이동하는 교인이 되었으며, 그 결과 많은 대형 교회가 출현하였다. 교인들이 이 교회에서 저 교회로 옮기는 것을 예사롭게 여기는 한, 교회가 사랑의 공동체라는 인식을 옳게 하지 못하게 마련이다.

신자들이 스스로 서로 돕고 의지하는 공동체의 책임 있는 지체임을 인식하지 못하고, 대중 속에서 묻히어 아무런 감시나 간섭을 받지 않는 자유로운 개인으로 지내기를 좋아한다면, 그리고 그렇게 스스로 숨어 지내는 기독교인들이 많아진다면, 기독교 윤리는 그만큼 퇴보할 수밖에 없다. 설교자는 마땅히 신자들의 교회 중심적인 신앙생활을 강조하고, 그만큼 교회 밖에서의 신앙적이며 윤리적인 일상생활도 강조해야 한다. 그리스도인이 성령의 열매를 맺는 거룩한 삶을 힘쓰지 않으면 구속의 은혜를 망각하게 되고, 감사하는 생활을 하지 못하고 기복적인 신앙, 곧 복 주시는 하나님을 찾는 신앙에 머물게 마련이다.

한국 교회와 신학

한국 장로교회는 개혁주의 신학을 표방하고 있으나 그것이 옳게 정착하고 발전하지는 못했다. 1930년대부터 1950년대까지 개혁주의를 표방하는 보수적인 장로교회는 자유주의와 현대신학의 성경관에 대항하여 성경을 하나님의 말씀으로 믿는 신앙을 변증하는 일에 많은 정력을 쏟았다. 올바른 성경관이 정통신학의 필수적인 전제지만 신학의 내용은 아니다. 그러고 보면 보수적인 장로교회는 개혁신학의 전제에 대한 주장만 반복해 온 셈이다. 그리고 일제의 핍박, 6 · 25전쟁과 교회 분열과 교회 '정치'에 대한 관심 등이 개혁신학의 발전을 저해하는 요소로 작용하였다.

한국의 보수적인 장로교회의 신앙에는 근본주의와 세대주의 혹은 경건주의적 신앙이 뒤섞여 용해되어 있다. 부흥 운동으로 영적인 각성을 경험한 교회이고, 또 회심과 개종을 촉구하는 선교, 즉 전도가 일차적 과제인 성장해가는 교회이기 때문이다. 그리고 이러한 사상들이 자유주의 성경관에 반대하여 성경을 하나님의 말씀으로 믿고 강조한다는 공통성 때문에 개혁주의 신앙과 별 구별 없이 수용된 것이다.

성경을 문자적으로 이해하는 경향과 종말론에 대한 편중된 관심, 예수 그리스도를 구속사의 중심으로 보지 못하고 세속의 이스라엘 국가에 구속사적인 의미를 부여하는 등 잘못된 역사관과 구원관, 구약과 신약의 불연속성과 연속성 및 통일성에 대한 이해의 결여, 하나님과 예수 그리스도의 인격, 그리스도의 구원 사역에 대한 객관적인 교리에 대한 설교보다는 믿음과 체험과 열심을 다하는 교회 봉사 생활을 강조하는 설교에 치중하는 등 설교 주제 선택의 불균형, 율법주의의 성향, 일반은총에 대한 이해 부족, 반지성주의 경향, 사회와 문화에 대한 관심의 결여 등은 개혁주의 신학의 전통에서 가르치는 것과는 다른 점들이다.

많은 보수적인 신자들이 이러한 비개혁적인 신앙에 그대로 움츠려 있게 된 것은 신학 교육의 부실에서도 왔지만, 신학의 양극화에서 오는 경계심에서 왔다고도 이해할 수 있다. 1945년 해방 이후부터 자유주의 신학자들이 성경에 대한 역사비평을 통하여 성경의 권위에 도전하였기 때문이다.

1960년대 초반에는 복음을 재해석해야 한다는 토착화신학을 말하고, 1960년대 후반부터는 기독교의 비종교화를 말하면서 교회의 적극적인 사회참여를 함의하는 세속화신학을 주창하면서, 동시에 다른 종교를 존중하고 인정하는 가운데 대화를 통하여 그들 가운데서 복음을 발견하도록 함으로써 선교를 달성한다는 WCC가 정책화하는 '하나님의 선교'(missio Dei)를 수용하였다.

1970년대부터는 정치신학과 해방신학을 소개함과 동시에 민중신학을 주창하였다. 민중신학은 민중을 가난한 자, 소외당한 자, 억눌림을 당하는 피지배자로 보고 신학의 관심과 출발을 이들의 해방에 두는 상황신학이다. 상황신학은 이러한 주제를 성경뿐만 아니라 한국의 역사와 문학에서 찾음으로써 성경을 민중신학을 위해 필요하고 유익한 문서의 하나로 상대화하며, 민중을 교회의 주체로, 역사를 지배자와 피지배자의 투쟁사로 보는 관점에서 기독교 역사를 재해석한다. 민주화 운동과 사회 운동에 신학적인 동기를 부여하려는 의도는 좋다. 그러나 그것이 우리 삶의 문제의 전부가 아닌데도 신학이 그 일을 위하여 존재한다는 식으로, 교회의 역사와 전통적인 신앙고백을 모두 부정하거나 가치를 전도하여 평가하는 것은 옳지 않다.

1980년대를 지나면서 세계의 정세와 국내의 정치적, 사회적 상황의 변동으로 민중신학의 역할과 의미가 퇴색하자, 자유주의 신학자들은 기독교와 타종교와의 대화를 논의하고, WCC의 선교신학의 경향과 함께 기독교 자체를 상대화하는 종교다원주의를 주장하게 되었다. 1990년대 초에 이르러 30년 전에 토착화신학의 논의를 주도했던 이들은 토착화신학의 귀착점이 결국 종교다원주의임을 시인한다. 신학의 자유를 구가하는 신학자들의 신학이 급진적이고 과격한 신학으로 발전하는 정도가 아니라 종교혼합주의로, 탈기독교적인 종교 이론으로까지 치닫게 되어 전통적인 기독교 신앙과 신학을 보수하는 입장에서는 대화의 접촉점마저 찾을 수 없을뿐더러 대화의 흥미조차 잃게 된다.

기독교적 사회 윤리를 논하고 문화와 정치, 사회에의 참여를 주창해 온 사람들이 주로 자유주의 신학자들이었으므로, 보수적인 교회의 지도자들은 그러한 주제 역시 자유주의 신학자들이나 관심을 가지고 다루어야 할 것이라고 생각한다. 그러나 보수적인 교회의 지도자들이 자유주의 신학은 배격하더라도 그들이 다루는 주제까지 외면하면서 영혼 구원에만 관심을 두는 비개혁주의적인 편협한 세계관 속으로 움츠릴 이유는 없다.

1980년대에는 보수적이며 복음주의 목회자들과 신학자들이 복음주의 협의회에서 문화와 정치, 사회 문제에 관심을 갖고 북한 동포 돕기 운동 등을 적극 전개하였다. 구제 봉사에 많은 예산을 할애하는 교회도 생겼다. 이것은 매우 고무적인 현상이다. 이러한 의식과 실천은 더 널리 확산되어야 한다.

교회의 성장과 역성장

1990년대에는 한국 교회의 성장의 둔화나 역성장이 교회를 섬기는 이들의 우려하는 관심사였다. 1960년대 초반에 남한의 총 인구의 85%에 달하는 사람들이 종교를 갖지 않았는데, 1988년의 통계에 의하면, 국민 모두 종교를 가진 것으로 나타나고 있다. 그것은 사람들을 기독교로 끌어들일 수 있는 가장 좋은 시기가 지나간 것을 의미하기도 한다. 통계에 따르면, 1970년대와 1980년대와 같은 많은 개종자를 기대하기가 어렵다. 예를 들면, 군종제도만 하더라도 옛날에는 군종 업무를 기독교 목사가 거의 다 관장했으나 이제는 불교의 세력이 만만치 않게 되었다.

그뿐 아니라 사회적인 상황도 달라졌다. 1960년대 이후 군사 정부의 "잘 살아 보자"라는 구호를 좇아 욕구불만 가운데서 부와 안정을 추구하던 시기가 지난 것이다. 군사 정부 아래서의 정치적인 욕구불만과 불안 의식도 많이 해소되었다. 물질적인 부에 대한 욕구불만도 채워져서 많은 국민이 여가를 즐기는 시대에 접어들었다. 각 세대가 차를 한 대씩 소유할 정도에 이르렀으므로 사람들의 일반 생활양식도 달라져 '레저'를 즐기는 문화로 진입한 것이다. 1960년대 이후 산업화의 와중에 농촌 인구가 도시로 이동하여 많은 사람들이 정서적으로 불안해졌으나, 1980년대 이후 어느 정도 안정을 찾은 것이다. 서양의 경우에 비추어 말하면, 사람들이 교회 출석을 게을리 하고, 많은 사람이 교회를 떠나는 사회적 환경이 우리 한국에도 조성되고 있다.

교회는 어떠한 사회적인 상황에 처하든지 자신을 반성하고 개혁에 힘쓰면서 교회 역사에서 늘 그래 왔듯이 열심히 전도를 해야 한다. 교회의 성장을 위하여 전도는 기본이며 필수적인 요건이다. 교회는 열심히 전도를 해야 성장한다. 그렇지 않으면 교회는 성장을 멈추거나 쇠퇴한다. 그러나 교회의 성장은 생물학적인 것이 아니므로 전도의 노력에 반드시 정비례하는 것은 아니다. 교회의 성장은 사회와의 관계에서 이루어진다. 교회가 위치하고 있는 사회가 교회를 어떻게 보느냐 하는 것 역시 중요하다. 그렇다고 교회가 사회의 동정을 살피고, 사회의 취향이나 경향에 맞추어 생존이나 성장을 꾀해야 한다는 말은 아니다.

1960년대에서 1980년대까지는 사람들이 부정적인 사회에서 종교를 갈구하던 시기였으므로 교회가 종교적인 것만 내세워도 전도가 잘되었다. 그러나 그 이후에는 사회적 여건이 달라졌다. 1997년 경제적인 위기를 당했을 때의 사회적인 분위기는 복음 전도를 받아들이는 듯이 보였으나, 그것은 일시적인 현상이었다. 그리고 사회적인 위기 상황은 일시적이어야 한다. 그러므로 교회는 사회적인 상황과는 관계없이 교회다움을 회복해야 한다. 사람들은 이제 교회가 종교만 강조하는 것으로는 매력을 느끼지 못한다.

교회는 늘 영적인 충만을 갈구해야 한다. 그러나 한국 교회에 눈에 띄게 부족한 것은 사회성과 윤리성이다. 사회성과 윤리성을 갖추지 못한 교회에 대하여 사람들은 실망하고 외면한다.

복음서에 보면 메시아의 오심과 함께 하나님 나라의 임하심은 사람들을 놀라게 하고 관심을 끄는, 말하자면 '센세이셔널' 한 것이었다. 이러한 '센세이셔널' 한 복음을 예수님께서는 12제자와 70인의 제자에게 전하도록 맡기셔서 전파하게 하셨다. 예수님께서 부활, 승천하신 이후 주님께서 약속하신 대로 성령께서 임하셔서 교회가 규모 있게 출발하면서부터, 복음 전파는 사도들이나 전도자의 몫만은 아니었다. 삼천 명씩 또 오천 명씩 회개한 사람들이 성령으로 변화함을 받아 이룬 그리스도의 교회, 그리스도의 공동체가 복음 전파의 큰 몫을 담당하게 된 것이다. 사도의 가르침을 받아 서로 교제하고, 떡을 떼고, 기도하기를 전혀 힘쓰며, 기적과 표적을 경험할 뿐 아니라 서로 가진 물건을 나누고, 재산과 소유를 팔아 각 사람의 필요에 따라 나누어 주고, 마음을 같이하여 성전에 모이기를 힘쓰며, 하나님을 찬미하는 그리스도의 교회는 백성에게 칭송을 받게 되었다. 그래서 구원받는 사람이 날마다 더하게 되었다.

교회는 그리스도의 복음을 선포하고 하나님의 말씀을 따라 살아야 하는 신앙 공동체로서 본래의 가치를 지녀야 한다. 교회가 본래의 가치를 회복하면 사람들이 존경하고 경외하며 교회에 관심을 갖는다.

기독교에서는 종교와 윤리가 하나인데, 교회가 윤리성을 상실하면 교회가 내세우는 종교성마저도 무력하게 되고 만다. 교회가 종교성은 뒤로하고 윤리성을 지나치게 강조해도 결과는 마찬가지이어서 교회는 교회다움을 상실하게 되는 것이다. 교회가 영적인 생동성을 상실하면 성경이 가르치는 윤리도 갖추지 못한 채 이데올로기를 좇는 집단이 된다. 교회다운 교회는 영적으로 각성해야 윤리를 실천할 수 있는 능력을 얻는다.

초기의 한국 교회는 한국 사회에 많은 것으로 기여하였다. 나라를 잃은 백성에게 애국과 애족의 요람이 되었으며, 새로운 문물을 받아들이는 통로로 기능을 다하였다. 선교사들은 복음 전파를 위하여 여러 면으로 힘을 썼다. 그들은 복음을 전파하기 위하여 좁은 의미의 전도 활동만 한 것이 아니다. 의료 선교사들은 새로운 서양 의술을 소개하고, 세브란스 병원을 위시하여 여러 지방에 병원을 세우고, 의과대학을 세워 의사를 배출하였다. 콜레라가 만연할 때에는 정부에 방역 대책을 마련하게 하였다.

그들은 학교를 세워 새로운 교육 제도를 도입하고 신학문을 소개하였다. 거리에서 전도하여 믿는 사람을 얻기도 했으나, 학생들이 복음을 받아들여 믿는 자의 수가 더 늘어났다. 성경과 기타 문서를 한글로 씀으로써 한글을 보급하고 개발한 것도 특기할 만한 일이다. 여성 해방 운동과 청년 운동의 시작과 신분 평등화 운동도 빼놓을 수 없는 업적 가운데 하나다. 장로교회에는 청년면려회가, 감리교회에는 엡워스청년회가 있었으며, 연합 청년 운동 기관으로는 YMCA와 YWCA가 있었다. YMCA는 다양한 사업을 벌여 한국 사회에 기여하였다.

한국 교회는 초기에 대부흥, 즉 회개 운동으로 말미암아 영적으로 각성하게 되었으며, 신자들 개개인이 윤리적으로도 각성하게 되었다. 교회는 영적인 것만 추구한 것이 아니고 교회가 살고 있는 나라와 사회에도 지대한 관심을 갖고 고난의 삶을 같이하였다. 기독교인들이 거의 모두 3 · 1 독립 만세운동에 적극 참여하였던 일과 1930년대에 교회가 농촌 진흥 운동을 한 사실을 볼 때, 교회는 윤리의식 가지고 있었으며, 그것을 표출할 수 있는 잠재력을 지니고 있었던 것이다.

한국 교회는 1930년대 후반에 유감스럽게도 신사참배에 굴함으로써 교회다움을 상실하였다. 해방 이후 교회는 과거의 잘못을 뉘우치고 철저히 회개했어야 했으나 그러지를 못했다. 교회의 지도적인 인물들이 친일파가 그대로 득세하는 사회 풍조에 편승하였으므로 교회는 정체성을 회복하지 못했다. 그래서 사회의 중추적인 양심으로 기능을 다할 수 없었다.

정치와의 관계에서 보더라도, 남한의 교회는 종교의 자유를 만끽하면서 대통령 이승만이 기독교인이라는 사실 때문에 정부와 여당을 무조건 지지하였다. 그러다가 부정선거로 4 · 19 학생의거가 일어나 자유당 정권이 무너지는 것을 보고 교회는 한때 할 말을 잃었다. 1960년대 이후, 교회는 자유주의적인 교회와 보수적인 교회로 나뉘어 군사 정부에 각기 달리 대응하였다. 자유주의적인 소수의 교회는 군사 정부에 반대하여 민주화를 촉구하는 운동을 벌인 반면에, 보수적인 교회는 침묵했지만, 실상은 타협하거나 굴종하는 자세를 취하였다. 독재에 항거한 교회들의 그러한 행위는 긍정적으로 보아야 하겠으나, 대체로 그런 교회들이 영적인 면을 소홀히 하는 교회인 것은 유감스러운 일이다.

한국 사회가 산업 사회로 발전하는 중에 농촌 인구의 도시로의 이동, 서울 강남 지역과 신도시 개발로 인한 인구 이동이 대교회 출현을 촉진하였다. 대부분의 도시 교회들이 회중교회의 유형이 되었다. 그래서 교회는 지역 사회와는 격리된 교회가 되었다. 지역 공동체에 관심을 두고 봉사하는 지역 교회(community church)로 발전하지 못하고 오히려 그 성격을 상실하게 된 것이다. 교회가 위치한 지역사회와는 연고가 없는 교인들이 멀리서 와서 모였다가 흩어진다. 흩어진 교인들은 거주지에서 소속 교회를 달리하는 그리스도인들과 이웃해서 살지만, 지역사회에 대하여는 결속력이 없는 개별적인 그리스도인으로 살 뿐이다.

교회 분열은 교회들을 열심히 전도하는 교회가 되게 하였으므로 교회 성장의 촉진제 역할을 했다고 긍정적으로 보는 이들도 있다. 그러나 교회가 서로 싸운다는 자체가 비윤리적인 것임을 인식해야 한다. 교회는 교세 확장의 경쟁 속에서 권징을 시행하지 못하는 교회, 즉 교인들을 윤리적으로 지도하는 일을 포기한 교회가 되었다. 교회는 교회답게 자라야 한다. 경쟁 관계에서 교회 성장을 도모하는 교회는 전 국민을 전도의 대상으로 하는 교회일 수는 없다.

교회 분열은 개교회주의를 초래하게 되었고, 개교회주의는 대교회주의를 낳게 되었다. 대교회는 개교회주의의 극대화 현상이라고 할 수 있다. 한국 교회의 성장에 기여한 것으로 생각되는 대부분의 큰 교회들은 철저하게 개교회주의 증후를 나타내고 있다. 교회의 예배, 선교 등, 여러 행사나 사업을 시행하거나 새로운 프로그램을 도입하여 적용하거나 개발할 경우, 교회의 보편성은 고려하지 않는다. 다시 말하면 한국 교회 전체를 생각하지 않고 자기 교회의 성장과 존립만을 염두에 두고 시행하는 경우가 많다.

1990년대에 이르러 개신교는 마이너스 성장을 한 반면에 천주교의 교인 수는 불어난다. 상당수의 개신교 신자들이 천주교로 개종했다고 한다. 그 원인은 여러 가지로 설명할 수 있을 것이다. 천주교가 사회 문제에 관심을 많이 기울이고, 1961년부터 1980년대까지 정권을 장악해 온 군사 정부에 비판적인 자세를 취함으로써 국민, 특히 젊은 층의 신뢰를 얻게 된 것도 하나의 원인일 것이다. 개교회주의에 함몰되어 대교회를 지향하며 서로 경쟁하는 개신교 교회, 부유한 대교회와 수많은 영세한 작은 교회들로 불균형을 이루고 있는 개신교 교회보다는, 하나의 교회 체제로 교구 제도 속에서 질서 있고 의젓하게 포교하고 봉사하는 천주교를 사람들은 더 선호하게 된 것이다. 개신교 교회가 대체로 천주교에 관하여 옳게 교육하지 못한 것도 원인 가운데 하나다. 즉 로마 가톨릭과 개신교의 동질적인 면은 별로 언급하지 않고 이질적인 면만을 가르쳐 왔기 때문에, 교인들 스스로가 양 교회의 동질적인 것을 경험하게 되면, 이질적인 것만을 배운 교육 내용을 신뢰하지 않게 되므로 더 쉽게 개종하는 것으로 보인다.

한국에서는 천주교회, 즉 로마 가톨릭교회가 하나님의 명칭에서부터 교직자와 성례의 명칭에 이르기까지 개신교와는 다른 점이 너무 많다. 그렇다고 천주교회를 전혀 이질적인 종교로 생각하면 잘못이다. 서양에서는 적어도 그러한 명칭에는 차이가 없으나 한국에서 그렇게 달라진 것은 양 교회가 한국의 역사 안에서 각기 시대를 달리하여 선교되고, 제각기 발전해 왔기 때문이다.

그러나 역사의식을 가지고 교회 전통을 존중할 때, 양 교회는 하나인 교회에서 분립하게 된 것과 양 교회의 신학적인 입장의 차이점이 무엇인지 뚜렷하게 알게 된다. 그래서 개신교 교회는 자체의 중세 교회화 현상, 즉 목사를 제사장으로 이해함으로써 사제주의화하고, 교회의 직분을 세분하며 목사와 부목사간에 현격한 격차를 둠으로써 교계주의화(教階主義化)하고 있는 사실을 발견하고 반성할 수 있다.

그리고 로마 가톨릭교회가 초대교회부터 전수되어 오는 기독교의 근본 교리 수호를 충실히 수호한다는 점에서, 개신교 내에서 일어나고 있는 기독교 자체의 존립을 위협하는 탈기독교 운동에 대항하여 기독교 진리를 변증하는 일에 힘이 될 수 있음을 인식해야 한다. 로마 가톨릭교회가 개신교와 공동의 역사적 유산을 가지고 있기 때문에, 개신교는 종교개혁자들이 희망했던 바와 같이, 로마 가톨릭교회가 그리스도의 바람직한 교회로 부단히 개혁되고 쇄신되기를 바라야 한다.

한국 교회는 대중을 영입에 급급한 나머지 중세적인 교회로 퇴보하지 않고, 성경 말씀을 따라 스스로 개혁하며, 말씀의 권위를 높이는 교회로 발전해야 한다. 교회가 이제는 성숙한 신앙을 가진 교회로 발돋움할 시기다. 대중도 미개한 종교적 신앙을 찾는 단계에 그대로 머물지는 않는다. 교회는 국내외 선교를 위하여, 민족의 복음화를 위하여 더 넓은 안목을 가져야 한다.

교회는 학원 선교 단체들을 '파라 처치'(para-church)라고 백안시할 것이 아니라 포용해야 한다. 선교 단체들이 한국 교회의 성장에 직접, 간접으로 기여한 사실을 정당하게 평가해야 한다. 학원은 민족 복음화를 위한 온상이다. 교회는 학원 복음화의 중요성을 인식하고 복음화 운동이 활성화하도록 교회와 연계된 학생 운동뿐 아니라 그렇지 않은 선교 단체들도 직접 혹은 간접으로 지원해야 한다. 교회가 학원의 복음화를 소홀히 하면 이단들이 와서 씨를 심는다. 그리고 해외 선교에 힘을 쏟는 것에 못지않게 국내의 군(軍) 선교와 학원 선교에 관심과 열심을 기울여야 한다.

사회에 기여하는, 아니, 이웃을 사랑하는 구제와 봉사 사업을 소홀히 하고 선교만을 교회의 과업으로 생각하는 교회는 결국 자신의 비대만을 추구하는 교회가 되고 만다. 해외 선교는 성장한 한국 교회가 수행해야 하는 위대한 과업이다. 그러나 일차적인 선교의 대상은 선교의 주체인 교회의 구성원이며, 특히 어린이와 청소년이다. 교회는 가까이 있는 이들에 대한 전도와 교육, 즉 교회 교육과 주일학교 교육에 지대한 관심을 갖고 정성을 기울여야 한다. 교회 성장을 위하여서는 개개의 교회가 전도에 힘써야 하므로 교인의 수평적인 이동을 합법화하는 등의 무원칙한 것들은 배격하더라도 교회 성장학에서 말하는 많은 이론과 실제를 수용할 수도 있어야 한다.

한국 교회의 위상과 기능

한국 교회가 이제는 자체의 존립에 집착해야 하는 소수인의 종교 집단이 아니고 사회에 크게 영향을 미치고, 사회를 주도할 수 있는 힘을 갖게 되었음을 인식해야 한다. 우리는 초기의 한국 교회가 교인의 수가 인구에 비례하여 극히 적었을 때도 한국 사회와 문화에 크게 기여하는 역할을 다하였음을 기억한다. 한국 교회가 이제는 초보적인 선교적 차원에서 기독교가 어떻게 한국의 역사와 문화에 뿌리를 내리고 수용될 수 있는지에 대하여 논하기보다는 한국의 역사와 문화를 위하여 무엇을 어떻게 기여할 것인지를 물어야 한다.

민족의 복음화와 더불어 교회가 필연적으로 생각하고 대비해야 하는 문제는 사람을 기독교인으로 만드는 일뿐 아니라 기독교인으로 살게 하는 일이다. 여기서 명심해야 할 일은 통계에 나타난 기독교인이 모두 의식화되고 성숙한 신앙을 가진 기독교인이 아니라는 점이다. 한 사람의 기독교인이 바람직하게 윤리적인 삶을 살 수 있게 되기까지는 오랜 세월에 걸친 꾸준한 배움과 수련을 통하여 가능하다. 교회가 성숙한 그리스도인으로 가득 찬다는 것은 현실 세계에서는 달성될 수 없는 이상이다. 국민의 절대 다수가 기독교인으로 개종하였다고 하여 이상 사회가 건설되는 것은 아니다.

교회의 현실에는 부조리한 점이 많다. 미국의 무수한 교파들의 무분별한 선교를 통하여 교파와 교단을 달리하면서 서게 된 교회들, 교회 안에 팽배한 물량주의와 상업주의, 개신교적 전통과는 역행하는 교권주의 등 한국 교회는 많은 문제들을 안고 있다. 교회는 하나님께서 세우신 기관이지만, 동시에 기독교인 개개인의 모임이기 때문에, 교회의 개혁은 곧 신자 각자의 영적인 각성과 도덕적인 쇄신을 의미한다. 교회의 자체 개혁을 위한 부단한 노력은 사회 개혁의 전제가 되는 것이며, 그것은 필연적으로 사회 개혁으로 이어진다.

민중신학에서와 같이 산업화된 오늘의 사회에서 사는 사람들이 특별히 의식하는 문제들을 전통적인 교회가 간과하고 있다고 하여 교회의 역사와 신앙고백을 모두 부정하거나 가치를 전도하여 평가하는 것은 옳지 않다. 과거의 교회가 말하지 않은 문제에 대한 신앙고백은 보완하면 되는 것이고, 또한 보완해야 한다. 종교개혁 시대에 나온 개신교의 신앙고백서가 선한 행위에 대하여 막연히 말할 뿐, 사회 정의나 사회 참여라는 구체적인 개념에 대하여 말하지 않는다. 그렇다고 개인의 칭의와 구원만을 말하거나 개인적인 성화만을 말하는 것이 반드시 전통을 존중하는 것이라고 생각할 수는 없다.

오늘의 정치 제도와 사회가 당시의 것과 같지 않으며, 오늘의 생활양식과 정치사상, 사회사상이 당시의 것과 다르기 때문에, 오늘을 사는 교회는 오늘의 사회에 대한 문제의식을 가지고 성경 말씀을 증언해야 하며, 그리스도인들이 오늘의 사회에서 하나님의 백성으로 사는 길을 가르쳐야 한다. 이를테면 환경오염은 20세기 후반에 와서 당면하게 된 문제이다. 자연을 훼손하고 모든 생명체의 존속을 위협하는 환경오염의 주범은 인간이다. 그러므로 지구인이라면 모두 다 함께 문제의 해결책을 모색해야 한다. 말하자면 환경오염에 대처하는 일은 기독교 윤리의 새로운 과제이다. 그것은 종래의 사회윤리의 주제보다 더 광범한 문제이면서, 동시에 개인 각자의 윤리적인 양식과 결단에 호소해야 하는 문제이다.

한국에서 기독교의 복음은 다종교 사회에 전파되었으며, 그리스도의 교회는 다종교 사회 속에서 자라 왔다. 기독교인이건 아니건 간에 사람은 모두 하나님의 일반은총 속에 산다. 기독교인들도 다른 종교를 가진 사람과 함께 조상으로부터 물려받은 역사적이며 문화적인 유산을 공유하는 민족 공동체의 일원으로 혹은 사회의 일원으로 한데 어울려 산다. 문화생활에 관한 한 그것은 일반은총에 속한 것이기 때문에, 기독교인도 한국 문화를 향유하고 형성하며 전수하는 일에 다 함께 참여한다.

다른 종교에서도 진선미를 추구하는 노력이 있다. 그런 의미에서 기독교인은 타종교의 현실을 인정하며 관용해야 한다. 이것은 타종교에도 구원이 있다는 식의 견해를 가지고 관용해야 한다는 것이 아니라, 예수 그리스도 안에서 베푸시는 하나님의 구원의 은총이 만민에게 미치기를 기원하는 가운데서 관용하는 것을 말한다. 그러므로 기독교인은 문화 속에 그냥 맹목적으로 안주하는 것이 아니라 문화에 대한 의식과 분별력을 가지고 산다. 문화에는 종교가 용해되어 있고, 종교는 문화를 형성하는 주요한 요소이기 때문이다.

달리 말하면, 문화는 우리 삶의 수단이고 양식이며 표현이므로, 종교적인 신앙은 우리의 삶에 표출되기 마련이다. 그리스도인들은 예수 그리스도를 통하여, 그리고 그리스도 안에서 창조주 하나님을, 우주를 다스리시는 거룩하신 하나님을 만나고 우리를 지으신 아버지로 인식하므로, 기독교인은 하나님께 순종하고 영광과 감사와 찬송을 돌리는 삶을 살게 마련이다. 그러므로 그리스도인은 다원종교 사회에서 문화에 대하여 종교의 혼합을 통해서가 아니라 기독교적인 문화를 창조함으로써 기여한다.

교회의 머리이신 구주 예수 그리스도의 명령을 따라 구원의 복음을 전파하고 가르치며, 사람들을 제자로 삼는 일에 힘쓰는 한, 우리는 문화의 기독교적인 변혁에도 노력해야 한다. 우리의 믿음과 삶이 이원적일 수는 없다. 우리는 믿음을 따라 살아야 하기 때문이다. 다시 말하여 기독교에서 종교와 윤리는 불가분의 것이기 때문이다.

교회의 궁극적인 목적은 지상의 문화 건설이나 이상사회 건설이 아니라, 죄와 사망에서 구원받은 백성이 지금부터 영원까지 하나님의 다스리심을 받으며 사는 것이다. 한국 교회는 모름지기 한국 민족을 위하여 선교사들을 보내셔서 복음을 전파하게 하시고, 교회를 세우셔서 성장하게 하신 하나님께 영광과 감사와 찬송을 돌리며, 교회가 안고 있는 취약점과 부족함을 부단히 개혁하면서, 하나님의 자비와 은총을 빌며, 그리스도께서 다시 오시는 날까지 더 많은 사람들에게 복음을 전하기 위하여 힘을 다해야 한다.

부록

통계 도표

1. 한국 종교별 교세 현황(1964~1988)

종교별\연도	1964	1969	1972	1975	1988
개 신 교	812,254	3,192,621	3,463,108	4,019,313	10,337,075
천 주 교	754,471	751,219	790,367	1,012,209	2,312,328
불 교	962,225	4,943,059	7,985,773	11,972,930	14,813,675
유 교	62,821	4,425,000	4,425,000	4,723,493	10,184,976
천 도 교	623,397	636,067	718,072	815,385	1,079,901
원 불 교	~	619,219	681,783	740,362	1,098,537
대 종 교	30,815	113,720	145,002	128,198	507,533
기 타	~	1,023,133	1,406,775	1,864,263	3,127,251
합 계	3,571,438	15,702,036	19,613,880	25,276,153	43,420,774

2. 남한의 총인구와 도시 인구

연도	총 인 구	도시 거주 인구
1949	20,169,000	3,458,000
1960	24,954,000	6,997,000
1966	29,116,000	8,977,000
1970	31,435,000	12,685,000
1975	34,681,000	16,771,000

(유동식, "현대 한국의 종교와 사회 운동", 「기독교 사상」, 1978년 1월호, 131.)

▶통계청 자료에 의하면 현재(2004년 7월 1일 기준) 남한의 인구는 48,199,227명(남자 24,260,585명, 여자 23,938,642명)이다.

3. 종교 인구 비율(1999, 2003년)

1999년

	종교 인구 비율	종교 유형별 인구 구성						
		불교	기독교	천주교	유교	원불교	천도교	기타
전국	53.6	49.0	34.7	13.0	1.2	0.4	0.1	1.5
남자	45.9	49.3	34.0	12.5	2.1	0.5	0.1	1.4
여자	60.8	48.8	35.1	13.4	0.6	0.4	0.1	1.6

2003년

	종교 인구 비율	종교 유형별 인구 구성						
		불교	기독교	천주교	유교	원불교	천도교	기타
전국	53.9	47.0	36.8	13.7	0.7	0.4	~	~
성별								
남자	46.4	47.4	36.4	13.3	1.3	0.4	~	~
여자	61.0	46.8	37.0	14.0	0.3	0.4	~	~
연령별								
15~19세	46.2	31.5	50.2	15.8	0.2	0.5	~	~
20~29세	44.7	37.7	44.7	15.5	0.2	0.3	~	~
30~39세	49.3	43.6	40.9	13.8	0.3	0.3	~	~
40~49세	58.2	50.5	33.5	13.7	0.6	0.5	~	~
50~59세	62.4	55.1	29.0	13.0	0.9	0.3	~	~
60세 이상	63.1	54.4	30.2	11.7	1.8	0.4	~	~

▶자료: 통계청, 「사회 통계 조사 보고서」 각년도.

4. 한국 기독교 교단 교세 현황과 선교 현황

2009. 1. 5. 현재
KWNA리서치팀(한기총, 통계청자료참고)

NO	교단명	2007년	2008년				파송 선교사수
		교회수	교회수	노회수	목회자수	교인수	
1	대한예수교장로회(통합)	7,158	7,671	64	13,887	2,686,812	1,102
2	대한예수교장로회(합동)	10,128	11,112			2,912,000	2,005
3	기독교대한성결교회	3,797	3,800	60	3,939	564,260	307
4	기독교한국침례교회	2,550	2,785	116	4,239	801,437	612
5	대한예수교장로회(고신)	1,655	1,689	38	2,903	474,047	295
6	대한예수교장로회(개혁A)	600	514	29	623	41,116	
7	대한예수교장로회(개혁B)	1,105	1,250		1,470	96,900	
8	대한예수교장로회(합동보수A)	583	446	27	518	19,821	
9	대한예수교장로회(합동보수 망원측)		220	10	247		
10	대한예수교장로회국제(대신)	2,055	2,075		4,297	452,314	394
11	예수교대한성결교회	1,240	1,008	32	1,241	174,051	251
12	기독교대한하나님의성회	2,725	3,200		5,500	1,800,000	834
13	대한예수교장로회(호헌A)	143	136	13	159	10,160	31
14	대한예수교장로회(호헌B)	261	229	19	301	11,960	
15	대한예수교장로회(합신)	784	801	20	1,569	150,241	369
16	대한예수교장로회(국제합동)	200	200				
17	대한예수교장로회(합동복음)	70	105		209	13,022	134
18	대한예수교장로회(보수개혁)	64	53		70	3,050	6
19	대한기독교나사렛성결회	257	278	6	343	26,188	25
20	대한예수교장로회개혁(국제)	113	113	6	141		
21	예수교대한감리회	121	71	7	64	9,465	
22	대한예수교장로회(고려)	409	409				81
23	대한예수교장로회(개혁합동)	78	62	6	67	3,845	
24	대한예수교장로회(성합)	144	144		175	3,105	6
25	대한예수교장로회(합동중앙)	778	1,012	39	1,201	85,000	100
26	대한예수교장로회(성장)	64	76	7	80	4,521	
27	대한예수교장로회(중앙)	1,027	1,067		1,200		82
28	대한예수교장로회(총회)	98	263	7	451	31,325	18
29	대한예수교장로회(합동복구)	30	30				
30	대한예수교장로회(보수)	56	112		120	13,000	
31	대한예수교복음교회	61	65	4	77	4,569	27
32	대한예수교장로회(근본)	142	142				8
33	기독교한국루터회	40	42		44	5,060	4
34	대한예수교장로회(연합)	90	66	4	66	6,310	
35	대한예수교장로회(합동정통)	2,816	3,004	60	4,150	866,599	

36	대한예수교장로회(개혁선교)	78	86	5	86	1,433	
37	대한예수교장로회(합동진리)	222	222				9
38	대한예수교장로회(개혁총연)	1,047	1,047	82	1,052	38,423	
39	대한예수교장로회(합동개신)	95	150		160	4,000	
40	기독교대한감리회(연합)	77	77				
41	대한예수교장로회(진리)	78	78		105	14,250	8
42	대한예수교장로회(보수합동)	118	92	12	116	5,015	
43	대한예수교장로회(합동보수B)	70	70				
44	대한예수교장로회(예장)	150	152		220	4,560	
45	그리스도의교회협의회	246	240	14	269	139,260	72
46	대한예수교장로회(합동연합)	62	105	7	106	3,824	
47	대한예수교장로회(선교)	36	30	4	56	1,731	20
48	대한예수교장로회	80	109	6	113	6,405	
49	대한예수교장로회(브니엘)	124	130	3	225		14
50	대한예수교장로회(웨신)	387	300	18	318	10,133	
51	그리스도의교회교역자협의회	105	105		142		17
52	대한예수교장로회(한영)	130	144	9	114	7,621	
53	대한예수교장로회(합동동신)	72	72	3	77	4,748	
54	대한예수교장로회(합동개혁A)	1,203	1,359	54	1,515	74,191	
55	대한예수교장로회개혁총회		234	12	276	8,570	
56	대한예수교장로회(합동총신측)	201	201		439	16,482	
57	대한예수교장로회피어선총회	234	281	11			
58	대한예수교장로회(고려개혁)	104	100	7	100	7,364	
59	대한예수교장로회(합동한신)	52	52		88	11,269	
60	기독교대한하나님의성회(순복음)	214	220		280		
61	대한예수교장로회(개혁진리)	131	131				
62	대한예수교장로회(합동보수C)	48	132	5	195	6,012	
63	대한예수교장로회(합동선목)	313	712	39	1,374	37,533	10
64	대한예수교장로회(합동개혁B)	221	229	12	228	4,534	
65	기독교대한감리회		5,913		9,259	1,557,509	907
66	대한성공회		122		213	40,123	
67	구세군대한본영		632		583	117,691	
68	대한예수교장로회(개혁)		670		670	6,407	
69	대한예수교장로회(개혁수도)		69		49	4,000	
70	대한예수교장로회(개혁정통)		200		250	10,000	4
71	대한예수교장로회(개혁총연B)		380		380	2,150	
72	대한예수교장로회(계신)		128		230	25,000	107
73	대한예수교장로회(대신B)		541		1,375	45,000	
74	대한예수교장로회(보수총연)		232		272	34,327	5
75	대한예수교장로회(예장개혁)		500		700	50,000	
76	한국기독교장로회총회		1,580		3,185	337,570	110
	한기총소속 64 교단합계	47,340	51,110	877	57,005	11,677,546	6,756
	76개 교단합계		62,077		74,171	13,907,323 (전인구30%)	7,889

5. 연도별 선교사 현황*

〈2006-2013〉

연도	2006	2007	2008	2009	2010	2011	2012	2013
선교사수	14,896	17,697	19,413	20,840	22,014	23,331	24,742	25,745

가장 많이 활동하는 선교지

국가명	개척지수	권 역	사역단체 수	전체 선교사 수
동북아 X국	F1	동북아시아	150	4,169
미국	G2	북아메리카	76	2,614
필리핀	G2	동남아시아	89	1,602
일본	F2	동남아시아	88	1,480
인도	F3	남아시아	80	963
태국	F2	동남아시아	61	781
인도네시아	F3	동남아시아	52	682
러시아/연해주	F2	동유럽	59	618
캄보디아	F2	동남아시아	74	603
독일	G1	서유럽	29	572
합계				14,084/52.74%
전체 선교사 수				26,703

참고: G는 General Missions, F는 Frontier Missions의 약자이다. G2는 복음주의 신자의 비율이 15.5%인 경우, G1은 10~15.5% 미만인 경우, F1은 5~10%미만인 경우이다. F2는 복음주의 신자의 비율이 0~5% 미만이고 박해 지역이 아닌 경우, F3는 그 비율이 0~5% 미만이고 백해 지역인 경우를 말한다.

6. 한국 선교사들의 주요 사역*

교회개척	활동 국가 수	전체 선교사 수
교회개척	136	10,693
제자 훈련	140	8,612
캠퍼스	73	2,499
교육	75	1,361
복지/개발	70	819
의료	50	515
총계		24,499

* 한국선교협의회(KWMA) 파송 현황 통계에서, 2013년 12월 말 현재

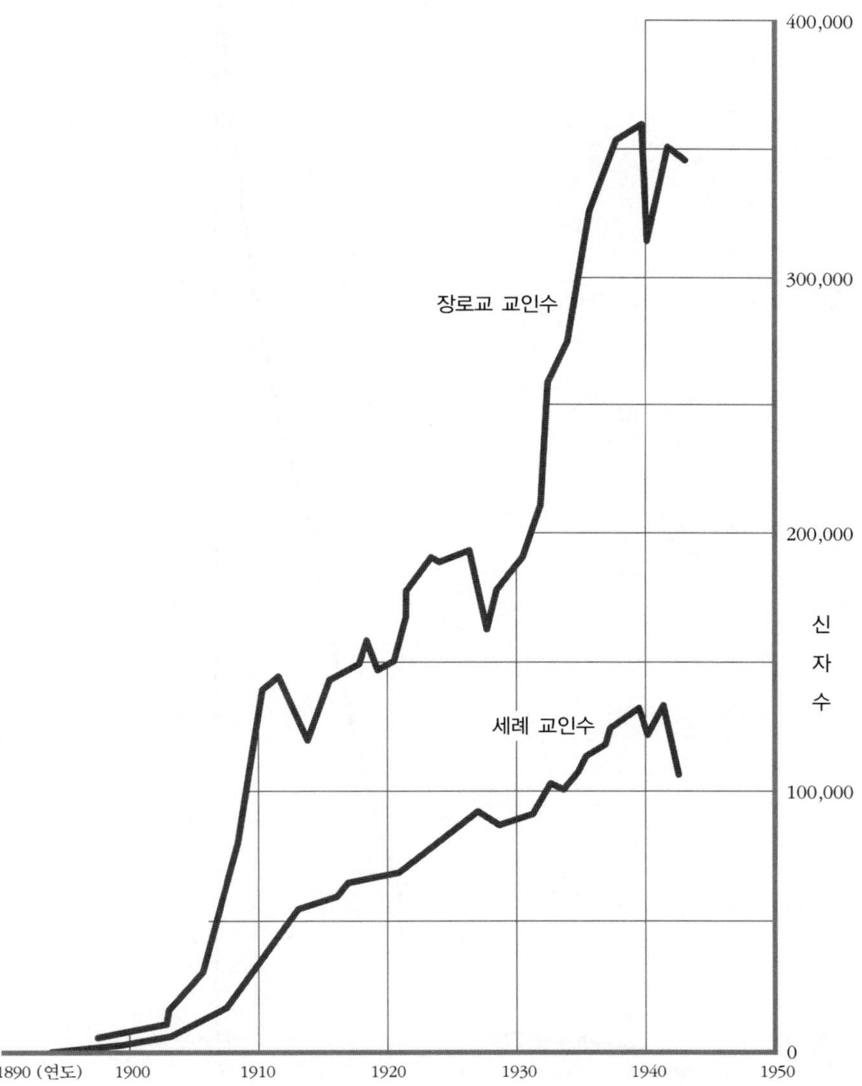

7. 한국 장로교 교인수와 세례 교인수(만주 한인 장로교 교인 포함)
(Roy E. Shearer, *Wildfire: Church Growth in Korea*, 48)

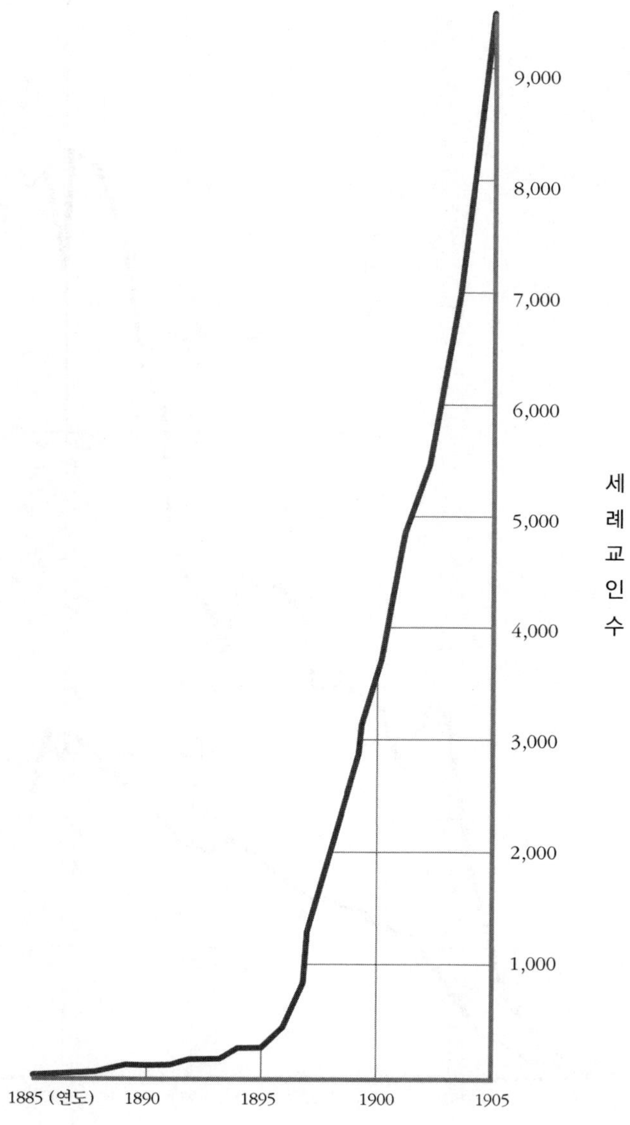

8. 한국 장로교 세례 교인 증가표(1895~1905)
(Roy E. Shearer, *Wildfire: Church Growth in Korea*, 51)

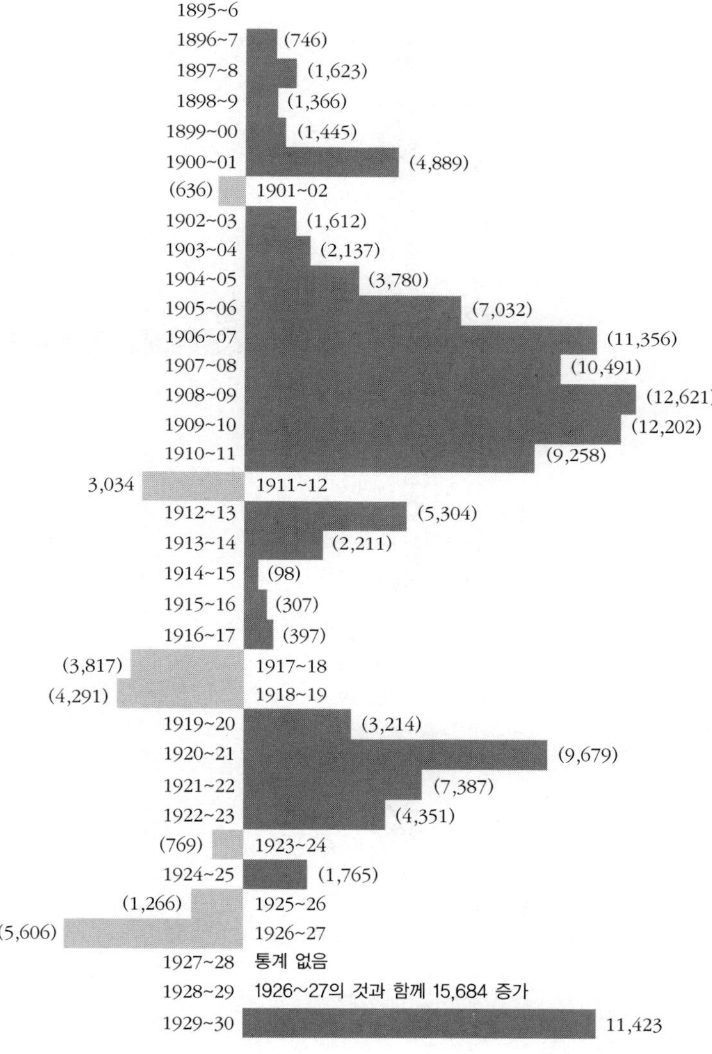

9. 한국 장로교 세례 교인 증가표(1895~1930)
(J. S. Palmer, *Korea and Christianity*, 92)

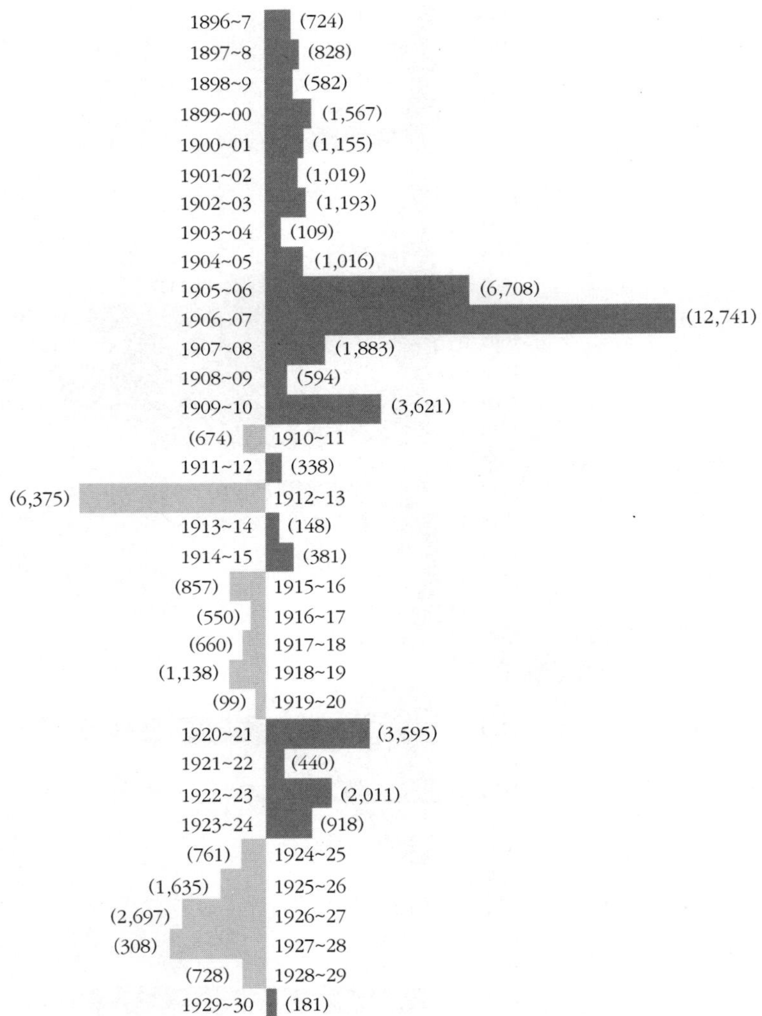

10. 한국 감리교 신자의 증감율(1895~1930)
(J. S. Palmer, *Korea and Christianity*, 93)

11. KNCC와 한기총 회원 교단 (2009년 8월 현재)

• KNCC 회원 교단

*대한예수교장로회(통합) 110~470 종로구 연지동 135 한국교회100주년기념관 303호

기독교대한감리회 100~101 중구 태평로 1가 64~8 감리회관(광화문빌딩) 16층

한국기독교장로회총회 142~714 서울 강북구 수유6동 산76

구세군대한본영 100~120 중구 정동 1~23번지

대한성공회 100~120 중구 정동 3번지 대한성공회 교무원

기독교대한복음교회 110~126 종로구 종로 6가 210~1

한국정교회 121~861 마포구 아현동 424~1

*기독교대한하나님의성회 110~102 종로구 평동 222 총회회관 301호

• 한기총 회원 교단

1. 대한예수교장로회총회(통합) 110~470 종로구 연지동 135 한국교회100주년기념관 303호
2. 대한예수교장로회총회(합동) 135~283 강남구 대치 3동 1007~3
3. 기독교대한성결교회총회 135~280 강남구 대치동 890~56
4. 기독교한국침례회총회 152~102 구로구 오류 2동 115~1
5. 대한예수교장로회총회(고신) 137~040 서초구 반포동 58~10
6. 대한예수교장로회총회(개혁A) 110~470 서울 종로구 연지동 136~5 대호빌딩 본과 201~1
7. 대한예수교장로회총회(개혁B) 110~850 서울 종로구 효제도 64~2 2층
8. 대한예수교장로회총회(합동보수A) 121~060 서울 마포구 토정동 138 한가삼성3가 403호
9. 대한예수교장로회총회(합동보수 망원측) 431~086 서울 마포구 마원1동 377~1 로얄플라자 801
10. 대한예수교장로회총회(대신) 431~827 경기 안양시 동안구 신촌동 1073 홍일상가 710호
11. 예수교대한성결교회총회 110~091 서울 종로구 행촌동 1~30
12. 기독교대한하나님의성회총회 110~102 서울 종로구 평동 222 총회회관 301호
13. 대한예수교장로회(통합)총회 150~869 서울 영동포구 여의도동 12~5 중앙보훈회관 608
14. 기독교대한하나님의성회(여의도순복음)총회 150~869 서울 영동포구 여의도동 12번지 삼도 오피스텔 402호
15. 대한예수교장로회총회(호헌A) 110~736 서울 영등포구 대림3동 733~6 2층
16. 대한예수교장로회총회(호헌B) 480~847 경기 의정부시 의정부동 397~4
17. 대한예수교장로회총회(합신) 110~740 서울 종로구 연지동 한국기독교연합회관 1601호
18. 대한예수교장로회(국제합동)총회 121~880 서울 마포구 창전동 6~264

19. 대한예수교장로회 총회(합동복음) 151~835 서울 관악구 봉천7동 1594~7 삼정빌딩 5층
20. 대한예수교장로회총회(보수개혁) 110~850 서울 종로구 효제동 47~1 반도보라아이비 211호
21. 대한기독교 나사렛성결회 전국총회 158~811 서울 양천구 목 3동 600~7 (3층)
22. 대한예수교장로회 개혁(국제) 110~761 서울 종로구 신문로 2가 89~27 피어선빌딩 1106호
23. 예수교대한감리회총회 150~091 서울 영등포구 문래동 1가 2~4
24. 대한예수교장로회총회(고려) 157~030 강서구 등촌동 131
25. 대한예수교장로회총회 (개혁합동) 151~822 서울 관악구 봉천동 874~13
26. 대한예수교장로회총회(성합측) 151~805 서울 관악구 봉천2도 41~117 샬롬빌딩
27. 대한예수교장로회총회(합동중앙) 120~101 서울 서대문구 홍은 1동 448~1
28. 대한예수교장로회총회(성장) 110~850 서울 종로구 효제동54~2 대학생성경읽기선교회
29. 대한예수교장로회총회(중앙) 139~845 서울 노원구 월계 4동 382~33
30. 대한예수교장로회총회(총회측) 423~013 경기도 광명시 광명 3동 158~1356 3층
31. 대한예수교장로회총회(합동복구) 156~845 서울 동작구 상도 4동 279~422
32. 대한예수교장로회총회(보수) 426~825 경기 안산시 상록구 사2동 1470
33. 대한예수교복음교회총회 301~832 대전시 중구 용두동 143~4
34. 대한예수교장로회총회(근본) 131~851 서울 중랑구 묵 2동 233~90
35. 기독교한국루터회총회 140~190 서울 용산구 후암동 446~11
36. 대한예수교장로회총회(연합) 560~282 전북 전주시 완산구 평화동 2가 587~1
37. 대한예수교장로회총회(합동정통) 137~851 서울 서초구 방배 3동 1031~3 미주플라자 1층
38. 대한예수교장로회총회(개혁선교) 110~850 서울 종로구 효제동 13 정화빌딩 3층
39. 대한예수교장로회총회(합동진리) 422~040 경기도 부천시 소사구 송내동 296~18
40. 대한예수교장로회(개혁총연합) 110~736 서울 종로구 연지동 136~46 기독교회관 608호
41. 대한예수교장로회총회(합동개신) 110~470 서울 종로구 연지동 1~24 광림프라임빌 209호
42. 기독교대한감리회총회(연합) 1561~831 서울 동작구 상도동 22~3
43. 대한예수교장로회총회(진리) 130~755 동대문구 답십리 4동 989~1 우성그린APT상가 3층 진관우성교회 내
44. 대한예수교장로회총회(보수합동) 330~954 충남 천안시 원성2동 554~1
45. 대한예수교장로회총회(합동보수B) 142~061 서울 강북구 번1동 430~66
46. 대한예수교장로회총회(예장) 158~860 서울 양천구 신월5동 64~2 성은빌딩 3층
47. 그리스도의교회협의회총회 110~470 서울 종로구 연지동 30 환원빌딩 6층
48. 대한예수교장로회총회(합동연합) 451~821 경기 평택시 포승면 만호리 21~3
49. 대한예수교장로회총회(선교) 143~200 서울 광진구 593~20 우림빌딩 302호
50. 대한예수교장로회총회 135~280 서울 강남구 대치동 904~13 301호

51. 대한예수교장로회총회(브니엘) 611~829 부산 연제구 연산 2동 1641~16
52. 대한예수교장로회총회(웨신) 150~851 서울 영등포구 신길 5동 442~105 201호
53. 그리스도의교회 교역자협의회 총회 157~016 서울 강서구 화곡 6동 산 204
54. 대한예수교장로회(한영) 152~090 서울 구로구 개봉동 산 22~1
55. 대한예수교장로회총(합동동신) 404~822 인천시 서구 석남1동 179~81
56. 대한예수교장로회(합동개혁A) 151~801 서울 관악구 남현동 602~41
57. 대한예수교장로회개혁총회 130~781 서울 동대문구 청량2동 235~6 미주상가 B동 404호
58. 대한예수교장로회(합동총신측) 402~060 인천시 남구 도화동 429~1 롯대월드타워 901
59. 대한예수교장로회(피어선) 135~907 서울 강남구 역삼동 601 금협빌딩 5층
60. 대한예수교장로회 총회(고려개혁) 110~054 서울 종로구 사직동 304~43 양의문교회 7층
61. 대한예수교장로회(합동한신) 151~820 서울 관악구 봉천 8동 947~8
62. 기독교대한하나님의성회총회(순복음) 156~090 서울시 동작구 사당 1동 1033~37
63. 대한예수교장로회총회(개혁진리) 150~837 서울 영등포구 신길1동 69~6 2층
64. 대한예수교장로회총회(합동보수C) 136~111 서울 성북구 길음1동 877~185 4층
65. 대한예수교장로회총회(합동선목) 130~090 서울 동대문구 휘경2동 35~6 3층
66. 대한예수교장로회총회(합동개혁B) 151~827 서울 관악구 봉천본동 948~29 3층

가맹 단체(한기총)

1. 한국장로회총연합회 110~740 서울 종로구 연지동 136~46 한국기독교회관 501호0
2. (사) 한국기독실업인회 121~743 서울 마포구 도화 2동 538 성지빌딩 406호
3. 한국교회평신도 단체협의회 110~736 서울 종로구 연지동 136~46 한국기독교회관 809호
4. 한국기독교교회청년협의회 110~850 서울 종로구 효제동 64~2 고운빌딩 5층
5. 한국기독교여성협의회 110~130 서울 동작구 노량진2동 25~13 한독학원 내 2층
6. 한국기독교직장선교연합회 135~010 서울 감남구 논현동 203~1 거평빌딩 14층 1405호
7. (사)한국외항선교회 121~839 서울 마포구 서교동 377~4 교평빌딩 4층
8. 한국복음주의협의회 121~190 서울 마포구 창천동 6~270 홍익빌라 B동 402호
9. (사)한국세계선교협의회 156~834 서울 동작구 상도 1동 56~38 백산빌라 401호
10. 월드비전 150~010 서울 영등포구 여의도동 24~2
11. 한국대학생선교회 110~021 서울 종로구 부암동 36~1 한국대학생선교회
12. (주)기독교텔레비전 156~052 서울 동작구 노량진2동 27~2
13. (사)세선회 121~841 서울 마포구 서교동 464~60
14. 한국시각장애인기독교협의회 100~876 서울 중구 회현도 2가 48~20 한국맹인교회

15. (사)한국국제기아대책기구 135~955 서울 강남구 청담 1동 111번지

16. 기독시민운동중앙협의회 133~854 서울 성동구 하왕십리동 291~10 덕용빌딩 403호

17. 교회와 경찰중앙협의회

18. (사) 세계태권도선교협회 139~714 서울 노원구 상계2동 322~14 4층

19. 한국기독민간복지시설협의중앙회 150~808 서울 영등포구 당산동 6가 121~284 유성빌딩 4층20. 코리아기독교평신도세계협의회 110~736 서울 종로구 연지동 136~46 한국기독교회관 809호

21. (재)사랑의 장기기증운동 120~013 서울 서대문구 충정로 3가 464 충정타워빌딩 B 1층

12. 한국교회사자료 소장 기관

한국기독교역사연구소

1982년 개설. 설립자 및 초대 소장: 이만열 교수; 현 소장 윤경로 교수

주소: 서울시 강남구 수서동 717-1, 그린빌 B동 101호

전화 02-2226-0850/팩스 02-2226-0849

웹사이트: ikch.org

E-메일 주소: ikch0102@chollian.net

자료: 15.000여점, 공개를 원칙으로 함

한국교회사 및 신학관련 도서: 기독교 대연감, 대한예수교장로회총회록, 조선감리회연회록

한국관련 도서: 한국사, 관보, 실록, 한국지리풍속지리총서, 문집총서 등

기독교 관계 신문, 잡지: 기독신보, 기독교보, 그리스도신문, 조선그리스도인 회보, 기독교사상, 크리스찬 신문, 신학사상 등

마이크로필름 지료: 한국관련 문서, 미북장로교회, 미남장로교회, 감리회, 호주장로회, 캐나다장로회, OMS 등.

한국교회역사자료박물관

2009년 개설: 설립자 및 관장 장영학 목사

주소: 412-010 경기도 고양시 덕양구 주교동 621-1

전화: 031-965-2553(팩스 겸), 070-7681-5099

E-mail: cyh3303@hanmail.net

자료: 15.000 권, 공개를 원칙으로 함.

개교회사: 2,000권, 지역교회사: 500권, 한국교회사: 500권,

신앙인물사(전기, 평전, 회고록, 자서전, 기념문집, 기념논문집, 기타 개인사진화보): 2,000권

기관사(초등학교사, 기독교학교사, 기독교기관사): 500권

백년사(개교회사, 지역교회사, 학교사, 교단사, 기관사, 지역사, 천주교본당사, 교구사): 500권

논문집(신학대학교, 교회사 학회, 기타): 2,000권

잡지(활천, 기독교사상, 월간목회 목회와 신학, 월간고신, 문학지 기타): 2,000권

주요인물전집: 500권, 역사화보: 500권, 향토사: 1,000권

참고 문헌

신학지와 정기간행물

「改革神學」 III (1977).

「教會와 神學」 I (1965); X (1978); XXI (1989).

「基督教 思想」 (서울: 기독교사상사, 1957).

「論文集」 (고신대학) IV (부산: 고신대학교, 1976).

「思想界」 (서울: 사상계사, 1963).

「信仰生活」, 1931~1938, 평양; 1951~1956 부산.

「神學과 世界」, 1916.

「神學論壇」 I (1954); XIII (1977).

「神學思想」 I (1973).

「神學 世界」 I (1916).

「神學正論」 (수원; 합동신학교, 1992).

「神學指南」 I (1918).

「韓國神學大學報」 I (1955).

「韓國基督新教年鑑」 (1964, 1970, 1976).

The Korea Field for 1904, published by the Northern Presbyterian Mission.

The Korea Magazine, Vols. 1~3, from Jan. 1917 to April 1919.

The Korea Methodist for 1905, issued by the Northern Methodist Mission in Korea.

The Korea Missionfield, 1905~1942.

The Korean Repository, Vols. 1~5, 1892, 1895~1898.

The Korea Review (K. M. F.), Vols. 1~6, 1901~1906.

서간과 기타 문서

A letter from S. A. Moffett, H. C. Whittemore, O. R. Avison, G. S. McCune and C. E. Sharp to the Governor Terauchi, Jan. 8, 1912.

A letter to Rev. Professor J. Hope Moulton, D. D., Didsbury College, Manchester, 14, Nov. 1914.

Brief Statement of the Chosen Conspiracy Case (Korea), prepared by Sir Andrew Fraser, 31st of March, 1914.

Instruction by the Governor~General to Local Authorities Instruction No.16, issued on March 24, 1915.

Article in "The Seoul Press" of April 2, 1915, by M. Komatzu, Director of the Foreign Affairs Bureau: "Saparation of Education and Religion."

A Letter from A. J. Brown to M.Komatzu, Feb. 7, 1916.

A Letter from Dr. O. R. Avison to Dr. Sidney L. Gulick, Dec. 30, 1919.

Statement presented to the Executive Committee of the Board of Foreign Mission, M. E. Church, June 17, 1937.

The Minutes of the Foreign Department of the Board of the Northern Presbyterian Mission, Aug. 31, 1937.

A Letter of Holdcroft and Soltau to the Board of Foreign Missions, Presbyterian Church U.S.A., March 28, 1940.

Outline for guidance of the Presbyterian Church adopted by the Executive Committee of the General Assembly, November, 1940.

Report of the Interim Committee of the Korean Mission of the United Church of Canada, August, 1942.

기독교 역사 사전

「교회사 대사전」, I, II, III, 서울: 기독지혜사, 1994

「내한 선교사 총람 1884~1984」한국기독역사연구소 편, 1994.

「한국가톨릭대사전」, 한국가톨릭대사전편찬위원회 편, 서울: 한국교회사연구소, 1985.

Die Religion in Geschichte und Gegenwart, Dritte Auflge〈*RGG*^{3}〉, J. C. B. Mohr (Paul Siebeck) Tubingen, 1957.

한국 교회사 저서(단행본)

「大韓예수教長老會百年史」, 韓國教會百周年準備委員會史料分科委員會 編, 서울: 大韓예수教長老會總會, 1984.

「長老教會史典彙集」, 朝鮮耶蘇教書會, 1918.

「朝鮮예수教長老會史記」 下卷, 韓國教會史學會編, 서울: 연세대학교출판부, 1968.

「朝鮮예수教長老會史記」(1928년 간), 저작 겸 발행자 車載明, 신문내교회당, 1928년. (영인본 발간: 동문인쇄사).

「韓國監理教會史」, 기독교대한감리회총리원교육국 편, 서울: 기독교대한감리회총리원교육국, 1975.

「한국기독교의 역사 I」, 한국기독교역사연구소 편, 서울: 기독교문사, 1989.

「한국기독교의 역사 II」, 기독교문사, 1990;「한국기독교의 역사 III」, 2009.

「한국성결교회사」, 성결교편찬위원회 편, 서울: 대한성결교회, 1992.

간하배, 「韓國教會史」한국 장로교 신학사상: 장로교 신학과 교단의 갈래~개정판, 1997.

곽안전, 「韓國教會史」(A History of the Church in Korea), 서울: 기독교서회, 1973.

———, 「韓國教會史」(History of the Korean Church), 서울: 기독교서회, 1961.

「한국 침례교회사」, 기독교한국침례회총회편, 서울: 침례회출판사, 1996.

기진오, 「한국 기독교 역사의 전개」, 서울: 경향문화사, 1998.

김갑수, 「한국 침례교 인물사」, 요단, 2007.

金光洙, 「韓國基督教傳來史」, 서울: 기독교문사, 1974.

金光洙, 「韓國基督教擴張史」, 서울: 기독교문사, 1976.

김남식, 간하배, 「한국 장로교 신학사상사」, 도서출판 베다니, 1997.

金得榥, 「韓國宗教史」, 서울: 에펠출판사, 19631, 19702.

김명배, 「해방 후 기독교 사회운동사」, 서울; 북코리아, 2009.

김수진, 「사진과 함께 읽는 이야기 한국 교회사」, 서울: 쿰란출판사, 2008.

———, 「한국 기독교의 발자취」, 서울: 한국장로교출판사, 2001.

———, 「한국 초기 선교사들의 이야기」, 서울: 한국장로교출판사, 2004.

金良善, 「韓國基督教史研究」, 金光洙 編, 서울: 기독교문사, 1971.

———, 「韓國基督教解放十年史」, 서울: 大韓예수教長老會總會, 宗教教育部, 1956.

김용국, 「한국 침례교 사상사: 1889~1997」, 침례교신학대학출판부, 2005.

金容海, 「大韓基督教浸禮教會史」, 서울: 浸禮教總會, 1964.

김인수, 「간추린 한국 교회의 역사」, 서울: 한국장로교출판사,1995.

———, 「일제의 한국 교회 박해사」, 서울: 대한기독교서회, 2006.

———, 「한국 기독교회사」, 서울: 한국장로교출판사(통합측), 2005.
———, 「한국 기독교회의 역사」(상, 하), 서울: 장로회신학대학교출판부, 2002.
김진복, 「한국 장로교회사」, 서울: 쿰란출판사, 1995.
김진형, 「사진으로 보는 한국 초기 선교 90장면」, 감리교회편, 서울: 도서출판 진흥, 2006.
김하일, 「한국 장로교회사」, 서울: 예루살렘, 1999.
김해연, 「한국 교회사」, 서울: 성광문화사, 1993.
김홍기, 「한국 기독교 사상 산책」, 서울: 땅에 쓰신 글씨, 2002.
나두산, 「아름답고 은혜로운 한국 교회 이야기」, 크리스찬서적, 2004.
노종해, 「한국 감리교사의 새 시각」, 도서출판 풍만, 1990.
閔庚培, 「韓國 民族 敎會 形成史論」, 서울: 연세대출판부, 1974.
———, 「韓國基督敎會史」, 서울: 大韓基督敎書會, 1972.
민경배, 「한국 기독교회사: 한국 민족교회 형성 과정사」, 2007.
박명수, 「초기 한국 성결교회사」, 서울: 대한기독교서회, 2001.
———, 「한국 교회사의 감동적인 이야기」, 국민일보 제네시스21, 2006.
———, 「한국 성결교회의 역사와 신학」, 서울신학대학교출판부, 2004.
박용규, 「한국기독교회사」1 1784~1910, 서울: 생명의말씀사, 2004년.
朴容奎, 「韓國長老敎思想史」, 서울: 총신대학출판부, 1992.
박정신, 「한국 기독교사의 새로운 이해」, 새길, 2008.
白樂濬, 「韓國改新敎史」(The History of the Protestant Mission in Korea 1832~1910), 1973.
서명원, 「韓國敎會成長史」(The History of the Protestant Mission in Korea) 이승익 역, 서울: 기독교서회, 1966.
서정민, 「하룻밤에 읽는 한국 교회사 이야기」, 말씀과 만남, 2002.
———, 「한국 교회의 역사」, 서울: 살림출판사, 2003.
「성결교회 인물전」, 성결교회 역사와 문화 연구회, 편, 서울: 도서출판 일정사, 1990.
신세원, 「미처 알지 못했던 한국 교회사 이야기」, 서울: 기독신문사, 2008.
신종철, 「한국 장로교회와 근본주의」, 도서출판 그리심, 2003.
심군식, 「한국 교회 인물 25인 약사」, 서울: 영문사, 1993.
양낙홍, 「한국장로교회사」, 서울: 생명의 말씀사, 2008.
吳允台, 「韓國基督敎史」, 「한국가톨릭사 I」, 서울: 惠善文化社, 1978.
吳允台, 「韓國基督敎史」, 韓國景敎史 編, 서울: 惠善文化社, 1978.
옥성득, 「한반도 대부흥: 사진으로 보는 한국 교회: 1900~1910」, 서울: 홍성사, 2009.
유동식, 「한국 감리교회 사상사」, 서울: 전망사, 1993.
———, 「한국 감리교회의 역사」(1, 2), 서울: 기독교대한감리회, 1994.

윤춘병, 「한국 감리교 수난 백년사」, 서울: 기독교대한감리회
———, 「한국 감리교회 부흥 운동사」, 서울: 기독교대한감리회전국부흥단, 2001.
———, 「한국 감리교회의 외국인 선교사」, 서울: 감리교본부교육국, 1989.
李能和, 「朝鮮基督教 及 外交史」, 서울: 學文館, 1958.
이덕주, 「이덕주 교수가 쓴 한국 교회 이야기」, 서울: 신앙과 지성사, 2009.
———, 「한국 교회 처음 이야기」, 서울: 홍성사, 2006.
李萬烈, 「韓國基督教文化運動史」, 서울: 대한기독교출판사, 1987.
이상규, 「한국 교회 역사와 신학: 이상규 교수의 교회사 이야기」, 서울: 도서출판 생명의 양식, 2007.
이성삼, 「한국감리교회사」, 서울: 기독교대한감리회본부교육국, 1980.
李永獻, 「韓國基督教史」. 서울: 컨콜디아사, 1978.
이익관, 「이야기 한국 교회사」, 2005.
이종기, 「간추린 한국 교회사」, 서울: 세종문화사, 1993.
이찬영, 「한국 기독교 교회사 총람」, 서울: 소망사, 1994.
———, 「한국 기독교회사 400장면(상 1630~1945)」, 서울: 소망사, 1997.
이창기, 「한국 교회 초기 부흥운동」, 서울: 보이스사, 2006.
李泉泳, 「聖潔教會史」, 서울: 기독교대한성결교회, 1970.
李浩雲, 「韓國教會初期史」, 서울: 대한기독교서회, 1970.
장동민, 「대화로 풀어보는 한국교회사」 1, 2., 서울: 부흥과 개각사, 2009.
장병욱, 「한국 감리교 여성사(1885~1945)」, 서울: 성광문화사, 1979.
———, 「한국 감리교회의 선구자들」, 서울: 성광문화사, 1978.
전용복, 「한국 장로교회사: 한국 장로교회 분열과 일치 운동」, 서울: 성광문화사, 1980.
정상운, 「한국 성결교회사(1)」, 도서출판 은성, 1997.
정정일, 「한국 교회사를 통해 살펴 본 신학과 교회 성장」, 도서출판 생명의 양식, 2007.
정행업, 「한국 교회사에 나타난 이단 논쟁」, 한국장로교출판사(통합측), 1999.
蔡基恩, 「韓國基督教會史」, 서울: 기독교문서선교회(CLC), 1977, 2003.
한경철, 「한국 교회와 한국 선교사」, 서울: 그루터기, 1986.
「한국 감리교회를 세운 사람들」, 한국감리교회사학회 편, 서울: 도서출판 에이멘, 1988.
「한국 기독교의 역사」, 한국기독교사연구회 편, 서울: 한국기독교사연구소, I (1989), II (1991.
「한국 침례교와 신앙의 특성」, 침례교신학연구소 편, 침례신학대학교출판부, 2000.
한규무, 「일제하 한국 기독교 농촌 운동: 1925~1937」, 서울: 한국기독교역사연구소, 1997.
허 긴, 「한국침례교회사」, 서울: 침례신학대학출판부, 2000.
허순길, 「한국 장로교회사」(고신 교회 중심), 영문, 2008.

참고 논문과 저서

강근환, 「한국 교회의 형성과 그 요인의 역사적 분석」, 서울: 대한기독교서회, 2004.

강근환, "한국 프로테스탄트 선교", 「神學과 宣敎」 I, 2, 1974.

강문규, "세속주의와 세속화", 「基督教 思想」, 1965.

강영철, "교회에서 바라보는 선교 단체", 「목회와 신학」, 1990. 6.

구티에레즈, G., 「해방신학」, 成 稔 역, 분도출판사, 1977, 19903.

권요나, 순교자 전기(1~10): 한국교회 110년, 순혜원

김영한 편 , 「개혁신학, 한국 교회, 한국 신학」, 도서출판 대학촌, 1991.

郭安連, "朝鮮예수教長老會 信經論", 「神學指南」 2권 1호, 1919.

"教會의 社會 參與에 對한 神學的 討論", 「神學思想」 10, 1975.

김광채, "개혁신학과 '하나님의 선교' 신학", 「개혁신학, 한국 교회, 한국 신학」, 1991.

金光植, 「선교와 토착화」, 1975.

金景來, 「사회악과 사교 운동」, 서울: 기문사, 1957.

金明爀, 「현대 교회의 동향」, 서울: 성광문화사, 1987.

———, 「한국 교회 쟁점 진단」, 서울: 규장문화사, 1998,

김명혁 편저, 「한국복음주의협의회 성명서 모음집」, 서울: 기독교문서선교회, 1998.

金炳瑞, "한국 사회 변동과 기독교 백년", 「기독교 사상」, 1984. 12.

金秉喆, 「韓國近代飜譯文學史研究」, 서울: 乙酉文化社, 1975.

金勝坤, 「요한계시록강해」, 용인: 국제성서출판사, 1968.

김승태, 「한국 기독교와 신사참배 문제」, 서울: 한국기독교역사연구소, 1991.

김영재, 「교회와 신앙고백」, 수원: 합신대학원 출판부 2002.

———, 「기독교 교리사」, 수원: 합신대학원 출판부 2006, 2009.2

———, 「기독교 교회사」, 서울: 이레서원, 2000, 수원: 합신대학원출판부, 2005.

———, 「되돌아보는 한국 기독교」, 수원: 합신대학원출판부, 2008.

———, 「박윤선」, 파주: 살림출판사, 2007.

金英漢, 「現代 神學의 展望」, 서울: 大韓基督教出版社, 1984.

———, "개혁신학과 토착화신학", 「개혁신학, 한국 교회, 한국 신학」, 1991).

———, 「한국 기독교 문화 신학」, 서울: 성광문화사, 1992.

金義煥, 「挑戰받는 保守神學」, 서울: 曙光文化社, 1970. .

金麟瑞, "아빙돈 註釋 問題" 「信仰生活」 4권 10, 1935.

金在俊, "내가 影響받은 神學者와 그 著書", 「基督教 思想」, 1964. 7.

———, "韓國 敎會와 聖書 解釋 問題", 「韓國의 基督敎 思想」, 1965.
———, "韓國神學大學의 課題", 「韓國神學大學報」 I, 1, 1955.
———, "基督敎 思想과 基督敎 敎育", 「基督敎 思想」, 1965. 4.
김정현, 「羅約翰(John Ross), 한국의 첫 선교사」, 대구: 계명대학교출판부, 1982.
김충남, 「진달래 필 때 가버린 사람」 (주기철 목사 전기), 서울: 기독교문사, 1970.
金化湜, "初代敎會의 特色", 「神學指南」 17권 1호, 1935.
金洪奎, 「韓國 敎會 音樂에 대한 歷史的 考察」, 계명대, 석사 학위 논문, 1972.
김홍수 편, 「일제하 한국 기독교와 사회주의」, 서울: 한국기독교연구소, 1992.
羅運永, "韓國 敎會 音樂의 現代化 過程", 「基督敎 思想」, 1967. 6.
南宮赫, "敎會의 平和를 維持하자", 「神學指南」 17권 4호, 1935.
노진현, 「眞實과 證言」, 서울: 도서출판 하나, 1995.
노치준, 「일제하 한국기독교 민조운동 연구」, 서울: 한국기독교역사연구소, 1993년.
都良述, "世俗化論 批判", 「基督敎 思想」, 1966. 1.
리진호, 「귀츨라프와 고대도: 최초로 내한한 선교사와 고대도 전도」, 과천: 감리교출판사, 1988.
閔庚培, "韓國 知性史 속의 韓國의 神學", 「神學思想」 19, 1977.
———, "韓國 最初의 信者와 그 信仰 類型 問題", 「神學論壇」 13, 1977.
朴炳植, 「韓國長老敎會 分裂의 史的 考察」, 연세대, 석사 학위 논문, 1971.
박명수, 「한국 교회사의 감동적인 이야기」, 국민일보 제네시스21, 2006.
박용규, 「한국 교회를 깨운 복음주의 운동」, 서울: 두란노, 1998.
———, 「평양 대부흥 운동」, 서울: 생명의말씀사, 2000.
박용규 편, 「죽산 박형룡 박사의 생애와 사상」, 총신대출판부, 1996.
박응규, 「한부선 평전」, 서울: 그리심, 2004.
朴允善, 「한국 장로교회는 어디로 가나?」, 1950.
朴亨龍, "根本主義", 「神學指南」 25권 1호, 1960.
———, "韓國 長老敎會의 神學的 傳統", 「神學指南」 43권 3호, 1976.
———, 「敎義神學」, 1권, 서울: 백합출판사, 1964.
———, "韓國敎會 內의 自由主義", 「神學指南」 31권 1호, 1964.
———, 「神學難題選評」, 서울: 은성문화사, 1975.
방지일, 「야사(野史)도 정사(正史)로」, 서울: 도서출판 선교문화사, 2001.
배가례, 「성결교회 여성사, 1907~1987」, 기독교대한성결교회출판부, 1990.
邊宗浩, 「李容道 全集」 6권, 1975.
邊鮮煥, "李容道와 Meister Eckhart", 「神學과 世界」, 1978. 4.

백인숙, "선교 기관 순례 ~ 예수님과 이웃과 나", 「빛과 소금」, 1985. 11.
「새문안교회 70년사」, 「새문안교회 85년사」, 「새문안교회 100년사」, 새문안교회역사편찬위원회, 1995.
徐南同, 「轉換時代의 神學」, 서울: 韓國神學研究所, 1976.
———, "福音 傳達과 世俗的 解釋", 「基督教 思想」, 1965. 2.
———, "世俗化의 過程과 그리스도教", 「基督教 思想」, 1966. 2.
———, "統一教 原理 批判", 「現代와 神學」, 1970, 6.
서영일, 「박윤선의 개혁신학 연구」, 장동민 역, 서울: 한국기독교역사연구소, 2000.
孫鳳鎬, 「現代 精神과 基督教的 知性」, 1978.
宋健鎬, "親日派와 反共", 「基督教 思想」, 1978. 11.
宋吉燮, "三一運動에 關한 第三의 資料", 「神學思想」 16, 1977.
———, "韓國教會의 改革者 李容道", 「神學과 世界」, 1978. 4.
宋相錫 編, 「歷史畵報」(A Pictorial history, illustrating the first fifty years of work of the Presbyterian Church in Korea commemorating the jubilee year 1934 in Korea and in English), 조선예수교장로회, 1934.
宋昌根, "오늘의 朝鮮 教會의 使命", 「神學指南」 15권 6호 (1933).
"순교 정신 계승하자", 대한예수교장로회 고신측, 1977.
「勝洞教會百年史」 (집필인: 홍치모), 1993.
「승동교회110년사」, 2003.
申福潤, "칼빈의 國家觀", 「神學指南」 40권 2호, 1972.
———, "한국 개혁주의 신학의 어제와 오늘과 내일", 「神學正論」 10, 1 (1992).
申四薰, 「異端과 現代의 批判과 우리의 生路」, 서울: 基督教文化社, 1957.
신종철, 「한국장로교회와 근본주의」, 서울: 도서출판 그리심, 2003.
沈一燮, "韓國 神學 形成史 序說", 「基督教 思想」, 1972. 11, 12; 1973. 3; 1978. 1.
———, 「韓國 民族 運動과 基督教 受容史考」, 서울: 亞細亞文化社, 1982.
심군식, 「해와 같이 빛나리」 (朱南善 목사 전기), 서울: 성광문화사, 1976.
———, 「세상 끝날까지」 (韓尙東 목사 전기), 서울: 성광문화사, 1977.
안만수 편저, 「1993~2001 한국복음주의협의회 발표문 모음집」, 서울: 기독교문서선교회, 2001.
安炳茂, "韓國 神學의 現況과 課題", 「神學思想」 1, 1973.
안용준, 「사랑의 원자탄」(손양원 목사와 아들들 이야기), 서울: 성광문화사, 1949
안이숙, 「죽으면 죽으리라」, 기독교문사, 1968, 1976, 2004.
양국주 편저, 「예수 조선의 심장이 되다」~ 그림과 함께 보는 조선 교회사 -, 비매품, 2008.

柳東植, "教會가 지닌 非宗教化의 課題", 「基督教 思想」, 1965. 2.
———, "福音의 土着化와 基督教", "The Christian Faith Encounters the Religions of Korea", 1965.
———, 「韓國 宗教와 基督教」, 서울: 대한기독교서회, 1965.
———, "現代 韓國의 宗教와 社會 變動", 「基督教 思想」, 1978. 1.
柳洪烈, 「韓國 天主教會史」, 上 (1962)·桁, 1975.
윤경로, 「한국근대사의 기독교사적 이해」, 서울: 역민사, 1992년.
尹聖範, "桓因, 桓雄, 桓儉은 '하나님'", 「思想界」, 1963. 5.
———, 「基督教와 韓國 思想」, 1964.
———, "檀君神話는 'Vestigium Trinitatis' 이다", 「基督教 思想」, 1963. 10.
———, "福音의 土着化에 대한 前理解", 「基督教 思想 講座」 3권.
———, "李容道와 十字架神秘主義", 「神學과 世界」, 1978. 4.
李康五, 「韓國 新興 宗教 總攬」, 서울: 도서출판 대흥기획, 1992).
李根三, "神社參拜 拒否에 對한 再評價", 「基督教 思想」, 1972. 9.
李基白, 「韓國史新論」, 서울: 一潮閣, 1967, 개정판, 1976, 19882.
「이단 사이비 연구」종합 자료 II, 서울: 한국기독교총연합회 이단사이비문제상담소, 2007.
이덕주, 「한국 교회 처음 여성들: 개화기 여성 리더들의 혈전의 역사」, 서울: 홍성사, 2007.
———, 「한국 교회 처음 여성들: 초기 한국 기독 여성 28인의 이야기」, 서울: 기독교문사, 1993.
———, 「한국 토착교회 형성사 연구: '한국적 기독교' 의 뿌리를 찾아서」, 서울: 한국기독교역사연구소, 2000.
이동주, "샤머니즘의 혼합주의와 복음", 「개혁신학, 한국 교회, 한국 신학」, 1991.
李萬烈, "基督教 傳來에 따른 韓國 社會의 開化", 「淑大史論」, 7권, 1972.
———, 「韓國基督教 文化 運動史」, 서울: 大韓基督教出版社, 1987.
———, 「한국기독교와 민족의식」, 서울: 지식산업사, 1991.
———, "韓末 基督教人의 民族 意識 形成 過程", 「韓國史論」 1권.
———, 이만열, 「한국 기독교사 특강」, 서울: 성경읽기사, 1989.
이상규, 「부산지방 기독교 전래사」, 도서출판 글마당, 2001.
———, 「한상동과 그의 시대」, SFC, 2006.
李章植, 「基督教 信條史」, 서울: 컨콜디아사 I, 1979, II, 1980).
———, "본회퍼와 朱基澈", 「基督教 思想」 (1973. 4).
———, "칼빈의 개혁과 한국 장로교회", 「基督教 思想」 (1978. 10).
———, 「韓國 教會의 어제와 오늘」, 서울: 大韓基督教出版社, 1977.

———, "韓國 外來 宣教 政策 批判", 「基督教 思想 講座」 3권 (1963).
이정근, "韓國 文化 안에서의 基督教 教育의 한 硏究", 「神學思想」 17 (1977).
李鍾聲, "基督教 土着化에 對한 神學的 考察", 「基督教 思想」 (1963. 10).
———, "基督教 世俗化와 福音의 主體性", 「基督教 思想」 (1966. 3).
———, "韓國 神學界의 左와 右", 「韓國의 基督教 思想」. 1965.
이형기, "역사적 맥락에 비추어 본 민중신학의 이해와 그 비판", 「개혁신학, 한국 교회, 한국 신학」 (1991).
이호우, 「곽안련의 신학과 사상」, 서울: 생명의 말씀사, 2005.
이효제, 「아버지 이약신(李約信) 목사」, 서울: 정우사, 2006.
임영섭, 「한국 기독교 순교자」, 도서출판 양문, 1991.
장병욱, 「한국 감리교 여성사」, 서울: 성광문화사, 1979.
장동민, 「박형룡의 신학 연구」, 서울: 한국기독교역사연구소, 1998.
全景淵, "그리스도教 文化는 土着化할 수 있는가?", 「基督教 思想 講座」 3권.
———, "所謂 前理解와 檀君神話", 「基督教 思想」 (1963. 5).
———, "土着化냐, 原始化냐?", 「基督教 思想 講座」 3권.
全浩鎭, 「韓國 教會의 成長과 宣教 政策」, 「改革神學」 III (1977).
田熙俊, 「韓國 教會 音樂에 關한 硏究」, 연세대학교 석사 학위 논문, 1975.
정석기, 「한국 기독교 여성 인물사 1, 2,」 서울: 쿰란출판사, 2001,
조영상, "오늘의 학원 복음화, 내일의 세계 복음화", 「빛과 소금」, 1985. 12.
조용기, 「오중축복과 삼박자 축복」, 서울: 영신출판사, 1983.
주선애, "한국 기독교 여성 운동 백년의 회고", 「기독교 사상」, 1984. 12.
———, 「장로교 여성사」, 서울: 혜선문화사, 1979.
천사무엘, 「김재준」, 서울: 살림출판사, 2003
최덕성, 「한국교회 친일파 전통」, 서울: 본문과 현장사이, 2000.
卓明煥, "韓國 新興 宗教의 實態", 「基督教 思想」, 1970. 5.
「한국기독교장로회」, 기독교장로회총회, 1975.
한국기독교총연합회 이단사이비문제상담소, 「이단 사이비 연구 종합 자료」I, II, 서울: 도서출판 한국교회문화사, 2007.
"韓國 民族史 속의 教會史", 「神學思想」 17, 1977.
「韓國의 基督教 思想」, 基督教思想社, 1975.
「韓國 YMCA 運動史」1895~1985, (서울 대한 YMCA 연맹 엮음, 1986).
「한상동 목사 그의 생애와 신앙」, 부산: 도서출판 광야, 1986.
한숭홍, 「한경직의 생애와 사상」, 서울: 장로회신학대학출판부, 1993.

———, 「한국 신학 사상의 흐름」, 상, 하, 서울: 장로회신학대학교출판부, 1996.
韓哲河, "保守主義 神學의 어제와 오늘", 「韓國의 基督敎 思想」, 1975.
———, "韓國 敎會의 榮光과 羞恥", 「基督敎 思想」, 1968. 8.
———, "韓國 神學界의 動向", 「韓國基督新敎年鑑」, 1970.
———, "1967년 信仰告白과 美國聯合長老敎會의 信仰路線", 「敎會와 神學」 I, 1965.
———, 「21세기 인류의 살길」, 아세아연합신학대학교출판부, 2003.
咸錫憲全集 1, 「뜻으로 본 한국역사」, 서울: 한길사, 1983.
「헌법」, 대한예수교장로회총회출판국, (합동), 1966.
「헌법」, 대한예수교장로회총회출판국, (통합), 1987.
「헌법」, 대한예수교장로회총회(합신)출판부, 1996, 2002.
洪致模, "韓國長老敎會의 歷史的 背景", 「神學指南」, 43권 3호, 1976.
———, "韓國 敎會와 神社參拜", 「新東亞」, 1973. 2.
洪顯卨, "4?19에서 얻은 敎訓", 「基督敎 思想」, 1960. 6.

외국어 한국 교회사 관계 저서와 글

Bishop, Isobel, *Korean and her Neighbours*, 2 Vols, John Murray London, 1898.

Blair, William N., *Gold in Korea, Presbyterian Church in the U.S.A.*, 1957.

———, "The Korean Pentecost", in: *the Korea Missionfield* Vol.2, No.3, 1907.

Brunner, Edmund de Schweinitz, *The Christian Mission in Relation to Rural Problems*. 2. Rural Korea, A Preliminary Survey of Economic, Social and Religious Conditions, International Missionary Council New York, London, 1928.

Brown, A. J., *The Mastery of the Far East*, Charles Scribners New York, 1919.

Brown, G. T., *Mission to Korea, Board of World Missions*, Presbyterian Church U. S., 1962.

Chung Ha-Eun, "Eighty Years History of Korean Christian Social Ethics", in: *Korea Struggles for Christ*, 46f.

Clark, Allen D., *History of the Korean Church* , Seoul, 1961.

———, *A History of the Church in Korea* , CLS, 1971.

Clark, C. A., *Digest of the Presbyterian Church of Korea* , Seoul, 1918.

———, *The Korean Church and the Nevius Methods*, Felming H. Revell New York, 1928.

———, *Religions of Old Korea*, Fleming H. Revell New York, 1932.

Conn, Harvie M., "Studies in the Theology of the Korean Presbyterian Church", in: *The Westminter Theological Journal*, Philadelphia, Vol.29, No.1, 1966; ~ Vol.30, No.2, 1968.

Documents of the Struggle for democracy in Korea, edited by the Emergency Christian Conference on Korean Proclaims, Shinkyo Shuppansha Tokyo, 1975.

Fisher, J. Ernest, *Democracy and Mission Education in Korea*, 1928, Seoul, 1970.

———, *Pioneers of Modern Korea* , CLS, 1977.

Gale, James S., *Korea in Transition, New York Young People's Missionary Movement of the United States and Canada*, New York, 1909. 〈사료총서 3집〉

———, *A History of the Korean People* , Seoul, 1927.

Gilmore, G. W. *Korea from its Capital, Presbyterian Board of Publication and Sabbath School Work* , Philadelphia, 1892.

Griffis, William E., *Corea, The Hermit Nation* New York Charles Scribners, 1897.

———, *A Modern Pioneer in Korea*, the Life Story of Henry G. Appenzeller, Feleming H. Revell New York, 1912.

Gützlaff, Charles, *Journal of Three Voyages along the Coast of China in 1831, 1832 and 1833 with Notices of Siam*, Corea and the Loo~Choo Islands, Fredrick Westley and A. H.

Danis , London, 1834, 317~356.

Gützlaffs Geschichte des chinesischen Reiches von den ältesten Zeiten bis auf den Frieden von Nanking, herausgegeben von Karl Friedlich Neumann, Stuttgart und Tübingen, Verlag der G. G. Gotta'schen Buchhandlung , 1847.

Han Woo-Keun, *The History of Korea*, Eul~Yoo Publishing Company, Seoul, 1970, tr. by Lee Kyung-Shik.

Hoch, Reinhold, *Die koreanischen Märtyrer* , 1929.

Hulbert, H. B., *Passing of Korea*, Doubleday Page, New York, 1906).

Kang Won-Yong, *Zwischen Tiger und Schlange*, Beiträge aus Korea zu Christentum, Entwicklung und Politik, herausgegeben von Rolf Italiander, Erlangen Verlag der Ev.-Luth. Mission 1975, ~ Erlanger Taschenbücher 19.

Kim Cheong-Chun, "The Church and the Problem of Indigenization" , in: *Korea Struggles for Christ*, 101f.

Kim Chae-Choon, "The Present Situation and Future Prospect of the Korean Church" , in: *Korea Struggles for Christ*, 27f.

Korea Struggles for Christ, Memorial Symposium for the 80th Anniversary of Protestantism in Korea, CLS, 1966.

The Korean Situation No.2, issued by the Commission on Relations with the Orient of the Federal Council of the Churches of Christ in America, 1920. 6.

Lee, Graham, "How the Siprit came to Pyeong~yang" , *KMF*, Vol.3, No.3, 1907.

Lee, Keun-Sam, *The Christian Confrontation with the Shinto nationalism*, The Presbyterian and Reformed Publishing Company Philadelphia Pennsylvania, 1966.

McCune, G. S., "Opening Days at the Theological Seminary" , in *KMF.* Vol.3, No.6, 1907.

McKenzie, F. A., *Korea's Fight for Freedom*, 1920 Seoul: Yeonse University Press, 1975.

———, *The Tragedy of Korea*, London: Hodder and Stoughton, 1908.

Moffett, Samuel H., *Asia and Missions* , CLS, 1976.

———, *The Christians of Korea*, New York: Friendship Press, 1962.

Moore, J. R., "A Great Awakening" , in: *KMF.* Vol.2, No.3, 1906.

Paik L. G., *The History of Protestant Missions in Korea, 1832~1910*, Union Christian College, Pyeong-yang 1929, Seoul, 1970.

Palmer, Spencer J., *Korea and Christianity*, Seoul, 1967.

Reynolds, W. D., "The Native Ministry" , in: *The Korean Repository*, Vol.3, 199f.

Rhodes, Harry A., *History of the Korea Mission*, Presbyterian Church U.S.A. 1884~1934,

Chosen Mission Presbyterian Church, Seoul, 1943.
Shearer, Roy E., *Wildfire: Church Growth in Korea*, Grands Rapids: William B. Eerdmans Publishing Company, 1966.
Swallen, W. L., *The Training of a Native Ministry*, in: Korea Repository, Vol.4, 169f.
Tilmann Klemens, *Todesverächter, ein Tatsachenbericht aus der Geschichte der Kirche in Korea*, Freiburg, 1955.
Underwood, H. G., *The Call of Korea*, Fleming H. Revell, New York, 1908. 〈사료총서 1집〉
———, *The Religion of the East Asia*, New York: McMillian, 1910.
Underwood, L. H. *Fifteen Years among the Top~Knots*, the American Tract Society, New York, 1904.
———, *Underwood of Korea*, Fleming H. Revvell, New York, 1918.
Vos, Fritz, *Die Religionen Koreas*, Verlag W. Kohlhammer, Stuttgart, 1977.
Wasson, Alfred B., *Church Growth in Korea*, International Missionary Council New York, 1934.
Zwemer S. M. and Brown A. J., *The nearer and farther East*, Outline Studies of Moslem Lands and of Siam, Burma and Korea, New York, 1908.

외국어 참고 자료

Allis, Oswald Tl, *Prophecy and Church*, The Presbyterian and Reformed Publishing Company 1945, 1977.
Bekenntnis der Kirche, *herausgegeben von Hans Steubing in Zusammenarbeit mit J. F. Gerhard Goeters*, Heinrich Karpp und Erwin Mülhaupt, Theologischer Verlag R. Brockhaus Wuppertal, 1972.
Eckhardt, Andre, *'Korea' Kultur der Nationen* 29, Glock und Lutz Nürnberg, 1972.
Augustiny, Waldemar, "Gehet hin in alle Welt, Zwei Jahrtausend Christliche Mission", Gütersloh, 1962.
Berkhof, Hendrik, *Der Sinn der Geschichte*, Vandenhoeck u. Ruprecht Göttingen u. Zürich, 1962.
Bethge, Louis, *Systematic Theology*, The Banner of Truth Trust, London, 1939, 1958.
Bethge, Eberhard, *Dietrich Bonhoeffe*, Chr. Kaiser~Verlag Munchen, 1967.
Beyerhaus, Peter, *Die Selbständigkeit der jungen Kirchen als missionarisches Problem*, Verlag Rheinische Missions~Gesellschaft Wuppertal~Barmen, 1956.

Bohatec, Josef, *Calvin und das Recht*, Feudingen, 1934.

———, *Calvins Lehre von Staat und Kirche*, M. u. H. Marcus Breslau, 1937.

Bonhoeffer, Dietrcih, *Zur Frage nach der Kirchengemeinschaft*, in: Evangelische Theologie 3 (1936), 214~233.

Bratt, John H., *The Rise and Develpment of Calvinism*, W. M. B. Eerdmans Publishing Company, Grand Rapids, Michigan, 1959.

Calvin J., *Institutio Christianae Religionis deutsch*, nach der letzten Ausgabe übersetzt und bearbeitet von Otto Weber, Neukirchener Verlag des Erziehungsvereins GmGH, 1963.

Calvn Studien 1959 herausgegeben von J. Moltmann, Neukirchen, 1960.

Campenhausen, Hans von, *Das Martyrium in der Mission*, in: Kirchengeschichte als Missionsgeschichte, Chr. Kaiser Verlag München.

Choi Min-Hong, *Der Einfluß der Konfuzianischen Ethik in Korea*, 1960 and der Ludwig-Maximilian-Universität zu München als Dissertation vorgelegt.

Cohn, Norman, *das Ringen um das Tausendjährige Reich*, Franke Verlag, Bern und München, 1961.

Conring, Enno, *Kirche und Staat nach der Lehre der niederländischen Calvinisten*, i.d. 1. Hälfte des 17. Jahrhunderts, Neukirchen, 1965.

Ebeling, Gerhard, *Wort und Tradition*, Vandenhoeck u. Ruprecht Göttingen, 1964.

Ehler, Sidney Z., *20 Jahrhunderte Kirche und Staat*, Hans Dieter Verlag Essen, 1962. Original Titel: *Twenty Centuries Church and State*, The Newman Press, 1957.

Frick, Heinrich, *Christliche Verkündigung und vorchristliches Erbgut*, Ev. Missionsverlag, Stuttgart u.Basel, 1938.

Furnis, Norman F., *The Fundamentalist Controversy 1918~1931*, Archon Books Hamden Connecticut, 1963.

Gensichen, Hans-Werner, *Glaube für die Welt*, Gütersloh, 1971.

———, *Missionsgeschichte der Neueren Zeit, Die Kirche in ihrer Geschichte*, Vandenhoek und Ruprecht in Göttingen 3.Auflage, 1976.

Haak, Fiedrich-Wilhelm, *Die neuen Jugendreligionen*, Claudius Verlag München, 1978, 15. Aufl. 20~34.

Hamberg T., Karl Gützlaff, in: *Allgemeine Missionszeitschrift*. Hauß, Friedrich, Väter der Christenheit, Bd. 3, Verlag Sonne und Schild GmbH Wuppertal, 1959.

Hoekendijk, Johannes Christiaan, *Kirche und Volk in der deutschen Missionswissenschaft*, Theologische Bücherei 35, Chr. Kaiser Verlag München, 1967.

Hübner, Eberhard, *Evangelische Theologie in unserer Zeit*, Carl Schünemann Verlag, Bremen, 1966.

Jacobs, Paul, *Theologie Reformierter Bekenntnisschriften*, Neukirchener Verlag, 1959.

Karl Gützlaff (1803~1851) *und das Christentum in Ostasien Ein missionar zwischen den Kulturen*, herausgegeben von Thoralf Klein und Reinhard Zöllner, 2006

Kater, Horst, *Die Deutsche Evangelische Kirche in den Jahren* 1933 u. 1934 Göttingen Vandenhoeck u. Ruprecht, 1970.

Kato, Genchi, *a Study of Shinto, the Religion of the Japanese nation*, Hojin-Meiji-Satoku-Kinen-Gakkei, 1926.

Kirchengeschichte als Missionsgeschichte, Bd. I, herausgegeben von Heinzgünter Frohnes und Uwe W. Knorr, Kaiser Verlag München, 1974.

Knodt, Emil, *Die Bedeutung Calvins und des Cavinismus für die Protestantische Welt*, Verlag von Alfred Töpelmann Gießen, 1910.

Kupisch, Karl, *Kirchengeschichte*, I~V, Urban~Taschenbucher, Verlag W. Kohlhammer GmbH, 1973.

———, *Quellen zur Geschichte des deutschen Protestanismus 1871~1945, Siebenstern Taschenbuch Verlag Hamburg* , 19651

———, *Quellen zur Geschichte des deutschen Protestantismus von 1945 bis zur Gegenwart, 1 u. 2. Teil, Siebenstern Taschenbuch Verlag Hamburg, 1971*

Kuyper, Abraham, *Lectures on Calvinism*, Eerdmans Publishing Company, Grand Rapids, Michigan 1970.

Latourette, Kenneth Scott, *Missions Tomorrow*, Harper and Borthers Publishers, New York and London, 1936.

Lexicon zur Weltmission, herausgegeben von Neill, S. Moritzen, N~P. und Schrupp, E.

Lietzmann, Hans, *Geschichte der Alten Kirche*, Walter de Gruter, Berlin New York 1975, 4/5. Auflage.

Lingle, Walter l., Presbterians, *Their Histroy and Beliefs*, Richmond, Va., 1928.

Loetscher, Lefferts A., *The Broadning Church: A Study of Theological Issues in the Presbyterian Church since 1869*, University of Pennsylvania Press Philadelphia 1954, 1964.

Masao, Takenaka, "Mission in der Großstadt, dargestellt an zwei Beispielen aus der neueren Zeit in Korea", *Ev. Th.* 5. Sep/Okt. 1974, 441~462.

McNeill, John T. *The History and Character of Calvinism,* Oxford University Press, 1954,

1973.

Meissner, Kurt, "Der Shintoismus als Quelle des japanischen Volkscharakters und Nationalgeistes", in: *Der japanische Geist*, Deutsche Gesellschaft für Natur- und Völkerkunde Ostasiens Leipzig, 1953.

Meyer, Heinrich, *Bekenntnisbindung und Bekenntnisbildung in jungen Kirchen*, C. Bertelsmann Verlag Gütersloh, 1953.

Morris, S. L., *Presbyterianism, Its Principles and Practice*, Richmond, Va., 1922.

Müller, Th., "Die Große Reue" in Nias, 1931, in: RRG^3 II, Sp. 629.

Neill, Stephan, *Geschichte der Christlichen Mission*, herausgegeben und ergänzt von Niels-Peter Moritzen, Verlag der ev.-luth. Mission Erlangen, 1974.

Nevius, John L., *The Planting and Develpment of Missionary Churches*, The Presbyterian and Reformed Pblishing Company New York, 1899, Seoul, 1958.

Niemöller, Wilhelm, "Ein Gebet für den Frieden", *Ev. Th.* 10. 1950/51, 177f.

———, *Wort und Tat im Kirchenkampf*, Chr. Kaiser Verlag München, 1969.

Nijenhuis, Willem, "Die Aufgabe der reformierten Kirche in der ökumenischen Bewegung", in: Calvin-Studien 1959, 62~83.

Niesel, Wilhelm, *Bekenntnisschriften und Kirchenordnungen*, Ev. Verlag A. G. Zolikon-Zürich, 1938.

———, *Die Theologie Calvins* , Chr. Kaiser Verlag München, 1957.

Oehler, Wilhelm, Geschichte der Deutschen Evangelischen Mission Bd. 1. u. 2. Im Verlag Wilhelm Fehrholz Baden~Baden, 1949.

Oosthuisen, G. C., *Theological Discussions and Confessional Development in Churches of Asia and Africa*, an der Freien Universität Amsterdam als Dissertation vorgelegt, T. Weber, 1956.

———, *Theological Battleground in Asia and Africa*, C. Hurst and Company, London 1972.

Ruler, Arnold A. van, "*Das Leben und Werk Calvins*", in: Calvin Studien 1959, zusammengefaßt von Ürgen Moltmann, 1959),

Scharlau, Winfried, *Gützlaffs Bericht über drei Reisen in den Seeprovinzen Chinas 1831~1833*, Abera Verlag Meyer & Co. KG, Hamburg, 1997.

Scharpff, Paulus, *Geschichte der Evangelisation*, Gießen u.Basel, 1964.

Schlyter, H., *Karl Gützlaff als Missionar in China*, Lund, 1946.

Schmidt, Kurt Dietrich, *Grundriß der Kirchengeschichte*, Vandenhoeck u. Ruprecht in

Göttingen 1975.

Scholder, Klaus, *Die Kirchen und das Dritte Reich Bd. I*, Propyläen Verlag, 1977.

Scholl, Hans, *Calvinus Catholicus—Die katholische Calvinforschung 20. Jahrhundert*, Verlag Herder KG Freiburg im Breisgau 1974.

Schurhammer, G., Shinto, *Der Weg der Götter in Japan*, Bonn/Leipzig, 1923.

Shinto, *The Way of the Gods, Board of Tourist Industry*, Japanese Government Railways.

Spurgeon, C. H., *Lectures to my Students*, London, 1893.

Theologische Stimmen aus Asien, Afrika und Lateinamerika, herausgegeben von Hans-Werner Gensichen, Gerhard Rosenkranz und Georg F.Vicedom, Bd.II u. III. Chr. Kaiser Verlag München, 1967.

Horace H. Underwood, *Modern Education in Korea*, Inernational Press New York, 1926. 〈사료총서 9집〉 한국기독교사연구회, 서울 한빛문고 1984).

Underwood, Lillias H., *Underwood of Korea*, Fleming H. Revell Company New York London and Edinburgh, 1918. 〈사료총서 2집, 1983.〉

Warfield, B.B., *The Inspiration and Authority of the Bible*, edited by Samuel G. Craig (London, 1959).

Vicedom, Georg F., *Actio Dei*, Chr. Kaiser Verlag Munchen, 1975.

Warfield, B. B., *The Inspiration and Authority of the Bible*, edited by Samuel G.Craig London, 1959.

Warneck, Gustav, *Die gegenseitigen Beziehungen zwischen der modernen Mission und Kultur*, Gutersloh, 1879.

Weber, Otto, *Die Treue Gottes in der Geschichte der Kirche*, Gesammelte Aufsätze 2 ~ Beiträge zur Geschichte und Lehre der Reformierten Kirche, Bd. 29, Neukirchen, 1968.

Wendel, Francois, Calvin, *Neukirchener Verlag des Erziehungsvereins*, 1968.

Wiedenhofer, Siegfried, *Politische Theologie*, Verlag W. Kohlhammer Suttgart, 1976.

Wolf, Ernst, Bekennende Kirche, in *RGG³*, Bd. I Sp. 984~988.

Wolf, Ernst, Kirchenkampf, *RGG³*, Bd. III, Sp. 1443~1452.

———, "Erneuerung der Kirche im Lichte der Reformation", *Ev. Th.* 6. 1946/47, 313~318.

Zahrnt, Heinz, *die Sache mit gott*, R. Piper u. co., Verlag München, 1967.

Zeller, Winfried, *Theologie und Frömmigkeit*, Gesammelte Aufsätze herausgegeben von Bern Jaspert, N. G. Elwert Verlag Marburg, 1971.

한국 교회사 관계 해외 박사 학위 논문

Paik, Lark-June George, *The History of Protestant Missions in Korea*, 1832~1910 (Yale, 1927), 491; published in 1929.

Clark, Charles Allen, *The National Presbyterian Church of Korea as a Test of the Validity of the Nevius Principle of Missionary Method* (Chicago, 1929), 647; pub: *Korea and the Nevius Method* (New York, 1930).

Wasson, *Alfred Washington, Factors in the Growth of the Church in Korea* (Chicago, 1931), 229; pub. 1930: *The Church Growth in Korea* (1934).

Chung Yil~Hyung, *A Study of Successful Rural Churches Organizations in America and Adaptation to Korea* (Drew University, 1935), 235.

Stoke, Charles Davies, *History of Methodism in Korea, 1931~1965* (Yale, 1967).

Kay, Il-Seung, *Christianity in Korea* (Union Theological Seminary in Virginia, 1950), 379.

Chun, Sung-Chun, *Schism and Unity in the Protestant Church of Korea* (Yale, 1955), 214.

Lierop, Peter van, *The Development of Schools under the Korea Mission of the Presbyterian Church in the U.S.A.*, 1919~1950, 276.

Yun, Seong-Bum, *die koreanische Kirche in Geschichte und Gegenwart* (Basel, 1955), maschinenschriftlich; Teildruck unter dem Titel: "Der Protestantismus in Korea 1930~1955."

Park, Tae Sun, *Prolegomena to a Korean Translation of the Book of Isaiah* (Boston 1956), 253.

Lee, Gabriel Gab-Soo, *Sociology of Conversion: Sociological Implications of Religious Conversion to Christianity in Korea* (Fordham, 1961), 308.

Brown, George Thompson, *A History of the Korea Mission*, Presbyterian Church, U. S., *from 1982 to 1962* (Union Theological Seminary in Virginia, 1963), 767.

Chung, Chai Shik, *Protestantism and the Formation of Modern Korea 1884~1894* (Boston, 1964).

Palmer, Spencer J., *Protestant Christianity in China and Korea: The Problem of Identification with Tradition* (California 1964), pub.: *Korea and Christianity* (Seoul, 1967).

Ko, Hung Bong, *A Historical Study of the Characteristics of the Christian Church in Korea* (Dallas, Theological Seminary, 1965), 523.

Pak, Hyung Koo, *Social Changes in the Educational and Religious Institutions of Korean*

Society under Japanese and American Occupations (Utah University, 1965).

Lee, Kun-Sam, *The Christian Confrontation with the Shintoism* (Free University of Amsterdam, 1966), published.

Cummigs, Malcom Staley, *A Manual of Personal Evangelism for Korean Christians* (Bob Jones, 1967), 241.

Kang, Wi-Jo, *The Japanese Government and Religions in Korea*, 1910~1945 (Chicago, 1967).

Ro, Bong-Rin, *Division and Reunion in the Presbyterian Church in Korea*, 1959~1968, (Concordia Seminary, 1968).

Park, Pong-bae, *The Encounter of Christianity with Traditional Culture and Ethics in Korea* (Vanderbilt University, 1970), 317.

Han, Sun-Nam, *History of Methodism in Korea*, 1931~1965 (Temple University U.S.A., 1970).

Rader, Paul Alexander, *The Salvation Army in Korea after 1945*; A Study in growth and self-understanding, Fuller Theological Seminary (School of Psychology, 1973).

Shin, Sung-Jong, *Pual's Missionary Method and the Indigenization of the Korean Church*, (Temple University, U.S.A., 1974).

Son, Myung-Gul, *Korean churches in Search of Self~Identity*, 1930~1970 (Southern Methodist University, U.S.A., 1974).

Hunt, Everett Nichols, Jr., *Protestant Pioneers in Korea A study of Propagation and Propaganda*, Korea and America, 1884~1890 (The University of Chicago, 1976).

Kim, Yong Bok, *A historical transformation, peoples movement*, and Messianic koinonia: A study of the relationship of Christian and Tonghak religious communities to the March first independence movement in Korea (Princeton Theological Seminary, 1976).

Song, Gil Sup, *American Protestant missionary perceptions of the Korean independence movement of 1919* (Boston University School of Theology, 1976).

Rha, Young Bok, *An analysis of the Terms used for God in Korea in the context of indigenization* (Boston University School of Theology, 1977).

Kim Yung Jae, *Der Protestantismus in Korea und die calvinistische Tradition*, ~ Eine geshichtliche Untersuchung über Entstehung und Entwicklung der Presbyterianischen Kirche in Korea (Marburg, 1980). Pub. Peter D. Lang Frankfurt (1981).

Shinn Yu Khill, *Political relgion of masses in Korea: A Tillichian interpretation* (Graduate Theological Union, 1981).

Kim, Kyu, *The Encounter between Neo~Confucian literati and Roman Catholicism in the Yi dynasty: a case study in eighteenth and nineteenth century Korean philosophical and religious thought* (Graduate Theological Union, 1984).

Kim, Kyung Haeng, *A critical study of the nature and function of revival meetings in the Kyung Buk Presbytery* (San Francisco Theological Seminary, 1984).

Lee, Dong~Joo, *Koreanischer Synkretismus als missiologisch~theologische Problem* [Unification church] (Tübingen, 1986).

Sneller, Alvin, *An examination of the growth of the Koshin and Hap Dong Korean Church* (Trinity Evangelical Divinity School, 1990).

Park, Yong~Kyu, *Korean Presbyterianism and Biblical Authority: The role of the Scripture in the shaping of Korean Presbyterianism 1918~1953* (Trinity Evangelical Divinity School, 1990).

Ahn, Jae~Eun, *Die Entwicklung der Missionstheorie in der Koreanischen Reformierten Kirche* (Reformierte Theologische Universität zu Budapest, 1992).

Kang, Kyeong Shin, *The Minjung church movement: an emerging church movement in Korea* (School of Theology at Claremont, 1992).

Seu, Young Il, *To Teach and To Reform: The Life and Times of Dr. Yune Sun Park* (Westminster Theological Seminary, 1992).

Park, Hee Suk, *Korean Resistance to shintoism and its Legacy* (Westminster Theological Seminary, 1997).

Chang, Dong Min, *A Theological Biography of Hyung Nong Park*(1897~1978), (Westminster Theological Seminary, 1998).

Pak, Ung Kyu, *From fear to hope: The shaping of premillennialism in Korea* 1884~1945 (Westminster theological Seminary, 1998).

Lee, Ho Woo, *Charles Allen Clark*(1878~1961): His Contribution to the Theological Formation of the Korean Presbterian Church (Westminster Theological Seminary, 1999).

색 인

ㄴ

ㄷ

ㄹ

ㅁ

ㅂ

ㅅ

ㅇ

ㅈ

ㅊ

ㅋ

ㅌ